ESG 사용 설명서

한 권으로 읽는 돈의 미래, 자본시장을 혁명하는 ESG의 모든 것

김동양 · 황유식 지음

마인드
빌딩

프롤로그

경제 관련 이슈에 관심이 조금이라도 있는 사람이라면 최근 전 세계적으로 가장 주목받는 트렌드 중 하나인 'ESG 경영'이나 'ESG 투자'라는 말을 들어봤을 것이다. 지금까지 기업은 이윤 추구를 위해 비용 절감과 효율을 최우선으로 하는 경영을 해왔다. 하지만 심각한 기후변화의 영향으로 환경 문제와 사회의 지속가능성에 대한 경각심이 커지고 기업의 사회적 책임이 대두되면서 ESG라는 비재무지표가 기업경영과 투자에 중요한 요소로 자리 잡게 되었다. ESG는 이제 기업의 생존을 위해 선택이 아닌 필수가 된 것이다.

그러나 ESG가 정확히 무엇이며, 기업경영에 어떻게 적용해야 하는지, 또 ESG를 활용하여 성공적인 투자를 하기 위해서는 어떤 전략을 세워야 하는지에 대해서 아는 사람은 그다지 많지 않다. 우리나라 기업들도 ESG의 중요성에 비해 관심을 가지고 준비를 시작한 건 그리 오래되지 않았다.

2019년 NH투자증권은 우리나라 증권업계에서는 처음으로 ESG 리서치를 시작했다. 리서치센터 본연의 업무는 상장된 기업의 가치평가와 전망을 중심으로 국내외 주식시장 투자전략, 채권과 대체투자 투자전략처럼 실제로 거래가 되는 금융자산을 분석하는 것이기 때문에, '향후 주식투자 트렌드 중 하나' 정도로 여겨지던 ESG를 거창하게 '리서치'까지 하기에는 좀 이른 감이 있었다. 하지만 해외 시장의 상황은 달랐다.

세계 최대의 자산 운용 회사인 블랙록의 래리 핑크 회장은 벌써 10년 가까이 투자기업 최고경영자들에게 ESG와 관련한 연례 서신을 발송하고 있다. 그리고 필자가 해외 마케팅을 나가 만나는 해외투자자들은 우리나라 대기업의 지배구조 이슈에 대한 불만을 토로하는 것이 일상이었다. 대기업 집단의 최상위에 있는 지주회사를 분석해온 필자로서는 이러한 상황들이 예사롭지 않게 느껴졌다.

그래서일까. 우리나라의 지배주주 일가의 경영 승계나 기업의 성장을 위해서는 주주들에 대한 낮은 배당이 용인되는 기업 문화에 문제를 제기하는 해외투자자들을 보면서 필자는 ESG가 먼 나라 이야기가 아님을 확신했다. 이런 인식을 바탕으로 ESG 리서치를 총괄하면서, 주요 상장기업에 대한 ESG 리포트 발간을 시작으로 기존 리서치 리포트에 ESG 정보를 접목했고, ESG 이슈 리포트를 발간했다.

모든 과정은 시행착오의 연속이었다. ESG 리포트가 담아야 할 내용과 전달 형식을 만들고, 기존의 리서치 리포트에 접목할 ESG 정보를 확정하는 모든 과정에서 많은 고민과 수정이 필요했다. ESG 리서치 결과물을 투자자들에게 효과적으로 전달하고, 기업이 ESG 개선 활동에 대해 투자자들과 대화를 나누도록 하기 위한 ESG 포럼과 IR 행사도 기획했다. 우리나라보다 ESG 투자가 더 활성화한 해외투자자들과의 미팅을 통해 리서치 방향성을 개선하기 위해 노력했고, 새로운 시도와 개선 작업은 지금도 진행 중이다.

이제는 우리나라에서도 투자와 ESG를 떼어놓고 생각할 수 없게 되었다. 국민연금의 주도로 ESG 투자 인프라를 구축해온 자산운용사는 말할 것도 없고, 많은 증권회사가 ESG 리서치 자료를 발간하고, ESG IR 행사를 개최한다. 기업들도 ESG 투자에 대해 많은 관심이 보이며, ESG 경영체제 도입에 사활을 건 것처럼 보인다.

하지만 ESG는 단순하지 않다. ESG 투자라는 큰 조류에서 밀려나지 않기 위해 기업과 기관투자자 모두 열심히 노력하고 있지만, ESG는 알아갈수록 어렵다. 정답이 없기 때문이다. 예를 들어, 많은 기관투자자와 기업이 봉착한 문제가 ESG 평가와 관련한 것인데, 전 세계적으로 무수히 많은 ESG 평가기관이 존재하고, 그 결과 동일한 기업에 대해 다양한 평가 등급 및 점수가 존재한다. ESG는 객관식이 아니라 주관식이다. 평가는 ESG와 관련이 있는 광범위한 영역에서 어떤 지표들을 취사선택하는지에 따라 달라질 수밖에 없다. 이런 사실을 깨달으면 기본에 더욱 충실하게 된다. 기본에 충실한 ESG 공시와 경영체제 도입이 ESG 시대의 사업 기회 발굴 및 사업 포트폴리오 전환으로 발전할 수 있고, 기본에 충실한 ESG 투자 시스템 수립이 초과수익과 운용자산의 증가라는 결실을 가져다줄 수 있다.

이런 취지로 ESG 리서치와는 별개로 ESG 기본서의 발간을 준비했다. 리서치 리포트에도 담을 수 있는 내용이지만, 리서치 리포트의 주 독자인 투자자들은 기본적으로 시간에 쫓기고, 기승전 '수익'의 프레임으로 접근할 수밖에 없다. 유망한 투자종목이나 추천종목이 없으면 가뜩이나 짧은 리서치 리포트의 수명이 더 짧아진다.

이 책은 ESG의 기본부터 최근 이슈까지 한 권으로 해결할 수 있도록 구성했다. ESG의 본질과 역사, 평가와 이해관계자, 국내외 관련 정책, 주식부터 대체투자까지 전 자산군에 걸친 ESG 투자 등을 현장에서 보고 느끼고, 전망하는 바를 상세하게 담아냈다. 또한 환경과 관련해서는 우리나라 주식시장에서 찾아보기 힘든 환경산업 전문가이자, 기업 경영과 투자에서 탄소배출에 관한 부분이 기회가 있음을 간파하고 창업한 황유식 대표가 자신의 전문 지식을 책에 녹여냈다.

이 책을 쓸 수 있었던 것은 시의적절한 이슈를 발굴하고, 현상을 분석하여 리포트를 바탕으로 투자자를 설득해야 하는 애널리스트로서의 직업작 훈련이 ESG라는 망망대해를 탐험할 수 있는 배짱의 근원이 된 것 같다. 그에 더해 대기업집단의 지주회사 리서치 경험은 ESG 컨트롤타워인 지배구조 리서치나 ESG 평가 이슈 분석에 도움이 되었다.

첫 집필이 마냥 부담스럽기만 한 필자에게 이미 저작의 경험이 있던 공동 필자는 "전문가여서 책을 쓰는 게 아니라, 책을 써야 전문가가 되는 것"이라고 용기를 북돋워 주었다. 집필하는 과정에서 잘 모르던 사실이나 잘 못 알고 있던 사실들을 알게 되었고, 무엇보다 어지러운 머릿속 책장의 ESG 선반에서 쓸모없는 자료는 버리고, 필요한 자료에만 레이블을 붙여서 체계적으로 정리하고 나니 속이 시원하다.

부디 독자 여러분이 이 책의 ESG 사고체계를 바탕으로 막연하게 두려워하던 ESG에 더 이상 주눅 들지 않고, 자신 있게 실전에서 부딪히면서 스스로 정답을 찾아갈 수 있기를 바란다.

김동양

차례

2부 손에 잡히는 ESG 투자

6장. ESG 투자란 무엇인가

7장. 금융시장을 움직이는 손, ESG

8장. 기후변화 방지와 ESG 친화경 투자

9장. 비(非) 주식 자산군의 ESG 투자

1부

미래의 부를 결정하는 ESG

1장

ESG 파헤치기

1

ESG란 무엇인가

2010년대 말 전 세계적으로 환경 재해의 빈도와 강도가 상승하면서, 미디어를 통해 ESG라는 생소한 단어가 들리기 시작하더니, 코로나 바이러스 감염증-19(이하 코로나19)를 겪으면서부터는 부쩍 더 많이 등장하고 있다. 세상에 ESG라는 단어가 나온 지는 20년이 채 되지 않았지만, 이제는 국가 정책이나 기업 경영은 물론, 개인들의 일상에까지 등장하는 약방의 감초가 되었다. 이런 상황은 일시적인 유행이라기보다는 대세에 가깝고, 머지않은 미래에는 우리 생활에 필수 불가결한 요소가 될 가능성이 높다.

먼저 ESG란 무엇이고, ESG가 등장하기 전에 비슷한 의미로 쓰인 지속가능성, CSR, CSV와는 어떤 차이점이 있는지 살펴보자.

ESG의 의미

ESG는 '환경(Environmental)', '사회(Social)', '지배구조(Governance)'를 의미하는 영어의 머리글자를 딴 말로, 기업의 가치평가를 할 때 일반적인 분석 대상인 재무정보의 상대적인 개념인 '비재무정보'를 의미한다. ESG가 다루는 영역은 방대하다. 환경(E)은 오염 방지, 지속가능한 자원 사용, 기후 변화 및 탄소 배출, 자연환경 보호 및 복원, 사회(S)는 인권, 노동관행, 공정운영관행, 소비자 이슈, 지역사회 발전, 지배구조(G)는 주주권리보호, 이사회, 감사기구, 공시 등이 주요 의제이다.

ESG는 비재무정보를 말하지만, 주로 투자 및 그에 대한 성과, 비교를 통한 평가등급 등과 결합한 의미로 사용되기도 한다. 투자의 관점에서 더 좋은 투자 성과를 만들어내기 위해서는 기업의 재무정보뿐 아니라 환경, 사회, 지배구조 등 비재무정보도 같이 고려해야 한다는 움직임에서 ESG가 시작했기 때문이다. 따라서 ESG는 기업의 ESG 수준에 대한 평가, 그러한 평가를 가능하게 하는 기업의 비재무정보 공시, ESG가 좋은 기업들로 구성된 ESG 지수, ESG가 좋은 기업에 투자하는 직간접 ESG 투자상품의 성과, 성과에 따른 금융소비자의 선택 등 ESG 금융시스템과 밀접한 관계가 있다.

ESG 투자 규모가 확대되면 기업들은 투자를 유치하기 위해 ESG 정보 공시를 확대하고, ESG 경영을 강화하는 선순환 구조에 돌입하게 된다. 기후 재난의 정도와 빈도 증가, 코로나19 등 기업을 둘러싼 경영환경의 불확실성이 커짐에 따라, 투자자들은 ESG 리스크를 줄이는 투자를 하게 되고, 기업의 ESG 경영 도입은 가속화할 전망이다.

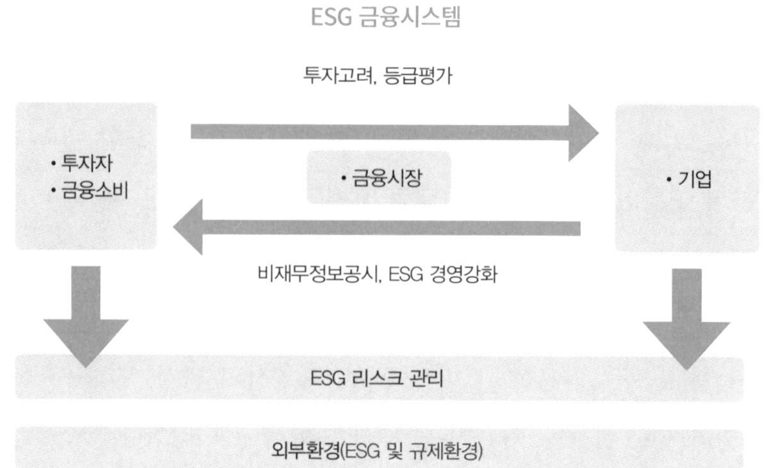

자료: NH투자증권 리서치본부

지속가능성 달성을 위한 핵심 비재무요소

'지속가능한 발전'이란 미래 세대가 필요로 하는 것을 채울 수 있는 능력을 저해하지 않으면서 현재 세대의 필요를 채우는 발전을 말한다. 지속가능한 발전을 처음 정의한 것은, 1987년 유엔환경계획의 브룬틀란위원회가 발간한 〈우리 공동의 미래(Our Common Future)〉라는 보고서였다. 기업의 지속가능한 발전 또는 지속가능성을 측정하는 기준인 TBL(Triple Bottom Line : 재무, 환경, 사회 등 세 가지 요소)은 재무요소와 동시에 비재무요소, 즉 ESG의 중요성을 강조한다.

기업은 지속가능한 성장을 위해서는 ESG의 개선을 통해 재무성과를 강화할 수 있다. 그 의미는 반대로 ESG를 관리하지 못하면, 재무성과는 훼손되고 지속가능한 성장을 달성할 수 없다는 것이다. ESG는 기업의 지속가능성을 위한 필수 요소이다. 그래서 대표적인 ESG 정보 공시 보고서의 이름도 〈지속가능 경영보고서〉이다.

2015년 9월 유엔(UN, 국제연합)이 '지속가능발전목표(SDGs, Sustainable Development Goals)'를 채택했다. 2030년까지 달성할 목표로 빈곤 종식, 기아 종식, 복지 증진, 양질의 교육, 양성평등, 물 위생, 클린에너지, 경제성장, 사회기반시설, 불평등 감소, 지속가능한 주거지, 책임 있는 소비와 생산, 기후 변화 대응, 해양생태계, 육상생태계, 평화와 정의, 목표 달성을 위한 파트너십 등 17가지 방향성을 제시했다. 이 가운데 상당수는 뒤에서 살펴볼 ESG 평가항목과 직접 또는 간접적으로 연관되어 있다.

지속가능한 발전이라는 목표를 달성하기 위해서는 핵심적인 비재무요소인 ESG가 잘 갖춰져 있어야 한다. 특히 코로나19와 같은 예상치 못한 위기 상황에서 ESG는 기업들의 회복 탄력성을 통한 지속가능성 제고에 중요한 역할을 한다. 특정 산업에 작용하는 거시적 충격을 피해가기는 어렵겠지만, 같은 산업 내에서 ESG가 더 좋은 기업이라면, 우량한 'G(ESG 경영 컨트롤타워)'를 통해 'S(구성원, 협력업체, 지역사회, 소비자 등 이해 관계자)'와 'E(환경경영)'와 관련한 다양한 이슈에 잘 대처할 준비가 된 경영체제를 갖추었을 것이기 때문이다. 이러한 점들이 재무적인 부분에 영향을 미쳐 빠른 기업 실적 회복 속도와 ESG 고려에 따른 가치 할증이라는 결과를 가져와 기업의 주가에 반영될 것이다.

실제로 코로나19로 인한 주가 급락 이후 반등 국면에서 ESG가 좋은 기업들로 구성된 ESG 지수들이 시장수익률을 상회하는 모습을 보였다.

CSR, CSV에서 한 걸음 더 발전한 체제

CSR(Corporate Social Responsibility, 기업의 사회적 책임)은 기업활동에 영향을 받거나 영향을 주는 직간접적 이해관계자에 대한 법적, 경제적, 윤리적 책임을 감당하는 경영 기법을 말한다. 20세기 후반 기업활동으로 인한 대형 안전사고, 환경사고, 노동 이슈들이 연이어 대두하면서 CSR이 전세계적인 화두가 되었다. CSR과 ESG는 비재무요소에 대한 고려와 개선이라는 공통점을 갖고 있지만, CSR이 '시장실패(시장 경제 제도에서 정부의 개입 없이 시장의 기능에만 맡겨 둘 경우, 효율적 자원배분이 곤란한 상태)'에 대한 기업의 책임 이행이나, 기업가의 노블레스 오블리주(사회 고위층 인사에게 요구되는 높은 수준의 도덕적 의무)의 실천처럼, 말 그대로 책임에서 시작하여 사회적 가치를 추구하는 활동 자체에 집중한다면, '수탁자책임'에서 출발한 ESG는 모든 비재무요소 개선을 통한 투자 성과에 집중한다. 따라서 CSR의 비재무요소 고려 및 개선은 자선, 기부, 환경보호 등 시혜적 사회공헌활동을 말하고 그에 따른 비용을 수반하지만, ESG의 비재무요소 고려 및 개선은 투자자와 금융시스템의 요구에 부합하기 위한 투자활동으로, 기업가치의 상승으로 이어지게 된다.

또한 CSR이 사회적 논란을 감추기 위한 선택적인 사회공헌활동으로 악용될 소지가 있는 반면, ESG는 비재무요소의 종합적인 개선의 정도를 평가해 ESG 등급을 산출하고, 투자 성과로 이어진다는 점에서 차별화된다.

마지막으로 ESG가 추구하는 사회적 가치 중에는 CSR에서는 다루지 않는 가치들이 있다. 즉, 기업 구성원까지 포함한 모든 이해관계자의 가치와 지배구조이다. 지배구조는 ESG 경영을 가능하게 하는 컨트

CSR, CSV, ESG

- CSR: 책임에서 시작. 비용을 수반하는 사회공헌활동 자체에 집중
- CSV: 기업활동을 통해 경제적 수익과 사회적 가치를 동시 창출하는 기업의 자발적 사업 전략
- ESG: 금융시스템과 상호관계 속에서 비재무요소 개선을 통한 기업가치 상승 성과에 집중

자료: NH투자증권 리서치본부

롤타워이다. 한마디로 ESG는 CSR보다 포괄적인 사회적 가치를 실현하고 이에 따른 성과를 지향한다. 이렇듯 ESG와 CSR은 분명 다른 개념임에도 불구하고, 그동안 CSR이 사회책임경영의 대명사로 자리잡았기 때문에, 최근 ESG 경영 및 투자가 강조되는 상황에서 과거부터 있었던 기업의 CSR 실무조직이 ESG 실무조직 역할을 하는 등 ESG와 CSR이 여전히 혼용되기도 한다.

CSR만큼은 아니어도 자주 쓰이는 CSV(Creating Shared Value, 공유가치 창출)는 마이클 포터와 마크 크레이머가 2011년 〈하버드 비즈니스 리뷰〉에 실은 논문, 〈전략과 사회: 경쟁력과 CSR의 관계〉에서 정립된 개념으로 기업이 사회 문제 해결을 통해 경제적 성공도 달성하는 새로운 방법이다. 즉, CSR에서의 사회공헌활동이 기업의 경제적 수익 창출과 괴리된 반면, CSR에서 진일보한 CSV는 기업활동을 통해 경제적 수익과 동시에 사회적 가치를 창출하는 사업 전략이다. 그러나 ESG처럼 투자자 및 금융시스템과의 상호작용을 전제로 하지는 않는다는 점에서 필수적이지 않은, 자발적 사업 전략이며, 지배구조를 명시적으로 다루고 있지 않다는 점도 ESG와 차이가 나는 부분이다.

2

ESG의 탄생과 현재

ESG가 탄생하기까지는 유엔의 역할이 컸고, 짧은 시간에 자리잡을 수 있었던 것은 장기 투자 성과의 극대화를 위해 수탁자책임에 충실한 기관투자자들의 지지 덕분이다. 기본적으로 ESG 금융시스템의 요구에 따라 기업들의 ESG 경영 도입이 확산하고 있지만, 환경 문제가 가져온 지속가능성에 대한 고민 역시 전반적인 ESG 확산에 크게 기여했다. 녹색성장, 탄소중립 등 세계 각국의 환경 정책을 통해서 ESG 경영 확산은 가속화할 것으로 보인다.

ESG의 탄생

ESG는 2000년대 중반 기관투자자들이 장기 투자 성과의 극대화를 위해서 기업의 재무정보뿐만 아니라 환경, 사회, 지배구조 등 비재무정보도 같이 고려해야 한다는 움직임에서 출발했다. 2004년 6월 유엔 글로벌콤팩트가 국제금융공사와 스위스 정부가 공동으로 발간한 〈누가 이기는가(Who Cares Wins)〉라는 보고서에 ESG라는 용어가 처음 등장했고, 이 보고서는 자산 규모 총합계 6조 달러인 골드만삭스, 모건스탠리, UBS, 도이체방크 등 23개 금융기관들의 지지를 얻어냈다. 2006년에는 UN PRI(United Nation Principle of Responsible Investment, 유엔책임투자원칙)가 제정되면서, ESG 투자를 지지하는 금융기관들의 참여를 이끌어냈고, ESG 투자가 보다 널리 알려지게 되었다.

6가지 책임투자원칙은 기관투자자들이 ESG를 투자 의사결정 절차와 주주행동 정책에 포함시켜 책임투자원칙 실행의 효율화를 꾀하도록 하는 ESG 투자의 프레임워크를 처음으로 제시했다. 유엔이 지원하는 국제투자자네트워크인 PRI의 2021년 3월 말 기준 3,826개까지 확대되었고, 서명기관의 운용자산은 총 121조 달러에 달한다. 이는 2006년 설립 당시 6조 달러에서 연평균 22%씩 성장한 것이다. 우리나라에서는 국민연금을 포함해서 11개 금융기관이 서명했다.

6가지 유엔책임투자원칙

6가지 유엔책임투자원칙의 내용은 다음과 같다.

원칙 1. 우리는 ESG 이슈를 투자 분석 및 의사결정 프로세스의 일부로 반영한다.

원칙 2. 우리는 ESG 이슈를 오너십 정책 및 관행에 통합하는 적극적인 주인이 된다.

원칙 3. 우리는 우리가 투자하고 있는 기업에 대해 ESG 이슈에 대한 적절한 공시를 요청한다.

원칙 4. 우리는 투자 산업 내에서 원칙의 수용과 이행을 위해 노력한다.

원칙 5. 우리는 원칙을 시행하는 데 있어 우리의 효율성을 높이기 위해 함께 노력한다.

원칙 6. 우리는 각각 원칙을 이행하기 위한 우리의 활동과 진척 상황을 보고 한다.

이렇듯 ESG는 기관투자자들의 장기 투자 성과 극대화를 위한 모색에서 시작되었지만, 앞에서도 말한 것처럼 환경 문제가 가져온 지속가능성에 대한 고민 역시 ESG 확산에 기여한 바가 크다. 유엔환경계획은 1987년 '지속가능한 발전'을 처음 정의했다. 이후 1992년 브라질 리우에서 개최된 유엔환경개발회의에 전 세계 183개국이 참석해 지구 온난화, 대양 오염, 기술 이전, 산림 보호, 인구 조절, 동식물 보호, 환경을 고려한 자연 개발 등 7개 의제를 논의한 결과, 자연과 인간, 환경 보전과 개발의 양립을 목표로 하는 리우선언을 채택하고, 유엔 3대 기후 협약인 기후변화협약, 생물다양성협약에 대한 각국의 서명 개시 및 유엔사막화방지협약에 대한 합의를 이루어냈다.

한편, 1989년 미국 역사상 최악의 환경 오염 사고인 엑슨발데스호 알래스카 원유 유출 사고를 계기로 사회책임투자자 및 환경운동가들이 설립한 비영리단체 세리즈(CERES, Coalition for Environmentally Responsible Economies, 환경책임경제연합)와 유엔환경계획이 주도하여 1997년 GRI(Global Reporting Initiative)를 설립했다.

GRI는 지속가능성과 관련된 비재무적 요소 보고에 대한 가이드라인을 제시하는 국제기구로, 2000년에 첫 번째 가이드라인을 발표했다. 2016년 최초의 국제기준인 GRI 기준을 확정했으며 지속해서 개정되고 있다. 우리나라 기업들이 발행하는 비재무정보 보고서인 '지속가능 경영보고서'의 대부분이 GRI 기준을 따르고 있다. 또한 코로나19를 계기로 기업의 지속가능성에 대한 사회적 관심이 증가하고, 기업이 환경 및 사회 문제에 대응하며 사회적 가치를 높여야 한다는 주장들이 나오는 사회적 분위기도 금융시스템과의 상호작용 이외에 기업이 자발적으로 ESG 경영체제를 도입하도록 하는 계기가 되고 있다.

다시 주목받는 이해관계자 자본주의

주주에 대한 배려보다는 기업에 소속된 모든 종사자와의 공존공영을 경영 목표로 하는 유럽식 '이해관계자 자본주의'가 재조명되는 것도 ESG 확산과 방향을 같이 하고 있다. 이해관계자 자본주의는 이윤 극대화를 추구하는 주주 자본주의와 달리 기업을 사회적 유기체로 인식하고, 환경 및 사회적 이익을 재무적 이익과 연계하여 지속가능한 발전을 모색하는 데 적합하다.

2019년 주주 자본주의의 본고장인 미국의 주요 기업 최고경영자(CEO)로 구성된 협의체이자 이익단체인 '비즈니스라운드테이블'은 기업의 주요 목적을 주주 이익 극대화로 규정했던 22년 된 정책 성명을 뒤집었다. 주주를 위한 장기적인 가치를 창출하는 것뿐 아니라, 고객에게 가치를 전달하고, 직원에게 투자하고, 협력사와 공정하게 거래하고, 자

다보스 메니페스토 1973, 2020의 주요 내용과 차이점

다보스 메니페스토 1973: 비즈니스 리더 윤리강령	다보스 메니페스토 2020: 4차 산업혁명 기업의 보편적 목적
A. 전문경영의 목적은 사회뿐만 아니라 고객, 주주, 근로자, 종업원 등에게 봉사하고 이해관계자의 다양한 이해관계를 조화시키는 것이다.	A. 기업의 목적은 모든 이해당사자를 지속적인 가치 창출에 참여시키는 것이다. 이러한 가치를 창출하는 데 있어 기업은 주주뿐만 아니라 직원, 고객, 공급업체, 지역사회 및 사회 전반에 걸쳐 모든 이해관계자에게 봉사한다. 모든 이해당사자들의 다양한 이해관계를 이해하고 조화시키는 가장 좋은 방법은 기업의 장기적인 번영을 강화하는 정책과 의사결정에 대한 공동의 헌신을 바탕으로 삼는 것이다.
B.1. 경영진은 고객에게 서비스를 제공해야 한다. 고객의 요구를 충족시키고 최고의 가치를 제공해야 한다.	i. 기업은 고객의 요구에 가장 적합한 가치를 제공함으로써 고객에게 서비스를 제공한다.
B.2. 경영진은 국채수익률보다 높은 투자수익률을 제공하여 투자자에게 봉사해야 한다. 경영진은 주주들의 수탁자이다.	ii. 회사는 사람을 존엄과 존경으로 대한다. 다양성을 존중하고 근무환경과 직원 복지를 지속적으로 개선하기 위해 노력한다.
B.3. 경영진은 직원들을 섬겨야 한다. 경영진은 직원의 연속성, 실질소득 향상, 사업장의 인간화 등을 보장해야 한다.	iii. 기업은 공급업체를 가치 창출의 진정한 파트너로 간주한다. 신규 시장 진입자에게 공정한 기회를 제공하며, 인권에 대한 존중을 공급망 전체에 통합한다.
B.4. 경영진은 사회에 봉사해야 한다. 미래 세대를 위한 물질적 세계의 수탁자 역할을 맡아야 한다.	iv. 기업은 기업활동을 통해 사회에 봉사하고, 자신이 속한 지역사회를 지원하며, 세금을 공평하게 납부한다. 안전하고 윤리적이며 효율적인 데이터 사용을 보장하고, 미래 세대를 위한 환경 및 물질세계의 관리인 역할을 한다.
C 경영진은 자신이 책임지는 기업을 통하여 상기 목적을 달성할 수 있기 때문에 기업의 장기적인 존립을 보장하는 것이 중요하다. 충분한 수익성 없이는 장기적인 존재가 보장될 수 없으므로, 수익성은 경영진이 고객, 주주, 직원 및 사회에 봉사하는 데 필요한 수단이다.	B. 기업은 부를 창출하는 경제 단위 이상이다. 기업은 더 넓은 사회 시스템의 일부로서 인간적이고 사회적인 열망을 충족시킨다. 성과는 주주 수익률뿐만 아니라 환경, 사회, 지배구조 목표 달성 방법에 대해서도 측정해야 한다. 임원 보수는 이해관계자의 책임을 반영해야 한다.
	C. 다국적 기업은 직접 참여하는 모든 이해관계자에게 봉사할 뿐만 아니라 정부 및 시민사회와 함께 전 세계 미래의 이해관계자 역할을 수행한다. 세계 기업시민으로서 기업의 핵심역량, 기업가정신, 기술 및 관련 자원을 활용하여 세계를 개선하기 위해 다른 기업 및 이해관계자들과의 협업 노력이 필요하다.

자료: WEF, NH투자증권 리서치본부

신이 속한 지역사회를 지원해야 한다는 내용을 담은 새로운 기업 목적 성명서를 채택한 것이다.

곧이어, 2020년 스위스 다보스에서 열린 제50회 세계경제포럼(WEF)에서는 47년 만에 다보스 메니페스토 2020의 테마를 '4차 산업혁명에서 기업의 보편적 목적'으로 결정하며 이해관계자 자본주의를 더욱 강조했다. 클라우스 슈밥 세계경제포럼 창립자 겸 회장은 여기에 공유가치 창조를 위해 기존의 재무지표를 보완하는 ESG 목표를 포함해야 한다고 역설했다. 여기에 블랙록, SSGA 등 세계 최대 자산운용사들이 지속가능성과 관련된 투자 지침을 공개적으로 선언하면서 ESG에 대한 관심에 불을 지피게 되었다.

기업 변화의 원동력

ESG의 출발점이 기관투자자들의 장기 투자 성과 극대화이기도 하고, 그 위에 전 세계적으로 빠르게 증가하고 있는 ESG 펀드 운용자산이 기업들의 ESG 경영체제의 도입 확산을 앞당기고 있다. 금융시장 조사 및 투자 관리 서비스 기관인 모닝스타에 의하면, 2021년 1분기 말 전 세계 ESG 펀드 운용자산은 2조 달러에 육박하며, 기록적인 자금 유입 덕분에 1년 전 대비 2배 이상 늘어난 규모로 성장했다. ESG 펀드는 ESG가 좋은 기업에 직간접적으로 투자하는 상품으로, 투자 대상인 기업들은 커져가는 ESG 펀드의 선택을 받기 위해서라도 ESG 경영에 신경 쓰지 않을 수 없다.

세계 최대 자산운용사 블랙록의 래리 핑크 회장은 고객에 대한 수

블랙록 연례 서신 주제의 변화

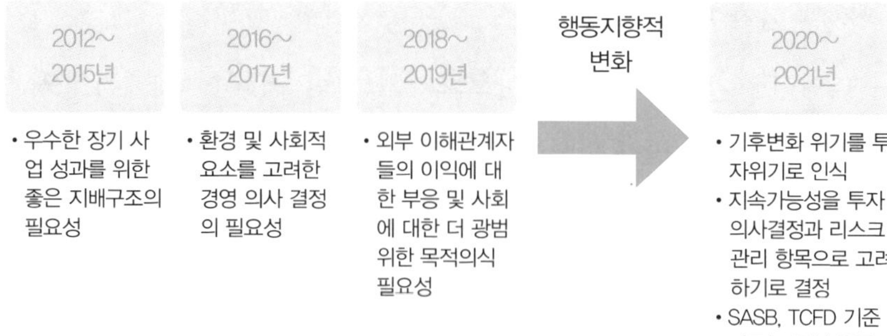

2012~ 2015년
• 우수한 장기 사업 성과를 위한 좋은 지배구조의 필요성
2016~ 2017년
• 환경 및 사회적 요소를 고려한 경영 의사 결정의 필요성
2018~ 2019년
• 외부 이해관계자들의 이익에 대한 부응 및 사회에 대한 더 광범위한 목적의식 필요성
행동지향적 변화
2020~ 2021년
• 기후변화 위기를 투자위기로 인식
• 지속가능성을 투자 의사결정과 리스크 관리 항목으로 고려하기로 결정
• SASB, TCFD 기준 따르는 공시 요구
• 넷제로 계획 요구

자료: 블랙록, NH투자증권 리서치본부

탁자책임의 일환으로 2012년부터 연초에 투자하고 있는 기업의 최고경영자에게 지속가능한 장기 성장과 수익성에 도움이 되는 주제들을 담은 서신을 발송해왔다. 서신의 내용은 우수한 장기 사업 성과를 위한 좋은 지배구조의 필요성(2012~2015년), 환경 및 사회적 요소를 고려한 경영 의사결정의 필요성(2016~2017년), 외부 이해관계자들의 이익에 대한 부응 및 사회에 대한 더 광범위한 목적의식의 필요성(2018~2019년) 등을 거쳐 2020년에 들어서면서부터 더욱 행동 지향적으로 바뀌었다.

2000년 서한에서는 기후 변화 위기를 투자 위기로 보고, 지속가능성을 투자 의사결정과 리스크 관리 항목으로 고려하기로 하는 한편, 투자 기업들에게는 지속가능성회계표준위원회(SASB, Sustainability Accounting Standards Board) 및 기후관련재무공시협의체(TCFD)의 기준을 따르는 공시를 요구했다. 더 나아가 2021년 서한에서는 2050년 넷제로(Net Zero, 대기 중 이산화탄소 제거량과 배출량이 상쇄되어 '제로'가 되는 것) 달성을 위해 투자 기업들로 하여금 사업모델이 넷제로 경제에서 성공적으로 기능할 수 있는 계획과 해당 계획의 장기 전략과의 통합 및 이사회 검토 진행 상황을 공시하도록 요구했다.

운용자산이 9.5조 달러인 블랙록은 2021년 상반기에만 전 세계 1,604개 기업을 대상으로 ESG 전반에 걸친 2,115건의 주주관여활동(주주들이 기업과의 대화, 비공개 및 공개 서신 발송, 주주제안 등을 통해 기업의 의사결정에 영향력을 행사하여 기업가치 제고를 추구하는 행위)을 벌일 정도로 고객에 대한 수탁자책임에 적극적이기 때문에 투자 대상 기업들은 이 서신을 허투루 볼 수 없는 것이다. 우리나라에서는 2009년 책임투자원칙에 서명한 국민연금이 2018년 스튜어드십 코드(기관투자자들이 타인의 자산을 관리·운영하는 수탁자로서 책임을 충실히 이행하기 위해 만들어진 지침) 도입, 2019년 책임투자 활성화 방안 발표 등을 통해 ESG 투자 규모와 기업의 ESG 경영체제 도입의 판을 키우고 있다.

우리 삶을 깊숙이 파고든 기후 위기

100년에 한 번 있을까 말까 했던 산불이나 홍수, 폭염, 혹한이 하루가 멀다고 발생하고 있다. 100년 주기의 기후 재난이라면 몇 년에 한 번 혹은 수개월에 한 번 있어야 맞을 것이다. 그러나 매해 여름 폭염과 홍수, 산불이 발생하고, 겨울에는 혹한과 폭설이 몰아친다. 이는 기후 재난 주기가 짧아졌다는 의미로 해석할 수 있고 이전과는 다른 기후 환경으로 진입했다는 뜻이기도 하다.

2021년 여름 미국 캘리포니아와 캐나다 산불, 시베리아 산불, 터키를 비롯한 남부 유럽 산불 등 지구촌 곳곳에서 대형 산불이 발생했다.

유럽연합(EU)의 '코페르니쿠스 대기 감시' 자료에 의하면 2021년 7월에 전 세계에서 발생한 화재로 3억 4,300만 톤의 탄소가 배출되어 2003년부터 시작된 월간 기준 관측 이래 가장 많은 온실가스가 배출되었다고 한다. 〈뉴욕타임스〉는 캘리포니아에서 역대 발생한 10개의 대형 산불 중 6개가 지난 1년 사이에 일어났다고 보도했다.

유럽산불정보시스템에 따르면 2021년 스페인과 이탈리아, 터키, 그리스 등 남부 유럽에서 발생한 산불로 12만 8,000헥타르가 소실됐는데 이는 평년 수준보다 8배나 큰 규모라고 한다. 여름철 산불의 규모가 커지고 빈도가 늘어나는 것은 여름 평균기온이 상승하고, 특정 지역의 건조한 기후가 더욱 심각해졌으며, 바람의 강도가 세지면서 산불이 발생하기 좋은 환경으로 바뀌고 있기 때문이다. 이는 우리나라도 마찬가지로 한반도에서는 한여름 습도가 높기 때문에 10년 전만 해도 8월 산불을 보기 어려웠던 반면 최근에는 발생 빈도가 늘고 있다. 지구 온난화가 계속될 경우 전 세계 산불의 규모가 더욱 커질 수밖에 없다. 탄소 발생량이 크게 늘어나면 온난화가 가속화하고 그 결과 빠르게 악순환의 고리에 빠져드는 것이다.

2021년 발생한 대규모 홍수로 독일과 중국, 미국 등에서는 100만 명의 이재민이 발생했다. 국제난민감시센터에 따르면 2020년 미국에서 기후 재난으로 약 170만 명의 이재민이 발생했다. 2021년 여름에도 터키와 그리스, 미국의 산불로 많은 이재민이 발생했을 것으로 추정된다. IDMC는 이상기후에 따른 기후 난민이 분쟁 난민보다 3배가량 더 많다고 보고했으며, WEF는 2050년 안에 기후 재해로 12억 명이 고향을 잃을 것이라고 전망했다.

기후 위기 해결을 위한 국제 협력의 역사

1968년 12월 24일 아폴로 8호에서 우주인 윌리엄 앤더스가 촬영한 '지구돋이(Earthrise)'라는 유명한 사진이 있다. 지구돋이가 너무나도 아름다웠던 나머지 아폴로 8호에 탑승했던 윌리엄 앤더스는 우주항공 규정을 위반하고, 지구돋이 모습을 사진에 담았다. 한 장의 아름다운 사진이었지만 일반에 공개된 이후 이 사진은 지구 환경에 대한 관심을 높이는 계기가 되었다. 달의 표면에서 초승달처럼 떠오른 지구는 푸른 구슬처럼 아름다웠지만 한편으로 암흑에 둘러싸여 있어 매우 위태로운 상태의 창백한 푸른 점처럼 보였기 때문이다. 한없이 넓고 크게 느껴졌던 지구가 우주에서는 한낱 작은 점에 불과하다는 사실을 깨달은 사람들은 이를 보존해야 한다는 경각심을 느꼈다. 달을 탐사하러 갔지만 오히려 우리가 살고 있는 지구의 환경에 주목하게 된 것이다.

'지구돋이' 사진이 하나의 계기가 되어 1970년대에 환경운동이 본격적으로 시작되었다. 환경 오염 문제의 심각성을 일깨우기 위해 1970년 지구의 날(매년 4월 22일)이 제정되었고, 미국에서는 환경청이 설치되었다. 1971년에는 국제환경단체 '그린피스'가 결성되어 환경운동가들이 화력발전 중단, 남극 포경 금지를 주장하기 시작했다. 1972년에는 스웨덴 스톡홀름에서 최초의 세계적 환경 회의인 '하나뿐인 지구'가 열렸고, 제27차 국제연합 총회에서는 환경 문제 국제 협력 추진기구인 유엔환경계획이 설립되었다. 리우선언을 채택하고, 유엔 3대 기후협약에 대한 합의를 이끈 1992년 유엔환경계획의 브라질 리우회의를 기점으로 다양한 지구적 환경 의제가 외교 문제로 논의되기 시작했다.

유엔기후변화협약의 최고 의사결정 기구인 당사국총회는 1년에 한

환경운동의 도화선이 된 <지구돋이>

자료: 나사(NASA), NH투자증권 리서치본부

번씩 모임을 갖고 당사국들이 협약의 이행을 논의하는데, 1997년에 있은 제3차 총회에서는 구체적인 의무를 담은 '교토의정서'를 채택했다. 교토의정서는 감축해야 할 온실가스의 종류와 감축 의무가 있는 국가의 감축량을 규정했다. '부속서A'에서는 감축해야 할 대상으로 6개의 온실가스를 규정했다. 이산화탄소와 메탄, 아산화질소, 수소불화탄소, 육불화황, 과불화탄소 등 6가지 기체가 제1차 공약 기간(2008~2012년)의 감축 대상이었다. 삼불화질소는 제2차 공약 기간(2013~2020년)에 새롭게 규제 대상으로 포함되었다.

교토의정서 1차 공약 기간(2008~2012년) 중에는 선진국들로 하여금 온실가스 배출량을 1990년 대비 평균 5.2% 감축하도록 의무화했다. 의무 감축 비율은 국가별로 차등을 두었는데 유럽연합의 경우 8%, 미국은 7%, 캐나다/일본은 6%, 러시아/뉴질랜드는 0% 비율로 감축해야 하며, 아이슬란드는 10% 증가로 제한했다. 선진국에만 온실가스 감축 의무를 부여했으며, 개발도상국에는 감축 의무를 부여하지 않았다. 온실가스 감축 의무를 달성하기 위해 교토의정서에서는 온실가스 배출권거래제도(대규모 온실가스 배출 사업장이 정부로부터 온실가스 배출 허용량을 할당받아 그 범위 내에서 감축하되, 할당량이 남을 경우 판매할 수 있고, 할당량이 부족할 경우 구입하여 효과적으로 온실가스 감축의 이행을 관리하는 제도), 청정개발체제(감축 목표를 부여받은 선진국이 감축 목표가 없는 개발도상국가에서 온실가스 감축 사업을 실시하여 달성한 온실가스 감축량을 선진국의 감축 목표에 포함시키는 제도. 선진국은 저비용으로 온실가스 감축 목표를 달성하고, 개발도상국가는 선진국으로부터 기술과 재정 지원을 받을 수 있다), 공동이행제도(선진국들 간에 온실가스 감축 사업을 공동 수행하는 것을 인정하는 제도) 등 교토 메커니즘을 도입하여 유연성을 부여했다.

1차 공약 기간 동안 온실가스 배출량을 1990년 대비 평균 22.6% 감축하여 목표치였던 평균 5.2%를 크게 뛰어넘어 초과 달성했으나 공약 연장의 내용이 없어 지속하기 어려운 한계가 드러났다. 교토의정서는 매번 새로운 공약 기간을 정해야 하고, 감축 목표를 새롭게 설정해야 하기 때문에 추가 협상 진행에 어려움이 많았다. 미국은 의정서에 비준하지 않았으며, 캐나다는 1차 공약 기간 이후 의정서를 탈퇴했고, 일본과 러시아, 뉴질랜드는 불참 의사를 밝히는 등 참여 국가 또한 크게 줄었다. 또한 중국이나 인도 등 온실가스를 다량 배출하는 국가들은 개발도상국이라는 이유로 감축 의무가 없어 교토의정서 체제는 이어지기 어려웠다.

교토의정서의 한계를 극복하고자 새로운 체제에 대한 논의가 시작되었고, 2015년 제21차 당사국총회(COP21)에서 '파리협정(파리기후협약)'이 채택되었다. 새로운 체제를 만들기 위한 협상은 쉽지 않았지만 파리협정 채택으로 기후 변화 대응을 위한 '신기후체제'로 들어서게 되었다. 파리협정에서는 온실가스 배출량 감축뿐만 아니라 이미 발생한 기후 변화에 적응하는 것도 목표로 하였다. 목표 달성을 위해 재원과 기술, 역량 배양에 대해서도 규정하고 있으며, 절차를 투명하게 지킬 것도 강조하고 있다. 파리협정의 이러한 6개 분야를 신기후체제의 '6개의 기둥(6 Pillars)'이라고이라고 한다.

파리협정은 많은 국가들의 참여를 유도하기 위해 상향식 방식을 사용했다. 각 당사국들이 자신들의 상황에 맞는 온실가스 감축 목표를 자발적으로 결정하도록 한 것이다. 이를 '국가온실가스감축목표(NDC, Nationally Determined Contribution)'라고 하는데 파리협정은 모든 당사국들이 스스로 NDC를 설정하고, 제출하는 것을 의무화했다. 그러나 많은 국가들의 참여를 유도하기 위해 NDC 내용에 대해 법적 구속력을 부여하지는 않았다. 2015년 파리협정에 참여한 195개국이 NDC를 제출했으며, 5년마다 새로운 NDC를 제출하게 되어 있어 지난 2020년 말까지 대부분 국가가 강화된 온실가스 감축 목표를 발표했다. 미국은 바이든 정부가 출범한 이후 한발 더 나아가 2021년 연말까지 다시 한 번 2030년을 목표로 더욱 강력한 온실가스 감축 계획을 설정할 것을 제안했다. 2021년 4월 22일 지구의 날을 맞아 개최된 세계기후정상회의에서 미국과 유럽, 일본은 한층 강화된 NDC를 발표했고, 우리나라의 경우에는 11월 COP26 개최 전에 새로운 NDC를 제시했다.

2021년 주요 국가 온실가스 감축 목표(NDC) 수정 현황

	기존 목표	수정 목표
미국	2025년까지 2005년 대비 26~28% 감축	2030년까지 2005년 대비 50~52% 감축
중국	2005년 대비 2030년 GDP당 배출량 65% 감축	기존 목표 재확인
EU	2030년까지 1990년 대비 40% 감축	2030년까지 1990년 대비 55% 감축
일본	2030년까지 2013년 대비 26% 감축	2030년까지 2013년 대비 46% 감축
한국	2030년까지 2017년 대비 24.4% 감축	추가 상향안 연내 UN 제출
영국	2030년까지 1990년 대비 68% 감축	2035년까지 1990년 대비 78% 감축
캐나다	2030년까지 2005년 대비 30% 감축	2030년까지 2005년 대비 40~45% 감축
브라질	2030년까지 2005년 대비 43% 감축 2060년 탄소중립 실현	2030년 목표 재확인 2050년 탄소중립 실현
남아프리카공화국	2035년 탄소 배출 정점	2025년 탄소 배출 정점

출처 : 각국 정부 홈페이지, 언론보도, NH투자증권 리서치본부

3

ESG를 이끄는, ESG 이니셔티브

ESG를 이해하는 데 있어 ESG를 이끄는 협의체인 이니셔티브에 대한 정보를 파악하는 것이 중요하다. 그러한 관점에서 ESG 이니셔티브에 대해 알아 보자.

이니셔티브는 어떤 주제에 대한 논의를 이끌고 실천 방안을 만들어 내는 구조를 말한다. 다시 말해. ESG 이니셔티브는 ESG 경영의 목표 설정, 실행, 보고, 평가와 관련된 프레임워크를 제시하는 협의체를 의미한다. 그리고 다양한 이해관계자들이 참여하여 지속가능성과 관련한 주요 이슈를 균형감 있게 논의함으로써 새로운 주제를 주도하고 확산시키는 역할을 한다. 또한 ESG 경영과 평가의 가이드라인이 된다. 그 종류로는 투자기관 중심의 이니셔티브나 다국적 기업 연합도 존재한다. 최근에는 ESG 정보 공시 기준을 통일하기 위해서 여러 이니셔티브들이 협업하거나 합병하는 경우도 있다.

UNGC

UNGC(UN Global Compact, 유엔글로벌콤팩트)는 1999년 세계경제포럼에서 유엔 사무총장 코피 아난에 의해 선언된 후 2000년 뉴욕에 본사를 두고 출범했다. UNGC는 기업이 핵심 가치인 인권, 노동, 환경, 반부패 등 4개 분야에 걸친 10대 원칙 및 17개 지속가능발전목표(SDGs)와 같은 포괄적인 유엔의 목표를 기업의 운영과 경영 전략에 내재화시키는 것을 목표로한다. 그것을 통해 지속가능성과 기업 시민의식 향상에 동참할 수 있도록 권장하고, 이를 위한 실질적 방안을 제시하는 이니셔티브이다.

2021년 7월 현재 162개 국가에서 1만 3,555개 기업 및 기관이 참여하고 있으며, 8만 808건의 보고서를 발간했다. 우리나라에서도 262개 기업 및 기관이 참여했다. UNGC 10대 원칙은 인권 존중, 인권 침해 연루 금지, 결사의 자유와 단체교섭권 보장, 강제노동 금지, 아동노동 금지, 차별 철폐, 환경 문제에 대한 예방적 접근, 환경 책임, 친환경 기술 개발, 부패방지 등이다.

UNEP FI

UNEP FI(UN Environment Programme Finance Initiative, 유엔환경계획금융이니셔티브)는 1992년 유엔환경계획 브라질 리우회의에서 지속가능한 발전에 대한 합의를 계기로 상업은행, 투자은행, 자산운용사들의 제의로 설립된 UNEP와 금융 산업 간의 공공-민간 파트너십이다. 후에 따로 설립된 UNEP 보험 산업 이니셔티브와 2003년 합병했다. UNEP FI는 금융기관의 전반적인 경영활동이 지속가능성을 바탕으로 이루어지는 것을 목표로 한다. 2021년 7월 현재 400여 개 회원사를 두고 있으며, 한국의 금융 기업 14사도 회원사이다.

PRI

PRI(Principle of Responsible Investment, 책임투자원칙)는 유엔 사무총장 코피 아난 주도로 2006년 설립된 국제적 투자자 네트워크이다. 6가지 책임투자원칙은 기관투자자들이 수탁자책임을 다하기 위해서 ESG를 투자 의사결정 절차와 주주행동 정책에 포함시켜 책임투자원칙 실행의 효율화를 꾀하도록 했다. 유엔과는 창립부터 협력 관계를 유지하고 있는데, 유엔 산하 UNEP FI와 UNGC가 PRI의 이사회 멤버이다. PRI의 서명기관은 2021년 3월 말 현재 3,826개까지 확대되었고, 운용자산은 총 121조 달러에 달한다. 이는 2006년 설립 당시 6조 달러에서 연평균 22%씩 성장한 것이다.

우리나라에서는 국민연금을 포함해서 11개 금융기관이 서명했다. 서명한 기관은 매년 책임투자 이행 상황을 보고하고 그에 대해 6단계로 평가를 받는다. 미흡할 경우 2년간의 재평가 기회가 있지만, 여전히 미흡할 경우 탈락하게 된다.

GSIA

GSIA(Global Sustainable Investment Alliance, 글로벌지속가능투자연합)는 2014년 유럽, 호주, 캐나다, 영국, 미국, 일본, 네덜란드 등 7개 국가의 지속가능투자연합 기관들이 설립한 글로벌 이니셔티브이다.

GSIA의 목표는 지속가능 투자기관의 영향력과 가시성을 글로벌 레벨에서 강화하는 것이며, 전 세계에서 ESG 요소가 기존의 금융시스템과 투자 과정에 통합되는 환경을 만들고자 한다. 격년 발행하는 보고서 〈트렌드 리포트〉를 통해 네거티브 스크리닝(투자 대상 선정을 위해 규칙을 정하고 규칙에 따라 취사선택하는 투자방식), 포지티브 스크리닝, 규범 기반 스크리닝, ESG 통합, 지속가능 테마, 임팩트 및 지역사회, 주주관여활동 등 7가지 투자 전략별 및 지역별 지속가능 투자 규모 통계와 정책, 시장 동향 등을 발표하고 있다.

GRI

GRI(Global Reporting Initiative, 글로벌리포팅이니셔티브)는 환경책임경제연합과 유엔환경계획이 중심이 되어 1997년에 설립되었다. 이후 2002년 네덜란드 암스테르담으로 본부를 이전하고 상설기관으로 확대 개편했다. GRI는 지속가능성(기후 변화, 인권, 지배구조 등)과 관련된 비재무적 요소 보고를 위한 글로벌 프레임워크, 가이드라인을 개발하는 비영리기관이다. 현재 VRF와 함께 세계적으로 통용되는 가장 권위 있는 지속가능성보고서 가이드라인인 GRI 기준을 2016년 제정하고 지속해서 개정하고 있다.

GRI 기준은 90개 이상 국가의 NGO, 정부, 기업체 등에서 비재무 정보 공시 기준으로 다양하게 사용되고 있으며, 회계법인 KPMG 조사에 따르면 2020년에는 포춘250 기업(G250, 선정 전 세계 매출액 상위 250개 기업) 중 73%가 GRI 기준을 사용한다고 응답했다(단일 및 공동 기준 합계). 2020년 CDP, CDSB, SASB, IIRC 등과 함께 ESG 공시 표준화를 위한 협업을 결의했다.

CDP

CDP(Carbon Disclosure Project, 탄소공개프로젝트)는 전 세계 기업, 도시들의 기후 변화 대응 및 환경 관련 정보공개 시스템을 제공하는 비영리단체로 2000년 설립되었다. CDP 글로벌이 CDP 월드와이드그룹, CDP 노스아메리카, CDP 유럽 AISBL을 지배하는 구조로 50개 이상 국가에 거점을 보유하고 있다. 현재 90개 이상 국가 소재 기업 및 도시들이 CDP를 통해 정보공개를 하고 있다. 또한 CDP는 제공된 정보를 활용하여 각국의 9,600개 이상의 기업, 800개 이상의 도시에 대해 기후 변화, 수자원, 산림자원 등 세 가지 영역에 대한 평가를 A~D 및 F등급으로 공개하고 참여 기관의 기후 변화 대응과 환경 관리에 대한 인센티브를 제공한다.

2020년 기후 변화 277개 기업, 수자원 106개 기업, 산림자원 16개 기업이 A등급을 받았으며, 우리나라에서는 LG디스플레이 등 4개 기업이 기후 변화, 수자원에서 동시에 A등급을 받았다. CDP를 통한 정보공개는 TCFD 공시와도 문항 간 유사성 및 관련성이 크기 때문에, CDP 정보공개를 통해 TCFD 공시 가이드라인 역시 상당 부분 충족할 수 있다. 2020년 GRI, CDSB, SASB, IIRC 등과 함께 ESG 공시 표준화를 위한 협업을 결의했다.

CDSB

CDSB(Climate Disclosure Standards Board, 기후공시기준위원회)는 세계경제포럼에서 제기된 환경정보 공시의 일관성 및 통합성 결여 문제를 개선하기 위해 출범했다. CDSB는 기후 변화와 관련된 정보를 금융 공시 시스템에 통합함으로써, 투자자 및 금융시장에 중요한 비재무적 정보를 제공하는 비영리기관으로 기업과 환경 NGO의 국제 컨소시엄이다. CDSB는 환경정보 공시 프레임워크를 제공하여 현존하는 기준과 사례들이 어떻게 금융시스템과 기후 변화 정보 통합에 사용될 수 있을지를 살피는 협력 포럼의 역할도 수행하고 있다.

CDSB 공시 프레임워크는 2018년 4월에 업데이트되었으며, 일관성을 위해 TCFD, GRI, CDP 등 각종 주요 공시 가이드라인에 적용될 수 있도록 만들어졌다. 또한 회계사, 교수 등 외부 인력으로 구성된 기술적 업무그룹을 통해 CDSB 공시 프레임워크를 관리하고, 이해관계자들의 소통을 촉진하는 시스템도 보유하고 있다. 2020년 GRI, CDP, SASB, IIRC 등과 함께 ESG 공시 표준화를 위한 협업을 결의했다.

CDSB는 ESG 공시 기준 통합에 활발한 행보를 보이고 있는 IFRS 재단에 2022년 1월 통합되었다.

VRF

VRF(Value Reporting Foundation, 가치공시재단)는 2021년 6월 SASB(지속가능성회계표준위원회)와 IIRC(국제통합보고위원회)가 합병되어 만들어진 재단으로, 지속가능성, 전략, 거버넌스 등 비재무요소 공시를 위한 통합적 프레임워크와 가이드라인을 제공한다. 2011년 설립된 SASB는 11개 산업의 총 77개 하부 산업군 별로 세분화된 비재무정보 공개 지침과 산업별로 다르게 적용되는 이슈별 중대성 정도에 특화되어 있고, 2010년 설립된 IIRC는 기업의 재무성과와 비재무성과를 통합적으로 공개하는 기준에 특화되어 있기 때문에, 양사 간 합병 시너지가 기대된다.

합병이 이뤄지기 전까지 2014년 IIRC가 주도한 CRD를 통해 8개 ESG 이니셔티브들이 ESG 공시 기준 통합 논의를 시작했고, 2020년에는 그중 GRI, CDP, CDSB, SASB, IIRC 등 5개 기관이 ESG 공시 표준화를 위한 협업을 결의한 바 있다. VRF는 IFRS와 같은 전통적 회계 기반 공시 기구들과도 긴밀하게 협업하여, 궁극적으로는 더욱 통합적이며 유용한 공시 시스템을 만드는 것을 목표로 삼고 있다.

VRF는 ESG 공시 기준 통합에 활발한 행보를 보이고 있는 IFRS재단에 2022년 6월 통합될 예정이다.

TCFD

TCFD(Task Force on Climate-related Financial Disclosures, 기후관련재무공시협의체)는 2015년 G20 산하에 국제 금융규제·감독 역할을 하는 금융안정위원회에서 설립했다. TCFD는 기후 변화와 관련된 데이터를 기존 금융 공시 자료에 적용할 수 있는 프레임워크를 개발하는 이니셔티브이다. 2017년 발표한 TCFD 권고안은 지배구조, 전략, 리스크 관리, 지표 및 목표치 등 4개 주요 공개 항목에 걸쳐 기업이 조직의 위험 관리 및 의사결정에 반영하도록 하는 것을 목표로 한다.

2020년 블랙록 CEO 연례 서신에서 TCFD 기준에 따른 공시를 요구한 이후로 빠르게 확산해, 2021년 7월 현재 전 세계 88개 국가에서 2,300개 이상의 정부, 기업 등 기관이 TCFD 권고안을 지지하고 있고, 우리나라에서도 67개 기관이 지지한다. 국가별 ESG 공시 의무화나 ESG 공시 기준 통합 방안에서도 가장 많이 언급되는 기준 중 하나이다.

VBA

VBA(Value Balancing Alliance, 가치균형연합)는 2019년 화폐화 기반 사회적 가치 측정 표준 개발을 위해, BASF 등 8개 다국적 기업들이 설립한 글로벌 민간 협의체이다. VBA는 사업의 환경적, 사회적 영향을 정량화하여 비교 가능한 금융 데이터화하고 궁극적으로는 하나의 일관적이며 국제적으로 통용 가능한 지속가능성 평가 및 비교 방법론을 만드는 것을 목표로 하는 다국적 기업 연합이다. 해당 방법론은 회원사들이 유효성 및 유용성을 테스트하고 있다. 세계 4대 회계법인 KPMG, EY, 딜로이트, PWC가 무료 봉사 컨설팅을 맡고 있고, 현재 18개 회원사 중에는 우리나라의 SK, 신한금융지주도 포함되어 있다.

2장

환경을 중시하는 기업만이 살아남는다

1

우리를 둘러싼 지구환경 - 물, 땅, 공기

유엔환경계획의 환경 구성 요소 구분에 따르면 지구는 수권(물), 암석권(육지), 대기권(기후)으로 나뉜다. 환경 오염이란 자연 상태가 바람직하지 않은 상태로 변하는 것을 말하며, 바람직한 상태로 되돌리는 것을 '환경 개선'이라고 한다. 여기서 '바람직하다'는 것은 가치판단이 개입하는 문제로 논쟁거리가 되기도 하지만 대부분은 상식선에서 판단하여 인간의 삶에 이로운 방향으로 되돌리는 것을 의미한다.

유엔환경계획에서 구분한 환경 요소별 주요 환경 문제에는 어떤 것이 있고, 환경 개선 방안 및 글로벌 대응 노력으로 어떤 일들이 이뤄지고 있는지 알아보자.

블루 마블의 70%는 '물'

UNEP 기준의 환경 구성 요소 중 '물' 은 우리 생활과 매우 밀접한 관련이 있다. 오염되지 않은 깨끗한 수질 관리는 마시는 물이나 각종 산업 용수 관리, 수중 생태계 보호 등 인류의 생존을 위해 필수다.

수질 오염의 원인은 발생원에 따라서 점오염원과 비(非)점오염원으로 구분할 수 있다. 점오염원은 고정된 배출원에서 발생하는 오염원으로 비중은 생활하수가 60%, 공장폐수 39%, 축산폐수 1% 순이다. 이중 공장폐수는 중금속과 유독물질 등을 함유하고 있어 심각한 문제가 된다. 또 축산폐수는 양은 적지만 병원균을 다량 함유하고 있다. 비점오염원은 장마철 빗물과 함께 하천을 오염시키는 오염원을 말하는데 배출 지점이 불특정하고 광범위한 지역에서 대량 발생하는 특징이 있다.

국가 간 경계가 모호한 해양 환경의 경우에도 환경 보전의 중요성이 증가하고 있다. 1967년 토레이캐니언호에서 대량의 원유 유출 사고가 발생한 것을 계기로 국제해사기구(IMO)는 1973년 국제해양오염방지협약(MARPOL)을 채택했다. 이 협약은 6개의 부속서로 구성되어 있는데 선박으로부터 발생하는 기름 및 유해 액체 물질, 포장 유해물질, 하수, 쓰레기, 대기 오염 물질을 규제하기 위한 절차와 방법이 규정되어 있다. 이후 2021년에 연료유의 황 함량 규제 강화를 시행하여 정유와 해운 산업에서 황 함량 감축을 위한 대규모 투자가 이루어졌다.

최근에는 해양에 플라스틱 쓰레기와 미세플라스틱을 함부로 버리는 것이 국제적인 환경 문제로 부각하고 있다. 아직은 미세플라스틱 크기에 대한 국제적 정의가 확립되지 않았으나 통상적으로 크기 5밀리미터 미만의 플라스틱을 미세플라스틱으로 구분하고 있다. 제품 제조 시 함유된 것을 1차 미세플라스틱이라 하며, 환경으로 배출된 플라스틱이 자연 상태에서 햇빛과 바람, 파도 등에 의해 쪼개진 것을 2차 미세플라스틱이라 한다. 지난 50년 동안 전 세계 플라스틱 생산량은 총 83억 톤으로 추정되고 있으며, 이 중 75%인 약 63억 톤이 쓰레기로 배출되었다. 또한, 최소 800만 톤 이상의 미세플라스틱 쓰레기가 매년 바다에 버려지는 것으로 추정되고 있다.

세계자연보전연맹(IUCN)은 미세플라스틱의 주요 발생원을 세탁과 타이어 마모, 도시 먼지, 도로 페인트, 선박 페인트, 세정용품 등으로 구분했다. PE와 PP 등 플라스틱의 경우 자체의 독성은 낮으나 플라스틱 제조 시 사용되는 가소제나 난연제 등 첨가제가 독성 물질로 생물 체내에 축적되는 것이 문제가 될 수 있다. 세계식품기구(FAO), 해양전문가연합(GESAMP) 등이 미세플라스틱의 위해성을 검토한 결과 해산물 섭취로 인체에 유입되는 미세플라스틱에 의한 위해성은 낮다는 사실이 밝혀졌다. 다만 플라스틱 배출량 증가로 인한 해양생태계 파괴 현상을 고려할 때 미세플라스틱 처리에 관한 국제적 논의가 필요하다.

유엔환경총회(UNEA)는 이러한 문제를 해결하기 위해 해양쓰레기, 미세플라스틱 관리 결의안을 채택했다. G20도 2017년 해양쓰레기 실행 계획을 발표하여 문제 해결을 위해 노력하고 있다. G20 국가들은 1차 미세플라스틱의 대표적인 발생원인 세정용 화장품과 치약 등 의약외품에 대해 미세플라스틱 사용을 금지했고, 미국과 캐나다, 대만 등에서는 미세플라스틱 규제 법안을 도입했다. 한국도 2018년 생활화학제품에서의 미세플라스틱 사용에 대한 규제 방안을 도입했다.

폐기물 대란으로 신음하는 '땅'

폐기물이란 인간의 생활이나 사업활동에 필요하지 않게 된 물질을 말한다. 폐기물로는 일상생활이나 산업활동을 통해 방출되는 쓰레기나 연소재, 폐유, 폐산, 폐알칼리, 동물의 사체 등이 있다. 폐기물은 1차적으로 폐기물 발생원과 폐기물 발생량에 따라 생활폐기물과 사업장폐기물(건설폐기물 포함)로 구분되며, 2차적으로는 유해성에 따라 사업장 일반폐기물과 지정폐기물로 나뉘고, 3차로는 발생 특성에 따라 사업장 생활계폐기물, 사업장 배출시설계 폐기물, 건설폐기물, 의료폐기물 등으로 구분된다.

폐기물 발생량이 늘어날 경우 수질 오염과 대기 오염, 토양 오염, 악취 등 환경 문제가 발생하며, 쾌적한 인간의 생활 환경이 훼손될 수 있다. 그러므로 생산과 유통, 소비, 폐기 등 전 과정에서의 폐기물 발생을 최대한 억제하고, 발생한 폐기물과 순환이 가능한 자원의 재사용 및 재활용을 적극적으로 추진해야 자원의 효율성을 극대화하고 환경 오염을 최소화하는 자원순환 사회로의 전환을 이룰 수 있다. '대량생산-대량소비-대량폐기'가 주류를 이루는 현재의 사회경제 시스템으로는 환경, 자원, 에너지 위기를 극복하는 데 한계가 있다.

선진국에서는 이미 1990년대부터 자원순환 사회로의 전환 정책을 시행 중이다. 독일은 1995년 '자원순환 및 폐기물의 친환경적 보장에 관한 법률'을 제정하여 자원순환 정책을 본격화했다. 2005년부터 생활폐기물 직매립을 금지했고, 2010년 생활폐기물 매립률 0.4%를 달성했으며, 2020년부터 생활폐기물 매립지를 단계적으로 폐쇄할 계획이다. 일본의 경우 2002년 '순환형사회형성기본법'을 제정하여 2010년 폐기물

환경부 정의 생활폐기물의 분류

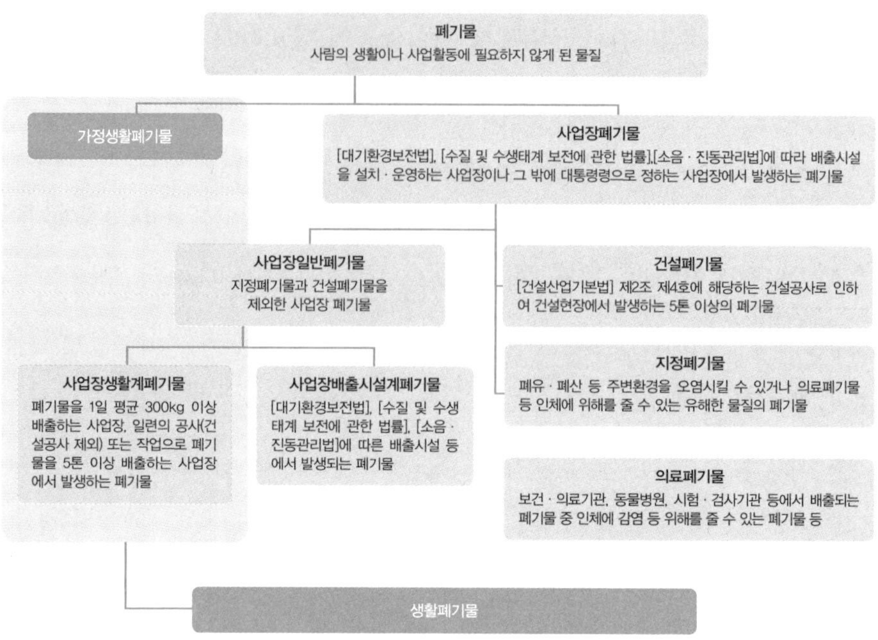

폐기물
사람의 생활이나 사업활동에 필요하지 않게 된 물질
가정생활폐기물
사업장폐기물
[대기환경보전법], [수질 및 수생태계 보전에 관한 법률],[소음 · 진동관리법]에 따라 배출시설을 설치 · 운영하는 사업장이나 그 밖에 대통령령으로 정하는 사업장에서 발생하는 폐기물
사업장일반폐기물
지정폐기물과 건설폐기물을 제외한 사업장 폐기물
건설폐기물
[건설산업기본법] 제2조 제4호에 해당하는 건설공사로 인하여 건설현장에서 발생하는 5톤 이상의 폐기물
사업장생활계폐기물
폐기물을 1일 평균 300kg 이상 배출하는 사업장, 일련의 공사(건설공사 제외) 또는 작업으로 폐기물을 5톤 이상 배출하는 사업장에서 발생하는 폐기물
사업장배출시설계폐기물
[대기환경보전법], [수질 및 수생태계 보전에 관한 법률], [소음 · 진동관리법]에 따른 배출시설 등에서 발생되는 폐기물
지정폐기물
폐유 · 폐산 등 주변환경을 오염시킬 수 있거나 의료폐기물 등 인체에 위해를 줄 수 있는 유해한 물질의 폐기물
의료폐기물
보건 · 의료기관, 동물병원, 시험 · 검사기관 등에서 배출되는 폐기물 중 인체에 감염 등 위해를 줄 수 있는 폐기물 등
생활폐기물

자료: 환경부

매립률을 3% 수준으로 낮췄다. 이외 여러 유럽 국가는 매립세 또는 직매립 금지 법령을 도입하여 자원순환 사회로의 전환을 꾀하고 있다.

우리나라도 자원순환 경제체제로 전환하기 위해 '자원순환사회전환법'과 '자원순환사회 전환 촉진법'을 제정했다. 이 법령에 포함된 내용은 다음과 같다.

① 폐기물이 일정 요건을 충족하면 폐기물에서 제외될 수 있도록 하여 사업자 관리 및 처리 부담을 완화하는 '순환자원 인정 제도'

② 구체적인 자원순환 목표를 달성할 경우 인센티브를 제공하는 '자원순환 성과관리 제도'

③ 재활용 비용보다 매립과 소각 비용이 상대적으로 낮아 폐기물 중 재활용 가능한 자원을 처분하는 문제를 해결하기 위한 '폐기물처분부담금' 제도

지구를 둘러싼 뜨거운 '공기'

인간이 감당할 수 있는 한계점인 '2℃ 목표'를 지키기 위해 전 세계가 노력하고 있다. '2℃ 목표'란 산업화 이전 시대와 비교하여 지구의 평균 온도가 2℃ 이상 상승하지 않도록 온실가스 배출량을 극적으로 감축하자는 것이다. 지역과 상황에 따라 평균 온도 상승의 감내 범위는 서로 다르지만 기후 변화에 효율적으로 대응하기 위한 일반적인 범위로 2℃ 목표를 설정했다. 이미 지구의 평균기온이 1.0℃ 이상 상승한 것이 분명한 상황에서 더 이상 심각한 기후 위기를 유발하고 환경생태계를 어지럽히는 지구 온난화 현상을 묵과할 수 없게 된 것이다. 다만 산업화 과정에 있는 군소도서 개발도상국을 고려하여 '노력 목표'를 상승폭 1.5℃ 이하로 설정하여 온실가스를 감축하기 위한 의지를 다지고 있다.

지구 온난화를 저지할 수 있는 유일한 방법은 온실가스, 즉 이산화탄소 배출을 줄이는 것이다. 지구의 평균 온도가 2℃ 이상 상승하지 않는 수준에서 앞으로 배출할 수 있는 이산화탄소의 양을 '탄소예산'이라고 한다. 2020년 초 기준으로 '2℃ 목표'를 지키기 위한 남은 탄소예산은 9,850억 톤이다. 2019년 한 해 367억 톤의 온실가스를 배출했는데 같은 수준이 계속된다면 탄소예산은 2050년 이전에 고갈될 전망이다. 매년 온실가스 배출량이 증가하는 것을 고려하면 완전히 고갈되는 것은 그리 멀지 않은 일이며, 그 결과 기후 변화로 인한 자연재해와 사회·경

제적 손실은 급격히 증가할 수밖에 없다.

지구 온난화에 따른 기후 변화 및 자연재해를 방지하기 위해 1990년 12월 유엔총회는 기후 변화에 관한 기본 협약을 위한 국가간협상위원회(INC)를 설립했다. 1992년 6월 리우에서 열린 유엔환경개발회의(UNCED)에서 유엔기후변화협약(UNFCCC)을 채택하여 전 지구적 차원의 지구 온난화 방지를 위한 협업이 시작되었다. 1997년에는 '교토의정서'가 채택되어 수동적 기후체제가 시작되었고, 2015년에는 '파리협정'이 채택되어 능동적인 신기후체제로 전환하게 되었다. 온실가스 저감을 위한 글로벌 노력과 다양한 기술에 대한 부분은 2권에서 자세히 소개할 예정이다.

지구 온난화를 유발하는 온실가스

지구의 평균 온도가 상승하는 이유는 대기 중 온실가스 농도가 상승했기 때문이다. 온실가스는 지구의 온도를 일정하게 유지하는 매우 중요한 역할을 한다. 온실가스가 대기 중에 복사열을 적당히 유지해 온화한 기온이 계속되도록 하는데 이를 온실효과라고 한다. 그러나 이산화탄소와 같은 온실가스 농도가 지나치게 높으면 온실효과가 강해져 지구 평균 온도가 상승한다. 또한 그에 따라 기후가 변하고, 그 결과 자연재해가 발생하며, 기존의 생태계가 교란되는 부작용이 나타난다. 1997년 교토의정서에서는 대기 중 배출이 많고, 온실효과가 강한 6종류의 기체를 6대 온실가스로 규정하고, 중점적인 관리 대상으로 분류했다. 6대 온실가스로는 이산화탄소(CO_2), 메탄(CH_4), 아산화질소(N_2O), 수소불화탄소(HFCs), 과불화탄소(PFCs), 육불화황(SF_6)이 있다.

이산화탄소 1kg이 지구 온난화에 미치는 영향을 1로 정하고 이를 기준 지수로 삼아 다른 온실가스 1kg의 영향을 상대적으로 평가한 지표를 '지구온난화지수(GWP, Global Warming Potentials)'라고 한다. 즉, 온실가스별로 지구 온난화를 일으키는 정도가 다르기 때문에 이를 표준화하여 그 정도를 명시한 것이다. 예를 들어, 온난화 지수가 21인 메탄의 경우, 메탄 1kg는 기후 변화에 이산화탄소 21kg에 해당하는 영향을 미친다. 메탄의 지구 온난화에 대한 기여도가 이산화탄소보다 21배 높다고 해석할 수 있다. 온난화 지수는 이산화탄소 상당량(CO2eq)으로 표시하며 각 국가는 온난화 지수를 바탕으로 계산한 온실가스별 배출량을 합산하여 국가의 총 온실가스 배출량을 산출하고 있다. 기후변화에 관한 정부간 협의체(IPCC)가 공표한 6대 온실가스에 대해 알아보자.

(1) 이산화탄소(CO_2)

가장 대표적인 온실가스인 이산화탄소는 산업혁명 이후 기후 변화에 가장 큰 영향을 미쳐왔다. 산림 벌채, 에너지 사용, 석탄/석유 연료 등 화석 연료의 연소 등이 발생 원인이다. 1970~2010년 전체 온실가스 배출량 증가분의 약 78%를 차지하고 있으며 대기 중 체류 기간은 5~200년으로 알려져 있다. IPCC 5차 보고서에 따르면, 이산화탄소 사강제력(온실효과)은 1.82W/m^2로 전체 복사강제력의 64.3%를 차지한다.

(2) 메탄(CH_4)

메탄은 이산화탄소 다음으로 지구 온난화에 미치는 영향이 큰 온실가스다. 메탄의 배출원은 습지, 화석 연료, 매립지, 반추동물, 논, 그리고 생물이며, 식물 또는 유기 물질이 혐기성 미생물에 의해 분해되면서 다량으로 발생한다. 대기 중 반감기는 약 9~12년으로 다른 온실가스 종에 비해 체류 기간이 짧다. 이산화탄소의 경우 배출을 중단하더라도 상당 기간 대기에 잔류하지만, 메탄은 수명이 비교적 짧아 정책적으로 배출량을 줄일 경우 가장 빠른 효과를 볼 수 있다.

(3) 아산화질소(N20)

아산화질소는 대기 중 체류 기간이 114년인 온실가스로 복사강제력(온실효과) 기여도는 약 6%다. 아산화질소는 해양과 토양에서 발생하는 자연 기원과, 화석 연료, 생태 소각, 농업 비료의 사용 등 인위적 기원으로 구분할 수 있다. 인위적 배출원과 자연적 배출원의 비율은 유사한 수준이다. 아산화질소는 성층권에서 오존 파괴 과정을 거치며 소멸한다.

(4) 수소불화탄소(HFCs)

수소불화탄소는 오존층 파괴 물질인 염화불화탄소(CFCs)에서 염소가 제거된 물질이다. 앞서 소개한 CO_2, CH_4, N_2O와 달리 인간이 합성한 가스이다. 염화불화탄소가 오존층을 파괴한다는 사실이 밝혀진 후 몬트리올 의정서에 의해 규제 물질로 등록되고, 이를 대체하는 물질로 과불화탄소(PFCs)와 함께 개발되었다. 수소불화탄소는 오존층에 직접적인 영향을 미치지는 않지만 강력한 온실효과를 가지고 있다. 에어컨, 냉장고 냉매 등으로 사용되는데, 1980년대 이후 신흥국 성장에 따른 에어컨, 냉장고 사용 증가로 대기 중 수소불화탄소 농도 또한 증가 추세에 있다.

(5) 과불화탄소(PFCs)

과불화탄소 또한 염화불화탄소의 대체 물질로 개발된 가스로 자연계에는 존재하지 않는다. 산업 공정의 부산물로 배출되며 우리나라의 경우 주로 반도체 세작 중 에칭 과정에서 배출된다. 국내 반도체 제조 과정에서 배출된 과불화탄소는 1997년 1,682톤에서 2017년 2,122톤으로 약 26% 증가했다.

(6) 육불화황(SF_6)

육불화황의 주요 발생원은 반도체와 자동차 생산 공정이며 전기가 통하지 않는 특성이 있어 가스 차단기, 폭발 방지물 등에 쓰인다. HFCs, PFCs와 마찬가지로 자연계에는 존재하지 않으며 한번 배출되면 약 3,200년 동안 대기에 남아 있고 지구 온난화 지수가 2만 3,900인 만큼 비교적 적은 양이라 할지라도 미래 기후에 큰 영향을 미칠 가능성이 있는 온실가스다. 대기 중에서 반응성이 거의 없고 안정적이기 때문에 대부분 성층권이나 그 상층에서 짧은 파장의 태양 자외선에 의해 파괴될 수 있다.

2

국가와 기업들의 환경 개선을 위한 준비

최근 미국과 유럽, 아시아 등 세계 곳곳에서 폭우와 폭염, 산불 등 기상이변이 속출하자 기후 변화 문제의 심각성에 대한 전 지구적 공감대가 형성되었다. 기후 변화의 원인은 인간 활동으로 인한 지구 온난화이다. 유엔 산하 기후 과학자들이 모인 IPCC는 2021년 8월 공개한 6차 실무 보고서에서는 기후 변화의 원인은 인간 활동에 의한 것이 명백한 것으로 확인했으며, 산업화 이전(1850년~1900년)보다 지구 온도가 1.5도 상승하는 시점을 2040년으로 전망했다. 이는 2018년에 발간한 5차 보고서에서 예측한 2050년과 비교해 10년 빨라진 것이다. 우리의 삶을 위협하기 시작한 기후 위기를 극복하기 위해 어떤 노력들이 진행되고 있는지 알아보자.

기후 변화 위기와 탄소중립의 필요성

이산화탄소 농도는 지난 200만 년 역사상 가장 높고, 해수면은 최근 3000년 동안 가장 빨리 상승했다. 북극 해빙 면적은 지난 1000년 동안 가장 적었고, 빙하 면적은 2000년 중 가장 많이 줄어들었다. 이러한 지구 온난화가 계속된다면 지역 평균기온, 강수량, 토양 수분 변화가 갈수록 커질 수밖에 없다. 지구의 온도가 2℃ 이상 상승하면, 폭염과 한파 등 보통의 인간이 감당할 수 없는 자연재해 발생 빈도가 증가할 것이다. 그러나 상승 온도를 1.5℃로 제한할 경우 생물다양성, 건강, 생계, 식량 안보, 인간 안보 및 경제성장에 대한 위험이 2℃일 때보다 대폭 감소한다.

지구 온난화를 제한하려면 이산화탄소, 메탄, 다른 온실가스 배출을 강력하고 빠르게 줄여야 한다. 과학자들은 지구 기후 위기의 주요 지표 중 상당수가 이미 임계점을 넘어섰다는 증거가 속출하고 있으므로 지구 자원의 무분별한 남용을 억제하고 탄소 배출량을 급격히 줄여야 한다고 지적한다. 이에 대두된 개념이 바로 '탄소중립'이다. 탄소중립이란 인간의 활동에 의한 온실가스 배출을 최대한 줄이고, 남은 온실가스는 흡수(산림 등), 제거해서 실질적인 배출량을 0(Zero)이 되도록 만드는 것을 말한다. 즉 배출되는 탄소와 흡수되는 탄소량을 같게 해 탄소 '순배출이 0'이 되도록 하는 것으로, 탄소중립을 '넷제로(Net Zero)'라고 부른다. 기후 변화 위기가 인간의 생존을 위협하는 심각한 문제로 떠오르자 세계 각국은 앞다투어 탄소중립을 위한 각종 정책을 내놓고 있다.

탄소중립을 실현하기 위한 글로벌 연대 움직임

2021년 4월 세계 40여 개국 정상이 참여한 세계기후정상회의에서 미국의 조 바이든 대통령은 2030년까지 온실가스 배출량을 2005년 대비 절반 수준으로 감축하겠다는 뜻을 밝혔다. 이는 2015년 파리기후 변화협약 당시 미국이 제시한 당초 목표인 2025년까지 온실가스 26% 감축보다 약 2배 상향된 수치이다. 앞서 바이든 대통령은 2021년 1월 취임과 동시에 트럼프 대통령 시절 탈퇴했던 파리기후협약에 복귀하고, 탄소중립을 달성하기 위한 사회적 비용을 상향 조정하겠다고 밝혔다.

유럽연합 역시 2030년까지 지역 내 온실가스 배출량을 최소 55% 줄인다는 목표에 합의했다. 유럽연합은 2050년까지 탄소중립을 실현할 것을 천명한 2019년 유럽 그린딜 선언 이후 탄소중립을 달성하기 위한 여러 가지 수단을 강구하고 있다. 그 일환으로 탄소배출권 거래제도(ETS)가 확대 추진될 전망이다. 탄소배출권 거래제도는 국가나 기업별로 탄소 배출 허용량을 정해놓고 배출 권리를 사고파는 제도이다. 이 제도를 강화하고 적용 대상을 계속 확대할 계획으로 앞으로는 육상 및 해운 운송과 건축물 분야에도 적용할 예정이다.

일본은 2020년 10월 스가 전 총리가 의회 연설을 통해 2050년 탄소중립 목표를 선언했으며, 주로 에너지 발전을 중심으로 저탄소화 정책을 펼치고 있다. 2021년 세계기후정상회의에서는 2030년까지 기존의 감축 목표인 26%보다 높은 탄소발생량 46% 감축을 공언했다. 이를 위해 일본 정부는 비화석 연료 전력 발전 비율을 2017년 19%에서 향후 44%까지 확대할 예정이며, 전력 부문의 혁신을 위해 차세대 태양전지와 이산화탄소를 연료로 재활용하는 탄소 재활용, 해상풍력, 암모니아

연료 등에 집중 투자할 예정이다.

세계에서 가장 많은 온실가스를 배출하는 중국은 2060년까지 탄소 중립을 실현하겠다고 공언하면서, 2025년까지 비화석에너지의 사용 비율을 20%로 높일 계획이라고 밝혔다. 앞으로 중국은 비화석에너지 사용 비중을 높이기 위해 증설에 한계가 있는 수력 발전이나 안전성 우려가 있는 원자력 발전 대신 풍력과 태양광 발전의 비중을 중점적으로 늘릴 것으로 예상된다. 중국은 미국이 도널드 트럼프 대통령 재임 시절 파리기후협약에서 탈퇴했을 때 적극적으로 탄소중립 목표를 제시했던 것처럼 세계무대에서 자국의 영향력을 높이는 데 탄소중립 이슈를 활용하고자 한다. 그런 까닭에 중국의 탄소중립 정책이 형식적인 선언에 그치는 것이 아니라 실제로 강한 집행 의지를 갖고 있을 것이라는 점에서 고무적이다.

우리나라는 2020년 10월 문재인 대통령이 국회 시정연설에서 2050 탄소중립을 처음으로 천명했다. 그 후 2021년 10월, 대통령 직속 민관합동위원회인 '2050탄소중립위원회'는 2050년 탄소중립을 실현하기 위해 다음과 같은 두 가지 안을 최종 확정했다.

A 안 : 화력발전을 전면 중단하고, 친환경 차인 전기차와 수소차로 전면 전환하며, 국내 생산 수소 전량을 그린 수소로 공급

B 안 : 화력발전 중 LNG 일부를 유지하고, 도로 부문 내연기관차의 경우 대체 연료를 사용하며, 국내 생산 수소 일부를 부생/추출 수소로 공급

2021년 4월 세계기후정상회의에서는 이러한 각국의 탄소 감축 선

언 이외에도 석탄 산업에 대한 금융지원 중단, 탄소 국경세 도입 등 기후금융 전략에 대한 논의도 있었다. 탄소 배출량이 많은 국가에서 탄소 배출량이 적은 국가 쪽으로 상품을 수출할 때 부과되는 관세인 '탄소 국경세' 실시 여부도 화제였다. 이미 유럽연합은 탄소 국경세를 2023년부터 도입하겠다고 발표한 바 있고, 앞으로 미국 등에서도 이에 대한 논의가 활발히 이어질 것으로 예상된다. 주요 국가들의 기후금융 전략의 변화는 글로벌 경제 및 산업 구조 전반에 큰 파장을 불러일으킬 수 있는 이슈이다. 2021년 한국 그린피스에 의하면 2023년 유럽연합과 미국, 중국이 탄소 국경세를 도입할 경우 한국의 주요 수출 업종이 부담해야 할 비용이 매년 5억 6,000만 달러(약 6,000억 원)에 달할 것이라고 한다.

탄소중립을 향한 글로벌 기후금융 정책 기조와 관련하여 2021년 3월 국내 113개 금융기관들이 정부의 '2030 탄소중립'을 적극 지지하고, 기후금융에 자발적으로 참여하는 '2050 탄소중립 달성을 위한 기후금융 지지 선언식'을 진행했다. 이를 위해 금융 비즈니스 전반에 기후 위기를 비롯한 ESG 요소를 통합하고, 고탄소 산업에서 탈탄소 산업으로 자본 유입을 적극적으로 유도하며, 기후 변화 관련 국제 기준에 따른 재무정보 공개를 위해 적극 노력하기로 약속했다. 한 나라에서 은행, 보험사, 증권사, 자산운용사, 연기금, 공제회 등 다양한 금융업종이 대거 참여한 지지 선언이 이루어진 것은 세계적으로 드문 일이다. 이번 지지 선언에 참여한 113개 금융기관들의 2020년 말 기준 총 운용자산 규모는 약 5,563조 500억 원에 이른다.

정부 기관뿐만 아니라 민간에서도 탄소중립에 적극적으로 동참하고 있다. 대표적인 것이 RE100 프로그램이다. RE100이란 '재생에너지

100%'의 약자로, 기업이 사용하는 전력량의 100%를 2050년까지 풍력·태양광 등 친환경 재생에너지 전력으로 충당한다는 국제 캠페인이다. 2014년 영국 런던의 다국적 비영리기구인 '더 클라이밋 그룹'이 시작한 운동에서 비롯되었으며, RE100 프로그램에 가입한 기업은 2022년 5월 말 기준으로 유럽(영국 포함 131개)에 이어 아시아(123개), 미국(95개) 등 총 371곳에 이른다. 2021년 기준으로 애플, 구글 등 93개 기업이 이미 100% 목표를 달성했다. 95% 이상 달성에 성공한 기업도 45개에 달한다.

한국에선 2020년 초까지만 해도 RE100에 참여한 기업이 전무했다. 제조업의 에너지 사용량 중 전력에 대한 의존도가 48%나 돼 기업이 부담해야 할 에너지 비용이 막대했기 때문이다. 하지만 애플, BMW 등 적지 않은 글로벌 기업이 협력업체에까지 RE100 동참을 요구하고 있어 수출 의존도가 높은 우리 기업들에 새로운 무역장벽이 되고 있어 RE100 가입을 서두르고 있다. 실제로 BMW가 2018년 LG화학에 부품 납품 전제 조건으로 RE100을 요구하면서 계약이 무산된 적이 있다.

RE100은 정부가 강제한 것이 아닌 글로벌 기업들의 자발적인 참여로 진행되는 일종의 캠페인이라는 점에서 의미가 크다. 하지만 아직 국내에서는 제도적 맹점 때문에 RE100의 달성이 사실상 어렵다. 기업이 RE100을 달성하는 직접적인 방법은 자체 신재생에너지 생산시설을 갖추는 것이지만 이를 위해서는 엄청난 비용을 부담해야 하기 때문이다. 현실적인 대안으로는 한국전력으로부터 신재생에너지로 생산한 전력을 구입하는 것이 있다. 그러나 한전이 생산된 전력을 원자력, 화력, 태양광 등으로 구분해 팔지 않았기에 기업이 신재생에너지 사업자로부터 전력을 구매해야 하는데 전력 생산의 상당 부분을 한전이 독점하고 있는 상황에서 실효성 있는 계약이 진행되기 어려웠다. 다행히 신재생에너지 발전사업자로부터 전력을 직접 구매할 수 있는 전력구매계약제도(PPA, Power Purchase Agreement)가 2021년 하반기에 도입되어 국내에서도 RE100 시행을 위한 기반이 마련되었다.

기후 위기 부정론자와 그릇된 인식들

2020년 여름, 기후 위기는 거짓이라고 주장하던 도널드 트럼프 대통령은 대형 산불로 위기를 겪고 있는 캘리포니아의 산불대책위원회에서 “나는 과학이 다 안다고 생각하지 않는다”라고 말했다. 트럼프 정부의 반(反) 기후 정책으로 악화하고 있는 여론을 반전시키기 위해 산불 발생을 기후 변화가 아닌 캘리포니아 정부의 산림 관리 부실로 몰아간 것이다. 이런 트럼프를 바이든은 TV토론에서 “기후 방화범”이라고 몰아세웠다. 그는 “만약 여러분이 기후 방화범에게 백악관에 4년 더 머물 기회를 준다면, 미국에 더 많은 화재가 발생해도 아무도 놀라지 않을 겁니다”라고 주장하며 자신은 트럼프와 달리 기후 변화 대응을 위해 최선을 다할 것이라고 약속했다.

1970~1980년대만 해도 세계의 과학계에서는 지구 온난화가 아닌 지구 한랭화를 우려하기도 했다. 이는 1940년에서 1975년 사이에 어떠한 이유로 인해 지구 평균기온이 하락했기 때문인데 그런 상황에서도 당시 과학계에서는 온실효과로 인해 기온이 다시 올라갈 것이라는 주장이 많이 나왔다. 1975년 이후 지구의 평균기온이 상승하면서 더 이상 한랭화를 우려하는 목소리는 나오지 않고 있다.

2000년대 들어 저명한 학자들이 지구 온난화 현상을 부정하는 논리를 폄으로써 대중들은 또다시 혼란에 빠지게 되었다. 2007년 영국 BBC는 〈지구 온난화 대사기극〉이라는 다큐멘터리를 방영했고, 그 위에 2009년 '기후게이트'와 '빙하게이트' 사건까지 발생하자 2003년부터 2010년까지 기후 변화 부정론자들이 득세했다. 이후 IPCC 보고서 등 기후 변화에 대한 과학적 근거들이 구체적으로 제시되기 시작하며, 부정론자들의 논리는 설 자리를 잃었고, 2014년 발간된 IPCC 5차 보고서를 계기로 기후 변화는 과학적 근거에 의한 명확한 현상으로 자리를 잡게 되었다.

기후 변화 이슈에 대한 인식의 변화

지구 온난화에 의한 기후 변화의 양상이 뚜렷이 나타나기 시작하면서 우리나라를 비롯한 세계 각국은 온실가스 감축에 대한 논의를 시작했다.

우리나라는 2009년 저탄소 녹색성장을 체계적으로 추진하기 위해서는 법적 뒷받침이 필요하다는 의견에 따라 기후 변화·에너지와 지속가능발전 등 녹색성장 정책을 유기적으로 연계 및 통합한 '저탄소 녹색성장 기본법'을 제정했다. 이 기본법이 정부와 기업, 국민이 짊어져야 할 녹색경제의 실현, 녹색기술·산업 육성, 온실가스 감축 및 에너지 절약, 녹색생활 실천 등 녹색성장 이행 책무를 의무화 및 법제화했다는 점에서 큰 전환점이 될 것으로 기대했다. 그러나 정책 목표와 실행의 간극, 녹색성장과 지속가능발전 개념의 위계와 추진 체계 문제 등 한계가 있었다.

기후변화에 따른 전국민 의식조사 결과(2007년)

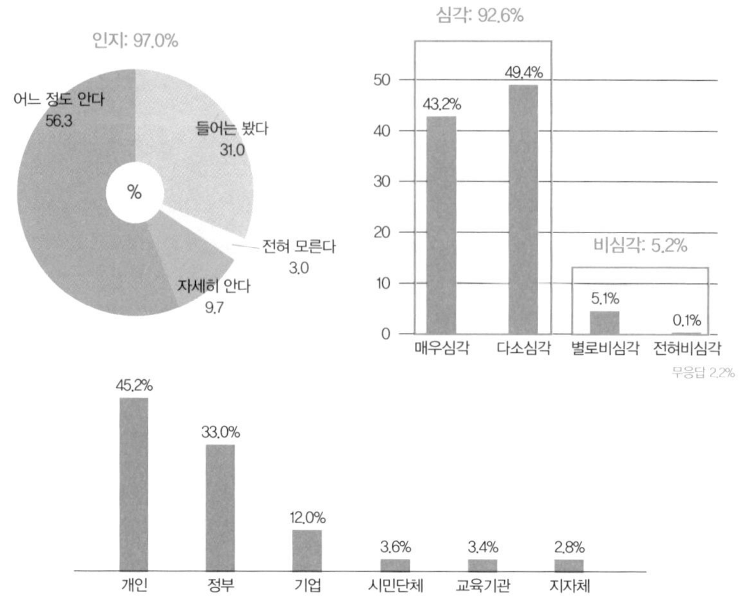

자료: 환경부, 〈기후변화에 따른 전 국민 의식조사 결과보고서〉

우리나라는 녹색성장 기본법이 만들어질 때만 해도 많은 사람들이 기후 변화 문제를 알고 있었고, 대응이 필요하다고 생각했다. 2007년 환경부에서 만 19세 이상 국민을 대상으로 실시한 기후 변화에 대한 인식 및 행동 양식 등을 조사한 설문조사를 보면, 97.0%의 국민이 지구 온난화로 인한 기후 변화에 대해 인지하고 있는 반면, '전혀 모른다'라고 답한 비율은 3.0%에 불과했다. 또한 기후 변화 문제가 매우 심각하다고 느끼는 사람은 43.2%였고, 다소 심각까지 포함하면 92.6%에 이르렀다.

92.6%의 국민이 기후 변화 심각성을 인식하고 있었지만, 기후 변화

를 막기 위해 행동해야 하는 주체를 묻는 질문에는 45.2%의 국민들이 '개인'이 해야 한다고 답했고, 그다음으로 정부, 기업 순이었다. 45.2%의 국민이 기후 변화를 막기 위한 주체를 개인이라고 답했다는 것은 기후 변화에 대응해야 한다는 사실을 알고는 있지만 내막은 자세히 모른다는 뜻이다.

이러한 인식하에서 만들어진 녹색성장 기본법은 원자력 발전 확대, 석탄발전소 확대와 같은 공급 위주의 에너지 정책이 주를 이룸에 따라 오히려 지속가능한 발전에 부정적인 영향을 주었다. 온실가스 감축 목표를 수립했으나, 그 목표와 연결된 정책의 부재로 인해 오히려 온실가스 배출량이 증가한 것이다.

전 세계 시장에서 여론조사를 수행하는 기관인 글로벌 네트워크 WIN(Worldwide Independent Network of Market Research)이 2019년 39개국에서 실시한 기후 변화에 대한 인식 조사에서 우리나라 국민은 '지구 온난화로 이어지는 기후 변화가 있다(95%, 세계 평균 86%)', '지구 온난화는 인간 활동의 결과다(93%, 세계 평균 84%)', '지구 온난화는 인류에게 심각한 위협이다(93%, 세계 평균 84%)'라는 문항에 대해 세계의 평균보다 약 10% 가량 높은 동의율을 보였다. 2007년에 실시한 기후 변화 인식 조사와 오차범위 내에서 같은 결과가 나온 것이다. '기후 변화를 막기에는 이미 너무 늦었다'라는 항목에 대해서는 66%가 동의했다. 이 수치는 세계의 평균 46%를 20%나 웃도는 수치이다. 이 조사 결과를 통해 알 수 있는 사실은 우리나라 국민들이 기후 변화를 매우 심각하게 받아들이고 있으며, 다소 비관적인 전망을 갖고 있다는 것이다.

또한 2019년 〈세계일보〉와 비영리 공공조사 기관인 공공의창에서

2019년 국민이 생각하는 사회과제 우선순위 조사

순위	1년 안	10년 안에	30년 안에
1위	경제성장	경제성장	저출산고령화
2위	실업	저출산고령화	기후변화
3위	저출산고령화	기후변화	경제성장
4위	빈부격차	실업	빈부격차
5위	남북관계	남북관계	남북관계
6위	이념갈등	빈부격차	실업
7위	기후변화, 남녀 · 세대갈등	이념갈등	이념갈등
		남녀 · 세대갈등	남녀 · 세대갈등

자료: 〈세계일보〉

기후 변화 인식에 대해 조사한 결과 중단기~장기 과제 우선순위에 대한 내용을 보면, 머리로는 알고 있지만 곧바로 실천이나 정책으로 이어지지 않는 이유를 짐작할 수 있다. '기후 변화가 매우 심각하다'고 답한 이들 중에도 기후 변화를 단기 우선 과제로 꼽은 경우는 8.1%에 그쳤고, 경제성장이 27.8%로 가장 많았다. 우리나라 국민들은 기후 변화의 심각성을 알고 있고 바로잡아야 하긴 하지만, 여전히 장기적으로는 경제성장이 중요한 가치라고 생각하는 것이다.

당장 기후 변화 방지를 위해 애써야 하는 이유

유럽연합의 기후과학자 모임인 콘스트레인 프로젝트가 2020년에 발표한 자료에 따르면 지구의 평균 온도 상승을 1.5℃ 이내로 66%의 가능성으로 억제하는 것을 목표로 할 경우 우리에게 남아 있는 탄소예산은 이산화탄소 1,950억 톤을 배출하는 정도라고 한다. 코로나19로 인해 탄소 배출량이 감소했던 2020년 수준으로 이산화탄소를 배출한다고 가정하더라도 탄소예산은 5년 이내에 고갈되는 것이 현실이다.

전 세계가 기후 변화에 대해 큰 관심을 갖고 지구 온난화를 막기 위해 모두가 나서서 활동을 시작하는 이유가 여기에 있다.

최근 국제 금융 기구들도 기후 변화는 반드시 발생할 위험으로 인식하고, '그린 스완(기후 변화가 초래할 수 있는 경제·금융 위기)'이 경제 전반에 큰 파급력을 가져와 심각한 금융 위기를 초래할 것이라고 경고하고 있다. 기후 변화는 물리적 리스크와 이행 리스크를 통해 기업과 금융시스템에 영향을 미친다. 물리적 리스크는 기후 변화로 실물 부분에서 직·간접적으로 발생한 물리적 피해가 대출 투자 등의 거래 관계를 통해 파급되는 것을 의미한다. 이행 리스크는 정부 차원에서 저탄소 사회로 전환하는 과정에서 발생하는 고탄소 산업 가치자산의 하락으로 은행의 신용리스크가 증가하거나 투자자의 손실을 초래하는 등 금융기관의 건전성이 악화하는 것을 의미한다. 이행 리스크가 발생하면 투자자의 인식 변화로 고탄소 산업의 자산가치가 하락하여 금융기관의 자산가치가 바뀌게 된다. 따라서 우리는 투자할 때 해당 산업과 기업이 고탄소 산업인지, 기후 변화 대응을 위해 어떤 활동들을 하고 있는지 검토해봐야 한다.

기업의 환경 관점의 투자란 무엇인가

환경 문제가 글로벌 이슈로 떠오름에 따라 기업의 환경경영은 지속가능한 성장의 필수 요소가 되고 있다. 기업이 경영활동을 하며 친환경적 행보를 보여주는 것은 이제 기업 경쟁력에 중요한 요소가 되었고, 나아가 기업 생존과도 연결될 수 있다.

일례로 탄소 배출이 많은 기업은 그렇지 않은 기업보다 더 많은 탄소세를 지불해야 하고, 그 가격은 계속 상승하기 때문에 경쟁력이 떨어질 수밖에 없다. 자동차 회사의 경우 탄소 저감을 위해서는 내연기관차의 생산량을 줄이는 대신 전기차나 수소차 판매량을 늘려야 한다. 법적으로 자동차의 탄소 배출을 규제하고, 내연기관차의 판매를 금지하는 법안이 확산하고 있기 때문에 기존의 생산 방식으로는 사업을 지속할 수 없다. 이것이 바로 기업의 환경경영이 중요한 이유이며, 특히 ESG가 전 세계적인 화두로 떠오르는 상황에서 기업은 다양한 관점에서 환경경영을 요구받고 있다. ESG 환경(E)을 고려하는 기업 경영을 위해서는 회사의 자산이나 사업이 환경과 상호작용하는 방법과 그것이 미치는 영향을 고민해야 한다.

기업이 새로운 투자 결정을 할 때 고려해야 하는 사항은 다음과 같은데, 이 여섯 가지 사항을 평가하는 것이 ESG 환경(E) 투자의 첫걸음이다.

① 천연자원의 보존

② 탄소발자국 및 기후 변화에 대한 영향

③ 지속가능한 성장

④ 적절한 폐기물 처리와 재생 노력

⑤ 신재생에너지 분야의 투자

⑥ 산림자원의 보존

한국기업지배구조원(KCGS)에서는 국내 기업에 ESG 경영 방향을 제시하기 위해 모범규준을 제·개정하고 있다. 환경 모범규준의 경우 2010년 제정 이후 2021년 8월 처음으로 개정안을 발표했다. 국제적으로 환경에 대한 경각심이 커짐에 따라 글로벌 기준에 부합하기 위해서다. 달라진 점은 이전에는 환경경영이 기업 내 일부 부처에 국한되었다면 개정안에서는 전사적인 환경경영을 필수로 하였고 리더십과 이를 뒷받침할 거버넌스, 위험 관리 등을 신설하여 통합 관리하도록 권고한다는 점이다. 세계적 추세에 따라 환경 정보 공개를 위해 CDP(탄소공개프로젝트)나 TCFD(기후관련재무공시협의체) 등과 같은 자율 정보공개 관련 글로벌 가이드라인을 반영했다. 기업의 위험 관리를 위해서는 사업 전략과 재무 계획에 영향을 미칠 수 있는 기후 변화 관련 위험과 기회를 파악해야 한다.

앞으로는 친환경 경영을 하지 않으면 기업의 평판이 나빠지는 정도에 머무는 것이 아니라 그 자체가 재무적 위험으로 작용할 수 있다. 화석연료 관련 사업은 기후 변화로 인한 직간접적인 좌초자산 위험이 높아 이를 경영활동에 반영해야 한다. 좌초자산 위험에 노출된 자산은 재평가하거나 자산의 저탄소 포트폴리오 전환을 목표로 신재생에너지나 친환경 기술 개발을 진행하는 등 기후 변화 관점에서 경영 전략을 재검토해야 하며, 이는 미래 사업 투자 시에도 반드시 고려해야 하는 사항이다.

기업은 기후 변화 정책에 대응하기 위해 내부적으로 탄소 위험을 측정하고 관리할 필요성이 더욱 커졌다. 온실가스 감축 수단으로 유엔기후변화협약(UNFCCC)에서는 청정개발체제(CDM)와 배출권거래제(ETS), 산림전용 및 산림 황폐화 방지를 통한 온실가스 배출 감축(REDD+) 등 다양

기후변화에 따른 위험요인

위험유형	위험요인	주요 내용
물리적 리스크 (Physical risks)	단기(Acute)	허리케인, 태풍, 홍수 등과 같은 단기적 기후현상의 빈도 및 강도 증가로 인한 위험
	장기(Chronic)	장기적 기후패턴 변화로 인한 해수면 상승 또는 이상고온현상 지속 등으로 인한 위험
이행적 리스크 (Transition risks)	법규(Legal)	모든 유형의 기후변화와 관련된 소송, 기후변화 관련 규제 및 정책
	시장(Market)	특정 원자재, 제품 및 서비스에 대한 수요, 공급의 변화
	평판(Reputation)	저탄소 경제로의 전환에 대한 기업의 기여나 저항에 대한 소비자 또는 사회의 인식 변화와 연결되는 모든 위험
	기술(Technology)	저탄소, 에너지 고효율 경제시스템을 촉진하는 기술의 개발 및 혁신과 관련한 모든 위험

기후변화에 따른 기회요인

기회요인	주요 내용
자원효율성	– 효율성 높은 제품 및 물류 시스템의 이용 – 효율성 높은 운송수단의 이용 – 재활용/재이용 – 효율성 높은 건물의 이용 – 물 사용량 및 소비량 저감
에너지원	– 저탄소 에너지 이용 – 재생에너지에 대한 정책 인센티브 활용 – 신기술 이용 / 탄소시장 참여 / 분산전원 이용 / 기타
제품 및 서비스	– 저탄소 제품 및 서비스의 개발 및 확대 – 기후변화 적응대책 및 상품 개발 – R&D 및 혁신을 통한 신제품 및 서비스 개발 – 사업군의 다변화 – 소비자의 선호도 변화
시장	– 새로운 시장에 대한 접근성 증가 – 제품 및 서비스에 대한 수요와 공급의 변화 – 공공섹터의 인센티브 활용 – 녹색채권 미 인프라의 인수, 자금조달 – 기후리스크를 고려한 금융상품 개발
회복탄력성	– 재생에너지 프로그램 참여 및 에너지 효율 향상 수단 도입 – 대체자원의 확보 및 다변화 – 회복탄력성을 고려한 새로운 제품 및 서비스 도입 – 기후변화 적응 역량 강화 – 장기적 재무/금융 부문의 투자 강화

자료: TCFD KCGS 재인용

한 온실가스 감축 메커니즘을 제공하고 있다. 국제사회는 온실가스 감축의 일환으로 탄소 위험을 측정하기 위한 탄소가격제의 도입을 확대하고 있다. 탄소가격제란 탄소 배출에 가격을 부여하여 배출 주체에게 온실가스 배출 비용을 부담하도록 하는 제도로 기업들의 친환경 투자를 자발적으로 유인할 수 있다.

탄소 배출의 외부 비용을 측정하는 수단으로는 '탄소세', '배출권거래제', '탄소크레딧 메커니즘', 등이 있는데 기업은 대내외 환경에 가장 적합한 유형의 탄소 가격을 선택하여 활용할 수 있다. 내부탄소가격이란 기업이 자발적으로 온실가스 배출의 경제적 비용을 내재화하기 위해 탄소 배출에 가격을 책정하는 것을 말한다. 내부탄소가격은 향후 배출권거래제나 탄소세와 같은 기후 변화 정책으로 인한 위험에 대비할 수 있도록 해주며, 제품이나 서비스 개발 시 의사결정에 내부 탄소 가격을 활용하여 저탄소 산업으로 전환하는 도구로 활용할 수도 있다.

3

자원순환경제로의 대전환

폐기물 처리 문제는 향후 중요한 글로벌 의제로 급부상할 것이다. 폐기물 발생량은 증가하고 있는데 반해 폐기물 처리 능력은 점점 더 감소하고 있기 때문이다. 특히 코로나19 여파로 일회용 플라시틱 등의 생활폐기물이 급증하였고, 이는 필연적으로 환경 오염 및 지구 온난화 문제로 이어진다. 폐기물 발생 방지를 위한 다양한 정책과 자원순환경제로의 전환을 위해서는 어떤 준비가 필요한지 알아보자.

지금부터 대비해야 하는 글로벌 폐기물 대란

폐기물 중 재활용이 쉽지 않은 플라스틱류는 대부분 소각이나 매립으로 처리하는데, 플라스틱을 소각할 경우 기후 변화의 원인인 이산화탄소 등 온실가스가 배출되어 지구 온난화의 원인이 되며, 다이옥신 등

2018년 급감한 중국 폐플라스틱 수입 금액

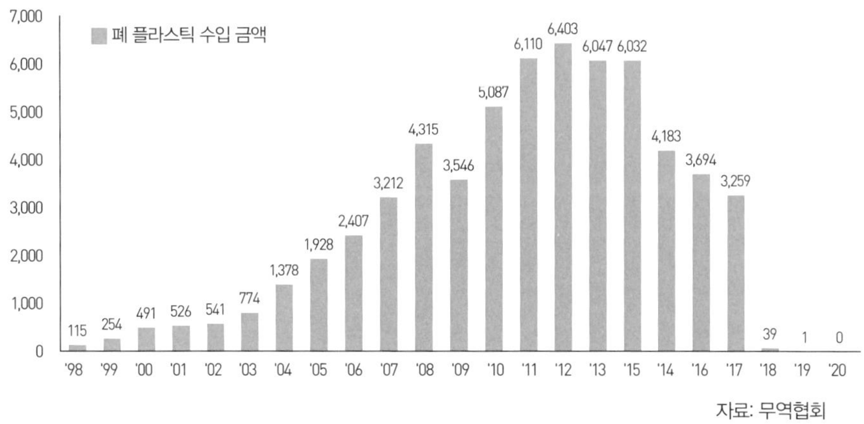

자료: 무역협회

독성 물질이 생성되어 대기 오염을 유발한다. 매립할 경우에도 플라스틱류는 수백 년 동안 분해되지 않아 토양을 황폐화한다. 분해가 가능한 음식물쓰레기의 경우에도 마찬가지다. 전 세계에서 생산된 음식물 가운데 3분의 1은 쓰레기로 버려지는데 식품의 제조 과정에서 소비되는 막대한 양의 물과 비료, 연료들로 인해 지구 온난화 현상이 가속화되는 것이다. 환경부에 따르면 2020년 상반기 생활폐기물 발생량은 5,349만 톤으로 전년 대비 11.2% 증가했다. 세계 각국의 상황도 이와 비슷하다.

세계 최대 규모의 폐기물 수입국이었던 중국이 2017년에 해외 폐기물 수입 중단 선언을 한 것도 글로벌 폐기물 대란을 가져온 주요 원인이다. 중국은 2017년 12월 생활 폐플라스틱 등 고체폐기물 24종의 수입을 금지했고, 2018년 말에는 '수입 폐기물 허가 제도'를 도입해 무역회사의 폐기물 대리 수입을 금지했다. 또한 2020년 9월부터는 수입 규제를 더욱 강화하여 일부 금속을 제외한 대부분의 고철과 폐지 등 고체폐기물 수입을 제한했고, 2021년 1월부터는 아예 고체폐기물 수입을 전면 금지하기로 결정했다. 만약 이를 위반할 시 화물 선사와 수입업자가 연대하여 책임을 져야 하며, 징벌적 벌금으로 최대 71만 달러를 내야 한다.

유럽연합의 폐기물 감축 계획

유럽 환경청은 2019년 '유럽 내 플라스틱 폐기물 방지'에 관한 정책 보고서를 발표하면서 플라스틱 생산량과 폐기물 발생량을 줄이기 위한 정책적 기반을 마련했다. 이를 위한 첫 단계로 국가별로 미세플라스틱과 독성 화학 물질 등 플라스틱 제품 성분을 규제하는 정책을 조사하여 제시했으며, 이에 발맞춰 유럽연합 10개국이 플라스틱 폐기물 매립 금지를 선언했다.

영국플라스틱협약은 2025년까지 불필요한 일회용 포장재를 퇴출하는 것을 목표로 삼고 있다. 이에 2018년부터 일회용 빨대, 면봉 등의 제품 판매를 금지했다. 다만 플라스틱 규제 정책을 강화하고 있음에도 불구하고 플라스틱 제품의 종류를 파악하고 폐기물 발생량을 측정하기가 쉽지 않아 강제적 조치보다는 자발적 협력과 동참을 독려하는 수준에 그치고 있다.

프랑스에서는 2020년부터 플라스틱 사용 규제 범위를 일회용품으로 확대하여 영업장에서 일회용 물컵과 그릇, 생수통, 플라스틱 빨대를 제공하는 것을 금지했다. 또한 2022년부터 기업과 공공장소에서 무료 플라스틱 물병의 배포를 금지하며 2023년부터 패스트푸드점 내 일회용품을 재활용품으로 대체하는 방안을 가이드라인으로 제시했다. 프랑스는 플라스틱 용품 사용량을 점진적으로 감축해 2040년까지 플라스틱 제로를 달성할 계획이다.

국내의 폐기물 감축 계획

국내 폐기물 정책 감량 계획은 폐기물로 인한 온실가스 감축을 궁극적인 목표로 한다. 2015년의 경우 국내 폐기물에 의한 온실가스 배출량은 1,636만 톤CO_2eq이었다. 이는 국내 온실가스 총 배출량의 2.5%에 해당하는 규모로 비중이 크지는 않지만 절감이 가능한 부분이다. 폐기물 처리 방식별 온실가스 배출량은 매립과 소각이 각각 772.7만 톤CO_2eq과 687.4만 톤CO_2eq로 전체 폐기물 처리의 89%에 달한다. 그중 매립 처리 시 발생하는 온실가스(CH_4) 배출량은 비중이 47.2%로 가장 높으며, 이는 1990년 대비 3.1%P 증가한 것이다. 소각에 의한 온실가스(CO_2, N_2O) 배출량 비중은 42.5%인데 1990년 대비 381% 증가한 수준으로 매우 가파른 성장세를 보이고 있다.

우리나라의 폐기물 처리 정책의 목표는 시기에 따라 변화해왔다. 1980년대에는 '폐기물의 안전한 처리'가 목표였으며, 1990년대~2000년대 초반에는 '폐기물의 재활용'에 초점을 맞췄고, 2000년대 중반 이후로는 '자원순환'을 목표로 정책을 추진해왔다. 폐기물 처리의 우선순위는 첫째, 감량, 둘째, 재사용, 셋째, 재활용, 넷째, 에너지 회수 순이다. 에너지 회수는 폐기물을 재사용이나 재활용할 수 없는 경우 진행되는 단계로, 에너지 회수마저 불가능할 경우 매립과 소각 처리한다. 그런데 이 경우 다량의 온실가스가 배출되는 까닭에 토양뿐 아니라 대기 환경

자원순환 관련 법률 및 국가 계획의 흐름

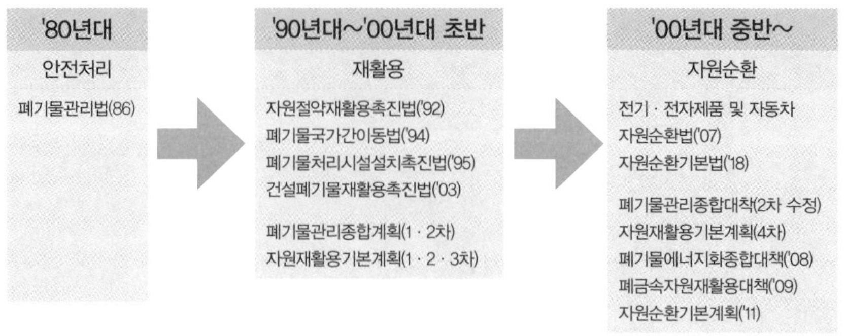

자료: 환경부

오염의 원인이 된다. 현재 우리나라의 쓰레기 매립장은 이미 오래전부터 포화 상태인 데다 중국의 폐기물 수입 금지 조치가 시행되면서 폐기물 매립지 부족으로 인한 여러 가지 문제가 발생했다. 이에 폐기물의 매립 및 소각량을 줄이기 위해 최우선 순위인 감량 단계부터 폐기물을 줄이기 위해 다각적으로 노력하고 있다.

중국의 폐기물 수입 금지 이후 글로벌 폐기물 처리 대란이 가시화되면서 정부는 2018년 제1차 자원순환기본계획(2018~2027)에 따라 구체적인 폐기물 발생량 감축 목표를 세웠다. 이에 따라 앞으로 2027년까지 폐기물 발생량을 20% 감축하며, 최종 매립 비율을 9.1%에서 3.0%로 줄이기 위한 정책을 추진할 예정이다. 현재는 생활폐기물과 사업장 폐기물의 약 15%가 매립되고 있다. 단순 매립이나 소각되는 종량제 봉투 배출 폐기물 내에도 50% 이상 재활용이 가능한 물질이 포함돼 있다. 폐기물 처리시설의 효율을 개선하고, 공공/민간 부문 협조를 강화하면 폐기물 매립을 줄여나갈 수 있을 것이다. 이에 따라 정부는 생활폐기물의 직매립 비율을 2018년 15%에서 2022년 10%로 감축하고, 2027년까

국내 폐기물 연간 매립 규모는 축소세, 소각 규모는 정체되어 있음

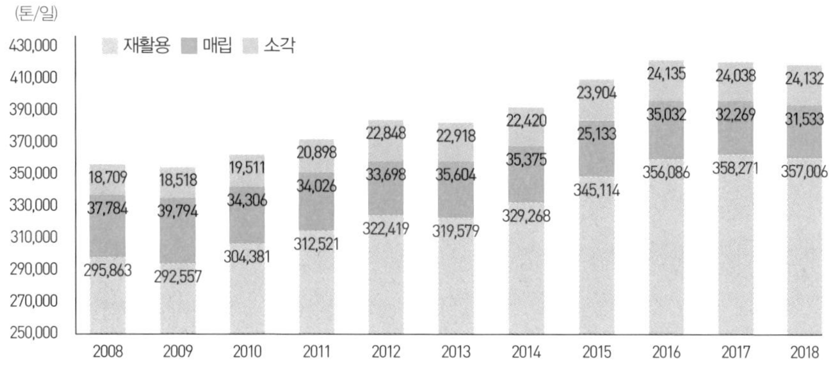

자료: 무역협회

지 0%로 제로화하는 폐기물 직매립 제로화 정책을 추진 중이다.

또한 향후 지자체와 주요 업계에 폐기물 감량을 요구하고, 재생원료 사용을 확대하도록 유도할 계획이다. 또 다른 주목할 만한 내용은 폐기물 처리 문제에 있어 생산자책임 이행을 강조하여, 제품의 생산 단계에서부터 폐기물 발생 최소화를 위해 적극적으로 노력할 수 있도록 제도적 장치를 마련하는 것이다.

정부의 매립 및 소각 제한 정책 및 지역사회의 저항 등으로 신규 매립장 및 소각장 확대는 더욱 어려워질 것으로 보인다. 경제적 측면에서 보았을 때 폐기물 매립 및 소각 사업 역시 전망이 어둡다. 폐기물 매립과 소각 비용은 매년 상승하는 추세에 있지만 이는 매립, 소각 규모 축소 과정에서 발생하는 단기적 현상에 불과하기 때문이다. 폐기물 처리에 있어 매립 사업은 위축될 예정이지만 자원 리사이클링 관련 산업은 향후 블루오션 시장으로 급부상할 것이다.

순환경제 사회로 진입하기 위한 각국의 대응

폐기물의 매립과 소각은 온실가스, 토양 오염 등 또 다른 환경 문제를 발생시키므로 근본적 해결책이 되지 못한다. 한계치에 다다른 폐기물 처리 문제는 이제 재화의 '생산-소비-폐기'로 인식되었던 기존의 선형적 경제 구조를 '생산-소비-관리-재생'의 순환경제 구조로 전환해야 하는 이유가 되었다.

이에 따라 세계 각국은 폐기물의 감축과 재활용, 재생을 위한 정책을 강화하고 있다. 이와 관련해 유엔은 2030년까지 달성해야 할 국제사회의 보편적 가치 및 목표로 17개 분야, 169개 세부 목표, 232개 지표로 구성된 유엔 지속가능발전목표 채택했다. 이 목표의 주요 골자는 지속가능한 소비, 생산 체계의 구축을 통한 자원의 효율적 관리 등이며 이를 위한 구체적인 세부 추진 목표로서 폐기물 발생 감량 및 재활용 등을 제시했다.

경제협력개발기구는 2008년 일본 고베에서 개최된 G8 환경장관회의에서 자원생산성, 지속가능한 자원의 사용 및 관리, 순환경제 이슈를 다루는 '고베 3R 행동계획(Kobe 3R Action Plan)'을 채택했다. 또한 2012년 자원의 전 생애주기를 효율적으로 관리하기 위한 정책 제언을 담은 지속가능한 물질관리 제도를 도입했다.

유럽연합집행위원회는 2015년 순환경제로의 이행을 촉진하기 위해 순환경제패키지 정책 제안을 발표했다. 이 계획은 제품의 생산과 소비, 폐기물 처리, 재활용 촉진 등으로 구성된 순환경제 구현을 위한 행동계획과 4개의 폐기물 규정 개정안으로 구성되어 있다.

순환경제체제 전환의 선도적 국가로서 독일은 자원 효율성 향상과

유엔의 '지속가능한 소비와 생산' 세부 목표

UN-SDGs 12. 지속가능한 소비와 생산 양식의 보장
12.1. 개발도상국의 발전 상황과 역량을 고려하면서, 선진국 주도로 지속가능한 소비·생산 양식에 관한 10개년 계획을 모든 국가가 이행한다.
12.2. 2030년까지 천연자원의 지속가능한 관리와 효율적 사용을 달성한다.
12.3. 2030년까지 유통 및 소비자 수준에서의 전 세계 인구 1인당 음식물쓰레기 발생량을 절반으로 줄이고, 출하 후 손실을 포함한 식품의 생산 및 공급망에서 발생하는 식품 손실을 줄인다.
12.4. 2020년까지 국제사회에서 합의된 프레임워크에 근거하여 화학물질 및 모든 폐기물을 모든 주기에서 친환경적으로 관리하며, 인간의 건강과 환경에 미치는 부정적 영향을 최소화하기 위해 대기, 물, 토양으로의 배출을 현저하게 줄인다.
12.5. 2030년까지 예방, 감축, 재활용 및 재사용을 통해 폐기물 발생을 크게 줄인다.
12.6. 기업과 특히 대기업 및 다국적기업에게 지속가능한 실천계획을 채택하고 보고 시 지속가능성 정보를 통합시킬 것을 장려한다.
12.7. 국가정책 및 우선순위에 따라 지속가능한 공공조달 시행을 촉진한다.
12.8. 2030년까지 모든 사람이 자연과 조화를 이루는 지속가능한 발전 및 생활양식에 대한 적절한 정보와 인식을 갖도록 보장한다.
12.a. 개도국이 보다 지속가능한 소비, 생산 양식으로 나아가는 데 필요한 과학적, 기술적 역량을 강화하도록 지원한다.
12.b. 일자리를 창출하고 지역 문화와 특산품을 알리는 지속가능 관광으로 인한 지속가능발전 영향을 모니터링하기 위한 수단을 개발하고 이행한다.
12.c. 개발도상국의 특수한 필요와 여건을 충분히 고려하고 빈곤층 및 영향을 받는 공동체를 보호하는 방식으로 개발도상국의 발전에 미칠 부정적 영향을 최소화하면서, 보조금의 환경적 영향을 반영하도록 세제 개혁이나 환경유해보조금의 단계적 폐지 등의 방법으로 국가별 상황에 따라 시장 왜곡을 제거함으로써 낭비성 소비를 조장하는 비효율적 화석연료 보조금을 합리화한다.

자료: 유엔

동시에 지속가능한 녹색경제 달성을 목표로 관련 법률과 정책을 꾸준히 제고해왔다. 이를 통해 폐기물 예방 프로그램과 자원 효율성 프로그램을 바탕으로 초기 단계부터 재생을 염두에 둔 자원 활용을 장려하고 있다. 일본은 2000년대 초반부터 순환경제형 사회를 구축하기 위한 법적 기반으로 '환경기본법' 및 '순환형 사회형성 추진기본법'을 제정했다. 일본의 순환형사회 기본계획은 2003년에 최초로 수립한 이후 5년마다 추진 실적을 점검 및 재검토하고 있다.

OECD의 물질흐름 주기와 정책 프레임워크 시스템

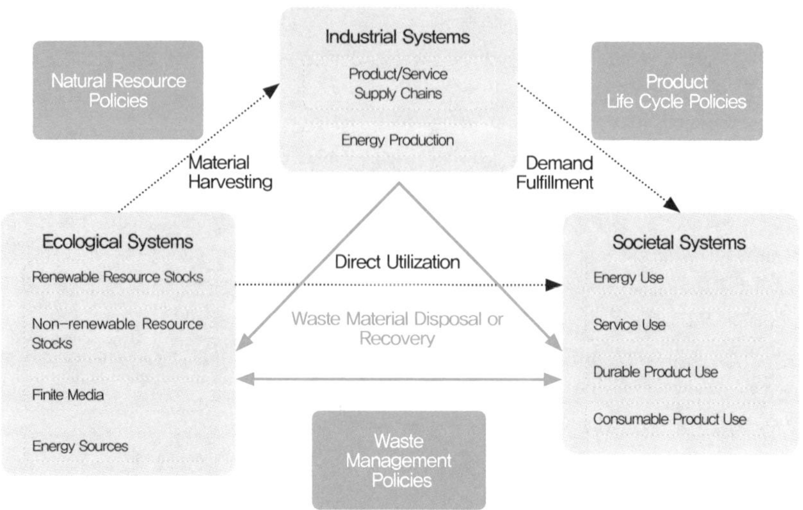

자료: OECD

우리나라의 자원순환 정책

우리나라는 2018년에 제1차 자원순환기본계획(2018~2027)을 수립하여 추진해나가고 있다. 또한 경제사회구조를 지속가능한 자원순환형으로 개선하기 위한 법률적 기반으로 '자원순환기본법'을 제정(2016.05 공포, 2018.01 시행)했다. 기존의 단순한 폐기물 감량에서 한발 나아가 제품의 생산과 소비 단계에서 자원을 효율적으로 이용하고, 제품의 재사용 촉진을 통한 폐기물의 근원적 발생 저감을 최우선 순위에 두고 정책을 추진 중이다.

상품의 재활용 촉진이라는 관점에서 생산 단계부터 재활용이 쉽도록 제품을 만들고 배출과 수거, 선별 체계도 효율적으로 개선하겠다는 것이다.

국내 자원순환 지표 및 목표

<table>
<tr><th>지표</th><th>설명</th><th>목표</th><th>비고</th></tr>
<tr><td>원단위 발생량
(톤/년 · 십억원)</td><td>국내총생산 대비
폐기물 발생량의 비율</td><td>95.5 → 76.4
(20% 감축)</td><td>자원생산성 향상, 생산 · 소비 단계 폐기물 발생 감량 촉진 등</td></tr>
<tr><td>순환 이용률(%)</td><td>폐기물발생량 중
실질재활용량의 비율</td><td>70.3 → 82.0
<table>
<tr><th>부문</th><th>순환이용률(%)</th></tr>
<tr><td>생활폐기물</td><td>35.8('16) → 61.1</td></tr>
<tr><td>사업장폐기물</td><td>69.1('16) → 83.1</td></tr>
<tr><td>건설폐기물</td><td>79.5('16) → 88.9</td></tr>
<tr><td>지정폐기물</td><td>51.6('16) → 51.6</td></tr>
<tr><td>총계</td><td>70.3('16) → 82.0</td></tr>
</table></td><td>재활용이 쉬운 제품 생산, 수거 · 선별 시 잔재물 발생 최소화, 재생원료 수요 확대 및 재활용 R&D 등</td></tr>
<tr><td>최종 처분율(%)</td><td>폐기물발생량 중
최종처분량의 비율</td><td>9.1 → 3.0
<table>
<tr><th>부문</th><th>최종처분율(%)</th></tr>
<tr><td>생활폐기물</td><td>19.9('16) → 7.7</td></tr>
<tr><td>사업장폐기물</td><td>16.3('16) → 3.2</td></tr>
<tr><td>건설폐기물</td><td>1.6('16) → 0.9</td></tr>
<tr><td>지정폐기물</td><td>26.3('16) → 26.3</td></tr>
<tr><td>총계</td><td>9.1('16) → 3.0</td></tr>
</table></td><td>폐기물처분부담금 부과 · 징수, 자원순환 성과관리, 폐기물 직매립 단계적 금지 등</td></tr>
<tr><td>에너지
회수율(%)</td><td>가연성폐기물
발생량 중
에너지화된 폐기물의
비율</td><td>16.3 → 20.3</td><td>최대한 물질재활용 후 차선책으로 바이오가스 등 열적재활용 유도</td></tr>
</table>

주: 최종처분량은 발생 후 바로 매립된 양 및 중간처리를 거쳐 매립된 양의 합, 즉 실질재활용량을 말함

또한 물질흐름 분석 시스템을 구축하고, 업종별로 세분화하여 통계자료의 활용성을 높여나갈 계획이다. 인프라 측면에서는 폐기물 처리시설 확충을 지양하고 기존 시설의 수명 연장을 위한 효율 개선과 재활용 기반 확충에 주력하는 것을 목표로 한다.

자원순환 구조의 각 단계별 핵심 추진 방향

우리나라가 지속가능한 순환경제체제를 실현하기 위해서는 자원의 '생산-소비-관리-재생' 전 단계에서 효율적인 순환 이용 체계를 구축해야 한다. 이를 위한 순환 단계별 추진 방향의 큰 틀은 다음과 같다.

첫째, 생산 단계에서는 업종별 자원생산성을 제고하고, 생산 단계 폐기물의 원천 감량을 촉진하며, 자원순환성을 고려하여 제품을 설계한다.

둘째, 소비 단계에서는 생활 속 폐기물 발생을 억제하고, 자원효율적 친환경 소비를 촉진하며, 자원순환 문화를 조성한다.

셋째, 폐기물 관리 단계에서는 배출과 수거, 선별 체계를 혁신하고, 직매립 제로화 및 처리를 최적화하며, 유해 폐기물의 안전 관리를 강화한다.

넷째, 재생 단계에서는 미래 고부가가치 재활용을 촉진하고, 물질재활용 중심의 체계를 개선하며, 재활용시장을 안정화하고 산업을 육성한다.

(1) 자원의 생산 단계

기존에는 자원의 소비 후 폐기 관리에 초점을 맞췄지만 폐기물 처리 능력의 한계에 다다른 현재는 생산 단계부터 폐기물 원천 감량을 추진할 필요가 있다. 즉 생산 과정에서부터 자원 생산성 향상과 폐자원의 자원순환성 향상을 고려하여 효율적인 생산구조를 확립해야 한다. 유럽연합 및 일본 등은 이미 자원 전 과정에서의 자원의 효율적 이용을 위해 구체적인 지표를 선정해 관리하고 있다. 이를 위해서는 특히 자원 소모량이나 폐기물 발생량이 많은 주요 업종별로 자원으로서 가치가 높은 주요 물질의 흐름을 분석하는 시스템이 필요하다.

이와 관련하여 우리나라는 생산자에게 폐기물의 일정량 이상을 재활용하도록 의무를 부여하는 생산자책임재활용제도(EPR, Extended Producer Responsibility)를 2003년부터 시행하고 있다. 이 제도는 재활용이 가능한 폐기물의 일정량 이상을 재활용하도록 생산자에게 의무를 부여하고, 재활용 의무를 이행하지 못할 경우 실제 재활용에 소요되는 비용 이상을 생산자로부터 징수하는 제도를 말한다. 이는 생산자가 수거부터 재활용의 전 과정을 직접 책임진다는 의미가 아니라, 제품의 설계, 포장재의 선택 등에서 결정권이 가장 큰 생산자가 재활용 체계에서 중심적 역할을 수행하도록 한다는 것이다. 해당 대상은 가전과 타이어, 금속 캔, 플라스틱, 페트병, 윤활유 등이며, 점차 적용 범위가 확대되고 있다. 생산자책임재활용제도의 주요 내용은 다음과 같다.

① 폐기물 부담금 대상은 플라스틱 원료인 합성수지에서 재활용이 어려운 플라스틱 제품에 한정한다.
② TV와 냉장고, 세탁기, 컴퓨터 등 신제품을 판매할 경우에는 반드시 사용하던 제품을 무상으로 회수한다.
③ 유리 용기를 사용하는 주류와 청량음료의 제품 값에는 빈 용기 보증금을 포함한다.

기업들은 재활용 공장을 별도로 만들어 직접 운영하거나 재활용 사업자에게 위탁 또는 재활용 공제조합에 분담금을 내고 재활용을 위탁하는 등 세 가지 방법 가운데 하나를 선택하여 출고된 상품의 80% 이상을 재활용 물품으로 수거해야 한다.

(2) 자원의 소비 단계

소비 단계에서의 폐기물 감량은 대체 가능한 일회용품의 사용 감축, 불필요한 과대 포장을 최소화하는 데 역점을 둔다. 이를 위해 대형 프랜차이즈 커피전문점과 마트 등에서 매장 내 일회용 컵 사용을 금지하고, 플라스틱 빨대, 일회용 컵 뚜껑 등 일회용품 규제 대상 품목을 확대해나가고 있다. 또 전자제품 등의 과대 포장을 규제하고, 포장 재질에 대한 규제를 도입하며, 포장재 감량을 위한 가이드라인을 정비했다. 소비 단계에서도 배출자 부담을 강화하기 위해 종량제 봉투 판매 가격을 단계적으로 인상하는 방안을 제시했다. 종량제 봉투의 주민 부담율을 기존 33%에서 2022년 38%, 2027년 50%로 상향할 계획이다.

(3) 자원의 관리 단계

관리 단계에서는 재활용을 고려한 분리배출 개선 및 재사용과 연계된 안정적 수거 체계 구축이 필요하다. 건설폐기물의 경우 배출 단계에서 혼합 가능성이 높아 분리배출 개선을 위해 분별 해체 의무화 및 단계적 확대를 진행하고 있다. 또 폐기물 수거 체계 개선을 위해 빈용기 보증금 적용 대상을 확대 중이며, 향후 무인 회수 체계가 전국적으로 확산하도록 장려할 계획이다. 또 종량제 봉투로 배출되는 폐기물의 약 50% 이상은 재활용이 가능한 것으로 조사됨에 따라 종량제 봉투 속 재활용 가능 자원을 최대한 분리, 선별하기 위해 생활폐기물 전처리 시설을 전국적으로 확대 설치할 계획이다. 2018년에 1개소에서 시범사업을 실시(1개소 45억 원 소요) 했으며, 2027년까지 총 30개소로 확대할 전망이다.

(4) 자원의 재생 단계

재생 단계에서는 고부가가치 제품의 재활용 촉진 기반을 구축하는 것이 중요하다. 특히 폐기물 발생량 증가가 예상되는 전기차 폐배터리와 태양광 폐모듈의 재활용 및 재생 산업이 확대될 전망이다. 그에 따라 정부는 태양광 폐모듈 재활용 기술 연구 및 재사용, 처리 등을 위해 '태양광 재활용센터'를 늘릴 계획이다. 전기차, ESS에서 발생하는 폐배터리 재활용을 위한 센터 구축이 필요하며, 희소 금속의 추출과 회수 기술 개발이 새롭게 주목받게 됨에 따라 관련 산업들도 부상할 전망이다.

건축폐기물의 경우 순환골재 사용을 의무화하고 사용 비율을 확대하여 건축폐기물 발생량을 줄여갈 계획이다. 현재는 용도 구분 없이 일괄 40% 이상 사용하고 있으나 용도별 안전성 등을 고려하여 제품별 순환골재 사용 비율을 50% 이상으로 확대할 방침이다. 앞으로 100% 순

폐기물 관리 단계의 주요 지표 개선 계획

지표명	2018	2022	2027
건설폐기물 발생량 대비 혼합폐기물 발생량 비율(%)	10.5	9.0	7.5
재활용 선별 잔재물 발생비율(%)	38.8	10	8
생활폐기물 직매립 비율(%)	15	10	0
폐기물 최적화 협약 체결(개수)	22	32	45
친환경에너지타운 수(개수)	12	37	60
사업장 음식물 수집 · 운반차량 GPS 부착(%)	–	50	100
의료폐기물 처리시설 허가용량 대비 처리량(%)	120(예상)	90	80
환경부–관세청 현장검사 세관(수)	1	6	12

자료: 대한민국 정부, NH투자증권 리서치본부

환골재를 사용한 건축물을 설치하는 시범사업을 통해 순환골재 건축물 보급을 촉진할 계획이다.

재활용이 어려운 폐기물의 경우 고형연료제품(SRF) 등 열원으로 손쉽게 재생할 수 있지만 이 과정에서 안전성 문제가 발생할 소지가 있다. 고형연료제품 사용과 관련해 안전성을 강화하기 위해 재활용업체 중 소규모 시설을 억제하며, 보일러 시설 기준을 1톤/h 이상으로 상향 조정했다. 음식물류 혹은 하수슬러지, 가축분뇨 등의 분해 가능한 음식물쓰레기의 경우 바이오가스를 생산하므로 재활용할 수 있다. 국내에서는 총 88개 시설에서 바이오가스를 생산하며, 이 중 77%를 열원 발전으로 이용하고 있다.

순환경제를 준비하는 다양한 산업군

유럽연합에서 제시하는 순환경제 전환 관련 7가지 핵심 제품군의 내용은 다음과 같다.

① 전자 기기 및 ICT(정보통신기술): 유럽 내 연평균 성장률은 매년 2% 수준이지만 재활용률은 40% 미만이다.

② 2차전지와 자동차 분야: ‘End of life vehicles’ 제도 강화로 수거, 재활용을 촉진하고자 한다.

③ 포장재: 유럽연합은 2017년 1인당 연간 사용량이 173kg으로 최고치에 달했으며, 2030년까지 모든 포장재를 재활용하기 위한 방안을 마련 중이다.

④ 플라스틱: 사용량 억제 및 재활용 제도를 강화하고 있다.

'순환경제 실행계획' 제품군별 세부 전략

구분	세부 전략
① 전자 기기 및 ICT	– 핸드폰, 태블릿, 노트북을 포함한 전자제품에 대한 규제를 에코디자인(Ecodesign)의 감독하에 제정. 규제 수립에 있어 전자제품의 내구성, 에너지효율, 수리 용이성, 재활용 용이성 등을 고려 전자 및 ICT 산업을 'Right to repair' 도입을 위한 최우선 분야로 선정 – 핸드폰과 충전기 별도 판매 장려. 충전 연결선 내구성 보완. 핸드폰 및 유사 장비의 공용 충전기 도입 규제화 – 폐전자제품의 수거 및 관리 체제 강화. 중고 핸드폰, 태블릿, 충전기 체계를 유럽연합 전역에 확산 목표 – 전자제품에 사용되는 유해물질 규제화. 'REACH24'와 '에코디자인' 등 관련 법규 준수를 유도하는 가이드라인 제시
② 2차 전지와 자동차 분야	– 폐배터리의 수거 및 재활용 비율을 올리기 위한 규제를 강화하고 소비자에게도 가이드라인 제시 – 일회용 배터리의 퇴출을 유도하며 충전 가능 배터리 사용 가능한 경우 일회용 배터리를 대체 – 제조과정에서의 탄소배출량 및 재활용 여부를 공개해 투명성과 지속가능성 확보
③ 포장재	– 과대 포장 지양을 위한 방안 마련 – 재활용 가능한 포장 디자인 장려. 특정 용도 외에 범용으로 사용될 수 있는 포장 디자인 도입 및 포장이 불필요한 제품의 경우 최소화하는 방안 마련 – 포장에 사용되는 재료 및 폴리머 등을 최소화해 포장재의 단순화 달성
④ 플라스틱	– 유럽화학물질청(European Chemicals Agency)의 의견에 따라 미세플라스틱 및 팔레트 사용 최소화 추진 – 미세플라스틱 규제를 위해 관련 라벨 시스템, 기준, 인증제도 등을 도입 – 비의도적으로 방류되는 미세플라스틱의 규모를 최소화하고 이를 모니터링하는 시스템 개발 – 식수, 음식 등에 포함된 미세플라스틱의 위험성에 대한 정보 격차 축소
⑤ 섬유/의류	– 친환경적인 원재료 사용, 유해성 물질을 퇴출해 지속가능하고 재활용 가능한 섬유 사용 유도 – 2025년까지 달성해야 하는 폐섬유 관련 규정에 대한 가이드라인을 모든 회원국에 제시 – 폐섬유의 분류, 재사용, 재활용을 위한 혁신을 유도하고 생산자 책임 강화를 위한 법안 도입
⑥ 건축 및 빌딩	– 건설제품규정(Construction Product Regulation)을 준수하기 위해 건축에 사용되는 자재의 지속가능성 제고 – 재활용 가능한 원재료 사용 비중 상향을 위한 방안 마련 – 건축물의 내구성 및 적합성을 향상시키기 위해 디지털 로그북(Logbook) 제도 도입 – 유럽연합지속가능프레임워크(EU Sustainable Finance Framwork)를 활용한 공적 조달로 건설 분야에서 탄소배출 감축 달성 – 유럽연합 의회의 건축 및 건설폐기물에 대한 법률 강화 검토 – 버려지거나 오염된 토지의 복원을 통한 토지의 지속가능한 사용 촉진
⑦ 음식과 물	– 식량 분배 및 소비의 효율화 방안을 도입해 지속가능성 개선 – 식품 포장에 이용되는 포장의 재사용 법안 도입 – 수자원 재사용 규제를 통해 농업에 사용되는 물 사용 효율화 – 영양소 관리 계획을 도입해 시장으로 하여금 적합한 영양소를 포함한 식량 생산 유도

자료: 유럽연합집행위

⑤ 섬유/의류: 물과 원료 사용량이 많고, 온실가스 배출량이 높은 제품군이지만 전 세계적으로 재활용률이 1% 이하로 매우 낮다.

⑥ 건축 및 빌딩: 유럽에서 발생하는 폐기물의 약 35%를 차지하여 재활용/재생 시 환경 개선 효과가 크다.

⑦ 음식과 물: '농장에서 식탁까지(Farm to Fork)' 전략을 통해 폐기물 감축과 순환경제 달성을 목표로 한다.

(1) 태양광 모듈

초창기에 설치했던 태양광 모듈의 수명이 끝나는 시점이 도래하고 있다. 태양광 모듈은 설치한 지 25년이 지나면 발전 효율이 약 20% 하락하는 것으로 알려져 있다. 그러나 최근의 사용 사례를 보면 설치된 지 25년 이후 에너지 효율은 불과 6~8% 하락하는 것으로 보인다. 태양광 모듈의 수명이 기존에 알려진 25~30년보다 좀 더 길 수도 있다는 뜻이다.

현재 태양광 모듈 설치량은 2013년 이후 연평균 22% 증가해왔고, 앞으로도 국가가 주도하는 전면적 저탄소 정책하에 꾸준히 증가할 전망이다. 태양광 모듈 설치가 늘어나는 만큼 시차를 두고 폐기량도 증가하게 되는데 국제재생에너지기구(IRENA)에 따르면 2030년에는 1,700만 톤의 태양광 폐모듈이 발생할 것으로 추정된다. 누적량 기준으로는 2030년까지 6,000만 톤, 2050년까지는 20억 톤의 태양광 모듈이 폐기될 것으로 보인다.

유럽연합은 2012년 태양광 폐모듈을 전기전자폐기물로 지정하고 재활용을 의무화하는 전기전자폐기물처리지침을 시행하고 있다. 현재 유럽연합 내에는 약 400만 톤의 태양광 모듈이 설치되어 있다. 전 세계적으로 2017년 현재까지 4만 3,500톤의 폐모듈이 발생했고, 앞으로 2050년까지 약 6,000만 톤의 폐모듈이 발생할 것으로 전망된다. 폐모듈이 발생하는 주요 지역인 아시아와 유럽, 북미에서 폐모듈 처리 지침을 받아들일 필요가 있다.

이러한 필요성에 따라 현재 글로벌 태양광 제조 업체의 70% 이상이 유럽의 태양광 모듈 제조사들로 구성된 '피브이 사이클 네트워크'에 가입해 있다. 피브이 사이클 네트워크는 기업에 폐모듈 처리 지침에 관련 가이드를 제공하고, 친환경 설계와 독성 물질의 사용 규제, 리사이클링에 대한 관심을 유도하고 있다.

현재 대다수를 차지하는 실리콘 기반 태양광 모듈의 구성 성분은 유리 76%, 플라스틱 10%, 알루미늄 8%, 실리콘 5%, 메탈 1% 등이다. 실리콘 기반 태양광 모듈의 경우 재활용 효율이 96%에 이른다. 향후 독성 물질 재활용 기술 개발 등으로 재활용 효율은 더욱 상승할 전망이다. 태양광 폐모듈은 구성 요소별 단계적인 재생 처리를 통해 자원으로 재활용하게 된다.

태양광 폐모듈의 재활용 첫 단계는 모듈의 원재료인 알루미늄과 유리를 분해하는 것이다. 유리의 경우 95%가 재활용 가능하며, 알루미늄 등 외장 금속은 100% 재활용 가능하다. 유리와 알루미늄을 제거하고 나면 남은 재료에 약 500℃의 열을 가하여 셀을 붙이는 접착제와 밀봉 재료를 녹이는데 이러한 접착/밀봉 재료는 열원으로 재활용할 수 있다. 열처리 이후 분리된 실리콘 셀은 산화, 에칭 공정을 거쳐서 약 80% 정도가 새로운 태양광 모듈에 재사용된다.

태양광 폐모듈을 재활용하면 2030년까지 6,000만 장의 패널을 제조하여 18GW(기가와트) 규모의 발전 용량을 확보할 수 있고, 2050년까지 패널 20억 장의 630GW 규모의 발전 설비를 구축할 수 있다. 폐모듈 재활용 시장의 환산가치는 2030년까지 4억 5,000달러, 2050년까지 150억 달러 규모로 예상된다. 앞으로 태양광 패널 산업은 저탄소 재생에너지 발전과 더불어 재활용을 통한 자원 재순환이라는 목표를 동시에 달성 가능한 '더블 그린' 산업이 될 수 있다.

(2) EV용 2차전지

최근 글로벌 전기차(EV) 판매량 증가로 인해 전기차에 사용되는 2차전지 채용량도 크게 늘고 있다. 2021년 글로벌 전기차(BEV+PHEV) 판매량은 660만 대이며, 전기차 충전용 2차전지는 169GWh(기가와트아워)가 탑재된 것으로 조사된다. 흔히 EV용 리튬이온 2차전지는 충방전을 500회 정도 하면 성능이 약 70% 이하로 떨어지는 것으로 알려져 있다. 1회 충전 시 주행거리를 300㎞로 가정하면 전기차 사용 후 약 5~10년이 지나 주행거리가 15만㎞에 이르면 성능이 저하되어 교체가 필요하다. 그러므로 글로벌 전기차가 본격적으로 판매되기 시작한 2015년을 기준으로 볼 때, 자동차 수명을 5~10년으로 가정하면 최근 EV용 2차전지 폐기량이 본격적으로 증가하는 단계에 진입했다고 볼 수 있다.

컨설팅업체인 프로스트앤설리번은 글로벌 폐배터리 시장이 연평균 99.8% 성장해 2025년 매출 규모가 78억 달러에 이를 것으로 전망했다.

폐배터리는 회수 처리를 통해 재사용이나 재활용이 가능하다. 폐배터리 중 잔존 가치가 70~80% 수준인 것은 ESS(에너지저장시스템)로 재사용할 수 있다. 재사용이 어려울 정도로 성능이 하락한 폐배터리의 경우

글로벌 폐배터리 발생량 전망

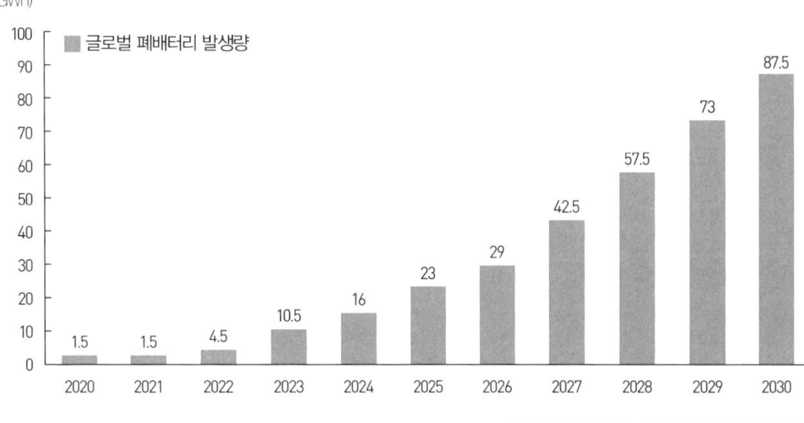

자료: 블룸버그 뉴에너지파이낸스(BNEF)

분해하여 리튬(Li), 코발트 (Co), 니켈(Ni), 망간(Mn) 등 희귀금속을 추출해 재활용할 수 있다. 독일 화학기업 뒤젠펠트는 폐배터리 구성 요소의 96%까지 재활용할 수 있다는 연구 결과를 발표했다. 폐배터리 재사용과 재활용을 통한 회수 금액을 고려하면 EV용 배터리 생산 비용을 약 30% 절감할 수 있다.

EV용 폐배터리는 일차적으로 재처리 과정을 통하면 ESS 등의 용도로 재사용할 수 있다. 먼저 폐배터리의 수명성능을 평가한 후, 배터리팩이나 그보다 하위 단위인 배터리 모듈, 배터리 셀 단위로 분해하여 ESS 등 목적에 맞게 재사용하게 된다. 폐배터리의 ESS 재사용은 현대차와 BMW, 다임러, GM 등 글로벌 완성차업체가 주도하고 있다. 다만 아직 실용화 단계는 아니고, 연구 단계 수준에 있다.

리튬, 코발트, 니켈, 망간 등 희귀금속과 원재료를 추출하는 폐배터리 재활용에 필요한 기술은 전처리 기술과 금속 회수 기술로 나눌 수 있다. 전처리 분야는 건식 열처리와 파쇄/분쇄, 농축 기술로 세분되고,

금속 회수 분야는 건식, 습식, 건/습식 혼합 기술로 세분된다.

전처리 기술의 경우 입고된 폐배터리 내부의 전기를 방전한 후 모듈의 분리, 해체 단계를 거친다. 팩 해체 공정은 각종 커버와 볼트, 케이블을 분리하는 단계이며, 최종적으로 배터리 셀을 분리, 수거하게 된다. 2인 1조로 작업이 가능하고, 배터리 방전 시간을 제외하면 약 2시간 30분의 작업 시간이 소요된다. 분리된 셀은 파쇄 공정을 거친 이후 금속을 부분별로 선별한다. 이후 이온교환 특성 등 화학적 공정을 통해 최종적으로 각종 금속을 추출한다.

우리나라 국립환경과학원은 EV용 배터리를 산화코발트, 리튬, 망간, 니켈 등을 1% 이상 함유한 유독물질로 분류한다. 따라서 폐배터리는 환경 오염을 유발할 수 있어 재활용과 재사용 등 후처리 과정이 중요하다. 현재 국내 EV 폐배터리 관련 규정으로는 '대기환경보전법'이 있다. 이 법에 따라 구매보조금을 받은 전기차를 폐차할 경우 회수된 배터리를 지방자치단체에 반납하도록 규정하고 있다. 또한 환경부 장관 또는 지방자치단체의 장은 반납받은 배터리를 재사용 또는 재활용해야 한다고 규정하고 있다. 그러나 배터리 반납 이후 처리 절차와 회수, 운송, 재활용, 처리 방법에 관한 세부적인 절차는 명확하게 규정되어 있지 않아 폐배터리의 처리가 제대로 되지 않을 경우 발생하는 환경 오염에 대한 우려에도 불구하고 아직 관련 규정이 미비한 상태이다.

반면 중국의 경우 현재 EV 폐배터리 처리에 관한 제도적 장치에 대한 논의와 지원이 국가적 차원에서 활발히 이뤄지고 있다. 2018년 2월 중국 공업정보화부 및 과학기술부, 환경부, 교통수송부, 상무부, 품질검사총국, 에너지국 등 중앙 7개 부처는 '신에너지 동력축전지의 회수

이용 관리에 관한 임시 규칙'을 공포하고, 8월부터 시행했다. 이 규칙에 따르면 전기차 배터리에 생산자책임재활용제도(EPR)를 적용하여 자동차 생산기업이 배터리를 회수하도록 했다. 이제 배터리 생산 기업은 배터리를 분해하기 쉬운 제품으로 설계하고, 배터리의 분해와 보존 기술에 관한 정보를 EV 생산 기업에 제공해야 한다. 또한 배터리의 재활용 관련 기술, 표준 연구, 제정, 재활용 관리의 표준을 구축하고, 규정 위반 기업에 대한 시정조치 등에 대해서도 명시하고 있다.

중국 자동차기술 연구센터는 중국 내 전기차 폐배터리가 2018년과 2020년 각각 12만 톤, 20만 톤으로 증가하고, 2025년에는 35만 톤에 이를 것으로 전망했다. 이에 따라 중국 폐배터리 재활용 시장 규모는 2020년 65억 위안에 달할 것으로 예상되며, 이후로도 빠르게 성장할 것으로 예측된다.

(3) 포장재, 플라스틱 산업

플라스틱은 가볍고, 내구성, 부식 방지 성능이 좋으며 가격 또한 저렴하여 다양한 분야에서 소비가 크게 늘고 있다. 특히 최근 코로나19에 따른 바이러스 전염 방지를 위한 물품 배송량 증가, 일회용품 사용량 증가 등으로 인해 플라스틱 사용량이 급증했다. 글로벌 플라스틱 생산량은 2017년 3.5억 톤이었으며, 폐플라스틱 발생량은 2016년 2.4억 톤에 달한 것으로 알려졌다. 매년 증가하는 막대한 플라스틱 쓰레기 배출에 의한 해양생태계 오염과 플라스틱 생산 과정에서의 탄소 발생을 억제하기 위해서는 폐플라스틱 재활용이 필수적이다.

폐플라스틱을 재활용하는 방법은 크게 물질 재활용과 에너지 재활

플라스틱의 재활용 개념

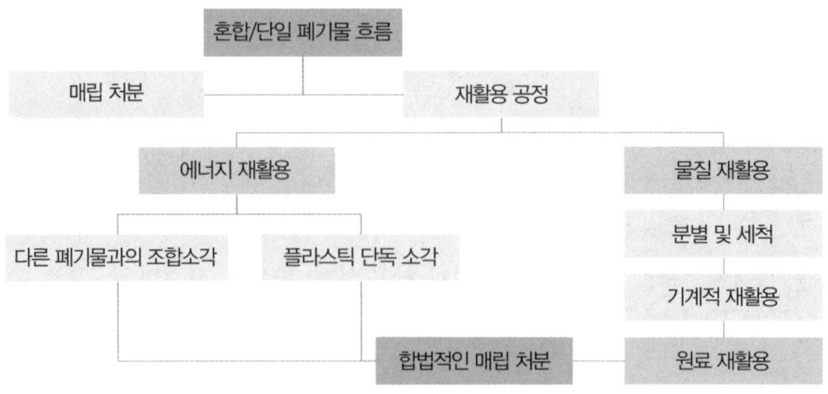

자료: 한국포장재재활용사업공제조합

용으로 나눌 수 있다. 물질 재활용은 플라스틱의 물성을 변화시키지 않고, 다시 플라스틱 제품으로 재생하여 이용하는 방법이다. 에너지 재활용은 일반폐기물과 함께 폐플라스틱을 직접 연소시켜 발생하는 열을 이용하는 기술로 직접 소각법과 폐플라스틱을 건조, 압축, 고화시켜 만든 고형연료(RDF)를 제조해 사용하는 방법이 있다. 환경 보전 관점에서는 연소 시 탄소를 배출시키는 에너지 재활용보다 물질 재활용이 우선시된다. 재활용 가치가 극히 적은 폐플라스틱의 경우에는 매립 처리한다.

물질 재활용은 폐플라스틱을 분쇄 후 세척, 열 용융 등을 거쳐 압축이나 사출을 통해 플라스틱 재활용 제품의 중간 원료에 해당하는 1차 제품인 펠릿, 플레이크를 생산하는 가공 단계를 먼저 거쳐야 한다. 이후 1차 제품을 다시 열용융하고, 사출 공정을 통해 최종 제품을 생산한다.

4

환경 분야에서의 개선 활동

환경 분야에서는 전 세계적으로 '탄소중립'과 '순환경제 사회' 두 축을 중심으로 제도가 강화되고 대규모 투자가 이뤄질 전망이다. 유럽연합을 비롯해 중국과 한국, 일본이 시점은 다르지만 국가적으로 탄소중립을 달성하겠다는 목표를 밝혔고, 바이든 대통령은 취임식 이후 미국의 파리기후협약 복귀를 명령했다. 탄소중립은 장기간에 걸쳐 경제사회의 전반적인 구조를 바꿔야 달성 가능한 목표이기 때문에 중앙정부와 지방정부는 세부 추진안을 마련할 것이다. 기업들은 지속가능한 사업을 위해 탄소중립을 위한 전략을 수립하거나 적극적으로 사업 구조 변화를 꾀할 전망이다. 화석 연료를 풍력과 태양광, 수소 등 재생에너지로 전환하고, 전기차와 전기수소차 사용이 본격적으로 늘어날 것으로 예상되며, 기업들은 ESG 경영을 기반으로 RE100 선언이나 자체적인 온실가스 감축 전략 수립에 나설 것으로 보인다.

중국의 폐기물 수입 금지와 플라스틱 제한 정책, 코로나19로 인한 일회용품 사용 증가에 의한 쓰레기 문제로 자원의 순환경제가 주목받을 것이다. 원천적으로 폐기물 발생을 줄이는 방안을 고안하고, 자원 재순환을 통해 폐기물 발생을 억제하는 정책이 국내외에서 확대될 전망이다. 폐기물 감축을 위한 정책의 우선순위는 폐기물 감량과 재사용, 재활용, 에너지 회수 순이다. 선형 경제 구조를 순환경제 구조로 전환해 환경 오염을 최소화하는 방법이다. 플라스틱 리사이클링을 주도하는 화학 산업과 에너지 재활용으로 수익성을 높이는 시멘트 산업, 발생량이 급증할 것으로 예상되는 폐배터리와 폐태양광 모듈 재처리 산업이 인기를 끌 수 있다.

저탄소사회로의 전환

(1) 자동차 온실가스 배출 규제 강화

2021년부터 유럽연합은 CO_2 배출량이 95g/km 이상인 승용차에 그램당 95유로의 벌금을 부과한다. 2020년까지 유럽계 내연기관차의 CO_2 배출량은 킬로미터당 100~130그램 수준으로, 상황이 개선되지 않는다면 2021년부터는 막대한 벌금을 부과해야 한다. 이에 전기차 판매를 늘려 승용차 평균 CO_2 배출량을 줄이고자 전기차 모델을 늘리고 생산과 마케팅을 강화하고 있다.

현재 유럽연합 각국을 중심으로 내연기관차 판매 금지 조치가 이어지고 있으며, 판매 금지 일정도 앞당겨지는 추세이다. 노르웨이는 세계에서 가장 빠르게 2025년부터 내연기관차 판매를 금지하기로 했고,

2030년에는 영국과 독일, 인도 등, 2035년에는 프랑스와 중국, 일본 등이 내연기관차 판매 금지를 선언했다. 결과적으로 2021년을 기점으로 전기차와 수소전기차 등 도로주행 시 CO_2를 배출하지 않는 친환경 자동차의 판매가 가파르게 증가할 전망이다.

친환경 자동차의 판매량 증가에 따라 EV용 2차전지 판매량도 큰 폭으로 증가할 전망이다. 관련 생산 기업에 대한 관심 또한 계속될 것으로 보인다. 급성장하는 전기차용 2차전지 시장에 맞춰 IPO와 증자를 통해 대규모 설비를 증설하고 수익을 창출하는 선순환 구조가 나타날 수 있다. LG화학(LG에너지솔루션)과 SK이노베이션, 삼성SDI 등 국내 2차전지 생산 기업들은 글로벌 각지에 대규모 설비를 구축 중이다. 국내 2차전지 기업들은 ① 다양한 형태의 2차전지 양산이 가능하고, ② 생산시설을 글로벌 주요 거점에 구축하고 있으며, ③ 자본 제휴와 지분 투자를 통해 2차전지 소재를 내재화하여 세계 최상위 경쟁력을 유지해나갈 전망이다.

(2) 저탄소 발전산업으로 전환

발전 산업은 온실가스 배출량이 가장 많은 분야다. 전 세계 발전 산업의 온실가스 배출량은 전체의 40%를 차지한다. 기업 내 자체적인 에너지 공급을 위한 발전으로 발생하는 온실가스를 포함하면 전체의 2/3가 발전 등 에너지 공급에 의해 발생한다. 에너지 발전에는 주로 석탄과 석유, 천연가스 등 온실가스를 다량 배출하는 화석 연료를 사용해왔다. 현재와 같은 방식의 에너지 발전이 계속될 경우 2050년까지 글로벌 탄소 배출량은 430억 톤에 이를 것으로 예상된다. 이는 파리기후협약 기

2050년까지 온실가스 감축 기여도(파리기후협약 준수 가정)

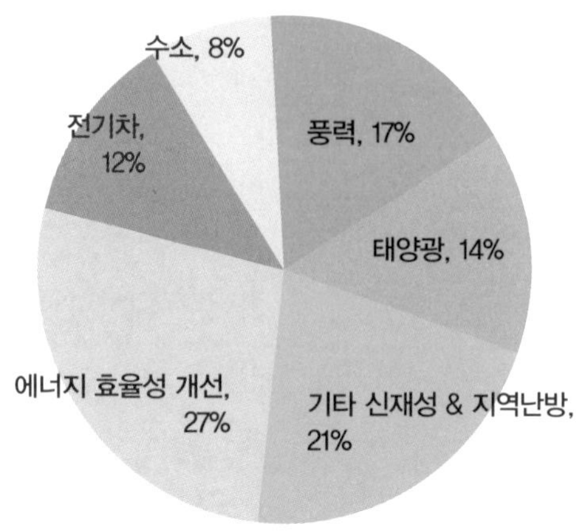

주: 2019년 온실가스 배출량은 340억 톤,
파리기후협약 준수를 위해서는 50년까지 95억 톤까지 235억 톤 감축 필요
자료: IRENA Analysis, 2020 Outlook, NH투자증권 리서치본부

준을 준수하기 위한 탄소 배출량 95억 톤을 크게 초과하는 양으로, 이것이 바로 에너지 발전원을 화석 연료에서 재생에너지로 전환해야 하는 이유다. 미국의 바이든 정부 출범, 중국의 2060 넷제로 선언 이후 계획된 14차 5개년 계획으로 볼 때 향후 저탄소 발전 전략이 주류로 자리잡을 것으로 보인다.

화석 연료 발전을 대체하기 위해서는 재생에너지 사용, 분산형 발전 확대, 에너지 사용 효율성 개선이 필요하다. 이는 풍력과 태양광 발전과 신규 에너지원인 수소를 활용한 연료전지 발전 활용으로 가능하다. 지난 12월 발표된 제5차 신재생에너지 기본 계획상 재생에너지 발전 비중 목표는 기존의 2030년 21.6%에서 2034년 25.8%로 사실상 상향 조정되었다. 2025년까지 중기 보급 목표는 30GW에서 42.7GW로 상향되었는데, 그 중심은 해상풍력이 될 전망이다. 2021년 이어질 것으로 예상되는 후속 대책으로는 ① RPS(Renewable Energy Standard, 신재생에너지공급의무화제도)에서 분리한 HPS(Hydrogen Energy Portfolio Standard, 수소공급의무화제도) 도입과 ② RE100 시행을 위해 재생에너지 사업자와 소비자 간의 직접 구매 계약을 허용하는 전기 사업법 개정, ③ RPS 비율 상향과 공급의무자 확대, 발전원별 REC 가중치 조정 등이 있다.

(3) 철강, 화학 등 친환경 전략 도입

글로벌 탄소중립 정책 강화에 발맞춰 철강과 시멘트, 정유화학 등 탄소 고배출 산업 내 탄소 저감을 위한 전략 구체화 움직임이 관찰된다. 철강 분야는 2019년 기준 조강 1톤당 이산화탄소 1.83톤을 배출한다. 이는 글로벌 전체 이산화탄소 배출량 중 7~9%를 차지하는 수준이다. 앞으로 속속 도입될 탄소세로 인한 부담에서 벗어나고 탄소 배출 최다 배출 산업이라는 오명을 벗기 위해 철강 기업들은 수소 생산과 수소환원 제철공법의 상용화를 추진 중이다. 수소 설비 투자에 가장 적극적인 곳은 유럽연합이다. 2050년까지 4,700억 유로(약 630조 원)를 관련 산업에 투자할 계획이다. 포스코는 석탄 대신 수소를 사용하는 수소 유동환원로를 통해 무탄소 철강 생산 계획을 수립했다. 2050년까지 500만 톤의 그린수소를 생산할 계획이며, 이 중 370만 톤은 철강 생산에 자체 소비할 계획이다.

롯데케미칼은 지난 2월 3일 '2030 친환경 전략'을 발표했다. 기후위기 대응 및 자원 선순환을 위해 2030년까지 총 5.2조 원을 투자하여 친환경 관련 사업의 매출액을 롯데 화학 계열 전체가 6조 원, 롯데케미

칼이 3조 원 달성할 계획이다. 리사이클링 제품 판매량은 현재 6만 톤에서 2030년 100만 톤으로 확대할 예정이다. 다른 화학 기업들도 새로운 시장 환경에 맞는 친환경 전략을 수립하고 있으며, 공장 증설 시 RE100을 선언하는 등 탄소중립 정책과 자원순환 정책 발표가 이어질 전망이다.

순환경제 사회를 위한 준비운동

(1) 순환자원에너지 재활용 확대

물질의 재활용이 어려울 경우 매립과 소각으로 가기 전 단계에서 열적(에너지) 재활용을 할 수 있다. 에너지 재활용은 2008년 신재생에너지 사업으로 적극 추진했으나 2018년 환경부가 SRF(Solid Refuse Fuel, 일반 고형 연료)에 대한 REC(Renewable Energy Certificate, 신재생에너지공급인증서) 계수를 하향(0.5→0.25)하며, 수익성이 악화했다. 2019년에는 SRF를 신재생에너지에서 완전 제외(0.25→0)한 이후 시장 성장성이 둔화했다. 그러나 현재 당면한 폐기물 대란과 2027년까지 정부의 생활폐기물 제로화 정책으로 매립 방식을 통한 폐기물 처리가 제한되고 소각 처리 규모가 축소되는 것을 고려할 때 에너지 재활용 필요성이 부각될 전망이다.

현재 폐기물 에너지 재활용을 가장 활발히 활용하는 분야는 시멘트 산업이다. 시멘트 생산에는 소성 공정이 필요한데 여기에는 주로 유연탄을 사용한다. 소성로 안 온도는 최대 1,500도로, 플라스틱을 태울 경우 완전 연소되어 이산화탄소 이외의 대기 오염 물질의 배출량이 적다. 시멘트 제조 공정에 순환자원(폐기물)을 혼합해 사용하면 유연탄 사용량 감소로

국가별 시멘트산업 내 순환자원의 대체 비중

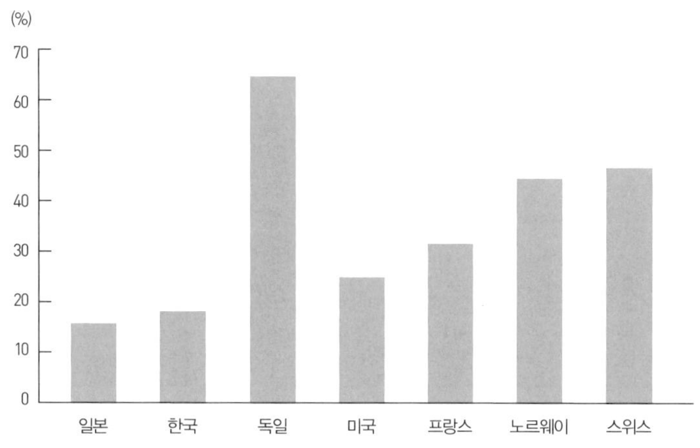

주: 일본('15년), 한국('17년), 독일('15년), 미국('03년), 프랑스('03년), 노르웨이('03년), 스위스('02년)
자료: 성신양회, NH투자증권 리서치본부

연료비가 절감되고, 폐기물 처리 대가로 수수료를 받을 수 있으며, 순환경제 실현에 따른 ESG 지표 개선 등 부수적인 효과를 거둘 수 있다.

(2) 2차전지 및 태양광모듈의 더블 그린 전략

글로벌 전기차(EV)의 판매량 증가로 인해 전기차에 사용되는 2차전지 채용량도 크게 늘고 있다. 2015년 이후 2020년 3분기까지 EV 누적판매량은 2,105만 대로 여기에는 2차전지가 약 400GWh(기가와트아워) 사용된 것으로 추정된다. 자동차의 수명을 5~10년으로 가정하면 2021년부터 EV용 2차전지 폐기량이 본격적으로 증가하는 단계에 진입했다고 볼 수 있다. 국내에는 아직 폐배터리 처리에 관한 법령이 마련되어 있지 않지만 2차전지 판매 1위 국가인 만큼 관련 제도가 확립될 전망이다. 국내에서는 리사이클 전문 업체 에코프로 CNG가 포항에 폐배터리

글로벌 폐배터리 발생량 전망

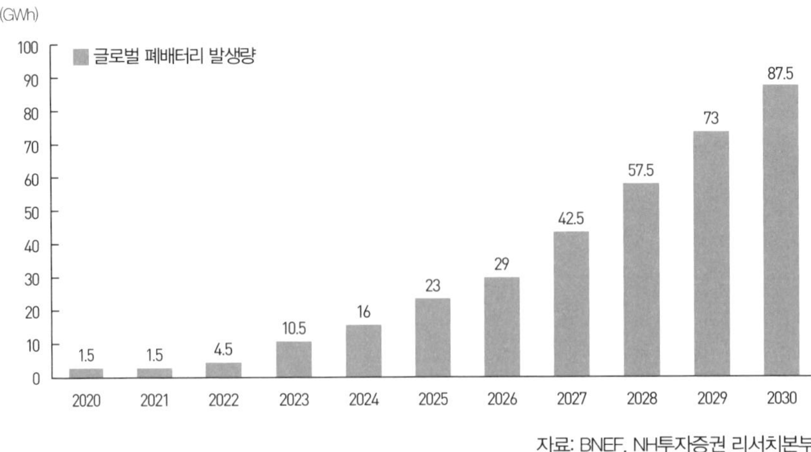

자료: BNEF, NH투자증권 리서치본부

금속 스크랩 회수 공장을 건설 중이다. 2분기 완공 후 하반기부터 폐배터리 금속 회수 사업이 본격화할 전망이다. 이외에도 비상장 기업으로 성일하이텍과 타운마이닝이 폐배터리 금속 회수 공정을 준비하고 있다.

태양광 모듈의 수명은 25~30년으로 알려져 있다. 1990년대부터 태양광 발전 설치가 늘기 시작했기 때문에 초기에 설치된 태양광 모듈의 수명이 끝나는 시점이 도래하고 있다. 태양광 모듈 설치량은 2013년 이후 연평균 22%가 증가했고, 앞으로도 탄소중립 전략하에 설치량이 꾸준히 증가할 전망이다. 전 세계적으로 2017년까지 4만 3,500톤의 폐모듈이 발생했고, 2050년까지 약 6,000만 톤의 폐모듈이 발생할 것으로 전망된다. 실리콘 기반 태양광 모듈의 경우 재활용 효율이 96%에 이르기 때문에 폐기물 발생 비율을 줄일 수 있다. 다만 경제성이 확보되지 않아 산업이 형성되지 않았으며, 지방자치단체 자체적으로 실증 사업을 진행하는 수준에 머물고 있다. 지난 12월 신재생에너지 확대 기본 계획이 발표되었는데 태양광 발전 설치가 증가한 만큼 회수와 재활용 관련 계획이 마련되어야 할 것이다.

(3) 자연분해 플라스틱 개발 및 리사이클링 제품 설계

코로나19로 지금은 일회용 플라스틱 사용이 용인되고 있지만 확산세가 꺾이기 시작하면 플라스틱 사용 규제가 강화될 전망이다. 또한 중국의 폐기물 수입 금지에 이어 플라스틱 사용 제한이 제도화되고 있다. 화학 산업에서는 바이오 등으로 만든 자연분해 플라스틱 제품의 확대나 물리적, 화학적 재활용 제도와 기술 개발이 활발히 진행 중이다.

석유화학과 식음료 기업 중심으로 자연분해 플라스틱 개발이 진행 중이며, 화학적 재활용 기술 확보를 위해 노력하고 있다. 또한 제품에 대한 재활용 플라스틱 사용 비중을 높이고자 목표치를 설정하고 있다. 로레알은 2030년까지 제품 용기에 사용되는 재생원료 비율을 100%로 확대하기로 하고, 코카콜라는 50% 이상으로 설정했다. 아디다스는 2022년까지 100% 재생원료를 이용할 계획이다. 국내에서는 2021년부터 LG화학과 롯데케미칼, SKC, CJ제일제당 등이 PLA(Poly Lactic Acid, 폴리젖산), PHA(Poly Hydroxy Alkanoate, 폴리히드록시알카노에이트) 등 생분해 플라스틱 생산 체계를 구축하려는 움직임을 보이고 있다.

3장

사회책임경영은 선택이 아닌 필수다

1

사회책임경영이란 무엇인가

20세기 후반 세계화 진행과 함께, 기업활동으로 인한 대형 안전사고, 환경사고, 노동 이슈들이 이어지면서 기업의 사회적 책임(CSR)이 세계적으로 화두가 되었다. CSR을 기업의 입장에서 보면, 재무적 성과뿐 아니라 사회와 환경에 대한 책임과 성과를 내야 한다는 의미이다. 이는 1987년 유엔이 개념을 정립하고 발전시킨 지속가능한 발전, 즉 미래 세대가 그들의 필요를 충족할 수 있는 능력을 저해하지 않으면서 현재 세대의 필요를 충족하는 발전과도 일맥상통한다. 이는 또한 영국의 언론인 존 엘킹턴이 1994년에 논문 〈지속가능한 기업을 향하여(Towards the Sustainable Corporation: Win-Win-Win Business Strategies for Sustainable Development)〉에서 제시한 TBL(Triple Bottom Line), 즉 재무, 환경, 사회 등 세 가지 요소로 기업 성과를 측정하는 것을 말한다.

지속가능한 발전을 위한 사회책임경영

지속가능한 발전을 TBL로 설명하자면, 지속가능한 발전의 세 축인 경제, 사회, 환경은 서로 연결되어 있기 때문에 세 축 간의 통합과 균형 달성이 중요하다. 먼저, 사회와 환경 사이에서는 사회가 환경을 위해 생활방식을 조정하는 것을 견딜 수 있도록 노력해야 한다(Bearable). 인간은 자신의 영향력을 인식하고, 더 건강한 환경에 기여해야 한다. 다음으로 사회와 경제 사이에서는 사회의 유한한 자원을 경제 주체들에게 평등하고 공정하게 분배하도록 노력해야 한다(Equitable). 공정한 분배를 통해 빈곤과 사회적 불평등을 근절하고 사회의 생활 수준을 높이는 데 기여해야 한다. 마지막으로 경제와 환경 사이에서는 경제성장과 개발을

지속가능성의 세 축

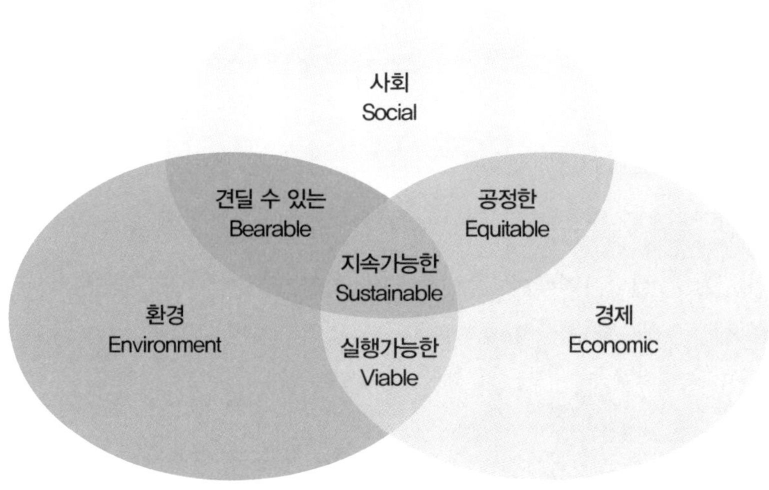

자료: 요한 드레오(Johann Dréo), "지속가능한 발전(Sustainable Development)", NH투자증권 리서치본부

충족시키면서도 환경보호를 추구하는 것이 실행 가능하도록 노력해야 한다(Viable). 환경을 보호하면서도 투자는 일자리를 창출하고, 국내총생산(GDP)에 기여하며, 지속가능해야 한다.

재무적 성과를 완수하지 못하는 기업은 존립할 수 없다. 그러나 기업 이윤의 극대화가 사회적 불안정과 환경의 파괴로 이어져서도 안 된다. 사회적 배려와 환경적 책임을 완수하기 위해서 지출하는 비용이 기업의 지속가능성을 제고하는 투자가 되도록 하는 것이 사회책임경영이다. 즉, 사회책임경영은 주주에 대한 재무적 성과 책임과 함께 이해관계자에 대한 비재무적 성과 책임을 달성하는 것이고, 이것이 바로 오늘날의 ESG 경영이다.

사회책임경영은 정도경영과 사회공헌활동을 거치면서 능동적이고, 사전 대비적이며, '전략수립–목표실행–정보공개'가 유기적으로 연계되도록 진화하고 있다. 지속가능성을 제고하는 방향으로 가고 있는 것이다.

사회책임경영의 배경

사회책임경영의 역사는 기업의 이윤 추구에 대한 사회적 반감의 역사만큼이나 길다. 미국에서는 19세기 석유, 철강, 철도, 해운 등 기간산업을 중심으로 존 록펠러, 앤드루 카네기, 코닐리어스 밴더빌트 같은 기업인이 대기업들을 성장시켰다. 그러나 독과점 규제 같은 산업 규제가 미비하고, 노동권, 소비자 보호 등의 개념이 체계화되기 이전이라 탈법적이고 비윤리적인 경영이 만연한 까닭에 이들은 악덕 기업가로 불렸다. 기업의 이윤 추구에 대한 사회적 비난도 컸다.

그러나 아이러니하게도, 그들이 설립한 대학교와 공익 재단은 지금까지 사회 발전에 기여하고 있다. 1970년대에는 인권운동, 여성운동, 반전운동 등이 활발했고, 흑백차별 정책이 세계적 쟁점으로 부각된 남아프리카 공화국에 진출한 기업이나 베트남 전쟁 군수품 제조기업에 대한 사회적 반감이 높았다. 이때부터 반사회적 행위 중단과 윤리경영을 중심으로 기업의 사회책임경영에 대한 사회적 요구가 본격화했다.

1984년 인도 보팔에 있는 미국계 화학약품 제조회사 유니온 카바이드의 공장에서 유독가스인 이소시안화메틸이 누출되어 1만 6,000명 이상이 사망하고 55만 명 이상이 다친 보팔 참사가 발생했다. 안전장치, 경보기 및 재해 처리 시스템이 모두 제대로 작동하지 않은 인재였다. 1989년에는 알래스카 원유 22만 톤을 실은 미국의 엑슨발데스호가 암초에 부딪혀 좌초되면서 4만 톤의 원유가 1,600km 길이의 알래스카 해안을 덮어 해양생태계를 파괴했다. 이를 계기로 미국 의회는 1990년 유류오염법을 통과시켰고, 이후 원유 탱크의 벽을 2중으로 만드는 이중선체 설계를 단계적으로 의무화했다.

1996년 미국 나이키의 축구공이 파키스탄의 아동노동에 의해 제조된다는 내용의 기사와 보도 사진이 〈라이프〉에 게재된 후 여론의 비난이 들끓고 불매운동으로 이어졌다. 엄밀히 따지면 열악한 환경에서 장시간 아동노동을 시킨 파키스탄, 인도 등지에 있는 공급업체들의 잘못이지만, 결국 나이키는 사과와 함께 공급업체에 대한 지도와 감독뿐 아니라, 해당 국가에서 교육 인프라도 지원하게 된다.

1980~1990년대를 거치면서 다국적 기업들의 기업활동으로 인한 대형 안전사고, 환경사고, 노동 이슈들이 이어지고, 만연한 단기 성과

파키스탄 아동노동의 실태를 알린 1996년 보도사진

자료: 〈라이프〉, NH투자증권 리서치본부

주의에 대한 반성, 1987년 유엔환경계획의 리우선언 및 유엔 3대 기후협약 합의, 1998년 국제노동기구(ILO)의 근로자 기본권 선언 및 핵심협약 확정 등 국제기구의 움직임이 더해지며 기업의 사회책임경영에 대한 사회적 요구는 한층 강화되었다.

기업의 책임은 주주에 대한 경제적 책임인 이윤 극대화에서 시작한다. 또한 사회에 속한 다양한 이해관계자들과 상호 관계를 맺고, 무엇보다 사회로부터 유한한 자원을 사용할 권한을 얻었기 때문에 사회적 배려와 환경적 책임도 완수해야 한다. 사회책임경영을 위해서 중요한 것은 장기적 건전성, 즉 지속가능성이다. 단기적 성장은 자본 차입만으로 가능하지만, 장기적 성장은 장기적 수익성 없이는 불가능하다. 수익성을 통해서 내부에서 자본을 창출하지 못하면, 어느 순간 차입도 불가능해지기 때문이다.

정도경영과 사회공헌활동

2000년대 초반 미국 엔론, 월드컴, 타이코인터내셔널, 아델피아 통신 같은 거대 기업들의 잇단 분식회계 및 부패 스캔들은 세계적으로 기업윤리를 돌아보는 계기가 됐다. 미국에서는 회계의 신뢰성 높이기 위한 강도 높은 규제 조치로 2002년 사베인스-옥슬리법이 제정되었다. 이 법은 기업의 회계 투명성을 제고하기 위해 회계감독위원회를 설립하고, 외부 감사자의 독립성 강화를 위한 컨설팅 업무 겸업 금지, 재무제표의 정확성에 대한 경영진의 책임, 재무 공시 강화 등의 내용을 담고 있다.

우리나라가 1997년 외환위기 사태를 맞았을 때, 국제통화기금(IMF)이 내린 처방 중의 하나인 '기업 경영 투명성 제고'는 지금은 당연하게 받아들여지는 상장법인에 대한 사외이사 선임 의무화, 소수주주권 행사 요건 완화, 기관투자자의 의결권 행사 허용 등에 대한 요구였다.

1960년대에 경제개발이 시작된 이후 대기업 중심의 압축 성장 모델에 대해 우리나라 사회는 재벌의 기여를 인정하면서도 동시에 정경유착, 문어발 확장, 총수 일가의 불법적 경영권 승계, 비자금 조성, 횡령, 기타 일탈 행위로 인해 부정적인 감정을 갖는 애증의 관계를 이어가고 있다. 이러한 분위기에서 벗어나고자 2000년대 전후 '정도경영'으로 대변되는 윤리적 경영이 기업 경영의 화두가 됐다.

사회책임경영의 출발점인 정도경영은 기업 및 임직원이 법규는 물론이고, 사회의 관행, 국내외의 윤리 기준까지 준수하는 경영을 의미한다. 준법은 의무이고, 법규를 위반할 경우, 영업활동의 차질은 물론 벌금과 과징금을 부과받아 경영 성과가 축소된다. 그리고 그보다 더 크게 기업 이미지가 손상된다.

법규와 도덕 기준이 항상 일치하지는 않기 때문에 법규를 준수하더라도, 도덕 기준에 어긋날 수 있고, 이 경우 처벌과 재무적 부담은 없지만, 역시 기업의 평판이 손상된다. 작은 실수로 평판은 한순간 실추될 수 있는 반면, 그를 되살리는 데는 긴 시간과 노력이 필요하므로 정도경영은 최소한의 위험 관리 시스템, 즉 평판 훼손을 방지하는 일부터 시작한다.

기업이 법인격을 갖추기는 했지만, 기업의 행위는 실제로는 기업 임직원의 행위이다. 정확히는 임직원의 업무에 연관된 공적 행위만이 기업의 행위이다. 그러나 현실에서는 기업의 행위와 임직원의 사적 행위가 명확히 구별되지 않는다. 이해관계자들은 경영진과 기업을 동일시하고, 임직원 개인 비리까지 기업 행위로 간주하기도 한다. 따라서 정도경영은 임직원의 일상 행위가 기업윤리를 따르도록 경영하는 것을 말한다.

기업윤리에는 명시적 법규와 묵시적 도덕 기준이 모두 포함된다. 도덕 기준을 어기면, 사회적 비난을 면하기 어렵고, 기업에 대한 이해관계자들의 태도가 달라질 수 있다. 따라서 기업윤리는 의무적이고, 기업은 일반적 기준보다 더 포괄적인 윤리 기준을 자발적으로 정하기도 한다.

정도경영을 하기 위해서는 기업의 윤리적 신념을 알리고 실천하기 위한 윤리강령 제정이 필수적이다. 윤리강령은 임직원의 윤리적 판단 기준과 경영 전략에서 고려해야 할 윤리 기준을 제시하여, 기업윤리 이슈를 사전에 예방해주기 때문이다. 윤리강령은 기업의 경영 결과에 영향을 받는 이해관계자를 중심으로 구성된다. 종업원의 존엄성 존중, 경쟁자와의 공정한 경쟁, 투자자에 대한 형평성, 지역사회에 대한 기업시민의식, 고객에 대한 신의, 정부에 대한 준법, 해외에서의 공정한 협조, 환경보호까지 ESG 요소 중 사회책임경영 지표 대부분을 담고 있다.

윤리경영은 산업별로 중점을 두는 분야가 다르다. 2013년 전국경제인연합회의 254개 국내기업 윤리경영헌장 분석자료를 보면, 산업별로 윤리경영헌장에 자주 등장하는 키워드에 차이가 있었다. 제조업은 환경보호와 경쟁사, 금융 및 보험업은 내부와 정보 보호, 도소매업은 협력사, 건설업은 공무원과 뇌물이었다. 이는 윤리경영이 비재무요소 전반을 고려하여 재무성과와 통합되는 비재무성과를 내기 위해 전략수립-목표실행-정보공개를 유기적으로 연계한 ESG 경영체제라기보다는 가장 자주 문제가 발생하는 분야에서부터 평판이 나빠지는 것을 막기 위한 경영법이기 때문이다.

윤리경영은 시기적으로도 당시 사회 환경과 맞물려 특정 영역을 더 강조하기도 했다. 정부가 대중소기업 동반성장 추진 대책의 일환으로 동반성장위원회를 출범시킨 2010년 전후에는 공정한 경쟁과 공급망 지원을 통해 산업생태계를 키워나가는 상생경영과 동반성장이 화두였고, 김영란법(부정청탁 및 금품 등 수수의 금지에 관한 법률)이 시행된 2016년에는 뇌물과 반부패가 주요 이슈였다.

기업은 정도경영보다 더 능동적으로 사회공헌활동을 통해 사회책임경영을 실천하기도 한다. 사회공헌활동은 사회적 현안을 해결하기 위해 노력과 자원을 보충하는 활동이다. 기업은 기업시민으로서 사회공헌활동을 통해 사회적 가치를 추구한다. 오랫동안 사회공헌활동은 기업의 사회적 책임과 동일시되었지만, 사실 사회공헌활동은 재무적 성과를 창출하거나, 법규와 도덕 기준을 준수하는 것같이 필수적인 책임이 아니라 선택적인 책임이다.

사회공헌활동은 비용을 수반하지만, '이윤의 극대화'처럼 경영활동의 정도에 대한 목표를 정하기가 애매하며, 매출액 증대나 생산성 향상의 효과는 불확실하다. 주주의 동의도 필요하다. 보통은 사회공헌활동을 통해 기업의 이미지를 개선하는 사회지향적 마케팅과 연계된다. 이때 사회적 논란을 감추기 위한 선택적인 사회공헌활동이나, 사회공헌활동 지출액을 초과하는 홍보 예산이 종종 논란이 되기도 한다.

사회공헌활동은 장학 사업, 환경 보전, 문화예술 지원, 지역발전 지원, 소외계층 지원 등의 분야에서 임직원 봉사활동, 직접적인 기부, 재단을 통한 간접 지원 등의 형태로 이루어진다. 기부는 현금, 현물, 시설 등을 통해서 이루어지는데, 시설 기부 중 일부는 국토계획법에 따라 지방자치단체가 개발 사업에 대한 인허가 및 인센티브 조건으로 기업에 기반시설의 설치와 같은 기부채납(개인 또는 기업이 부동산을 비롯한 재산의 소유권을 무상으로 국가나 지방자치단체에 이전하는 것)을 요구하는 관행과 관련 있다.

공공재의 성격을 가진 문화유산, 공연예술, 미술작품에 대한 문화예술 지원은 소외계층 지원에 비해서는 우선순위가 상대적으로 밀리긴 하지만, 여러 기업과 재단이 활발한 메세나(Mecenat, 기업이 문화예술을 지원함으로써 사회공헌과 국가 경쟁력에 이바지하는 활동의 총칭) 활동을 하고 있다. 한국메세나협회는 2021년 현재 210개 회원사를 확보하고 있다.

1960년대 이후 우리나라 재벌들도 삼성문화재단(삼성그룹, 1965년), 연암문화재단(LG그룹, 1969년), 한국고등교육재단(SK그룹, 1974년), 아산재단(현대그룹, 1977년), 대우문화복지재단(대우그룹, 1977년), 연강재단(두산그룹, 1978년) 등 공익 재단을 설립하고, 이를 통해 사회공헌활동에 나서고 있다. 대기업집단별로 많게는 4~5개의 기업 출연 재단 및 개인 출연 재단을 통해서 문화예술 지원, 장학, 학술 지원, 언론 지원, 소외계층 지원 등 다양한 공익사업을 하고 있다. 한때 일부 공익재단은 설립 시 기업이 출연한 계열사 주식지분을 처분하지 않아서 지배주주의 경영권 유지를 위한 변칙적인 수단이라는 비난을 받기도 했으나, 공정거래법 개정으로 2021년 말부터 계열사 주식에 대한 공익법인의 의결권 행사가 제한될 예정이다.

전국경제인연합회에 속한 주요 기업의 사회적 가치 보고서에 따르면, 매출액 500대 기업 중 245사의 2019년 사회공헌활동 조사 결과, 실적 부진에도 불구하고 지출 총액은 2조 9,927억 원으로 전년 대비 14.8% 증가했다. 기업당 평균 지출액은 136억 원이며, 이는 매출액 대비 0.2%, 세전 이익 대비 4.0%에 해당했다. 임직원 1인당 연평균 봉사활동 시간은 8시간, 사내 봉사 조직이 구축된 경우는 34.3%였다. 기업활동 가운데 사회적 가치 실현을 위해 중점적으로 고려한 주제는 동반성장(23.9%), 친환경 가치 실현(20.9%), 준법경영 강화(20.9%) 순으로 나타났다.

국제 협력을 통한 사회책임경영 제고

국제 협력을 위한 규제 환경의 변화가 사회책임경영을 제고하는 경우도 있다. 우리나라는 2021년 ILO의 핵심협약 비준으로 노동기본권의 보장과 상생의 노사 관계를 통해 사회책임경영에 한 걸음 더 다가갈 것으로 기대된다. 대외적으로도 노동기본권을 존중하는 국가로서 이미지가 제고되고, 한-EU FTA(자유무역협정) 등 통상 리스크의 해소도 예상된다.

ILO는 노동인권 문제 해결을 위해 1919년 유엔 산하에 설립되었다

국제노동기구(ILO) 핵심협약 비준 현황

구분	핵심지표	우리나라 비준여부	비준국 수
차별금지	제100호 남녀 동등보수 협약(1951년)	O (1997년)	173
	제111호 고용 · 직업상 차별금지 협약(1958년)	O (1998년)	175
아동노동 금지	제138호 취업상 최저연령 협약(1973년)	O (1999년)	173
	제182호 가혹한 형태의 아동노동철폐 협약(1999년)	O (2001년)	187
결사의 자유	제87호 결사의 자유 및 단결권 보호협약(1948년)	O (2021년)	157
	제98호 단결권 및 단체교섭권 협약(1949년)	O (2021년)	168
강제근로 금지	제29호 강제노동에 관한 협약(1930년)	O (2021년)	179
	제105호 강제노동 철폐에 관한 협약(1957년)	X	176

자료: 고용노동부, ILO, NH투자증권 리서치본부

(설립 당시는 유엔의 전신인 국제연맹). 핵심협약이란 ILO가 채택한 기본적 노동권 보장과 관련된 국제규범을 말한다. 총 190개의 협약 중 모든 회원국에 의해 비준 및 시행되어야 할 차별 금지, 아동노동 금지, 결사의 자유, 강제근로 금지 등 4개 분야에 걸친 이 8개의 협약의 공식 명칭은 '기본협약'이다. 1998년 ILO 총회에서 'ILO 근로자 기본권 선언'을 통해 확정했다.

우리나라는 1991년 ILO 정식 회원국이 됐고, 2001년까지 차별 금지와 아동노동 금지 분야 4개 핵심협약은 비준했으나, 결사의 자유와 강제근로 금지 분야 4개 핵심협약은 미비준 상태였다. 핵심협약은 비준 1년 후부터 회원국 내에서 법률과 같은 효력을 지니기 때문에 국내법과의 충돌을 막기 위해 먼저 관련법 개정이 필요한 상황이었다.

또한 1996년 OECD 가입 시, 2006년 유엔 인권이사회 이사국 진출 시, 2010년 한-EU 자유무역협정 체결 시, 결사의 자유를 포함한 노동

기본권을 국제적 기준에 부합하도록 보장하기 위해 ILO 핵심협약 비준을 위해 노력할 것을 약속한 바 있다. 특히 ILO 핵심협약 비준을 위해 지속적인 노력을 기울여야 한다는 노동 관련 의무 조항을 가지고 있는 유럽연합의 비준 촉구로 2018년 노사 관계 제도·관행 개선위원회를 발족하고, ILO 미비준 핵심협약 비준에 선행되어야 할 노동관계법 개정을 위한 노사정 간 대화를 진행했다. 그 결과 대타협은 무산되었으나, 공익위원 최종 권고안을 바탕으로 한 노동조합법, 공무원노조법, 교원노조법 등 노동관계 3법 개정안이 2020년 정기국회에서 통과되었다. 주요 내용은 종사 근로자가 아닌 조합원의 사업장 내 노동조합 활동 규정, 공무원 및 교원의 노조 가입 범위 확대(퇴직 공무원, 퇴직 교원, 소방공무원, 교육공무원 등), 단체협약 유효기간 상한의 연장(2년→3년) 등이며, 2021년에는 해당법 시행령도 개정했다. 이를 바탕으로 2021년 4월 결사의 자유, 강제근로 금지 분야 4개 미비준 핵심협약 중 제105호 강제노동 철폐에 관한 협약을 제외한 3개 핵심협약을 비준했다.

2021년 7월 기준으로 전체 187개 회원국 중 147개 회원국이 8개 핵심협약을 모두 비준했다. ILO가 주로 유럽국가 법 체계 기준으로 국제노동 기준을 입안했기 때문에 유럽국가들은 대부분 핵심협약 전체 비준이고, 핵심협약을 비준한 국가에 한해 관세를 인하해주는 유럽연합 대외무역 정책 때문에 개발도상국가 중에도 핵심협약 전체를 비준한 국가가 많다. 반면, 일본(6개), 중국(4개), 인도(6개) 등은 국내 상황을 고려해 일부만 비준했고, 미국(2개)은 국내법에 부합하는 협약만 비준한다는 입장을 유지하고 있다.

2

사회 분야에서의 개선 활동

기업에 대한 높아진 도덕 기준과 기업 자체의 인식 개선으로 기업의 사회적 가치가 강조되고 있다. 기업들은 주주 가치 제고뿐 아니라 구성원, 채권자, 협력업체, 지역사회, 소비자 등 기업의 모든 이해관계자의 가치 제고를 위해 노력해야 한다. 구매력이 상승하고 있는 밀레니얼 세대의 사회적 가치 지향 소비 행태나, ESG 공시 강화에 따른 사회적 정보 활용 증가 가능성 등을 고려하면, 기업의 사회적 가치 제고 노력이 더욱 중요해질 전망이다. 기업들의 자발적인 노력에 앞서, 공정거래법, 자본시장법 등 규제 환경의 변화로 촉발되는 사회적 이슈로는 일감 몰아주기에 대한 규제 강화, 여성 등기임원 의무화 준비 등이 있다.

일감 몰아주기 규제 강화

2021년말부터 시행된 개정 공정거래법 중 '사익편취 규제 대상 확대'는 일감 몰아주기 수혜법인의 총수 일가 지분 요건을 20%로 강화하고(기존 상장사 30%, 비상장사 20%), 수혜 법인의 50% 지분 초과 자회사도 규제 대상에 포함하는 등 특수관계인에게 부당한 이익을 제공하는 계열사 간 불공정 행위 규제 대상을 늘리는 것이 골자다. 이에 따라, 현대글로비스 등 총수 일가 지분 합계가 20~30%이거나, 삼성웰스토리 등 모회사 지분이 50%를 초과하는 연결 자회사인 일감 몰아주기 수혜법인들이 신규 규제 대상이 된다.

그러나 규제 대상 기업 모두가 제재를 받는 것은 아니다. 제재의 전제 조건은 '불공정 행위의 발생 및 적발'이다. 그동안 공정거래법과 의제 증여세(공정과세) 기준이 강화되어 규제 대상인 상장사 및 대규모 비상장사들의 불공정 행위 가능성은 낮아진 것으로 판단된다. 또한 제출안에서 폐지하기로 한 전속 고발제(공정거래법 관련 사건에 대해 공정위의 고발이 있는 경우에만 검찰이 공소제기를 할 수 있는 제도)가 최종 의결안에서는 존속하게 되면서, 불공정 행위 적발 빈도가 현재보다 크게 증가할 가능성도 낮아졌다. 현대글로비스는 법시행 약 1주일 후 지배주주 지분 10.0%를 처분하여 규제 대상에서 제외되었다. 2015년 2월 법시행 직전 블록딜로 지배주주 지분을 처분하면서 주가 약세를 일으킨 바 있었으나, 이번에는 추가 지분 처분을 시장이 어느 정도 예상했던 데다, 블록딜이 아닌 공동보유자 1인에 대한 처분이어서 '오버행 이슈 해소'로 인식되며 주가에는 긍정적으로 작용했다. ESG 관점에서는 경영진 구속 가능성 관련 거버넌스 리스크 사전 차단으로 해석할 수 있다.

삼성물산이 100% 보유한 삼성웰스토리는 삼성물산의 연결매출액 기여도가 7%로 낮지만, 매출 규모가 일감 몰아주기 규제 대상에 해당해 새롭게 규제 대상에 포함되었다. 계열사 향(向) 매출이더라도 상당 부분은 규제 예외인 보안성 요구 거래(삼성전자 첨단기술공장 내 소재)이기도 하고, 2021년 4월 삼성그룹을 포함한 8개 대기업집단의 단체급식 일감 개방선언으로 계열사 향(向) 매출은 점진적으로 감소할 전망이다. 만약, 지분 처분이나 IPO를 통한 구주매출로 규제 대상에서 제외된다면, ESG 측면에서는 더 긍정적으로 평가할 수 있을 것이다.

여성 등기임원 의무화 준비

2020년 7월 시행된 개정 자본시장법에 따라 자산총액 2조 원 이상 상장법인은 2022년 6월까지 이사회의 이사 전원을 특정 성별로 구성하지 않도록 해야 한다. 즉, 여성 등기임원을 최소 1명 두도록 한 것이다. 2003년 노르웨이를 시작으로 다수의 유럽 국가와 북미 일부 주 등에서는 여성임원할당제(기업 내 여성 고위직을 늘리기 위해 일정 비율을 충족하지 못했을 때 벌금을 부과하거나 정부 보조금 지원을 제한하는 제도)를 법제화하고 있다. 개정 취지가 '기업 의사결정기구의 성별 대표성 확보를 통한 기업 이윤 제고로 이사회의 다양성 제고가 기대된다. 그러나 개정 자본시장법은 강제하는 수단이 없고, 원안의 '원칙준수 예외설명' 의무 공시가 최종 통과 안에서는 자율 공시로 바뀜에 따라 준수 여부는 불확실하다. 만약 해당 기업들이 충실히 준수한다면, 여성 등기임원은 2019년 말 55명에서 2022년 말 210명 이상으로 증가할 전망이다.

여성임원할당제 해외 사례

국가	도입시기	관련 내용
노르웨이	2003년	– 여성 임원 비율 최소 40% 할당 – 2008년까지 이행을 위한 경과기간 부여 – 2009년 여성 임원 비율 42% 도달
스페인	2007년	– 여성 임원 비율 최소 40% 할당 – 이행 시 국책사업 우선 수주 혜택 부여
프랑스	2011년	– 근로자 수 500명 초과 기업에 대해 여성임원비율 40% 할당
미국 (캘리포니아 주)	2018년	– 상장기업 대상 여성 임원 최소 1인 할당 의무화 – 2021년 말까지 이사회 규모에 따라 할당 증가

자료: NH투자증권 리서치본부

4장

ESG의 컨트롤타워, 지배구조

1

ESG 경영의 컨트롤타워

ESG에서 지배구조(G)는 가장 뒤에 나오지만, 사실 G는 E와 S를 통제하는 컨트롤타워이다. 환경과 사회 이슈에 대응할 때 각각 무엇이 이슈인지 정의하고, 중요성에 따라 우선순위를 정하고, 그에 대응하기 위해 조직화하고 목표와 계획을 수립하고, 경영체제를 도입하고, 그것이 거둔 성과를 측정하고, 이해관계자와 소통하는 모든 의사결정이 전부 기업의 지배구조에서 나오기 때문이다.

지배구조의 이해

지배구조는 기업을 지휘하고 통제하는 메커니즘이다. 경영의 합목적성이 유지되는 상태 또는 그것을 보장하기 위한 장치라고도 할 수 있다. 지배구조에는 합리적인 경영 의사결정을 위한 내부 시스템, 이사회와 감사의 역할과 기능, 경영진과 주주, 이해관계자, 시장 및 규제 환경과의 관계 등이 망라된다.

주식회사의 경우, 다수의 주주가 자본을 투자하여 기업을 창조하는데, 기업의 규모가 커지면서 모든 주주가 경영에 참여하는 것이 기술적으로 불가능해지면, 경영전문가를 대리인으로 선임하여 경영을 맡기게 된다. 즉, 소유와 경영의 분리가 일어난다. 모든 주주가 경영진을 감시·감독하는 것도 쉽지 않기 때문에 주주총회를 통해 이사회를 구성하여 권한을 이사회에 위임하고, 이사회는 위임받은 권한을 다시 경영진에게 넘긴다.

주주와 이사회의 의사결정은 다수결의 원칙을 따른다. 다수결에 의한 의사결정 과정을 지배할 수 있는 지배적 의결권을 확보한 단일 주주 혹은 주주의 연합이 경영권을 확보한다. 당사자 간 지분의 양수도나 주식시장에서의 지분 매수를 통해 경영권은 이전될 수 있다. 여기에는 기존 지배주주의 의사에 반하는 적대적 인수도 포함된다. 실적과 주가가 낮은 기업은 인수 비용이 적게 들고, 인수 이후 경영 개선을 통한 주가 상승의 여지가 크다. 이는 대리인 문제가 가져오는 경영의 비효율성을 해결하는 방법이 될 수도 있다.

지배구조의 구성을 살펴보면, 상법상 주식회사의 주요 기관으로 의결기관인 주주총회, 집행기관인 이사회, 감독기관인 감사 및 감사위원회가 있다. 이들 기관은 경영진을 선임하고, 감시·감독하는 기능을 한다. 여기에 경영진에 대한 규제 환경으로 상법, 공정거래법, 증권거래법, 정관 등 법규와 법원, 금융감독원 등의 실행기구가 있다. 이 밖에 구성원, 협력사, 경쟁사, 소비자, 지역사회, 자본시장과 기관투자자 등 다양한 이해관계자들이 존재한다.

주주총회는 보통 1년에 한 번 개최되어 재무제표 승인, 정관 변경, 임원 선임, 보수 한도 등 주요 안건을 의결하는데, 주주의 권리를 보호하기 위해서 주주총회가 있기 최소 2주 전에 소집 공고 실시, 서면투표와 전자투표 도입, 주주총회 집중일 지정을 통한 개최일 분산 등 주주의 참석률을 높이기 위한 다양한 노력을 하고 있다. 이사회는 사내외이사로 구성된 집행기관이다. 주주총회에서 주주로부터 권한을 위임받고, 그중 일부를 경영진에게 재위임한다. 이사회 구성상 사외이사를 1/4 이상 두어야 하며, 자산총액 2조 원 이상 상장회사는 사외이사가 3명 이상이면서 과반수여야 한다. 2020년 기업지배구조보고서를 보면, 자산총액이 2조 원 이상인 상장회사의 이사회는 평균 7.1명(사내이사 3.1명, 사외이사 4.0명)으로 구성되어 있다.

이사회는 효율적 업무 처리를 위해 하부기구로 위원회를 둘 수 있다. 자산총액 2조 원 이상 상장회사는 감사위원회와 사외이사후보추천위원회의 설치가 의무이다. 2021년 이후 ESG위원회의 설치가 증가하고 있다. 2020년 기업지배구조보고서를 보면 아직 경영진의 대표이사가 이사회 의장을 겸임하는 경우가 많지만(69.7%), 이사회의 독립성 강화를 위해 대표이사와 이사회 의장을 분리하는 추세이다. 자본시장법 개정으로 여성 이사 의무화, 상법시행령 개정으로 사외이사의 재직 연한 6년 제한(계열회사 재직 기간 합산 9년) 등이 진행 중이며, 이사회의 다양성과 독립성이 제고될 것으로 기대된다. 한편, 감사는 이사회와는 독립적으로 기업의 제반 업무를 감사하는데, 사외이사로 구성된 감사위원회가 감사를 대신할 수 있다.

지배구조의 구성

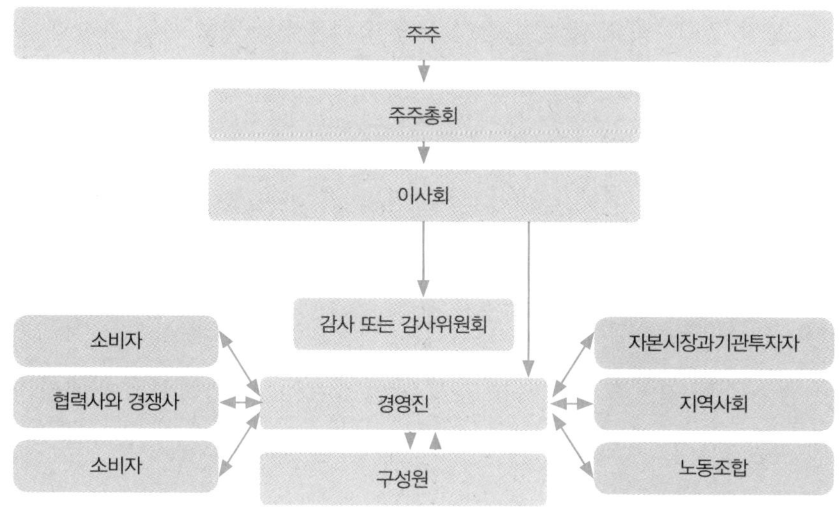

자료: NH투자증권 리서치본부

우리나라에서는 지배구조가 주식의 분포에 따른 경영권의 소재에 초점이 맞춰진 기업 소유구조와 혼용되는 경우가 많다. 용어에 포함된 '지배'가 '소유'의 의미로 인식되어왔기 때문이다. 또한 '오너(Owner)'는 원래 주주 전체를 지칭하는 말이지만, 우리나라에서 오너는 한정된 주식 지분만을 보유한 총수를 지칭하는 말로 받아들여지고 있다. '회장님'으로 불리는 총수는 등기임원(이사회 이사)이 아닌 경우가 많았고, 심지어 아무 공식적인 직함이 없는 경우도 있었다. 순환출자에 따른 소유와 책임구조의 불투명성 속에서, 총수는 책임은 지지 않으면서 회사의 경영을 좌지우지했다. 그 결과, 주인인 주주와 위임받은 경영진 사이의 이해관계 차이에서 오는 일반적인 대리인 문제뿐 아니라, 주주이면서 경영진이기도 한 오너 경영자(지배주주)가 경영 의사결정이나 배당 정책 등에서 일반 주주(비지배주주)를 배려하지 않아 발생하는 주주 간 대리인 문제도 기업가치에 부정적으로 작용해왔다.

또한 우리나라의 대기업 중심 성장 정책은 무분별한 사업 확장과 순환출자, 내부거래에 따른 시장 경쟁력 저하, 지배주주로의 부의 이전과 경영권 승계 이슈 같은 부작용을 확대해왔고, 이는 1997년 외환위기의 주범이자 코리아 디스카운트(우리나라 기업의 주가가 비슷한 수준의 외국 기업의 주가에 비해 낮게 형성되는 현상. 지정학적 불안, 외교 리스크, 지배구조 및 회계, 노동시장 등이 핵심 요인으로 꼽힘)의 주요 원인으로 지목되어 왔다. 따라서 지배구조라는 시스템 자체를 논하기에 앞서 기업 소유구조, 기업집단 내에서의 지분 관계와 같은 외형적인 부분의 변화를 먼저 이해할 필요가 있다.

지배구조의 외형 변화

우리나라에서 '상호출자제한 기업집단'이라 함은 곧 '대기업집단'을 의미한다. 1987년부터 대규모 기업집단의 상호출자(독립된 법인끼리 자본을 교환 형식으로 출자하여 상대 회사의 주식을 상호 보유하는 것)가 금지되었는데 2020년 기준 계열사 자산총액의 합계가 10조 원이 넘는 34개 기업집단이 바로 상호출자제한 기업집단에 해당한다. 이렇듯 상호출자가 금지되면서 적은 자본으로 경영권을 유지할 수 있는 세 개 이상의 계열사 간 순환출자(계열 회사들끼리 연쇄적으로 출자하여 자본을 늘리는 구조)는 더욱 만연하게 되었다. 무분별한 확장을 통한 대기업집단의 경제력 집중은 1997년 외환위기의 단초가 되기도 했는데, 이를 방지하기 위해 독점 규제 및 공정거래에 관한 법률(공정거래법)을 통해 출자총액 제한 제도와 지주회사 제도가 도입되었다.

출자총액 제한 제도는 상호출자제한 기업집단에 속한 회사의 경우 당해 회사 순자산의 40%를 초과해서 다른 회사 주식을 취득할 수 없도록 한 제도이다. 1986년 처음 도입되었고, 시대에 따라 강화와 완화, 폐지와 부활을 거듭했다. 1994년 출자총액한도(순자산 중 다른 회사 주식을 취득할 수 있는 한도)가 25%로 축소되었으나, 외환위기 이후 외국인에 대한 적대적 M&A가 허용됨에 따라 국내 기업의 경영권 방어를 위해 1998년 폐지되었다. 이후 계열사 간 출자가 증가하고 이를 통해 총수가 적은 지분으로 많은 계열사를 지배하는 분위기가 만연하자 2000년 부활했다.

그러나 금융·보험업, 사업 구조조정, 지주회사, 외자 유치 등 적용 예외 조항이 많았고, 2007년에는 출자총액 한도가 25%에서 40%로 상향 조정되면서 규제의 실효성이 줄어들어, 2009년 결국 폐지되었다. 대신 기업집단 현황 공시 제도를 두어 상호출자제한 기업집단에 속하는 회사는 기업집단의 일반 현황, 주식 소유 현황, 특수관계인과의 거래 현황 등을 공시하도록 했다. 법으로 대기업집단을 규제하는 대신, 시장 감시 기능을 활용하는 것이다.

지주회사의 설립 및 전환은 공정거래법으로 1986년 금지되었다가 1999년부터 허용되었다. 지주회사란 주식의 소유를 통해서 국내 비금융회사의 사업 내용을 지배하는 것을 주된 사업으로 삼는 회사를 말한다. 참고로 금융업 또는 보험업을 영위하는 자회사의 주식을 소유하는 지주회사는 금융지주회사이며, 금융지주회사가 되고자 하는 경우에는 금융감독위원회의 인가를 받아야 한다. 금융지주회사는 금융지주회사법의 규제를 받으며, 지주회사를 금융지주회사와 구별하기 위해 일반지주회사라고 칭하기도 한다.

지주회사가 되면, 기업집단 내 순환출자를 해소해야 하고, 자회사에 대해서 상장사 30%, 비상장사 50%인 최소 지분율 이상의 지분을 보유해야 한다. 금융계열사를 보유할 수 없고, 부채비율도 제한된다. 따라서 지분 관계가 단순해지고, 자회사 간 상호 보조가 불가능하다. 한 자회사의 부실은 지주회사가 출자 범위 내에서만 책임지므로 다른 계열사로 파급되지 않는다. 지배구조가 개선되고 기업 투명성이 높아지는 것이다.

지주회사 도입과 함께 지주회사로의 전환을 유도하기 위해, 지주회사와 지주회사의 대주주에게 인센티브를 주었다. 대주주에 대한 인센티브로 지주회사 설립 시 부여하는 조세특례가 있다. 일반적인 지주회사 전환 방법인 '지주회사-영업회사 기업 분할 후, 대주주의 주식 교환'으로 인해 발생한 양도차익 금액에 대해서 해당 지주회사의 주식을 처분할 때까지 양도소득세 과세를 이연해주는 제도이다. 지주회사에게는 주요 수입원이 배당수입인 점을 감안하여, 배당수입에 대한 이중과세를 면제해주기 위해 일반 기업보다 익금불산입(수익인데도 법인세법상 과세소득의 산출에 있어 익금(수익)으로 간주하지 않음) 비율을 높게 책정했다.

지주회사의 수는 공정거래법 개정으로 지주회사 요건이 완화된 2007년과 강화된 2017년 큰 폭으로 증가했다. 2007년에는 자회사 최소 지분율, 부채비율 등이 완화되면서 지주회사 진입장벽이 낮아지자 지주회사 전환이 늘었고, 반대로 2017년에는 자산총액 요건이 1,000억 원에서 5,000억 원으로 상향 조정되면서, 상향된 요건의 시행 이전에 지주회사 전환 인센티브를 받으려는, 자산총액이 1,000~5,000억 원 사이인 기업의 전환 사례가 많았다. 2021년 말 기준으로 일반지주회사

국내 지주회사 현황

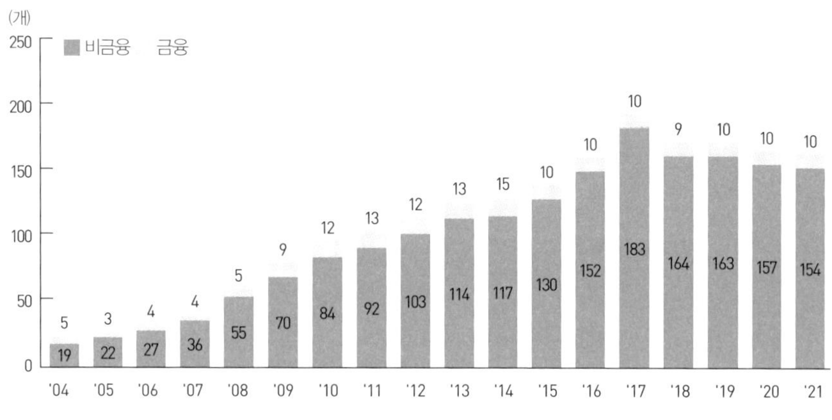

자료: 공정거래위원회, NH투자증권 리서치본부

에는 154사 금융지주회사에는 10사가 있고, 대기업집단 중 절반(16/34)이 지주회사 체제를 갖고 있다.

2014년 대기업집단의 신규 순환출자 및 기존 순환출자의 강화가 금지되었다. 이를 기점으로 대기업집단의 순환출자 고리의 숫자가 줄어들기 시작했다. 또한 2016년 개원한 20대 국회에서는 경제민주화를 요구하는 시대적 배경과 맞물려 다양한 경제민주화 법안들이 발의되었다. 지주회사 전환 인센티브를 줄이고, 지주회사 요건을 강화하며, 기존 순환출자를 강제로 해소하도록 하는 등의 규제 법안들은 결국 국회에서 통과되지는 않았지만, 이는 다수의 기업집단들이 자발적으로 지주회사 전환, 순환출자 해소, 금융계열사 처분을 통한 금산분리와 같은 지배구조 개편을 단행하는 계기로 작용했다.

2019년에는 수입배당금 익금불산입률을 확대·강화해서 지주회사가 자회사에 대한 지분을 스스로 늘리도록 유도했다. 대기업집단의 순환출

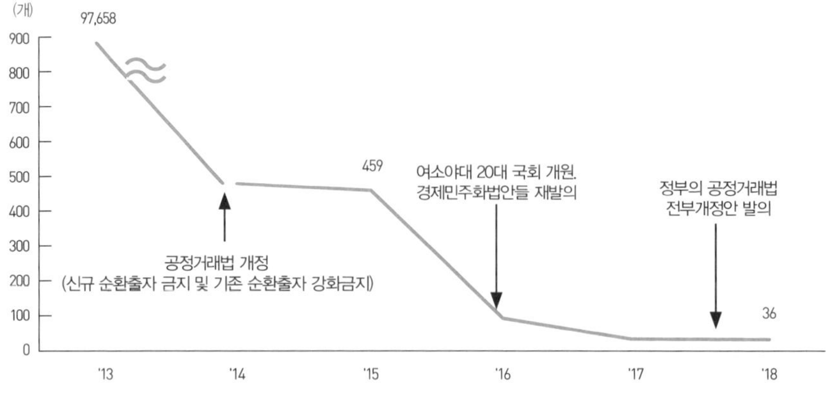

자 고리는 2013년 10만 개에 달했으나 2018년 100개 미만으로 축소되었다. 순환출자가 대부분 해소되고, 지주회사 체제가 주류를 이루면서, 대기업집단의 지배구조 외형이 더 이상 큰 문제가 되지 않자, 3년마다 일몰 시한을 연장해오던 지주회사 설립 시 조세특례도 추가 연장 없이 2021년 말 일몰 될 예정이었다가, 2023년 말까지 2년의 유예기간이 주어졌다.

공정거래위원회는 20대 국회에서 발의된 다양한 경제민주화법안들을 정리해서 보다 체계적이고 원안보다는 다소 완화된 공정거래법 전부개정안을 2018년 제안하지만, 20대 국회 통과는 불발되고, 동일한 법안을 다시 제안하여 2020년 21대 국회에서 통과된다. 개정 공정거래법은 이때 같이 국회를 통과한 개정 상법, 금융복합기업집단감독법과 함께 공정경제 3법으로 불린다. 2021년 말 개정 공정거래법 시행으로 신규 지주회사에 한해서 지주회사 요건이 강화되고, 지주회사가 금융회사인 벤처캐피탈을 제한적으로 보유할 수 있게 되었으며, 신규 대기업집단의 순환출자가 규제되는 등 지배구조의 외형과 관련한 변화가 시작되었다.

참고로 우리나라에서 순환출자가 이슈였다면, 일본에서는 상호출자가 이슈이다. 일본 '자이바쓰(재벌)'의 역사는 17세기까지 거슬러 올라가지만, 제2차 세계대전 패전 후 연합군 최고사령부가 전쟁의 책임과 과도한 경제력 집중을 이유로 재벌을 해체했다. 이후 일본의 기업집단은 독립적이되, 주식 상호 보유를 바탕으로 느슨한 연결 관계를 가진 기업들의 연합 형태가 됐다. 그러다가 1960년대 일본 경제 고도성장기에 기업의 자금조달 필요성과 은행의 사업 확장 의지가 맞아떨어지며 기업과 은행 간 주식 보유가 활성화되고, 1970년대에 들어서는 OECD 가입과 자본자유화 조치에 따른 외국계 자본의 M&A 시도로부터 경영권 방어를 위해 거래 관계에 있는 기업들과 상호출자를 늘리게 되었다. 2002년 상호출자제한이 완전히 사라지면서 이런 흐름이 이어졌다.

그러나 2010년대 후반 들어 경영진의 지배력 강화, 부실회사 지원, 연쇄도산 가능성 등 부정적인 측면이 부각되고, 상호출자로 인한 자본효율성 저하가 기업가치 향상을 방해한다는 의견이 우세해지면서, 개선 요구도 확산했다. 주요 해외 기관투자자들은 상호출자의 재무적 타당성 및 보유 정당성에 대한 설명과 향후 축소 계획을 요구했다. 이에 일본 증권거래소는 2018년 기업지배구조 모범규준 개정에 상호출자 관련 정보 공시 강화를 포함했다. 상호출자의 타당성에 대한 정밀 검증 결과를 공개해야 하고, 상호출자 지분 매각에 나설 경우 매각 행위를 방해해서는 안 된다는 기준도 추가했다. 일본 금융청도 상호출자에 대한 공시 내

개정 공정거래법 주요 내용(2021년 12월부터 시행)

주요 내용	현행	개정 공정거래법
상호출자제한 기업집단 지정	– 자산총액 10조 원 이상(시행령에 규정) – 공시집단은 5조 원 기준	– 명목GDP의 0.5%이상(법에 규정, 시행시기는 0.5%가 10조 원을 초과하는 해의 다음 해부터 시행)
지주회사 규제	– 자 · 손자회사 의무 지분율(상장 20%, 비상장 40%)	– 자 · 손자회사 의무 지분율 10%p 상향하되 적용대상을 신규 설립 및 전환 지주회사로 한정
기존 순환출자 규제	– 규정 없음	– 신규로 상호출자제한 기업집단 지정되는 기업집단에 한해 기존 순환출자에 대한 의결권 제한 도입 – 현재 상호출자 기업집단은 대부분 자발적으로 순환출자 해소하여 규제 미적용
사익편취 규제 대상	– 총수 일가 지분 30%(상장), – 20%(비상장) 이상 보유 회사	– 총수 일가 지분 20%(상장, 비상장) 이상 보유 회사 – 총수 일가 지분 20% 이상 보유, 50% 초과 지분 보유 자회사
공익법인 및 금융 · 보험사 의결권 제한	– 금융 · 보험사의 국내 계열회사 주식에 대한 의결권 제한	– 금융 · 보험사 및 공익법인 의결권 행사 제한 – 의결권 행사 가능 사유 중 계열회사 간 합병 · 영업양도 제외
지주회사의 CVC 제한적 보유 허용	– 금산분리 원칙에 따라 불가능	– 지주회사의 100% 자회사로만 보유 가능 – CVC의 부채비율 200% 초과 금지, 펀드 조성 시 외부출자 40% 제한, 펀드투자시 해외기업투자 20% 제한, 최대주주 지분보유사 및 대기업계열사 투자 금지
거래금액 기반 기업결합신고기준 도입	– 피인수기업의 규모가 기업결합신고 대상 기준에 미달하면 신고의무 발생하지 않음	– 피인수기업의 인수금액이 일정 기준 이상이고, 국내에서 상당 수준으로 활동하는 경우 공정거래위원회에 신고
벤처지주회사 설립요건 완화	– 일반지주회사 요건과 동일	– 일반지주회사가 벤처지주회사 설립 시 지분율 요건 완화 (자회사(일반지주의 손자) 20%, 손자회사(일반지주의 증손) 50%) – 벤처지주회사의 비계열사 주식 취득 제한 폐지
정보교환을 통한 부당 공동행위 규율	– 규정 없음	– 경쟁사업자 간 정보교환을 통해 실질적으로 경쟁을 제한할 경우 부당한 공동행위로 간주
사인의 금지청구제 도입	– 피해자가 법원에 공정거래법 위반행위에 대하여 금지청구를 하는 것은 원칙적으로 허용되지 않음	– 피해자가 법원에 부당지원행위를 제외한 불공정거래행위에 대한 금지 및 예방의 청구를 직접 할 수 있도록 함
손배소송시 기업 자료제출 의무화	– 문서제출명령은 영업비밀을 이유로 거부 가능, 제재 미약	– 부당한 공동행위 및 부당지원행위를 제외한 불공정거래행위에 대해 법원이 해당 기업에 자료제출명령 가능 – 제출명령 불응 시 자료 내용 진실로 인정
형벌규정 정비	– 형벌 부과가능성이 높지 않은 위반행위에도 형벌이 규정	– 기업결합행위, 일부불공정거래행위, 일부사업자단체금지행위, 재판매가격유지행위의 형벌 규정 삭제

자료: 국회 입법정보시스템, NH투자증권 리서치본부

용을 보유 목적과 효과, 보유 주식 증감 이유까지 구체적으로 언급하도록 규정을 개정했다. 공시에 따라 상호출자가 단순 경영권 방어 용도로만 쓰인다고 판단되는 경우, 기관투자자의 상호출자 해소 요구가 이어졌다.

이후 2020년 토요타방직에 대한 토요타자동차 보유 지분 축소와 같은 기업의 자발적인 상호출자 해소 노력이 있었다. 2022년 예정된 일본 주식시장 개편(프라임-스탠다드-그로스)에 따라 상위 시장인 프라임 시장에 속하기 위해서는 유통주식 비율 35% 이상이 요구되는데, 상호출자는 유통주식으로 인정하지 않기 때문에, 유통주식 비율을 높이기 위한 상호출자 해소도 늘어날 것으로 예상된다.

지배구조의 질적 변화

세계경제포럼(WEF) 2019년 국제경쟁력보고서 기업지배구조 순위 141개국 중 21위(국가경쟁력 전체 순위 13위), 세계은행 2020년 기업환경평가 소액투자자보호 순위 190개국 중 25위(기업환경 전체 순위 5위), 아시아기업지배구조협회(ACGA) 2020년 기업지배구조 순위 12개국 중 9위.

이것이 우리나라 지배구조의 수준이 다른 나라에 비해 떨어진다는 주장을 뒷받침하는 근거로 제시되는 국제 단체들의 평가이다. 특히 ACGA의 평가를 보면 호주 및 아시아 12개국 중 우리나라보다 기업지배구조 점수가 낮은 나라는 중국, 필리핀, 인도네시아뿐이다.

ACGA는 1999년 세계 기관투자자 및 연기금이 규제 환경과 기업지배구조 관행 개선을 위해 설립한 비영리단체로 2021년 현재 17개국

개정 공정거래법 주요 내용(2021년 12월부터 시행)

순위	국가	2010	2012	2014	2016	2018	2020
1	호주	n/a	n/a	n/a	78	71	74.7
2	홍콩	65	66	65	65	60	63.5
2	싱가폴	67	69	64	67	59	63.2
4	대만	55	53	56	60	56	62.2
5	말레이시아	52	55	58	56	58	59.5
5	일본	57	55	60	63	54	59.3
7	인도	49	51	54	55	54	58.2
8	태국	55	58	58	58	55	56.6
9	한국	45	49	49	52	46	52.9
10	중국	49	45	45	43	41	43.0
11	필리핀	37	41	40	38	37	39.0
12	인도네시아	40	37	39	36	34	33.6

주: 순위는 2020년 기준
자료: ACGA, NH투자증권 리서치본부

109개 회원사들의 자산운용 규모는 36조 달러이다. ACGA는 2년마다 정부, 집행력, 기업지배구조 규정, 상장사, 투자자, 감사기구, 언론 및 사회 등 7가지 항목으로 국가별 기업지배구조를 평가하는데, 우리나라는 기업지배구조 규정, 언론 및 사회의 점수가 낮아 하위권에 머물러 있다. 그러나 기업의 ESG 평가가 ESG 평가 기관별로 제각각인 것처럼, 그보다 더 복잡한 한 나라의 지배구조 수준을 평가할 때도 평가 방법론에 따른 차이를 감안해야 한다.

분명한 점은 제도의 정비와 기업들의 자발적인 노력으로 우리나라 지배구조의 수준이 전반적으로 개선되고 있다는 점이다. ACGA의 기업 지배구조 점수를 보면, 2018년 평가 방법론의 변경에 따른 전반적 하락은 있었지만, 우리나라는 지난 10년간 상위권 국가들과의 점수 격차를 꾸준히 줄여가고 있다.

OECD 기업지배구조 원칙의 주요 내용

항목	OECD 기업지배구조 원칙
1	1. 효과적인 기업지배구조 체계 구축을 위한 기초 강화
2	2. 주주 권리와 주주 평등대우 및 주요 지분 기능
3	3. 기관투자자, 주식시장 및 기타 중개기관
4	4. 기업지배구조 내에서 이해관계자의 역할
5	5. 공시와 투명성
6	6. 이사회의 책임

자료: OECD, NH투자증권 리서치본부

우리나라는 1997년 외환위기 직후 상법, 공정거래법, 유가증권시장 상장 규정 등 법규 개정을 통해 지배구조 개선을 위한 다양한 제도적 장치를 마련했다. 집중투표제(2명 이상의 이사를 선임할 때 1주당 이사 수와 동일한 수의 의결권을 부여하는 방식. 특정 이사에게 집중적으로 투표할 수 있어, 소수주주권 강화 효과가 있다.), 서면투표제(정관에 규정을 둔 경우에 한해 주주총회에 출석하지 않고 서면에 의해 의결권을 행사할 수 있는 제도)를 선택할 수 있게 되었고, 주주제안권(일정한 요건을 갖춘 주주가 주주총회에서 논의될 의안을 제출할 수 있는 권리) 같은 소수주주권(다수 주주의 횡포를 막기 위해 1%, 3% 등 일정 비율의 주식을 보유한 소주주에게 부여하는 권리) 행사 요건을 완화했으며, 내부 통제를 강화하기 위해 사외이사와 감사위원회를 법제화했다. 그 위에 경성규범 이외에 연성규범도 마련했다. 1999년 경제협력개발기구 각료회의에서 기업지배구조 원칙을 확정했고, 우리나라에서는 같은 해 KCGS에서 기업지배구조 모범규준을 제정했다.

2011년 상법 개정으로 자기주식의 취득과 현물 배당이 가능해지면서 주주가치 제고 방식이 다양화되었고, 집행임원제도(회사의 선택에 따라 이사회의 업무 집행 기능을 집행 임원에게 이양하고, 이사회는 집행 임원을 감독하는 제도.

지배구조의 효율화가 목적이다) 및 준법지원인제도(자산총액 5,000억 원 이상인 상장회사는 관련 법규 준수 및 계열사 부당 지원 여부를 감시하고, 위반 시 이사회에 보고하는 직원을 두도록 하는 제도) 도입, 이사와 회사와의 거래 규제 강화, 회사의 기회 유용 금지와 같은 이사 제도 개선을 통해 경영 투명성을 제고했다.

2020년 말부터 시행된 개정 상법은 다중대표소송제(일정 지분 이상을 보유한 모회사 주주가 자회사 이사의 배임 행위에 대해 모회사 대신 소송을 제기하는 제도) 도입, 감사위원분리선출 및 3% 룰 적용, 소수주주권 행사 요건 완화, 전자투표 시 선임결의 요건 완화 등을 통해 비지배주주의 권리를 강화하고, 지배주주에 대한 견제 장치를 마련했다.

2010년대 후반부터 대기업집단을 중심으로 자기주식 매입과 소각이 활발해지고, 중간 배당 실시나 중장기 배당 성향 목표 제시와 같은 배당 정책의 강화가 시작되었다. 이는 주주가치 제고가 목적이지만, 국내외 행동주의 펀드들의 공개 서신, 주주제안 등 주주관여활동의 확산과도 관련이 있다. 삼성전자, 현대차그룹, 한진그룹, 맥쿼리인프라펀드 등은 행동주의 펀드의 주주관여활동에 대응하면서 주주가치 제고 방안을 발표한 바 있다. 기업은 '행동주의 펀드와의 경영권 분쟁'이라는 극단적 상황이 아니더라도, 스튜어드십 코드 도입에 따른 기관투자자의 주주권 행사 강화 추세에 따라 주주관여활동의 원인을 제공하지 않기 위해 노력하는 한편, 배당 및 자사주 정책을 통해 비지배주주가치를 선제적으로 제고할 필요가 있다.

2020년대 들어 ESG 경영이 화두가 되고, ESG 정보 공시도 단계적으로 의무화되면서 지배구조의 컨트롤타워인 이사회의 독립성과 전문성을 강화하려는 움직임이 확대되고 있다. 이사회의 독립성 제고에 도

2021년 이사회 산하 ESG위원회 신설 급증

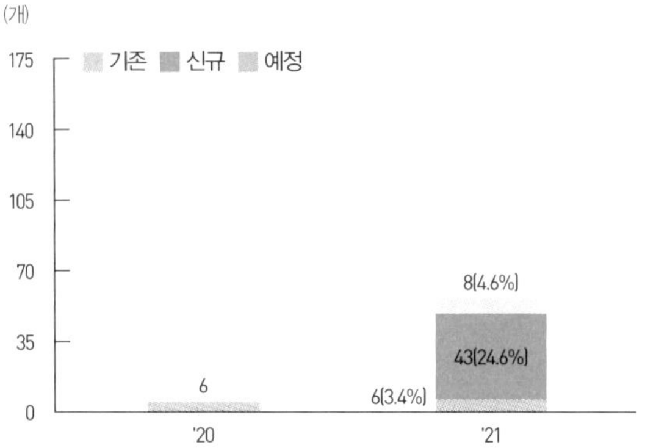

주: (1)2020년 말 자산총액 2조 원 이상 비금융 175사 기준
(2)지속가능경영위원회/CSR위원회도 ESG위원회로 간주
자료: 언론보도, 각사, NH투자증권 리서치본부

움이 되는 이사회 의장과 대표이사 분리, 사외이사 재직 연한 6년 제한(계열회사 재직 기간 합산 9년)은 기업지배구조보고서의 핵심지표로서 준수율이 상승하고 있다. 이사회 전문성 강화를 위해 이사회 산하 ESG위원회 설치가 증가하고, 여성 이사 선임도 확대되고 있다.

ESG위원회를 보유한 자산총액 2조 원 이상 기업은 2020년 6사에 불과했으나(3.4%), 2021년 들어 43개의 기업이 신설했고(24.6%), 8개의 기업이 신설 예정이다(4.6%). 여성 이사 선임 확대는 개정 자본시장법 시행(2020년 7월, 2년 유예기간)에 따른 자산총액 2조 원 이상 상장 법인에 대한 여성 이사 의무화(권고)와도 관련 있다. 자산총액 2조 원 이상 비금융 상장법인 중 여성 등기임원을 보유한 기업은 2020년 40사(23.4%, 사내이사 10사, 사외이사 30사, 사내외이사 동시 0사)에 불과했으나, 2021년 정기주주총회를 통해 76사(43.4%, 사내이사 12사, 사외이사 63사, 사내외이사 동시 1사(롯데칠성))까지 확대되었다. 우리나라에서 사외이사는 50~60대 남성 대학

2021년 여성 등기임원 선임 급증

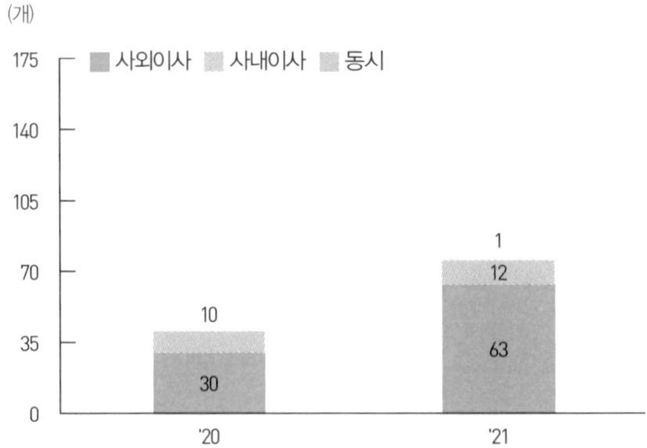

주: 2020년 말 자산총액 2조 원 이상 비금융 175사 기준
자료: NH투자증권 리서치본부

교수와 퇴직 관료의 전유물이었으나, 이사회의 성별 다양성 강화는 향후 연령 및 경험 다양성 강화 움직임으로 확산할 것으로 기대된다.

2

지배구조 분야에서의 개선 활동

지배구조 관련 규제 환경의 변화 또는 변화 가능성은 기업집단의 외형 및 기업 내부 조직의 변화를 수반한다. 지난 20대 국회에서 본격적으로 발의되었던 경제민주화 법안들은 비록 국회 통과에는 실패했지만, 순환출자 해소, 지주회사(다른 회사의 주식을 소유함으로써 사업활동을 지배하는 것을 주된 사업으로 하는 회사) 체제 전환 등 대규모 기업집단들의 선제적 지배구조 외형 변화를 촉발했다. 여기에 21대 국회에서의 공정경제 3법 통과 및 순차적 시행, 사회책임투자 확대, ESG 공시 강화 등은 지배구조의 질적 개선을 촉발할 것으로 기대된다. 주주권의 공정한 행사 및 이사회·감사기구의 효율적 작동을 가능하게 하는 제도 정비 및 운영 개선은 주주가치 제고로 이어질 전망이다. 규제 환경 변화와 관련된 지배구조 관련 흐름으로는 주주행동주의 강화, 지배구조 규제 강화, ESG 정보 공시 확대 등을 들 수 있다.

주주행동주의 강화

2020년 12월부터 시행된 개정 상법의 주요 내용인 다중대표소송제 도입, 감사위원 분리선출 및 3% 룰 적용, 소수주주권 행사 요건 완화, 전자투표 시 선임결의 요건 완화 등은 당장 2021년 정기주총부터 영향을 미칠 것으로 보인다. 감사위원 분리선출 시 3% 룰 완화 적용(사내이사인 감사위원 선출에만 최대주주 및 특수관계인 합계의결권 3% 적용), 다중대표소송 행사 요건 강화(모회사가 상장사일 경우 보유지분율 0.01%→0.5%) 등 제출안 대비 최종 의결안이 일부 완화되기는 했지만, 개정 상법은 기본적으로 최대주주에 대한 견제장치이다. 기업 입장에서는 주주행동주의(주주들이 배당금이나 시세차익에만 주력하던 관행에서 벗어나 기업의 의사결정에 적극적으로 영향력을 행사하여 자신들의 이익을 추구하는 행위) 확산과 맞물려 비지배 주주가치 선제적 제고의 필요성이 강화된다. 따라서 이는 배당 정책 강화, 자사주 매입·소각 활성화 등으로 이어질 것으로 기대된다.

지배구조 규제 강화

(1) 사외이사 임기 제한

2020년 1월 시행된 개정 상법 시행령에 따라 상장기업 사외이사의 재직 연한은 6년(계열회사 재직 기간 합산 9년)으로 제한되었다. 기업은 사외이사 임기를 정관에 규정하는데(상법상 최장 3년까지 가능), 일반적인 3년 임기 사외이사는 1회 연임만 가능하게 되었다. '6년 초과 장기 재직 사외이사의 부존재'는 이사회의 독립성을 평가하는 지표로서, 기업지배구조 보고서의 15개 핵심지표에도 포함된다. 개정 상법시행령이 기존 장기 재직 사외이사 임기를 2021년 3월까지 용인함에 따라, 2022년 6월 공시되는 2021년도 기업지배구조보고서상 해당 항목 준수율은 100%까지 상승할 것으로 예상된다(2018년 76.4%, 2019년 83.6%).

(2) 지주회사 요건 강화

2021년 말 개정 공정거래법 시행으로 지주회사의 자·손회사 최소지분율이 10%p 상향 조정된다(상장 30%, 비상장 50%). 기존 지주회사에는 적용되지 않고, 법 시행 이후 신규 지주회사와 기존 지주회사의 신규 편입 자·손회사에만 적용되기 때문에 법 시행 전 지주회사 전환이 증가할 전망이다. SK텔레콤은 자회사 SK하이닉스 지분 10% 추가 취득 부담(약 9.3조 원)을 피하기 위해 2021년 선제적으로 '완성형' 지주회사 체제(인적 분할 후 주식교환 없이 지주회사 체제 전환) 전환을 마무리했다.

(3) 지주회사 전환 시 조세특례 일몰

일반적인 '인적 분할-주식교환(현물출자)' 지주회사 전환 시, 주식교환(영업회사 지분 처분) 양도차익 금액에 대한 조세특례(해당 지주회사 주식 처분 시까지 과세 이연)가 2년간의 유예기간을 포함하여 2023년 말까지만 유지된다. 20여 년간 지주회사 전환을 독려한 인센티브가 사라지면, 최대 주주의 세금 부담이 지주회사 전환을 가로막을 수 있다. F&F, 에코프로 등이 조세특례 일몰에 앞서 2021년 지주회사로 전환했다. 특히 에코프로는 최대 주주와 자사주 지분율 합계가 30% 미만이다. 즉, 주식교환 이후에도 지주회사의 자회사 지분이 30%에 미달해 2022년 이후 지주회사로 전환한다면, 최대 주주의 조세 부담 이외에 지주회사의 자회사 지분 추가 취득 부담까지 발생할 수 있었다.

(4) 순환출자 규제

2021년 말 시행된 개정 공정거래법은 순환출자 규제, 공익법인 및 금융·보험사 의결권 제한 등 다른 지배구조 규제 강화도 포함하고 있다. 순환출자 규제는 순환출자 강제 해소가 아닌 의결권 제한방식을 채택했다. 대기업집단의 지주회사 체제 전환이 대부분 완료되어 순환출자는 더 이상 지배구조의 주요 이슈가 아니기 때문이다. 또한 규제 대상도 신규 상호출자제한 기업집단(자산총액이 10조 원 또는 GDP의 5%보다 큰 기업집단)에 한정되어, 현대차그룹 등 기존 상호출자제한 기업집단의 순환출자는 규제를 받지 않는다.

한편, 공익법인의 국내 계열사 주식에 대한 의결권 행사 금지(특정 경우에 한해 특수관계인 합산 15%까지 의결권 행사 가능)의 경우, 공익법인을 제외한 지배지분이 대부분 충분해 지배력 유지에 큰 부담은 없을 전망이다. 또한 2년 유예기간(특수관계인 합산 30%까지 의결권 행사 가능)과 2년간 단계적 축소(25%, 20%) 이후, 2026년부터 합산 의결권 15%가 적용될 예정이다. 금융·보험사의 비금융계열사에 대한 의결권 제한 강화(특정 경우에 한해 특수관계인 합산 15%까지 의결권 행사 가능. 특정 경우 합병, 영업양도 제외)의 경우에도 삼성전자를 보유하고 있는 삼성생명 및 삼성화재(합산 의결권 10%)가 사실상 유일한 경우로 파급 효과가 크지 않을 것으로 보인다.

ESG 정보 공시 확대

투자자들의 기업 비재무정보에 대한 이해 증진과 기업들의 지배구조 질적 개선 촉진을 위해 ESG 정보 공시가 확대되고 있다. 궁극적인 목적은 기업가치 및 투자 성과의 제고이다. 공시 정보의 양과 공시 기업의 수가 증가할수록 ESG 정보 활용의 유의성도 상승할 것으로 기대된다.

먼저 지배구조 정보 공시에 대한 단계적 의무화가 시행 중이다. 기업지배구조보고서는 2017년 거래소 자율 공시로 도입되었으나, 2019년부터 자산총액 2조 원 이상 대형 상장사의 공시가 의무화되었다. 의무화 대상은 자산총액 규모에 따른 단계적 확대를 거쳐 2026년 전체 상장사로 대상이 확대될 예정이다. 환경 및 사회 정보 공시는 현재 약 100개 기업이 자율적으로 게시하는 지속가능 경영보고서가 대표적이다. 금융위원회, 금융감독원, 한국거래소가 2021년 초 발표한 공시 제도 개선안에는 2025년까지 지속가능 경영보고서의 거래소 자율 공시 활성화, 2025년부터 '일정 규모' 이상 상장사 의무 공시, 2030년부터 전체 상장사 의무 공시 등 단계적 의무화 계획이 담겨 있다.

5장

기업의 먹거리, ESG에서 찾는다

1

ESG가 기업에 갖는 의미

ESG의 출발점은 시혜성 사회공헌이 아니라 지속가능성 강화를 통한 장기적인 기업가치 향상이다. 따라서 기업 경영의 각 단계에서 ESG를 개선하려는 노력은 비용이 아니라 지속가능성을 위한 자본을 확충하는 투자로 이해해야 한다. 그리고 투자자, 소비자, 규제 환경 등 다양한 이해관계자들의 ESG 요구 증대로 인해 기업의 ESG가 더 중요해지고 있다. 기업의 ESG에서는 이해관계자들과의 적극적인 커뮤니케이션도 필수적이다.

이해관계자들의 ESG 개선 요구 증대

투자자뿐 아니라, 소비자, 규제 환경 등 다양한 이해관계자들이 기업의 ESG 개선을 요구하고 있다. 먼저, 투자 성과 극대화를 위한 투자

한국 스튜어드십 코드의 7원칙

원칙	내용
원칙 1	고객, 수익자 등 타인 자산을 관리 · 운영하는 수탁자로서 책임을 충실히 이행하기 위한 명확한 정책을 마련해 공개해야 한다.
원칙 2	수탁자로서 책임을 이행하는 과정에서 실제 직면하거나 직면할 가능성이 있는 이해상충 문제를 어떻게 해결할지에 관해 효과적이고 명확한 정책을 마련하고 내용을 공개해야 한다.
원칙 3	투자대상회사의 중장기적인 가치를 제고하여 투자자산의 가치를 보존하고 높일 수 있도록 투자대상회사를 주기적으로 점검해야 한다.
원칙 4	투자대상회사와의 공감대 형성을 지향하되, 필요한 경우 수탁자 책임 이행을 위한 활동 전개 시기와 절차, 방법에 관한 내부지침을 마련해야 한다.
원칙 5	충실한 의결권 행사를 위한 지침 · 절차 · 세부기준을 포함한 의결권 정책을 마련해 공개해야 하며, 의결권 행사의 적정성을 파악할 수 있도록 의결권 행사의 구체적인 내용과 그 사유를 함께 공개해야 한다.
원칙 6	의결권 행사와 수탁자 책임 이행 활동에 관해 고객과 수익자에게 주기적으로 보고해야 한다.
원칙 7	수탁자 책임의 적극적이고 효과적인 이행을 위해 필요한 역량과 전문성을 갖추어야 한다.

자료: KCGS, NH투자증권 리서치본부

자들의 ESG 개선 요구가 보다 적극적으로 표출되는 배경에는 스튜어드십 코드가 있다. 2008년 세계 금융 위기 이후 기관투자자들이 기업에 대한 의결권을 지나치게 소극적으로 행사하여 견제를 통한 건전한 성장을 견인하지 못하고 있다는 지적에 따라 2010년 영국을 필두로 전 세계적으로 스튜어드십 코드 도입이 시작되었다.

우리나라에서는 2016년부터 시행되었고, 국민연금이 2018년 도입하면서 본격적으로 확산했다. 2021년 7월 현재 165개 국내기관투자자가 스튜어드십 코드를 도입했다. 스튜어드십 코드 확산에 따라 ESG를 포함한 기업가치 개선에 대한 기관투자자들의 주주관여활동이 본격화하고 있다.

ESG 소비도 영향력이 커지고 있다. 블랙록 래리 핑크 회장의 2019

년 CEO 서신에 등장하는 것처럼, 베이비붐 세대로부터 밀레니얼 세대로 24조 달러라는 역사상 가장 큰 부의 이전이 진행되고 있다. MZ세대(1980년대 초반~1990년대 중반 출생한 밀레니얼 세대와 1990년대 중반~2000년대 초반 출생한 Z세대를 통칭하는 말)는 기업의 목적을 '이익 창출'보다는 '사회 개선'이라고 생각한다. '주주가치 극대화' 이상의 가치가 없는 기업에서 일하고 싶어 하지도 않을 뿐더러, 그런 기업의 제품을 구매하거나 주식에 투자하는 것도 원하지 않는다.

2021년 대한상의의 국민의식 조사에 따르면, 63%는 '기업의 ESG 활동이 제품구매에 영향을 미친다', 70.3%는 'ESG에 부정적인 기업의 제품을 의도적으로 구매하지 않은 경험이 있다', 88.3%는 'ESG 우수기업 제품에 가격을 더 지불할 의사가 있다'고 답했다. 여기에 SNS, 온라인 동영상 플랫폼 등의 발달로 기업의 ESG 이슈가 빠르게 전파되어 불매운동 또는 '돈쭐내다('돈'과 '혼쭐내다'의 합성어로 사회적으로 선한 영향력을 끼치는 옳은 행동에 대해 돈으로 혼내준다는 반어적인 표현)'라는 신조어를 만들어낸 장려운동의 파급 효과가 더 커졌다는 점도 기업이 ESG를 관리해야 하는 이유이다.

투자자들의 투자 의사결정을 위한 기초 자료인 기업의 ESG 정보에 대한 공시(주주, 채권자의 권리 행사 및 투자 판단을 위해 기업의 사업 내용 등 주식시장에서 가격과 거래에 영향을 줄 수 있는 중요 정보를 알리도록 의무화하는 제도)도 전 세계적으로 의무화되는 추세이다. 비재무정보 의무 공시 확대는 투자자의 ESG 이해 증진은 물론 기업으로 하여금 공시 준비 과정에서 ESG 정보를 관리하고 개선하는 데 도움이 될 것으로 기대된다.

ESG 관련 의무 공시가 가장 먼저 시행된 유럽에서는 2014년 채택

국가별 ESG 공시 의무화 현황

국가/지역명	의무화 시작 연도	ESG 정보 공시 의무화 현황
유럽	2014년	– 2014년부터 NFRD에 따른 대기업 대상 비재무정보 공시 의무화 – 2020년부터 EU 친환경분류법에 따른 그린워시 방지 및 비재무정보 공시 적용기업 확대 – 2021년부터 SFDR에 따른 금융기관 대상 비재무정보 공시 의무화
영국	2013년	– 2013년부터 온실가스 배출 정보 공시 의무화 – 2017년부터 이사회 다양성 정보 공시 의무화 – 2025년까지 모든 상장사 대상, TCFD 기반 비재무정보 공시 의무 확대 예정
미국	–	– 다수 기업들의 자발적 ESG 정보공개 – ESG 공시단순화법 하원 통과
홍콩	2025년	– 2025년부터 금융기관 및 상장사, TCFD 기준에 맞춰 ESG 정보공시 의무화
한국	2019년	– 2019년 기업지배구조보고서 공시 단계적 의무화를 시작하여, 2026년 모든 거래소 상장사 공시 의무화 예정 – 2025년부터 현재 자율공시인 지속가능 경영보고서 의무공시 시작, 2030년 모든 거래소 상장사 대상 의무 확대 예정

자료: NH투자증권 리서치본부

된 비재무정보공개지침을 통해 직원이 500인 이상이면서 일정 기준을 충족하는 기업들부터 비재무정보 공시 의무를 다하도록 했다. 2021년 시행된 지속가능 금융공시규제 의거, 금융기관들도 비재무정보 공시 의무가 생겼다.

한편, 2020년부터 시행된 유럽연합 녹색분류체계는 그린워시(기업이 실제로는 환경에 악영향을 끼치는 제품을 생산하면서도 광고 등을 통해 친환경적인 이미지를 내세우는 행위. 환경에 대한 대중의 관심 증가와 친환경 제품 선호가 높아지면서 생겨난 현상)를 방지하기 위한 목적으로 확립된 분류 체계로 NFRD, SFDR 적용 대상 기업 모두에 해당한다. 특히 영국의 상장사들은 2013년부터 온실가스 배출 정보 공시, 2017년부터 이사회 다양성 정보 공시가 의무화되었다. TCFD에 근거한 비재무정보 공시 의무가 2022년 프리미엄 부문 상장사에 이어 2025년까지 모든 상장사로 확대될 예정이다.

미국은 다수의 기업이 자발적 기준을 바탕으로 ESG 현황을 공개하고 있으며 아직 의무 사항은 없지만, 바이든 행정부 출범에 따라 강화될 것으로 예상되는 가운데, 2021년 6월 ESG 공시단순화법이 하원에서 근소한 차로 통과되기도 했다.

홍콩도 2025년까지 금융기관과 상장사들이 TCFD 기준에 맞춰 정보를 공개하기로 결정했다. 한편, 우리나라는 2019년 지배구조에 대한 공시인 기업지배구조보고서의 단계적 의무화가 시작되어 2026년 모든 거래소 상장사로 확대될 예정이다.

환경, 사회에 대한 공시인 지속가능 경영보고서는 아직 자율 공시 단계이며, 2025년부터 의무 공시가 시작되어 2030년 모든 거래소 상장사로 확대될 예정이다. 또한 녹색성장 기본법에 따라 기준량 이상의 온실가스 배출업체 및 에너지 소비업체는 사업 보고서를 통해 온실가스 배출량과 에너지 소비량을 공시하고 있으며, 환경 기술 및 환경 산업 지원법에 따라 2022년부터 자산총액 2조 원 이상 기업들은 환경부의 환경정보공개시스템에 기본적인 환경 정보를 공시해야 한다.

ESG 개선은 비용이 아니라 자본을 확충하는 투자활동

ESG의 출발점은 시혜성 사회공헌이 아니라 지속가능성 강화를 통한 장기적인 기업가치 제고이므로 기업 경영의 각 단계에서 ESG를 개선하는 노력은 비용이 아니라 지속가능성을 위한 자본을 확충하는 투자로 이해해야 한다. 환경 측면에서 탄소 배출 관리, 친환경제품 개발,

사회 측면에서 인권과 사업장 안전, 공정한 협력 관계, 제품 안전과 공정 경쟁, 지배구조 측면에서 주주 권리 보호 및 소통, 이사회 및 감사의 독립성, 주주가치 환원 등을 위해 노력하면, 궁극적으로 원활한 자금조달, 공급망 최적화, 비용 절감, 종업원 동기부여, 생산성 상승, 브랜드 이미지 개선, 고객 충성도 향상 등이 기업가치의 상승으로 이어질 수 있다. 다시 말해, 긍정적 외부효과(어떤 개인이나 기업이 자신의 경제활동과 관계없이 다른 개인이나 기업의 활동으로 받는 이익)를 일으키는 투자와 구성원의 만족도를 높이는 투자가 다시 기업가치로 내재화된다는 것이다.

그러나 기업 입장에서는 새롭게 시행되는 환경 규제에 대비한 신기술 개발이나 관련 인력 채용처럼 당장의 인과 관계가 분명하지 않으면, 투자라기보다는 비용의 부담으로 다가올 것이다. ESG 개선을 투자로 바라보기 위해서는 SK의 '행복경영철학'이나 이토 쿠니오 교수가 제안하고 일본 제약사 에자이에서 검증한 'ROESG 개념'을 참고할 필요가 있다.

경제적 가치뿐 아니라 사회적 가치 창출을 동시에 추구하는 DBL(Double Bottom Line)을 도입한 SK그룹의 경영철학은 이해관계자의 행복과 기업이 창출하는 사회적 가치를 통한 구성원의 행복 추구이다. 그리고 행복한 구성원은 자발적이고 의욕적인 두뇌 활용을 통해 최고 수준의 능력을 이끌어내기 때문에 이해관계자의 행복을 지속가능하게 한다는 것이다. 철학이니만큼 추상적이긴 하지만, 기업 경영 측면에서 인적 자본이나 사회적 자본처럼 지속가능성을 담보할 수 있는 비재무적 무형자산을 강화하는 투자를 통해서 지속가능성을 높이는 ESG 선순환을 설명하고 있다.

일본 히토쓰바시대학 이토 쿠니오 교수는 2014년 이른바 〈이토 보고서(지속가능한 성장을 위한 경쟁력과 인센티브)〉에서 기업의 수익성을 나타내는 ROE(Return on Equity, 자기자본이익률)와 기업의 ESG 이슈에 대한 노력이라는 두 가지 면에서 기업을 평가하는 지표인 ROESG 개념을 제안했다. 그리고 〈니혼게이자이〉 신문은 2019년부터 세계 기업들의 ROESG 순위를 발표하고 있다.

시가총액 300억 달러 이상, ROE 20% 이상인 기업들을 대상으로 3개년 평균 ROE에 ESG 점수를 곱해서 ROESG 수치를 산출하는데, ESG 점수는 MSCI, FTSE 등 5개 ESG 평가기관의 점수를 이용하여 각 사 상위 10%의 기업을 1점 만점으로 해서 10%마다 0.1점씩 차감하여 점수를 평균하고, 상위에는 최대 30%의 프리미엄을 얹어 최고 점수를 1.3점으로 했다. 즉, ESG 점수가 1을 초과하는 기업의 ROESG는 ROE보다 커지는 반면, 그렇지 못한 기업의 ROESG는 오히려 ROE보다 작아지는 개념이다. 이 순위는 기업의 수익성이 좋아서 ESG에 주력한 것인지, ESG가 좋아서 수익성이 개선된 것인지 그 인과 관계는 검증하지 못한 한계가 있지만, ESG를 기존의 재무성과 측정의 틀에 맞춰 정량화하려는 시도라는 의미가 있다.

일본 제약사 에자이의 최고재무책임자(CFO) 야나기 료헤이는 ROESG 개념에서 착안하여 ESG 개선 활동 성과의 계량화를 시도했다. 인건비 인상, 연구개발비 인상, 여성 관리직 증가, 탁아 시설 확대와 같은 ESG 개선 활동이 5~10년 후 기업가치를 상승시킨다는 실증 연구를 토대로, 2020년 통합보고서에서 ESG 개선 활동을 비용이 아니라 투자로 간주하는 새로운 ESG 재무지표를 공개했다. ESG 영업이익은 기존 영업이익의 3~4배가량이 되었고, 기존에는 없던 ESG 자산가치도 측정되었다. 에자이에 따르면 일본과 해외 장기 투자자들도 이러한 새로운 가치 제시 방법을 지지했다고 한다.

반면, 2021년 프랑스 음식료 기업 다농의 에마뉘엘 파베르 CEO 겸 이사회 의장 퇴출도 기업의 ESG 경영에 있어 시사하는 바가 크다. 다농은 2050년 넷제로 목표 제시, RE100 가입, 기업활동의 환경 영향을 회계에 반영하기 위한 탄소조정주당순이익(기존 주당순이익에서 탄소 배출량의 이론적 비용을 차감하는 것) 발표 등 활발한 ESG 경영으로 MSCI의 ESG 평가에서는 최상위 등급(AAA)이었지만, 정작 ESG 경영 전도사로 불린 에마뉘엘 파베르는 다농의 매출 성장 둔화와 주가 부진으로 인한 행동주의 펀드(일정한 의결권을 확보하고 기업에 자산 매각, 구조조정, 배당 확대, 자사주 매입, 지배구조 개선 등을 요구해 수익을 내는 투자 전략을 사용하는 펀드)들의 퇴진 요구로 물러나게 되었다. ESG의 출발점이자 지향점이 기업가치 제고임을 다시 상기시켜주는 사례이다.

커뮤니케이션의 중요성

ESG를 위해서는 투자자를 포함한 다양한 이해관계자들과의 커뮤니케이션이 중요하다. 기업의 비재무정보와 ESG 경영 방향성은 의무적인 공시는 물론, 자율적인 보고서 발행, 홈페이지를 통한 공개, 다양한 방식의 홍보를 통해 이해관계자들로부터 평가와 피드백을 받고 개선해나갈 수 있다.

우리나라의 ESG 공시는 단계적인 의무화가 진행 중이다. 지배구

2019년 자산총액 2조 원 이상 대형사부터
기업지배구조보고서 공시의 단계적 의무화 진행 중

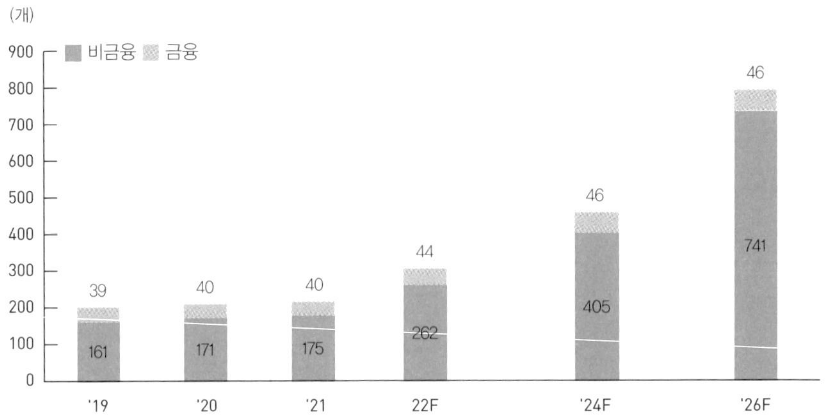

주: (1)금융회사는 '금융회사의 지배구조에 관한 법률'에 의한 지배구조 연차보고서 신고로 갈음함
(2)향후 의무 공시 기업 수 전망은 2020년 말 자산총액 기준으로 한국거래소 단계적 의무화 계획 반영
자료: 한국거래소, NH투자증권 리서치본부

조에 대한 공시인 기업지배구조보고서는 2019년 자산총액 2조 원 이상 기업부터 시작해서 2022년 자산총액 1조 원 이상 기업, 2024년 자산총액 5,000억 원 이상 기업을 거쳐 2026년 모든 거래소 상장사로 확대될 예정이며, 환경과 사회에 대한 공시인 지속가능 경영보고서는 아직 공시 여부를 기업에 맡기는 자율 공시이지만, 2025년부터 시작해서 2030년 모든 거래소 상장사로 의무 공시가 확대될 예정이다. 2021년 자산총액 2조 원 이상 215개 기업 중 175개 비금융 기업이 기업지배구조보고서를 공시했고, 40개 금융 기업은 금융회사 지배구조연차보고서 공시로 갈음했다.

한편, 자산총액 2조 원 미만으로 공시 의무가 없는 12개 기업이 기업지배구조보고서를 자율적으로 공시하기도 했다. 2026년 전체 거래소 상장사로 공시 의무가 확대되는 것을 감안하면, 이는 선제적 대응으로 의미가 있다. 공시에 포함되어 있는 15개 기업지배구조 핵심지표에 대한 준수율도 의무 공시 기업 평균과 크게 차이가 나지 않는 수준이어서, 지배구조에 잘 대응하고 있음을 홍보하기 위한 목적도 있는 것으로 보인다. 지속가능 경영보고서의 경우 2020년에 138개 기업이 발간했고 지난 4년간 발행 기업 숫자가 유사한 수준에 머물렀으나, 2021년 초 금융위원회의 공시 제도 개선안을 통해 2025년 의무 공시 도입 이전까지 자율 공시를 유도하고 있어, 발행 기업의 수가 점진적으로 늘어날 것으로 예상된다.

선제적인 커뮤니케이션인 공시는 물론 다양하게 발생하는 ESG 이슈에 대한 사후 대응도 중요하다. 특히 책임투자 확산으로 늘어나고 강화되는 기관투자자의 주주관여활동에 대한 대응의 중요성이 더욱 커지고 있다.

처음에 기업지배구조보고서 공시는 '정기 주주총회 안건별 찬반 내역'과 '기관투자자 주주제안(상법상 3% 이상 지분을 보유한 주주가 일정한 사항을 주주총회의 목적 사항으로 할 것을 제안하는 제도) 내역 및 이행 사항' 항목만을 포함하고 있었다. 이후 공시 가이드라인 개정으로 이행의 강제성이 없는 '기관투자자의 공개 서신과 회신' 항목이 추가되었다.

아직은 기관투자자의 공개 서신이 많지 않아 해당 항목을 공시한 기업이 연간 4개 정도에 불과하지만, 기관투자자의 다양한 관심 사안, 회신의 신속성과 내용으로 기업의 대응 정도를 파악하기가 수월해졌다. 회신의 의무가 있는 것은 아니지만, 미회신의 경우, 기업의 대응 정책을 부정적으로 판단할 여지가 있다.

ESG 모범규준 개정에서도 E, S, G 각각의 대분류 체계를 조정하

2020년 기업지배구조보고서 중 기관투자자의 공개 서신과 회신

기업명	발송 일자	주체	주요 내용	회신 일자	회신 주요 내용
강원랜드	2020.10.14	신한BNP파리바자산운용	재무정보공시 협의체 권고안에 따른 주주서한 기후변화 관련 기회와 위험 관련 경영 대응		
롯데제과	2020.03.18	국민연금공단	국민연금공단 명의 보유주식에 대한 의결권 불통일 행사 수용 여부 회신 요청	2020.03.18	수용하기로 결정함
	2021.03.03	국민연금공단	국민연금공단 명의 보유주식에 대한 의결권 불통일 행사 수용 여부 회신 요청	2021.03.05	수용하기로 결정함
LS	2021.03.11	NH-Amundi 자산운용	이사회 내 보상위원회 신설 문의	2021.04.02	현재 이사회에서 승인된 '집행임원인사관리규정'에 따라 임원의 급여 및 성과급이 결정, 지급되고 있어 별도의 보수위원회를 신설할 필요가 없음
	2021.03.11	NH-Amundi 자산운용	지속가능경영보고서 작성 계획 문의	2021.04.02	당사는 지주회사로서 GRI 스탠다드의 지속가능경영보고서 상 기재할 내용이 많지 않은 관계로 현재 작성하고 있지 않음. 다만, 25년 이후 지속가능경영보고서 공시의무가 발생할 것으로 보고 지주사의 업을 잘 설명할 수 있는 지속가능경영보고서 발간에 대한 검토를 진행 중임
LG	2020.12.14	Whitebox Advisors LLC	회사분할계획에 대한 반대 의사 표명	2021.01.21	회사분할의 긍정적 효과 및 분할에 대한 사전 검토 과정의 타당성
	2021.02.01	Whitebox Advisors LLC	이사회와 컨퍼런스 콜 요청	2021.02.05	이사회 멤버인 당사 CFO와의 컨퍼런스 콜 제안
	2021.02.15	Whitebox Advisors LLC	앞으로 회사 현안에 대한 건설적인 대화 지속 기대	2021.02.19	경영진과 이사회는 앞으로도 다양한 주주가치제고 방안에 대해 고민하고 검토를 할 예정
	2021.03.18	Whitebox Advisors LLC	주주총회 의안별 표결 결과에 대해 즉시 공표 요청	2021.03.23	기업지배구조보고서를 통해 투명하게 공시 예정이나, 당일 공개 또한 긍정적으로 검토하겠음

자료: 전자공시시스템, NH투자증권 리서치본부

면서 '이해관계자 소통'을 신설 또는 강화했다. KCGS는 한국거래소 등 8개 증권 유관기관을 사원기관으로 두고 있는 비영리단체이다. ESG 모범규준은 ESG 강화를 통한 기업가치 극대화를 목적으로 ESG 경영에 필요한 고려 사항들을 제시하는데 기업지배구조모범규준(G)은 1999년 제정 및 2차례 개정을 거쳤고, 환경경영모범규준(E)과 사회책임경영모범규준(S)은 각각 2010년 제정 이후 처음으로 개정되는 것이다.

개정 내용을 보면, 이해관계자 소통 측면에서 보면 이해관계자 설정, 이해관계자 대응 활동, 정보공개라는 세 가지 틀에서 이해관계자 커뮤니케이션 구축 및 유지, 소통 담당 사외이사 지정, 환경 이니셔티브 회의 참석, 사회책임경영 정보공개, 주주총회 결과 검토 및 조치 공개 등의 경영활동 항목들이 추가되었다. 특히 ESG 모범규준을 바탕으로 KCGS가 매년 900여 기업에 대한 ESG 등급을 평가하고 있기 때문에, 향후 ESG 평가에 있어서도 이해관계자 소통이 중요해질 것으로 보인다.

지속가능 경영보고서 공시는 통일된 공시 기준 부재에다 작성을 위한 인력, 시간, 비용 부담 때문에 대기업 입장에서도 하기 쉬운 일이 아니다. 그래서 우리나라에서는 연간 작성 기업 수가 130개 내외에 머물러 있다. 하지만 완성된 보고서가 아니더라도 핵심적인 정보들부터 기업 홈페이지를 통해 소개할 수 있다. 그렇게 해서 ESG 각 분야 정보 제공이 누적된다면, 다가오는 지속가능 경영보고서 단계적 의무 공시를 준비하는 것도 수월해질 것이다. 또한 기업 홈페이지를 통한 ESG 정보 제공은 일반적인 이해관계자와의 소통과도 관련 있지만, ESG 평가기관들의 등급 평가를 위한 기초 정보 수집에도 긍정적으로 작용할 것으로 예상된다.

2021년 1분기 ESG 주요 추진 현황

환경 – 2030 친환경 목표 수립 후 추진 가속화(기술 확보 등),
사회/지배구조 – 안전환경 강화, 주주친화 정책 확대, 지배구조 개선 지속

Environment(환경)	
2030 친환경 목표 수립	• '30년 친환경사업 매출 3조 원, 탄소중립성장, Recycle 제품 100만 톤, 환경영향물질 50% 저감
탄소중립 / 친환경사업 확대 위한 MOU 체결	• 삼성엔지니어링과 친환경 기술 개발 공동 투자 위한 MOU 체결('21.4 월) – 탄소 감축 추진(에너지 효율화), 친환경 사업 구체화 검토(CCUS 그린수소) • 울산시와 친환경 플랫폼 구축 MOU 체결('21.4 월) – '24년까지 울산 2 공장 內 11 만톤 규모 C - rPET 공장 신설, 1,000억 원 투자
탄소 포집 설비 설치 / 사업화 추진	• CCU 실증 설비 여수 1 공장 설치 (21.3 월) • '23년까지 상용화 설비 완공 계획 , 포집한 CO_2의 내부 원료 활용 및 사업화 추진
ESG 채권 발행	• 2,000억 원 규모 5년 만기 ESG 채권 발행(21.4 월) 온실가스 감축 관련 프로젝트 지원
KEV 100[2] 참여	• '30년까지 보유 임차 차량을 무공해 자동차로 100% 전환 추진

Social(사회) / Governance(지배구조)	
안전환경 강화 대책 수립	• 안전환경 인프라 관련 3년 간 5,000억 원 투자 포함 안전 환경 강화 대책 발표 • KPI에 안전환경 성과 평가 반영 강화 – 중대재해산업 발생 시 성과 불인정 , KPI 평가 반영
주주 친화 정책 확대	• 주주 총회 전자 투표 도입('21.3 월) • 배당 정책 강화 : 배당 성향 30% 지향 , 확대 추진 – '17년 22.1%, '18년 25.2%, '19년 58.2%, '20년 104.9%
지배구조 개선	• 대표이사 이사회 의장 분리 이사회 규정 개정('21.3월) • 감사위원회 전원 사외이사 구성 정관 변경('21.3월) • 이사회 내 보상위원회 신설 : 이사 보수 심의 의결 • 사외이사 비중 55%, 여성 사외이사 1명 포함 • 지배구조 개선 노력 지속 추진 – ESG 이슈 관련 심의 의사결정 기구 설립(계획) 등

자료: 롯데케미칼, NH투자증권 리서치본부

한편, ESG 경영 전략 추진의 경과나 최신 ESG 이슈 대응에 대해서는 분기 재무 실적 공시 후 홈페이지에 게시하는 경영설명회 설명 자료를 활용하는 추세이다. 우리나라에서도 2020년부터 환경에 미치는 영향이 큰 제조업을 중심으로 분기 실적 설명 자료에 ESG 전략 및 이슈를 업데이트하는 기업들이 점차 증가하고 있다.

2

ESG에 대응하는 기업의 전략

ESG 평가가 중요한 이유는 평가의 결과가 ESG 지수 산출로 이어지고, ESG 지수를 액티브 및 패시브 ESG 펀드와 ESG ETF가 벤치마크로 추종하기 때문이다. 더욱이 빠른 속도로 ESG 투자에 자금이 유입되고 있어, 기업의 입장에서는 기업가치에 대한 시장의 평가인 주가의 형성이나 자본 유치에 영향을 받을 수밖에 없다. ESG 정보 공시의 단계적 의무화와 맞물린 ESG 평가의 확산은 기업의 단기적인 ESG 등급 대응이 아니라 중장기 경영 전략의 변화를 요구한다. 투자자, 평가기관 등 ESG 금융시스템이 기업의 ESG 정보에 대해서 요구하는 바에는 정량적 지표뿐 아니라 ESG 요소를 기업 경영 전략에 어떻게 통합하고 의사결정 체제가 어떻게 구성되는지도 포함된다. ESG 정보 공시에 미온적인 기업은 물론 ESG 경영체제 도입에 소극적인 기업도 ESG 금융시스템에서 저평가될 가능성이 높다.

ESG 경영체제를 도입하면 기업의 지속가능성을 제고하는 데 도움이 된다. 단편적인 ESG 평가 대응 활동에는 한계가 있다. 기존 경영체제에 통합된 ESG 경영체제, 경영진과 이사회의 ESG 이슈 관리 리더십, 이해관계자와의 커뮤니케이션이 잘 갖춰진다면, ESG 평가등급은 자연히 상승할 것이다. 또한 기업의 ESG 경영에 필요한 고려사항을 제시하는 ESG 모범규준을 잘 이해하고 적용한다면, 기업의 ESG 경영 전략 도입과 공시 방향성 정립에 도움이 될 것이다.

한편, 기업 단위의 노력도 중요하지만, 기업들 간 또는 정부와 환경단체까지 아우르는 네트워크가 형성되어 ESG 투자 생태계 확대와 규제환경의 방향성을 결정하는 역할을 담당하고 있다. 아직은 초기 단계로 경제단체들을 중심으로 규제보다는 인센티브를 통해 ESG 생태계에서 기업 참여를 활성화하자는 주장이 주류를 이루고 있다. 대기업 중에서도 몇몇 선도 기업을 제외하고는 패러다임 변화에 적응하는 시간이 필요하기 때문이다. 일본의 TCFD 컨소시엄처럼 보다 구체화한 목적의식에 따른 합동 대응도 효율적일 수 있다.

ESG 경영체제의 도입

기업의 ESG 경영체제 도입 수준은 천차만별이다. 우리나라에서는 선도적인 일부 대기업을 제외하고는 아직 시작 단계이다. ESG에 대한 인식 수준과 역량이 부족한 상황에서 시작해서 인식이 개선되고, 핵심역량 부족으로 인한 비효율적 접근과 소극적 대응의 단계를 지나, 환경이나 안전 등 필요한 분야에 한해서 부분적인 ESG 개선을 시행하는 시

ESG 경영체제

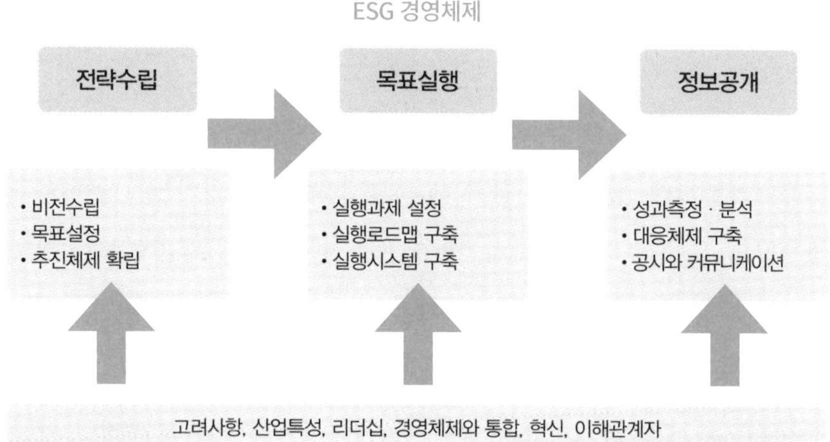

자료: NH투자증권 리서치본부

점에 도달하면, 전사적인 ESG 경영체제 도입 여부를 바탕으로 ESG를 기업 전략의 핵심 요소로 활용하는 것이 가능한지 알 수 있다.

ESG 경영체제 도입은 기존의 재무성과 창출을 위한 경영 체계에 비재무성과를 창출하는 경영 체계를 통합하는 것이다. ESG 경영의 장기 비전과 중장기 목표를 설정하고 조직과 제도로 ESG 경영 추진 체계를 확립하는 '전략 수립' 후, 영역별 세부 ESG 실행 과제를 설정하고, 실행 로드맵을 수립하며, 실행을 통해서 ESG 경영 시스템을 구축하고 관리하는 '목표 실행'과, ESG 경영 성과를 측정 및 분석하고, 대외적인 대응 체계를 구축하며, ESG 정보 공시와 이해관계자 커뮤니케이션을 실행하는 '정보공개'까지가 ESG 경영 체계이다.

ESG 경영 체계의 전 과정에서 해당 기업이 속한 산업 특성을 고려한 차별화된 ESG 경영 전략의 방향성, 이사회와 경영진의 ESG 이슈 관리를 위한 강한 리더십, 기존 경영 체계와의 통합, 친환경 신기술 연구개발(R&D)과 같은 혁신, 그리고 그 위에 이해관계자가 고려되어야 한다.

기업의 ESG 인식 수준이 낮으면 ESG 평가 확산과 ESG 투자 규모 급증이라는 외부 환경 변화로 인해 자본시장에서 평가받는 기업가치가 하락할 수 있다는 위기의식이 기업의 ESG 인식 수준 제고에 어느 정도 도움을 주고 있다. 여태까지 경영활동을 하면서 ESG 요소를 고려하지 않고, ESG 정보 공시도 등한시했던 기업은 기존 경영체제의 틀을 바꾸기보다는 ESG 평가등급을 높이기 위한 대응과 같은 단편적인 활동에 관심을 가질 가능성이 크다. ESG 전담 조직을 만들고, 지속가능 경영보고서를 공시하는 것만으로도 어느 정도 대응이 가능할 것이다. 그러나 ESG 경영체제에 대한 리더십과 거버넌스를 갖추지 못한다면, 단순한 지표 개선만으로는 한계에 봉착할 것이다. 투자자, 평가기관 등 ESG 금융시스템이 기업의 ESG 정보에 대해서 요구하는 바는 정량적 지표뿐 아니라 ESG 요소를 기업 경영 전략에 어떻게 통합하고 의사결정 체제가 어떻게 구성되는지도 포함된다.

또한 ESG 이슈로 인한 리스크와 이에 관한 투자자의 관심이 커짐에 따라 이러한 이슈들이 회사의 전략과 성과에 어떤 영향을 미치는지 제대로 이해하는 이사회와 경영진의 역할과 노력이 점점 더 중요해지고 있다. ESG 경영체제 도입의 목적은 ESG 평가등급을 높이기 위함이 아니라, ESG 리스크를 줄이고, ESG 관점에서 사업기회를 확대하여 기업의 지속가능성을 제고하는 것이다.

ESG 모범규준의 개정

ESG 모범규준은 기업의 ESG 강화를 통한 기업가치의 극대화를 위해 ESG 경영을 위해 고려해야 할 사항들을 제시한다. KCGS는 2021년 ESG 모범규준을 개정했다. 기업지배구조모범규준(G)은 1999년 제정 및 2003년, 2016년 2차례 개정되었고, 환경경영모범규준(E)과 사회책임경영모범규준(S)은 각각 2010년 제정 이후 처음으로 개정되는 것이다. 개정을 통해 경영 환경과 국제적 추세를 반영하고, 원칙 및 공시 중심 규범으로 개편했다. 또한 ESG 경영 전략을 도입하는 것이 리더십과 거버넌스에 갖는 의미를 강조하고, 국내외 우수 사례를 수록하여 활용도를 높였다.

이번 전체 개정은 기업의 ESG 경영체제 도입 및 공시의 방향성에 시사하는 바가 큰데, 가장 큰 변화는 대분류 체계의 변경이다. 리더십과 거버넌스, 위험 관리, 운영 및 성과, 이해관계자 소통 등 4가지 대분류 체계(G는 이사회 리더십, 주주권 보호, 감사, 주주 및 이해관계자와의 소통 등 4가지)로 재편하여, ESG 경영을 위한 리더십의 역할과 책임을 강조하고, 환경 및 사회 요소를 전사적 리스크 관리 체계 내에 통합하며, 공시를 비롯한 이해관계자와의 소통을 강화했다. 이해관계자 소통 측면에서 보면 이해관계자 설정, 이해관계자 대응 활동, 정보공개라는 세 가지 틀에서 이해관계자 커뮤니케이션 구축 및 유지, 소통 담당 사외이사 지정, 환경 이니셔티브 참석, 사회책임경영 정보공개, 주주총회 결과 검토 및 조치 공개 등의 경영활동 항목들이 추가되었다.

환경경영모범규준(E)은 환경경영계획, 환경경영실행, 환경성과관리 및 보고, 이해관계자 대응 등 기존 5개 대분류를 리더십과 거버넌스, 위험 관리, 운영 및 성과, 이해관계자 소통 등 4개 대분류로 재편하여, 전사적 위험 관리 프로세스에 환경경영 관리 프로세스의 통합 관리를 유도하고, 전 세계적인 환경정보 공개 요구 급증에 따라 자율 공시 체계와 관련 CDP, TCFD 등 글로벌 가이드라인을 반영했다. 위험 관리에 기후 변화 위험 및 기회를 신설하여 좌초자산(기존에는 경제성이 있어 투자가 이뤄졌으나 시장 환경 변화로 인해 가치가 하락하고 부채가 되어버리는 자산. 대표적으로 기후 변화에 따른 석탄발전소가 있다) 고려, 시나리오 분석을 통한 기후 변화 위험 관리, 금융기관의 기후 변화 위험 및 기회 관리 등을 추가했다. 운영 및 성과에는 온실가스 배출 보고(Scope1 : 직접 배출, Scope2 : 간접 배출), 유해 화학 물질의 체계적 관리, 내부탄소가격(기업이 자발적으로 온실가스 배출의 경제적 비용을 내재화하기 위해 탄소 배출에 가격을 책정하는 것. 저탄소 기술에 대한 투자 촉진 및 미래 기후 정책과 규제 대비 목적) 도입 등을 추가했다. 이는 기업의 환경 위험과 기회를 기업의 장기 성과와 연계하기 위함이다.

사회책임경영모범규준(S)은 근로자, 협력사 및 경쟁사, 소비자, 지역사회 등 이해관계자의 분류 및 나열이던 기존 대분류를 운영 및 성과로 통합하고, 사회책임경영 주요 이슈 중심으로 재편하여, 사회책임경영과 기존 경영 전략의 통합을 유도했다. 새로운 대분류는 리더십과 거버넌스, 비재무 위험 관리, 운영 및 성과, 이해관계자 소통 등 4개다. 정보공개 가이드라인으로 ISO26000, SASB, GRI 등을 참고하도록 했다. 운영 및 성과를 인권, 노동관행, 공정운영관행, 지속가능한 소비, 정보보호, 지역사회 참여 및 개발의 6가지 중분류로 나눠 이에 대한 사회적 책임을 강조했다.

기업지배구조모범규준(G)은 주주, 이사회, 감사기구, 이해관계자,

시장에 의한 경영 감시 등 기존 5개 대분류를 이사회 리더십, 주주권 보호, 감사, 주주 및 이해관계자와의 소통 등 4개 대분류로 재편하여 해외 모범규준 및 가이드라인과의 적합성을 높였다. 중분류로 이사회의 역할과 책임, 주주 및 이해관계자와의 직접 소통 등을 신설하여 이사회의 지속가능성장 추구, 경영 전략 수립 및 ESG 리스크 관리, 공시 및 정보공개 강화 등 적극적인 ESG 경영을 유도한다. 특히 이사회에 ESG 관리 및 감독 책임을 부여하고, 보수 정책을 ESG 성과와 연동하도록 하면서, 집중투표제 도입 권고, 감사위원 과반수 분리 선임 권고, 주주의 주주제안 및 의결권 대리 행사 권유 시 비용 부담 권고 등 상법보다 강화된 내용을 추가했다.

ESG 모범규준 개정 과정에서 공청회를 통해서 온실가스 배출 보고 강화(기타 간접 온실가스 배출(Scope3), 기업이 소유하거나 통제하는 보일러, 운송수단 등의 연소에서 발생하는 직접 온실가스 배출(Scope1), 직접적인 온실가스 배출은 없으나 기업이 전기, 스팀, 열 등을 구입해서 발생하는 간접 온실가스 배출(Scope2) 이외의 배출원을 통해 광범위하게 발생하는 간접 배출을 말한다) 요구나 기업집단이 아닌 개별 기업 단위로 규정하고 있는 모범규준의 한계 지적 등 추가적인 강화의 목소리가 있었다. 그 위에 모범규준의 연성규범 특성상 경성규범인 법률보다 강화된 내용이 포함될 수밖에 없는 구조라 해도 양자 간 괴리가 클 경우 연성규범의 실효성이 떨어질 수밖에 없다는 의견도 있었다.

한편, 전국경제인연합회는 환경경영모범규준의 좌초자산, 내부탄소가격 등에 대한 사회적 합의나 사례 축적 부재, 사회책임모범규준의 인권경영 운영 및 성과 평가의 부담, 기업지배구조모범규준의 최고경영자 승계 시스템 구축의 글로벌 스탠더드 불합치 등을 이유로 개정에 대해 반대 의견을 제출하기도 했다. 그러나 ESG 경영체제 도입과 공시 강화는 피할 수 없는 트렌드이고, ESG 모범규준을 바탕으로 KCGS가 매년 900여 기업에 대한 ESG 등급을 평가하고 있기 때문에, ESG 모범규준 개정 효과는 빠르게 확산할 것으로 보인다.

개정 ESG 모범규준 주요 내용

대분류	중분류	세분류
Ⅰ. 리더십과 거버넌스	1. 환경경영 리더십	1.1 환경경영에 대한 최고경영진의 리더십 발휘 / 1.2 (신설) 최고경영자의 실천 의지를 표명한 환경방침 수립 및 대외표명
	2. 환경경영 전략 및 목표	2.1 기업의 경영전략 및 방침과 통합된 환경경영 전략 수립 / 2.2 환경목표와 이를 달성하기 위한 세부 추진계획 수립
	3. 환경경영 거버넌스	3.1 전사적 환경경영체제와 의사결정 체계 수립 / 3.2 환경경영에 대한 이사회 보고와 이사회의 검토, 관리 3.3 환경경영을 위한 인적자원 배분과 전담 실무조직 구축 / 3.4 임직원의 환경 인식 수준을 높이기 위한 노력
Ⅱ. 위험관리	1. (신설) 환경위험과 기회의 식별, 평가 및 관리	1.1 (신설) 주요 환경 위험 및 기회 파악 / 1.2 (신설) 주요 환경 위험 및 기회에 대한 우선순위 선정 / 1.3 (신설) 주요 환경 위험 및 기회의 환경경영 반영과 주기적 관리
	2. (신설) 기후변화 위험 및 기회	2.1 (신설) 기후변화 관련 위험과 기회 파악 / 2.2 (신설) 위험 및 기회요인에 대한 분석과 경영전략과의 연계 관리
	3. 위험관리 체계	3.1 환경 위험에 대응하기 위한 사전관리시스템 구축 / 3.2 잠재적 비상사태 및 사고예방과 관리를 위한 대응절차 수립 / 3.3 환경법규 위반 및 환경사고 발생에 대한 관리체계 구축
Ⅲ. 운영 및 성과	1. (설계) 친환경 제품 및 서비스	1.1 친환경 설계 활동 이행과 글로벌 혹은 지역사회 환경이슈 고려 / 1.2 지속가능한 생산 및 소비 확산
	2. (조달/구매/유통) 친환경 공급망	2.1 (신설) 친환경 공급망 관리체계 구축 / 2.2 (신설) 녹색구매에 대한 지침 마련과 녹색구매 활동 이행 2.3 (신설) 녹색구매 기반 마련과 친환경 제품 유통 활성화 기여 / 2.4 협력업체의 환경성과 향상을 위한 노력
	3. (생산) 친환경 사업장	3.1 친환경 생산 활동 개발과 친환경 사업장 구현 / 3.2 기후변화 영향 최소화를 위한 다양한 활동 전개 / 3.3 자연자원 이용 효율성 극대화 3.4 생산활동과 관련된 환경 오염물질 발생 및 배출 최소화 / 3.5 폐기물 및 폐수 발생 최소화 및 적법 처리 / 3.6 (신설) 유해화학물질 사용 저감 노력 및 체계적 관리

대분류	중분류	세분류
Ⅲ. 운영 및 성과	4. (신설) 생태계 보전	4.1 (신설) 생태계 보전 활동 이행
	5. 성과관리	5.1 자원 사용량과 배출량 데이터 관리 / 5.2 환경성과평가시스템 구축 5.3 환경경영 성과 파악과 개선을 위한 기준과 지침 수립 및 내부심사체계 구축 / 5.4 내부환경심사 결과 보고 및 조치
	6. 환경회계	6.1 환경 원가 및 편익의 정량적 측정 및 이해관계자 공개 / 6.2 (신설) 기후변화 정책 대응을 위한 내부탄소가격 도입
Ⅳ. 이해관계자 소통	1. (신설) 이해관계자 설정	1.1 (신설) 환경경영 이행을 위한 주요한 이해관계자 설정
	2. (신설) 이해관계자 대응 활동	2.1 (신설) 이해관계자 요구사항 및 의견 수렴과 적절한 의사소통 수단 구축 / 2.2 (신설) 환경 이니셔티브 참여
	3. 환경정보 공개	3.1 이해관계자에게 환경경영 활동과 환경성과 공개 / 3.2 환경정보 내용 체계 및 환경정보 요건
Ⅰ. (신설) 리더십과 거버넌스	1. (신설) 리더십	1.1 (신설) 사회책임경영에 대한 최고경영진의 의지 표명 / 1.2 (신설) 사회책임경영 실현을 위한 거버넌스 구축
	2. (신설) 전략과 방침	2.1 (신설) 사회적 책임이 반영된 전략 수립 / 2.2 (신설) 사회책임경영과 경영전략 / 2.3 (신설) 사업활동의 경제적, 사회적, 환경적 성과 측정 및 관리
	3. (신설) 조직과 의사결정	3.1 (신설) 사회책임경영에 대한 의사결정 조직의 관여 / 3.2 (신설) 사회책임경영 의사결정 조직 실효성 확보
	4. (신설) 기업 문화	4.1 (신설) 사회적 책임을 반영한 기업 문화 형성 / 4.2 (신설) 사회책임경영을 위한 기업 문화 평가 및 모니터링
Ⅱ. (신설) 비재무 위험 관리	1. (신설) 비재무 위험 통합 관리	1.1 (신설) 이사회 경영 판단 시 비재무 위험 고려 / 1.2 (신설) 비재무 위험 관리에 대한 이사회 감독 / 1.3 (신설) 전사적 위험관리 체계에 비재무 위험 통합
	2. (신설) 비재무 위험과 기회의 인식	2.1 (신설) 비재무 이슈 식별을 통한 기업의 위험과 기회 요인 파악 / 2.2 (신설) 경영 전략에 비재무 위험 및 기회 요인 반영
	3. (신설) 비재무 위험 대응	3.1 (신설) 비재무 위험 대응 / 3.2 (신설) 비재무 위험 대응방안 효과성 평가 및 반영 / 3.3 (신설) 비재무 위험 관련 정보공개
Ⅲ. (신설) 운영 및 성과	1. (신설) 인권	(삭제) 직장 내 기본권 1.1 (신설) 인권경영에 대한 최고경영진의 의지 / 1.2 (신설) 인권정책 마련 및 대내 · 외 공개 / 1.3 (신설) 인권 이슈 전담 실무부서 설치 1.4 (신설) 인권영향평가 실시 / 1.5 (신설) 인권 위험 해소 및 예방 조치 마련 / 1.6 (신설) 인권 관련 고충처리채널 운영 1.7 (신설) 인권경영 효과성 평가 및 정보공개

대분류	중분류	세분류
Ⅲ. (신설) 운영 및 성과	2. (신설) 노동관행	2.1 일자리 창출 및 고용유지, 적정 임금 지급 / 2.2 근로자 기본권 보장 및 건전한 노사관계 형성 / 2.3 근로자 학습 및 성장을 위한 기회 제공 2.4 안전하고 건강한 근무환경 제공 및 일과 삶의 균형 보장
	3. (신설) 공정운영관행	3.1 (신설) 공급망 관리 전략 수립 및 공급망 위험 통합 관리 / 3.2 공정한 거래와 자유로운 경쟁을 위한 시장질서 준수 / 3.3 (신설) 동반성장 추구 및 기반 확립 (삭제) 부패방지 (삭제) 사회적 책임 촉진
	4. (신설) 지속가능한 소비	4.1 소비자 불공정거래 피해 방지 체계 마련 / 4.2 (신설) 제품 및 서비스 위해 요인으로부터의 소비자 보호 체계 마련 / 4.3 소비자 소통 채널 운영 및 소비자 의견 반영 4.4 공정하고 신속한 피해보상 체계 마련 / 4.5 (신설) 사회적 가치를 고려한 제품 및 서비스 제공
	5. 정보보호	5.1 (신설) 정보보안 거버넌스 구축 / 5.2 합법적이고 공정한 개인정보 수집 및 활용 / 5.3 (신설) 개인정보보호 활동 공개 및 정보주체 권리 보장
	6. 지역사회 참여 및 개발	(삭제) 임직원의 지역사회 활동 참여 (삭제) 지역사회 공헌 6.1 지역사회와의 상생을 위한 참여 전략 수립 / 6.2 (신설) 지역사회 참여 활동 장려 및 투입 자원과 성과 관리 / 6.3 (신설) 사회책임경영 관련 자발적 프로그램 참여 (삭제) 지역경제 발전
Ⅳ. (신설) 이해관계자 소통	1. (신설) 이해관계자 참여 및 소통	1.1 (신설) 이해관계자 커뮤니케이션 채널 구축 및 유지 / 1.2 (신설) 사회책임경영 관련 정보공개
Ⅰ. (신설) 이사회 리더십	1. (신설) 이사회의 역할과 책임	1.1 (신설) 지속가능성장 추구 / 1.2 (신설) 경영전략 수립, 검토 및 ESG 리스크 관리 / 1.3 경영의사결정 및 경영감독 1.4 일반 주주의 이익 보호 / 1.5 리스크관리 / 1.6 최고경영자 승계 1.7 (신설) 최고경영자 승계 관련 위원회 설치 / 1.8 (신설) 기업집단 소속 이사회의 책무 / 1.9 경영권 방어행위 감독 1.10 보수 설계 / 1.11 경영진 및 이사에 대한 성과평가 및 보수 반영
	2. (신설) 이사의 역할과 책임	2.1 이사의 주의의무 / 2.2 이사의 비밀유지의무 / 2.3 이사의 충실의무 2.4 손해배상 책임 / 2.5 임원배상책임보험
	3. 이사회의 구성	3.1 효과적 의사결정을 위한 이사회 규모 / 3.2 독립성 확보를 위한 사외이사 구성 / 3.3 등기이사의 자격요건 3.4 이사회 전문성 확보 및 이사 임기 존중 / 3.5. 이사회 다양성
	4. 사외이사	4.1 사외이사의 독립성 / 4.2 사외이사 후보에 대한 주요 정보공시 4.3 과도한 겸직 및 겸업 금지 / 4.4 적극적인 직무 수행

대분류	중분류	세분류
I. (신설) 이사회 리더십	5. 이사회의 운영	5.1 이사회 의장의 선임 / 5.2 (신설) 이사회 의장의 역할 / 5.3 이사회운영규정 / 5.4 정기이사회 / 5.5 이사회 회의 기록 / 5.6 이사의 이사회 참여 지원 / 5.7 사외이사에 대한 정보제공 / 5.8 사외이사 지원 / 5.9 사외이사 회의 / 5.10 이사회 교육 / 5.11 (신설) 이사회 · 위원회 · 이사 평가 / 5.12 이사회 내 위원회
	6. 이사회 내 위원회	6.1 위원회 설치 권고 / 6.2 위원회의 구성 / 6.3 위원회의 운영
	6. 환경회계	6.1 환경 원가 및 편익의 정량적 측정 및 이해관계자 공개 / 6.2 (신설) 기후변화 정책 대응을 위한 내부탄소가격 도입
II. 주주권 보호	1. 주주의 권리	1.1 주주권 보호 / 1.2 기업의 중대한 변화와 관련된 주주의 권리 보장 / 1.3 주주의 의결권 / 1.4 주식매수청구권 / 1.5 지배주주와 소수주주
	2. (신설) 주주총회	2.1 (신설) 다양한 의제 상정을 위한 주주총회 환경 조성 / 2.2 (신설) 의안 분리 상정 / 2.3 주주총회 관련 정보 2.4 임원후보에 대한 정보 제공 / 2.5 의결권 행사 환경 조성 / 2.6 이사 선임 시 주주의 참여 및 집중투표제 2.7 (신설) 감사위원 분리선임 / 2.8 주주총회의 투명성 및 공정성 제고
III. 감사	1. 내부감사	1.1 감사위원회 설치 / 1.2(신설) 감사 및 감사위원의 독립성 / 1.3 감사위원회 구성 1.4 감사 및 감사위원회의 업무 / 1.5 감사위원회 운영 / 1.6 감사위원회 개최 1.7 감사위원회 회의 기록 / 1.8 감사위원회 정보 제공 / 1.9 감사위원회 활동내용 공시 1.10 감사위원회 위원의 보상 / 1.11(신설) 윤리규정
	2. 외부감사	2.1 외부감사인의 독립성 / 2.2 외부감사인의 주주총회 참석 / 2.3 외부감사인과의 소통
IV. 주주 및 이해관계자와의 소통 IV. 주주 및 이해관계자와의 소통	1. (신설) 주주 및 이해관계자와의 직접 소통	1.1 (신설) 주주 및 이해관계자와의 소통 / 1.2 (신설) 주주총회 결과 검토 및 조치 공개
	2. (신설) 정보공개	2.1 주주에 대한 정보공개 / 2.2 (신설) 이해관계자 권리 보호 관련 정보공개 / 2.3 공시 2.4 재무보고의 정확성과 완전성 / 2.5 기업의 정보공개 노력 / 2.6 감사보고서 및 중요한 수시공시 사항의 영문 공시 / 2.7 공시책임자 및 공시 프로세스 구축

자료: KCGS, NH투자증권 리서치본부

KCGS의 ESG 모범규준 개정은 기관투자자를 대상으로 하는 스튜어드십 코드 개정에도 영향을 미칠 것으로 예상되며, 특히 2021년 1월 한국거래소가 발표한 ESG 정보공개 권고 지표와도 관련이 있다. 2025년부터 시작되는 지속가능 경영보고서 단계적 의무 공시에 대비하기 위한 한국거래소의 ESG 정보공개 가이던스는 개별 ESG 정보의 중요성 평가에 따라 핵심 보고 이슈를 선정하고, 정확성, 명확성, 비교 가능성, 균형, 검증 가능성, 적시성 등 6가지 정보공개 원칙에 의거하여 내용을 작성해서 독립적인 검증기관으로부터 내용을 검증받고 대외적으로 공개하는 절차를 제시한다. 주요 ESG 정보공개 표준인 GRI, IIRC, SASB, TCFD 등을 활용하되, 공통적인 지표들로 ESG 대응, ESG 평가, 이해관계자, 온실가스 배출, 에너지 사용, 물 사용, 폐기물 배출, 법규 위반·사고, 임직원 현황, 안전·보건, 정보 보안, 공정 경쟁 등 12개 항목에 걸친 21개 지표를 선정했다.

ESG 확산을 위한 기업들의 공동 대응

ESG 경영체제 도입, ESG 정보 공시 확대에 대응하기 위한 기업들간 또는 정부와 환경단체까지 아우르는 네트워크가 형성되면서 ESG 투자 생태계 확대와 규제 환경의 방향성을 제시하는 역할을 담당하고 있는데, 2021년 들어 우리나라에서도 ESG 경영이 화두가 되면서, 경제 현안과 사회 문제에 대한 기업의 입장을 대변하는 경제단체들도 ESG를 중심으로 네트워킹을 시작했다. 한국경영자총협회는 국내 주요 18개 기업 사장단으로 구성된 ESG 경영위원회를 출범했고, 대한상공회의소는 산업통상자원부와 공동으로 ESG 경영 포럼을 시작했다. 전국경제인연합회는 K-ESG 얼라이언스를 발족했다. K-ESG 얼라이언스는 국내 주요 기업, 글로벌 기업, 주한미국상공회의소 및 다양한 국내외 기관들로 구성된 연합회의체이다.

경제단체 중 움직임이 가장 활발한 것은 전국경제인연합회다. ESG 모범규준 개정, 국내외 ESG 평가 동향, 기업지배구조보고서 공시, IFRS재단의 국제지속가능성 보고 기준 제정을 위한 ISSB 설립 등 주요 ESG 이슈에 대해 꾸준히 논평해왔다. 특히 K-ESG 얼라이언스를 통해서는 ESG 친환경 경영을 위한 8가지 정책 과제를 건의하기도 했다. 이들 네트워크의 주장은 대부분 규제보다는 인센티브를 통해 ESG 생태계에서 기업 참여를 활성화하자는 것이다. 대기업 중에서도 몇몇 선도 기업을 제외하고는 패러다임 변화에 적응하는 시간이 필요한 것도 사실이다. 기업의 ESG 경영체제 도입이 대기업뿐만 아니라 중견 및 중소기업까지 확산하려면 먼저 ESG에 대한 인식이 어느 정도 높아져야 하는데, 기업 간 네트워크가 그런 역할을 수행하는 것이다.

발전의 방향성을 제시하는 전반적인 합동 대응도 필요하지만, 보다 세분되고 구체화한 목적의식에 따른 합동 대응이 더 효율적일 수도 있다. 2019년 5월 일본에서는 TCFD 권고안에 따른 기업의 ESG 정보 공시 확산을 위해 재계와 학계의 주도로 TCFD 컨소시엄을 발족했다. TCFD 컨소시엄은 ESG 이니셔티브인 CDSB, SASB와 파트너십을 맺고, 기후 변화 정보를 활용한 녹색투자 활성화 가이던스와 TCFD 가이던스 2.0을 발간하고, 모범 사례를 공유했다. 토요타 자동차, 소니, 미쓰비시 상사, Z홀딩스 등 일본 대표 기업들을 포함하여 총 378개 기업

전경련의 ESG 친환경경영을 위한 정책과제 건의

	건의 제목
1	대기총량규제 할당량 및 규제, 기업 기술 및 설비 수준에 맞게 완화
2	신재생에너지의 최종 실사용자에 대한 K-RE100 사용확인서 발급
3	화이트바이오 화평법 적용 예외 조치
4	전분 기반 플라스틱(TPS)에 대한 EL727(바이오매스 합성수지 제품) 인증
5	바이오항공유 공급 활성화를 위한 보조금, 기반시설 요청 및 배출량 감축실적 반영
6	EL724 생분해도 기준 완화 및 풍력발전 인허가 요건 완화
7	수소경제: 수소 연소 가스터빈 발전 활성화
8	ESG 경영 목적 친환경투자에 대한 투자세액공제, 세제지원 확대

자료: 전경련, NH투자증권 리서치본부

이 TCFD 컨소시엄의 회원사이다. TCFD 컨소시엄의 활발한 활동 결과 2021년 7월 현재 일본에는 정부 기관과 각종 협회를 포함하여, 총 463개 단체가 TCFD를 지지하고 있다. 영국(372개), 미국(324개), 프랑스(112개) 등을 제치고 일본이 TCFD 권고안 이행을 지지하는 단체가 가장 많은 국가가 되었다.

ESG 정보 공시에 대한 일본 기업들의 의식 제고는 2021년 일본 스튜어드십 코드인 기업지배구조 코드의 2차 개정에도 반영되었다. ESG 정보 공시가 강화되었는데, 먼저 지속가능성에 대한 회사의 기본 방침을 책정하기 위한 노력을 공시해야 하고, 2022년 예정된 일본 주식시장 개편(프라임-스탠다드-그로스)에 맞춰 상위 시장인 프라임 시장에 속하기 위해서는 TCFD 또는 이에 상응하는 국제적 체제에서 요구하는 기준에 따라 기후 변화가 미치는 재무적 영향을 공시해야 한다.

규제 환경과 그 방향성이 중요한 금융 산업의 경우에는 금융당국과의 민관 협업이 필요하다. 2019년 3월 영국에서는 기후 변화 관련 재무

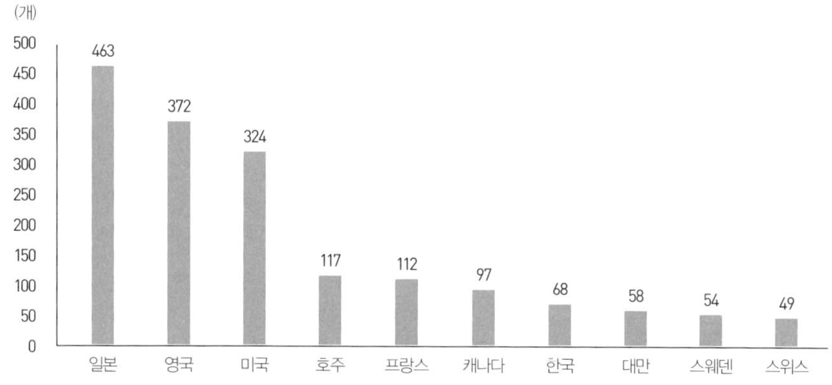

주: 2021년 7월 기준
자료: TCFD, NH투자증권 리서치본부

위험에 대한 금융 산업의 대응 능력을 제고하고 모범사례를 공유하기 위해 기후재무리스크포럼을 설립했다. 금융 규제기관인 PRA(Prudential Regulation Authority)와 FCA(Financial Conduct Authority)가 공동 의장을 맡고 있으며, 은행, 보험사, 자산운용사 등 약 20개 금융기관들이 회원이다. 이들은 금융회사를 위한 기후 변화 위험 및 기회 지침서를 발간하고 공시, 시나리오 분석, 위험 관리, 혁신 등 4개 분야에 대한 워킹그룹도 만들었다. 금융회사가 기후 변화 관련 재무 위험을 최소화하는 데 필요한 실용적인 도구와 전략적인 접근 방식을 개발하기 위해서다.

우리나라에서도 2021년 금융감독원과 금융위원회가 주도하여 28개 금융회사와 함께 기후리스크포럼을 설립했다. 아직 초기 수준인 국내 금융권의 기후리스크가 재무에 미치는 영향에 대한 인식을 제고하기 위해 금융권 내 관련 연구 진행 및 세미나 개최 등을 추진할 예정이다.

2부

손에 잡히는 ESG 투자

6장

ESG 투자란 무엇인가

1

ESG 투자와 투자 전략

ESG 투자란 투자 의사 결정 과정에서 재무적 요소와 더불어 비재무정보인 ESG를 고려하는 투자이다. 앞에서 살펴본 것처럼, 2004년 처음 ESG라는 용어가 등장했고, 2006년에는 기관투자자들이 수탁자책임을 다하기 위해서 ESG를 투자의사 결정 절차와 주주행동 정책에 포함시켜 책임투자원칙 실행의 효율화를 꾀하도록 하는 ESG 투자 프레임워크인 UN PRI(United Nation Principle of Responsible Investment, 유엔책임투자원칙)가 제정되면서, ESG 투자가 본격적으로 확산되었다.

기존의 지속가능 투자와 임팩트 투자는 모두 기후 위기와 사회적 문제를 해결하기 위한 자본의 공급을 의미하는데, 여기에 지배구조를 포함한 ESG 투자 개념이 확립되면서, 기업가치 향상을 통한 투자성과 제고라는 목표지향성이 뚜렷해졌다.

ESG 투자 전략이란

ESG 투자를 실제로 적용하는 ESG 투자 전략은 아직까지 대중적이라기보다, ESG 투자 인프라를 갖춘 기관투자자의 영역이지만, 그럼에도 불구하고 ESG 투자는 모두에게 열려있다. 개인투자자는 테마투자, 네거티브스크리닝 등을 통한 ESG 직접투자를 선택할 수도 있고, 기관투자자들의 ESG 투자 전략 적용의 결과물인 펀드, ETF 등 각종 ESG 투자 상품에 간접투자할 수도 있기 때문이다. ESG 공시가 확대되면 ESG 투자 관련 기관투자자와 개인투자자 간 '정보의 비대칭성'도 점진적으로 해소될 것으로 기대된다.

미쓰비시 UFJ 모건·스탠리 =증권 리서치부 작성의 리포트에 의하면, 지속가능한 투자를 촉진하는 국제 조직인 GSIA(글로벌 지속가능투자연합)는, ESG 투자 전략을 네거티브 스크리닝, 포지티브 스크리닝, 규범 기반 스크리닝, ESG 통합, 지속가능 테마 투자, 임팩트 및 지역사회 투자, 주주관여활동 등 7가지로 분류한다.

주주관여활동과 임팩트 및 지역사회 투자는 다른 ESG 투자 전략과는 달리, 기업 및 사회와의 상호작용을 보다 명시적으로 추구한다는 차이점이 있다. 이외에도 전 세계적으로 보편적이지는 않지만, 샤리아 스크리닝(주류, 돼지고기, 고리대금 등 이슬람 율법의 금지 사항과 관련된 투자 배제), 연대펀드(프랑스 사회연대경제법의 기준을 충족하는 사회적 기업에 대한 투자), 미소금융펀드(지역경제 최하위층의 발전을 도모하는 마이크로 대출 및 마이크로 보험을 발행하는 미소금융기관에 대한 투자) 등도 ESG 투자 전략이다.

ESG 투자전략

전략	내용
네거티브 스크리닝 (Negative/exclusionary screening)	특정 ESG 항목에 근거하여 부정적으로 인식·평가되는 산업 또는 기업을 포트폴리오나 펀드의 구성에서 배제하는 방법
포지티브 스크리닝 (Positive/best-in-class screening)	동종 업종의 비교 집단에 비해 상대적으로 우수한 ESG 성과를 보이는 산업, 기업 또는 프로젝트에 투자하는 방법
규범기반 스크리닝 (Norms-based screening)	OECD, ILO, UN 및 UNICEF 등 국제적 규범에 근거하여 비즈니스 관행에 대한 최소 기준을 설정하고 그 기준의 충족 여부를 반영한 투자를 수행하는 방법
ESG 통합 (ESG Integration)	재무 분석 프로세스에 ESG 요소들을 체계적·명시적으로 융합시키는 방법
지속가능 테마 투자 (Sustainability themed investing)	지속가능성(청정 에너지, 녹색 기술 또는 지속가능 농업 등)과 관련된 테마 또는 자산에 투자하는 방법
임팩트/지역사회 투자 (Impact/community investing)	사회 또는 환경 문제를 해결하고 사회 또는 환경 목적을 가진 비즈니스에 자금을 공급하기 위한 투자
주주관여활동 및 주주행동 (Corporate engagement and shareholder action)	직접적인 주주관여활동(회사 경영진과의 소통 등), 주주 제안 및 포괄적인 ESG 가이드라인에 따른 의결권 행사 등을 통해 기업 활동에 영향을 주는 주주권을 행사하는 방법

자료: GSIA, NH투자증권 리서치본부

GSIA는 회원사인 유럽, 영국, 네델란드, 미국, 캐나다, 일본, 호주 등 7개 지속가능투자연합의 집계를 바탕으로 2012년부터 격년으로 지역별 및 투자 전략별 투자 규모를 발표한다. 두 가지 이상의 ESG 투자 전략을 혼용하는 경우도 있기 때문에, 투자 전략별 운용자산의 합은 전체 운용자산의 60~80%를 상회한다. 2018~2020년 사이에는 지속가능 테마 투자, ESG 통합, 주주관여활동은 운용자산이 증가한 반면 나머지 투자 전략들은 감소했다.

이전까지의 주류는 네거티브 스크리닝이었지만, 2020년에는 ESG 통합투자의 비중이 43.0%로 1위로 올라섰다. 지역별로는 유럽은 여전히 네거티브 스크리닝이 42.0%로 가장 높은 비중을 차지한 반면, 미국은 ESG 통합이 66.9%로 압도적이다. 미국, 유럽 다음으로 ESG 투자

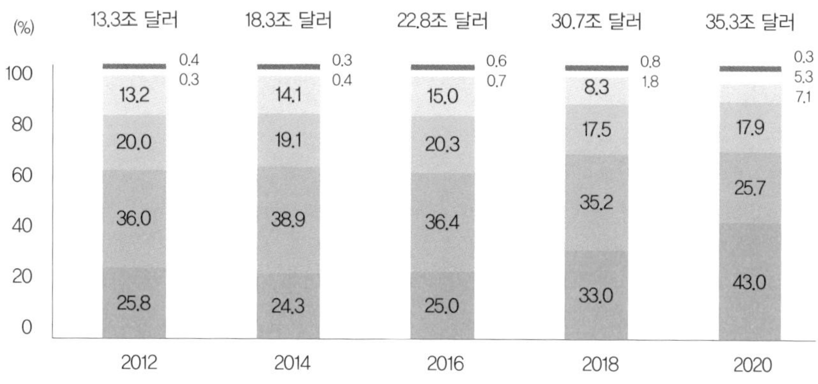

자료: GSIA, NH투자증권 리서치본부

규모가 큰 일본에서는 ESG 통합 35.4%, 주주관여활동 32.4%, 네거티브 스크리닝 23.4% 등으로 고른 분포를 보였다.

스크리닝

스크리닝은 투자 대상 모집단에 대해 특정한 성질을 가지고 있는 대상을 선별하여 취하거나 버리는 투자 전략이다. 선별된 대상을 취하느냐 버리느냐에 따라 포지티브와 네거티브로 나뉜다. 포지티브 스크리닝은 동종 업종의 비교집단에 비해 우수한 ESG 성과를 보이는 산업과 기업 프로젝트에 투자하는 전략이다. 네거티브 스크리닝은 무기, 담배와 같은 제품 또는 인권침해, 부패 등 기업 관행 등 투자가 불가능하다고 간주하는 기준에 근거하여 특정 국가, 산업, 기업을 배제하는 투자 전략이다. 규범기반 스크리닝은 OECD(경제협력개발기구), ILO(국제노동기구), 유엔 등 국제기구의 규범에 근거한 사업 관행의 최소 기준 충족 여부를 선별 기준으로 하는 투자 전략이다.

네거티브 스크리닝은 가장 역사가 오래된 ESG 투자 전략이다. 사회책임투자의 기원이 여러 종교의 율법과 관련이 깊은 만큼 종교적 금지 사항에 대한 투자는 배제되어왔다. 현대적인 의미의 ESG 투자에서도 1950년대부터 죄악 주식(주류, 담배, 도박, 군수, 성 관련 산업 등 사람의 몸과 정신건강에 해를 끼치는 분야와 관련된 종목)의 기피가 본격화했다. 네거티브 스크리닝은 기존의 펀드 운용 방식, 벤치마크, 기대수익률 등에 대한 변화를 최소화하기 때문에 GSIA가 ESG 투자 전략별 운용 규모를 발표한 이래 2018년까지 가장 널리 쓰인 투자 전략이었다.

통합과 테마

ESG 통합은 재무분석에 ESG 요소를 체계적이고 명시적으로 융합하는 투자 전략이다. 주식시장에서는 ESG의 개념이 정립되기 이전부터 ESG 통합이 암묵적으로 적용되어왔다. 동일 산업 내에서 매출액, 수익성, 성장성 등이 비슷한 기업 간의 밸류에이션(특정 자산 혹은 기업의 현재 가치를 평가하는 프로세스) 격차가 크다면, 환경사고(E), 리콜 등 기업 평판 리스크(S), 지배주주 일가의 일탈(G)과 같은 부정적 ESG 요소가 반영되었을 가능성이 높다. ESG에 대한 관심 증가, ESG 공시의 단계적 의무화, ESG 평가등급 활용 보편화 등에 따라 투자 의사결정에 기업의 ESG 경영체제 도입 정도와 컨트로버시(ESG에 부정적인 영향을 미친다고 알려진 사례 또

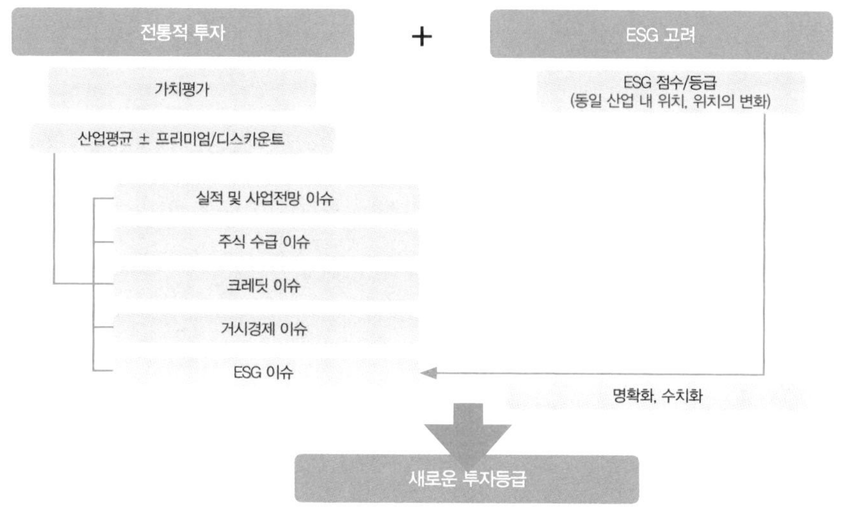

자료: NH투자증권 리서치본부

는 지속적인 상황)가 보다 체계적으로 반영될 전망이다.

GSIA에 따르면 ESG 통합은 2020년 운용 규모 비중이 43.0%로 25.7%인 네거티브 스크리닝을 제치고 전 세계적인 주류 ESG 투자 전략으로 올라섰다. 이는 2018~2020년 사이 ESG 통합 비중이 높은 미국의 ESG 투자 운용 규모가 42.4%나 증가한 반면, 네거티브 스크리닝 비중이 높은 유럽의 ESG 투자 운용 규모는 14.6% 감소했기 때문이다. 참고로 2018년 EC(유럽연합집행위원회)가 채택한 유럽연합 지속가능금융 행동계획의 일환으로 지속가능 투자에 대한 정의가 큰 폭으로 개정되었기 때문에 2018년과 2020년 유럽 ESG 투자 운용 규모의 유의미한 비교는 하기 어렵다.

지속가능 테마 투자는 지속가능 농업, 녹색건물, 탄소 배출 절감, 양성평등, 다양성과 같은 환경(E) 및 사회(S)의 지속가능 이슈를 해결하는 테마나 자산에 투자하는 전략이다. GSIA 집계 이래, 지속가능 테마 투자 운용 규모의 성장률은 연평균 51.6%로 ESG 투자 전략 중 가장 높았다. 녹색분류체계의 정교화, 새로운 녹색 정책 발표, 규제의 진화, 기술의 발전 등과 함께 녹색 테마 투자는 지속적인 고성장이 예상된다. 또한 ESG 채권이나 ESG 대출의 사례처럼, 녹색 테마 투자가 자리 잡은 이후 사회적 테마 투자도 뒤이어 성장할 것으로 기대된다.

상호작용

주주관여활동, 임팩트 및 지역사회 투자는 다른 ESG 투자 전략과는 달리, 기업 및 사회와의 상호작용을 보다 명시적으로 추구한다는 차이점이 있다. 2020년 GSIA 집계상 주주관여활동 운용 규모 비중은 17.9%로 ESG 통합 43.0%과 네거티브 스크리닝 25.7% 다음 순위였지만, 임팩트 및 지역사회 투자 운용 규모는 0.6%로 비중이 가장 낮았다.

주주관여활동은 경영진이나 이사회와의 대화, 주주제안, 의결권 행사 등을 통해 기업가치를 개선하는 투자 전략이다. 일본 스팍스 자산운용의 스튜어드십 펀드(일명 '대화의 힘' 펀드)가 대표적인데, 운용 전략으로 주주관여활동을 명시하고, 투자 기업에 대한 기업가치 향상 방안을 제안하며, 월간 운용 보고서를 통해 기업가치 향상 제안 및 기업의 피드백을 공개하고 있다. 우리나라에서는 책임투자 펀드의 ESG 투자 전략이 대부분 ESG 통합과 네거티브 스크리닝이지만, 전반적인 주주관여활동 자체는 강화되고 있다. 스튜어드십 코드 도입이 본격화함에 따라 2019년 3월 정기 주주총회 시즌부터 주주관여활동 사례가 큰 폭으로

일본 스팍스 자산운용의 '대화의 힘' 펀드

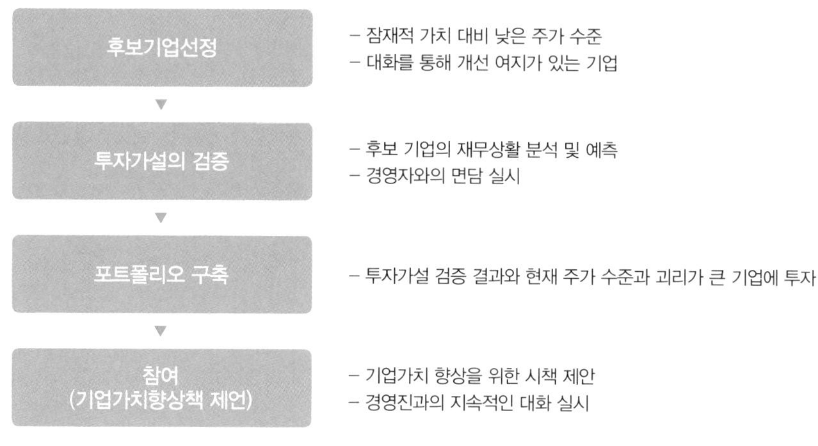
후보기업선정
– 잠재적 가치 대비 낮은 주가 수준
– 대화를 통해 개선 여지가 있는 기업
투자가설의 검증
– 후보 기업의 재무상황 분석 및 예측
– 경영자와의 면담 실시
포트폴리오 구축
– 투자가설 검증 결과와 현재 주가 수준과 괴리가 큰 기업에 투자
참여
(기업가치향상책 제언)
– 기업가치 향상을 위한 시책 제안
– 경영진과의 지속적인 대화 실시

자료: 스팍스 자산운용, NH투자증권 리서치본부

증가했고, 2020년 1월 자본시장법 시행령 개정으로 상장회사 주식 5% 이상을 보유한 투자자의 보유 목적이 세분화하면서, 주주관여활동이 보다 용이하게 되었다.

임팩트 투자는 사회 또는 환경 문제를 해결하고 긍정적 영향을 미치는 사업이나 기업에 투자하는 전략이며, 지역사회 투자는 기본적으로 임팩트 투자지만, 전통적으로 소외된 개인이나 지역사회에 집중하고, 대출 등 다른 형태의 투자까지도 포함하는 투자 전략이다. 임팩트 투자는 ESG 투자 전략 중의 하나지만, 포괄적인 의미에서 사회책임 투자, 지속가능 투자, 윤리적 투자 등의 개념과 혼재되어 사용되기도 했다. 또한 좁은 의미로는 ESG 채권처럼 ESG 개선 목적의 프로젝트를 위한 투자에 부합하는 전략이기도 하다.

글로벌 임팩트 투자 네트워크 임팩트 투자를 '재무 수익과 동시에 긍정적이고 측정 가능한 사회·환경적 영향을 창출하기 위한 의도로 이루어지는 투자'라고 정의하고 있는데, '측정 가능한'이 포함되어 있듯이 임팩트 투자에서는 실적에 대한 측정과 기초자산, 투자 수혜자, 투자자의 의도성 및 기여도 등에 대한 입증이 필요하다. 대표적인 임팩트 측정 방법론으로 미국 자선기금인 REDF가 고안하고, 영국 소셜밸류인터내셔널이 정립한 SROI(Social Return on Investment, 사회적투자수익률), GIIN의 임팩트 평가모델인 IRIS(Impact Reporting & Investment Standards, 임팩트 투자 및 보고 기준), 미국의 사회적 책임 인증 비영리기관 비랩(B-Lab)이 IRIS를 기반으로 고안한 펀드 임팩트 평가모델인 GIIRS(Global Impact Investing Ratings System, 글로벌 사회성과 투자 평가 시스템) 등이 있다. 우리나라에서는 화폐화 기반 사회적 가치 측정 표준 개발 글로벌 민간 협의체인 가치균형연합의 회원사이기도 한 SK그룹이 기업의 사회성과를 측정하고 이에 대한 인센티브를 지급하는 사회성과인센티브 프로젝트를 주도하고 있다.

사회책임투자의 역사

기업의 사회책임경영에 해당하는 것이 투자자의 사회책임투자이다. 최근 들어 사회책임투자는 지속가능 투자, 윤리적 투자, 임팩트 투자 등의 개념과 혼재되면서 궁극적으로는 ESG 투자 개념으로 대체되는 추세이다. 사회책임투자는 유대교, 이슬람교, 감리교, 퀘이커교 등 여러 종교의 율법과 관련이 깊고, 그 역사가 기원전으로까지 거슬러 올라가지만, 현대적인 의미의 SRI 펀드의 시초는 1928년 미국 보스턴에서 설립된 최초의 뮤추얼펀드인 파이오니아 펀드이다. 워런 버핏의 롤모델로도 유명한 설립자 필립 카렛이 사회책임투자 프레임워크를 바탕으로 운용했고, 1940년대에 들어 주류, 담배, 도박 산업에 대한 투자를 배제하는 원칙을 도입했다. 현재 미국 아문디 자산운용에서 운용하고 있으며 설립 이후 2021년 상반기까지의 연평균 수익률이 12.1%로 S&P500 지수 연평균 수익률인 10.2%를 상회한다.

1950년대에 죄악 주식 기피가 본격화되었고, 1960년대의 베트남전쟁에 대한 반전운동을 시작으로 1970년대 들어 인권, 환경, 노동, 소비자운동이 활발해지면서 사회책임투자의 이슈도 다양화하고 SRI펀드 시장도 확대되었다. 1971년 설립된 팍스 월드 펀드는 최초로 전쟁과 무관한 산업에 대한 투자를 강조한 SRI 펀드이다. 1982년 설립된 캘버트 사회투자펀드는 아파르트헤이트(Apartheid, 남아프리카 공화국의 인종차별 정책)에 반대한 최초의 뮤추얼펀드로 1994년 넬슨 만델라의 집권 이후 가장 먼저 남아프리카 공화국에 대한 투자를 재개하기도 했다. 1990년 KLD가 최초의 ESG 지수인 Domini 400 Social Index(현재는 MSCI KLD 400 Social Index)를 발표하면서 SRI펀드 시장의 확대가 가속화되었다.

우리나라 SRI 펀드의 역사는 미국처럼 길지는 않지만, 그래도 아직 ESG라는 용어가 등장하기 전인 2000년대 초반에 시작되었다. 2003년 12월, '기업 책임을 위한 시민연대'가 주축이 되어 최초의 사회책임투자 펀드인 '사회책임투자펀드'를 출시했다. 그러나 단기 금융상품에 집중 투자하는 머니마켓펀드 특성상, 주식을 편입하지 않고, 회사채 거래 비중도 최소한으로 유지할 수밖에 없어 기대수익률이 낮았고, 설정 규모도 30억 원으로 소규모에 그쳤다. 당시 언론 보도를 살펴보면, 편입 종목 선정 기준 부재가 주식형 펀드로 출시하지 못한 이유임을 알 수 있다.

주식형 SRI 펀드 운용 규모

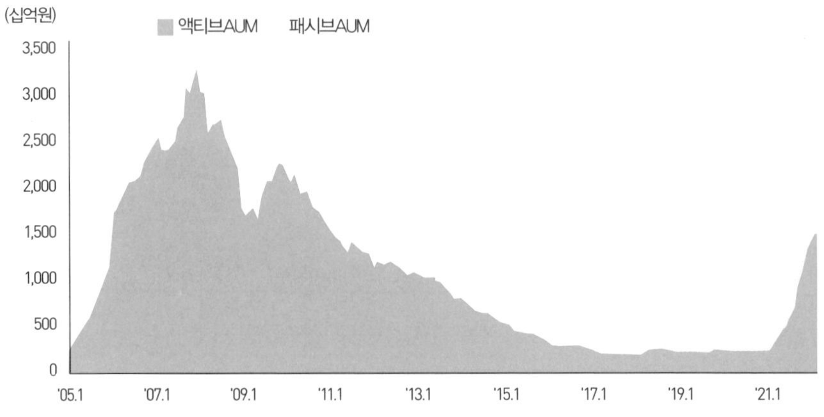

자료: NH투자증권 리서치본부

최초의 주식형 SRI 펀드는 그로부터 2년 후인 2005년 11월 출시된 Tops아름다운 SRI주식형펀드(현재 명칭은 '신한 아름다운 SRI그린뉴딜증권자투자 신탁')이다. 2000년대 중반 출시된 주식형 SRI 공모펀드들은 주식시장의 활황과 함께 전에 없던 개념인 지속가능경영 기업에 대한 투자, 적극적 의결권 행사와 주주제안권을 활용한 기업가치 개선 등을 내세우며 전체 운용 규모가 2007년 말 3조 원을 상회하기도 했다. 그러나 관련 인프라 미흡, 기존 펀드와의 차별성 부재로 차츰 운용 규모가 축소되어 2017년 2,000억 원을 하회하기에 이르렀다. SRI 펀드 성과를 측정하는 벤치마크가 일반 주식형 펀드들과 동일한 코스피였고, 환경경영, 지속성장, 지배구조, 사회적 책임 등을 투자 기준으로 제시하고는 있지만, 명확하지 못했다.

당시는 기업지배구조보고서 공시도 없었고, 지속가능 경영보고서를 발간하는 기업이 10군데도 되지 않을 정도로 기업들의 ESG 정보를 얻기 어려웠고, ESG 등급 평가도 활성화되기 전이었다. 결국 제한적으로 담배, 카지노 등 이른바 죄악주를 편입하지 않는 네거티브 스크리닝 투자 전략만으로는 일반 펀드들과 차별화할 수가 없었다.

비슷한 시기에 보다 적극적인 주주행동을 지향하는 SRI 사모펀드인 '한국기업지배구조개선펀드'도 등장했다. 2006년 4월부터 국내외 투자자를 대상으로 1,300억 원의 자금을 모집해 조세피난처인 아일랜드에 등록한 역외 펀드로 운용은 라자드자산운용이 맡았으며, 국내 재벌그룹의 지배구조와 경영 형태를 비난해온 고려대학교 장하성 교수가 투자 자문 역할을 맡으면서 '장하성펀드'라고도 불렸다. 장하성펀드는 지배구조가 불투명하고 배당성향이 낮은 기업에 대한 3% 이상 지분 매입으로 소수주주권 확보 후, 적극적 주주행동을 통해 지배구조 개선 및 기업가치를 높이는 것을 목표로 삼았다. 2006년 태광그룹 계열사인 대한화섬 지분 5.15%를 매입한 뒤 주주관여활동으로 지배구조 개선 합의를 이끌어내고, 다수의 기업에 사외이사 및 감사를 선임하는 데 성공하기도 했다. 그러나 이후 투자 기업 중 대주주 지배력이 높은 기업들은 배당 확대와 같은 요구를 무시하기 시작했고, 주주총회 의결에서도 주주관여활동이 성과를 내지 못하는 상황이 이어지면서, 결정적으로 펀드 수익률이 저조하다는 이유로 2012년 청산되었다.

국내주식형 SRI 공모펀드는 긴 암흑기를 거친 후, 2018년 7월 국민연금의 스튜어드십 코드 도입을 계기로 2,000~3,000억 원 수준을 회복하고, 국민연금의 ESG 투자 비중 확대 계획(2022년까지 50%)이 알려진 2020년 말을 기점으로 급속히 증가하여, 2021년 6월 현재 18개 운용사, 32개 펀드, 2조 원 규모로 급성장했다. 이러한 증가 추세는 ESG

액티브 펀드 유행뿐 아니라 새로운 ESG 지수의 등장, 연계한 ESG 패시브 펀드 운용 규모 확대를 통해 당분간 이어질 것으로 예상된다. 주요 운용사들은 ESG 투자 전담 인력을 갖추고, ESG 평가기관과 연계하여 ESG 통합투자를 내재화하고 있기 때문에, 과거와 같은 인프라 미흡, 차별성 부재와 같은 문제는 다시 불거지지 않을 것으로 보인다.

2

ESG 평가와 프로세스

투자자들이 장기 수익성을 높이기 위해 ESG 투자를 생각한다면 가장 먼저 해야 할 일은 기업의 ESG를 평가하는 것이다. ESG 평가는 2000년 전후 MSCI, FTSE러셀, S&P글로벌 같은 글로벌 지수 사업자들이 기업의 ESG 평가를 기반으로 ESG 지수와 ESG ETF(거래소에 상장되어 일반 주식처럼 자유롭게 거래할 수 있는 펀드. 상장지수펀드)를 출시하면서 본격화되었다. GISR(글로벌 지속가능 평가 이니셔티브. 2011년 세리즈에 의해 출범한 비영리단체)에 따르면 2016년 전 세계 ESG 데이터 제공업체는 125개가 넘고, 영국 컨설팅업체 ERM에 의하면 2018년 ESG 데이터 제공업체, 평가 기준 및 프레임워크, 평가사를 다 합치면 600개가 넘는다. ESG 평가기관들 간의 인수합병(M&A)도 활발하지만, 새롭게 컨설팅업체, 신용평가사, 언론들도 ESG 평가에 뛰어들고 있어 그 수는 점점 늘어날 것으로 보인다.

대표적인 글로벌 ESG 평가기관으로는 MSCI, S&P글로벌, 리피니티브, FTSE러셀, 서스테이널리틱스, 국내 ESG 평가기관으로는 KCGS, 서스틴베스트 등이 있다.

ESG 평가기관은 기업 공시, 홈페이지 정보, 감독 기구나 지자체 등 기관 공시, 뉴스 등 기초 데이터를 수집하고, 평가 모델을 통해 점수와 등급을 산출한다. 그런데 ESG 평가기관별로 고유의 방법론을 가지고 있기 때문에 기업의 ESG 등급 및 순위는 ESG 평가기관들마다 현저히 다른 양상을 보이기도 하는 것이 사실이다.

이를 해결하기 위해 ESG 공시 정보 확대 및 표준 통일화 노력, 회계 및 재무 기반 공시 체계로의 통합 시도, 기존 평가 정보들을 활용한 새로운 평가 방법론 구상, 평가기관에 대한 금융당국의 규제 가능성 등 여러 가지 움직임이 나타나고 있다.

그러나 평가기관 간 평가의 편차를 어느 정도 줄일 수 있을지는 몰라도, 모든 평가기관들의 평가 점수와 등급이 통일되는 것은 불가능하다. 따라서 투자자의 입장에서는 ESG 평가지표와 프로세스를 이해하고, 어떤 지표에 가중치를 줄 것인지 평가 방법론을 정립하여, ESG 평가기관을 취사선택할 수 있는 능력을 키우는 것이 중요하다.

기관별 평가항목과 프로세스

(1) KCGS(한국기업지배구조원)

KCGS는 자본시장 발전을 위한 주요 기준을 제·개정하고 이의 활성화를 위한 ESG 평가, 의안 분석 서비스, 정책 연구 등을 제공하는 비

KCGS의 ESG 평가항목

	평가항목	평가지표
E	① 환경경영	환경조직, 목표 및 계획수립, 친환경공급망 관리, 수자원/폐기물 관리, 기후변화, 환경위험관리, 성과평가 및 감사
	② 환경성과	수자원/폐기물 관리, 기후변화, 환경위험관리, 친환경 제품 및 서비스
	③ 이해관계자 대응	환경보고, 이해관계자 대응 활동
S	① 근로자	고용 및 근로조건, 노사관계, 직장 내 안전 및 보건 인력 개발 및 지원, 직장 내 기본권
	② 협력사 및 경쟁사	공정거래, 부패방지, 사회적 책임 촉진
	③ 소비자	소비자에 대한 공정거래, 소비자 안전 및 보건, 소비자 개인정보 보호, 소비자와의 소통
	④ 지역사회	지역사회 참여 및 사회공헌, 지역사회와의 소통
G	① 주주권리보호	주주권리의 보호 및 행사 편의성, 소유구조, 경영과실 배분, 계열회사와의 거래
	② 이사회	이사회의 구성 및 운영, 이사회 평가 및 보상, 이사회 내 위원회
	③ 감사기구	감사기구 구성, 감사기구 운영
	④ 정보공개	공시일반, 홈페이지 정보공개
(+) FG 금융사 지배 구조	① 주주권리보호	주주권리의 보호 및 행사편의성, 소유구조, 경영과실 배분, 계열회사와의 거래
	② 이사회	이사회의 구성 및 운영, 임원(최고경영자 제외)의 선임
	③ 감사기구 및 내부통제	감사기구 구성, 감사기구 운영, 내부통제
	④ 정보공개	공시일반, 홈페이지 공시, 연차보고서 공시
	⑤ 최고경영자	
(+) FG 금융사 지배 구조	⑥ 보상	보수위원회, 보수체계
	⑦ 위험관리	위험관리위원회, 위험관리

영리단체로 한국거래소 등 8개 증권 유관기관을 사원 기관으로 두고 있다. KCGS는 1999년 기업지배구조모범규준을 시작으로 2010년 환경경영모범규준과 사회책임경영모범규준 등 ESG 모범규준을 제정했고, 이를 바탕으로 2003년 지배구조 평가, 2011년 ESG 통합 평가를 시작했

KCGS의 ESG 평가 프로세스
기초데이터 수집
기업공시
(사업보고서, 지속가능
경영보고서, 홈페이지 등)
감독기구 지자체 등 기관 자료
뉴스 등 미디어 자료
약 900개의 상장회사 평가,
회사별 900개 이상의
기초데이터 수집
기본평가
ESG 위험을 최소화하기
위한 시스템이
잘 갖추어져 있는가?
18개 대분류
281개 핵심평가 항목
심화평가
기업가치 훼손 우려가 높은
ESG관련 이슈가 발생했는가?
58개 핵심평가항목
평가검증
정확한 평가를 위한
다양한 데이터 검증 실시
기업피드백
웹기반 평가시스템을 통한
양방향 피드백 실시

다. 평가 대상은 900여 개 상장사와 주요 비상장사이다.

평가항목은 환경(E)의 환경경영, 환경 성과, 이해관계자 대응, 사회(S)의 근로자, 협력사 및 경쟁사, 소비자, 지역사회, 지배구조(G)의 주주권리보호, 이사회, 감사기구, 정보공개 등 11개 대분류 항목 아래 38개 중분류 항목 및 265개 핵심 평가항목으로 구성된다. 금융사의 경우 지배구조 대분류에 최고경영자, 보상, 위험 관리가 추가된 14개 대분류로 구성된다. 평가 프로세스는 기업 공시 자료, 미디어, 감독기구 및 지자체 공시 자료를 토대로 해당 항목에 대한 기본 평가를 가점 방식으로 하고, 이후 부정적 ESG 이슈에 대해서는 감점 방식으로 심화 평가를 수행한다.

ESG 등급은 평가 대상 기업의 피드백 검토 후 S, A+, A, B+, B, C, D의 7단계로 부여한다. 정기 등급 부여 시기는 10월이며, 매분기 등급 수시 조정이 있다. 2020년 정기 등급 평가에서는 S는 없었고, A+는

2.1%, A는 12.1%, B+는 17.6%, B는 34.2%, C는 31.1%, D는 2.9%로 전년 대비 A+ 및 A 등급 비중은 확대된 반면, B+ 이하 등급은 축소되는 양상을 보였다(760개 상장사 기준).

한편, 평가 결과는 KRX ESG Leaders 150, KRX Governance Leaders 100, KRX Eco Leaders 100, KRX ESG 사회책임경영 지수, KRX KOSPI 200 ESG 등 한국거래소의 5개 ESG 지수 종목 구성에도 활용된다. KCGS 평가등급은 가장 많은 한국 기업의 ESG 등급을 제한 없이 공개하여 투자자, 기업, 자본시장 인프라 등 모든 이해관계자가 의사결정에 활용할 수 있도록 해주는 것이 특징이다.

(2) 서스틴베스트

서스틴베스트는 기관투자자에게 ESG 분석과 운용 전략을 자문해 주는 ESG 전문 리서치 회사로 2006년 설립되었으며, 글로벌 ESG 리서치업체인 서스테이널리틱스, 트루코스트 등과 전략적 제휴를 맺고 있다. 매년 6월과 12월에 시가총액 상위 800개 기업 포함 약 1,000개의 기업에 대해 ESG 등급 및 3단계 자산 규모별 ESG 등급(5,000억 원 미만, 5,000억 원~2조 원, 2조 원 이상)을 발표한다. 평가등급은 AA, A, BB, B, C, D, E의 7단계로 구성된다.

평가항목은 환경(E)의 혁신활동, 생산공정, 공급망관리, 고객관리, 사회(S)의 인적자원 관리, 공급망관리, 고객관리, 사회공헌 및 지역사회, 지배구조(G)의 주주의 권리, 정보의 투명성, 이사회의 구성과 활동, 이사의 보수, 관계사 위험, 지속가능경영 인프라 등 14개 평가항목, 40개 평가지표, 95개 세부 지표로 구성된다.

서스틴베스트의 ESG 평가모델

혁신 활동	생산활동	공급망 관리
– 혁신 역량 – 친환경 제품 개선 – 친환경 특허	– 자원/에너지/물 효율성 – 온실가스 관리 – 환경사고 예방 및 대응	– 공정거래 프로그램 – 협력업체 지속가능성 평가 – 상생협력
인적자원관리	**마케팅 및 고객관리**	**사회공헌 및 지역사회 투자**
– 근로조건 – 노사관계 관리 – 근로자 보건 및 안전	– 고객정보보호 – 친환경 마케팅 – 소비자만족경영	– 지속가능성 이니셔티브 – 사회공헌 프로그램 – 지역사회투자

지배구조	경영인프라
– 주주의 권리 – 정보의 투명성 – 이사회의 구성과 활동 – 이사의 보수 – 관계사 위험	– 지속가능경영 비전 및 전략 – 지속가능경영 거버넌스 – 지속가능경영 리스크 관리 – 지속가능경영 보고

자료: 서스틴베스트, NH투자증권 리서치본부

기업 공시, 기관 공시, 미디어 등 데이터 수집을 토대로 항목 및 지표별 가중치를 고려하여 평가한 후, 컨트로버시(ESG에 부정적인 영향을 미친다고 알려진 사례 또는 지속적인 상황)를 살펴 ESG 각 영역에서 차감하고, 대기업집단의 경우 총수 일가가 기업집단 전반에 걸친 영향력 행사 과정에서 발생할 수 있는 주주가치 훼손을 대규모 기업집단 리스크로 평가하여 지배구조 영역에서 차감한다. 등급 확정 전 평가 대상 기업과 피드백 과정도 거친다. 개별 기업의 평가 결과는 B등급 이상의 경우에만 공개하고 있다.

2020년 등급 평가에서는 AA는 8.0%, A는 16.4%, BB는 28.8%, B는 19.5%, C는 19.8%, D는 5.6%, E는 1.8%로 나타나 KCGS 등급 분

서스틴베스트의 ESG 평가항목

	평가항목	평가지표
E	① 혁신활동	친환경 혁신역량
		환경성 개선성과
		환경경영시스템 인증
	② 생산공정	환경사고 예방 및 대응
		공정관리
		온실가스
	③ 공급망관리	친환경 공급망 관리
	④ 고객관리	그린마케팅
S	① 인적자원 관리	근로조건
		고용평등 및 다양성
		노사관계 관리
		근로자 보건 및 안전
	② 공급망관리	공정거래
		상생협력
		공급사슬관리
	③ 고객관리	고객정보 보호
		소비자 만족 경영
		품질 관리
	④ 사회공헌 및 지역사회	국제 이니셔티브 가입 및 활동
		사회공헌 활동
		지역사회 관계
	① 주주의 권리	경영권 보호장치
		주주총회
		주주가치 환원
	② 정보의 투명성	공정공시
		공시위반
		회계 투명성

	평가항목	평가지표
E	③ 고객관리	고객정보 보호
		소비자 만족 경영
		품질 관리
	④ 사회공헌 및 지역사회	국제 이니셔티브 가입 및 활동
		사회공헌 활동
		지역사회 관계
S	① 주주의 권리	경영권 보호장치
		주주총회
		주주가치 환원
	② 정보의 투명성	공정공시
		공시위반
		회계 투명성
	③ 이사회의 구성과 활동	이사의 선임
		이사회의 구성
		이사회의 활동
		감사 및 감사위원회
	④ 이사의 보수	이사 보수의 적정성
		보상위원회
	⑤ 관계사 위험	관계사 우발채무
		관계사 거래
		내부거래 위반
	⑥ 지속가능경영 인프라	지속가능경영 거버넌스
		지속가능경영 보고
		윤리경영

자료: 서스틴베스트, NH투자증권 리서치본부

포와는 차이를 보였으나 AA, A, BB 등 상위 등급 비중이 확대되는 양상은 유사했다(999개 기업 기준).

(3) MSCI

MSCI는 모건스탠리의 자회사로 1999년부터 ESG 평가를 제공해왔으며, 초기 ESG 분야를 개척한 리스크메트릭스, 이노베스트, KLD, IRRC, GMI레이팅스 등을 인수 합병하면서 ESG 평가를 강화해왔다. 2019년에는 기후 변화 대응 관련 데이터 분석 기업 카본 델타도 인수했다.

평가항목은 환경(E)의 기후 변화, 천연자본, 오염 및 폐기물, 환경적 기회, 사회(S)의 인적자본, 제조물책임, 이해관계자 반대, 사회적 기회, 지배구조(G)의 기업지배구조, 기업활동 등 10개 테마, 37개 키 이슈에

MSCI의 ESG 평가항목

	평가항목	평가지표
E	기후변화	① 탄소배출 ② 탄소발자국 ③환경영향 자금조달(Financing environmental impact) ④ 기후변화 취약성
	천연자본	① 물부족 ② 생물다양성과 토지이용 ③ 원자재 조달
	오염 및 폐기물	① 독극물 배출 및 폐기물 ② 포장재 재료 및 폐기물 ③ 전자 폐기물
	환경적 기회	① 클린테크 ② 그린빌딩 ③ 신재생에너지
S	인적자본	① 근로 관리 ② 건강 및 안전 ③ 인적자원개발 ④ 공급망 근로 기준
	제조물책임	① 제품 안전성 및 품질 ② 화학물 안전성 ③ 고객 금융 보호 ④ 개인정보 및 데이터 보안 ⑤ 책임투자 ⑥ 건강&인구학적 위험
	이해관계자 반대	① 윤리적 원료조달
	사회적 기회	① 커뮤니케이션 접근성 ② 재무 접근성 ③ 건강관리 접근성 ④ 영양 및 건강 기회
G	기업지배구조	① 이사회 ② 보수 ③ 소유권 ④ 회계
	기업활동	① 기업윤리 ② 조세 투명성 ③ 반경쟁적 행위 ④ 부패와 불안정 ⑤ 재정 시스템 불안정

자료: MSCI, NH투자증권 리서치본부

걸친 1,000개 이상의 다양한 세부 지표로 구성된다.

평가 절차는 기업 공시, 정부 및 NGO 공시, 미디어를 통해 기본 정보를 수집하고, 키 이슈에 대한 컨트로버시도 심각성의 정도를 기준으로 반영한다. 환경, 사회는 가점 방식, 지배구조는 감점 방식을 통해 10점 만점 기준으로 평가한다. 개별 키 이슈에 대한 영향력의 정도와 기간에 따른 가중치, 산업별 가중치를 적용하여 최종적으로 AAA, AA, A, BBB, BB, B, CCC의 7개 등급으로 ESG 통합등급 및 E, S, G 각각의 등급을 발표한다. 공개된 정보를 기반으로 하기 때문에 평가받는 기업과 따로 피드백 과정을 거치지 않지만, 기업이 피드백을 해올 경우 참고한다.

평가받는 기업에게는 연간 ESG 등급 변경 발표보다 조금 일찍 통보해주고, 연간 1회 이상의 심층 기업 분석 리뷰를 제공한다. MSCI의 ESG 평가는 전 세계 8,700개 이상의 기업을 대상으로 하며, 등급 평가는 1년에 한 번이지만, 컨트로버시 및 지배구조 관련 정보는 주간 단위로 업데이트되는데, 점수가 크게 변할 경우 등급의 변화로 이어지기도 한다.

(4) S&P글로벌

1860년 창업한 미국의 금융시장 정보 제공업체인 S&P글로벌은 2016년 지금의 사명으로 변경했다. 무디스, 피치레이팅스와 함께 세계 3대 신용평가기관으로 불리고 있으며, 미국의 S&P500이나 호주의 S&P/ASX200, 캐나다의 S&P/TSX, 이탈리아의 S&P/MIB 등 주식시장 지수로 잘 알려져 있다. 2012년 CME그룹과 함께 합작법인인 S&P Dow Jones 지수를 설립하면서, 1999년부터 스위스 ESG 연구기관 로

S&P글로벌의 ESG 평가항목

	평가지표
E	① 탄소배출 ② 폐기물 및 오염 ③ 물사용 ④ 토지이용
S	① 노동 및 다양성 ② 안전관리 ③ 고객참여 ④ 지역공동체
G	① 지배구조 및 감독 ② 규범과 가치 ③ 투명성 및 리포팅 ④ 재무 및 운영 위험

자료: S&P글로벌, NH투자증권 리서치본부 정리

베코샘과 함께 개발한 DJSI(다우존스 지속가능성 지수) 평가를 이어갔고, 2020년에는 로베코샘의 ESG 등급 및 지수 사업을 인수하여 S&P글로벌 ESG 등급 평가를 시작했다. S&P글로벌은 2016년 탄소정보 수집기관 트루코스트, 2021년 산업 정보 분석기관 IHS마킷을 인수함으로써 ESG 평가 부문을 강화하고 있다.

S&P글로벌은 매년 3월 평가 기업에 발송하는 기업지속가능성평가(CSA) 설문에 대한 답변과 기초 데이터를 바탕으로 환경(E)의 탄소 배출, 폐기물 및 오염, 물 사용, 토지 이용, 사회(S)의 노동 및 다양성, 안전관리, 고객 참여, 지역공동체, 지배구조(G)의 지배구조 및 감독, 규범과 가치, 투명성 및 리포팅, 재무 및 운영 위험 등 12개 평가항목에 대한 16개 산업별 세부 지표에 대해 환경 30%, 사회 30%, 지배구조 40%의 가중치 및 산업별 세부 가중치를 적용하여, 정량 지표인 ESG 종합 및 E, S, G 각각의 점수를 100점 만점으로 부여하고, 동시에 정성 지표로서 기업이 미래의 위기에 얼마나 잘 준비되었는지를 평가하는 준비성 의견을 5단계(최고, 우수, 적절, 미흡, 낮음)로 부여한다. 매년 9월 전 세계 7,300개 이상 기업의 ESG 등급을 평가하며, 평가 결과는 S&P ESG 인덱스 시리즈와 다우존스 지속가능성 지수 시리즈의 구성과 조정에도 활용된다.

(5) FTSE러셀과 리피니티브

런던증권거래소의 자회사인 FTSE러셀과 리피니티브도 전 세계 기업들의 ESG 평가등급을 발표한다.

FTSE러셀은 FTSE 지수 시리즈와 Russel 지수 시리즈를 관리하는 금융 서비스 기업으로 2001년 ESG 평가를 바탕으로 한 지수인 FTSE4Good(사회책임투자 지수)을 시작했다. FTSE4Good 지수 구성을 위한 방법론이기도 한 기업 ESG 평가는 전 세계 4,700여 기업을 대상으로 매년 두 차례 실시한다.

공시 등 공개된 데이터를 기반으로 환경(E)의 생물다양성, 기후 변화, 오염과 자원, 물 안보, 공급망, 사회(S)의 근로 기준, 인권과 지역공동체, 건강과 안전, 고객 권리, 공급망, 지배구조(G)의 조세 투명성, 리스크 관리, 기업지배구조, 부패방지 등 14개 테마에 대한 300개 이상의 세부 지표를 평가한다. 기업별로 평균 125개의 세부 지표가 적용되며, 각 테마의 점수는 기업의 노출 수준에 따라서 3단계의 가중치가 적용되고, 최종적으로 최대 5점까지의 ESG 점수와 동일 산업 내에서의 백분위 순위 점수를 부여한다.

FTSE러셀의 ESG 평가항목

	평가지표
E	① 생물다양성 ② 기후변화 ③ 오염 & 자원 ④ 물 안보 ⑤ 공급망
S	① 근로 기준 ② 인권&지역공동체 ③ 건강&안전 ④ 고객 권리 ⑤ 공급망
G	① 조세 투명성 ② 리스크관리 ③ 기업 지배구조 ④ 부패방지

자료: FTSE러셀, NH투자증권 리서치본부 정리

리피니티브의 ESG 평가항목

	평가항목	평가지표	활용 데이터
E	① 배출	배출	CO_2 배출
		폐기물	총 폐기물량
		생물다양성	
		환경 관리 시스템	
	② 혁신	제품 혁신	
		그린 매출, R&D, 자본 지출	
	③ 자원사용	물	물 사용량
		에너지	에너지 사용량
		지속가능 패키징	
		공급망 환경 관리	
S	① 지역 공동체		
	② 인권	인권 관련 정책	
	③ 제품 책임	마케팅 책임	
		제품 품질	
		데이터 보안	
	④ 노동	다양성	여성 노동자
		커리어 개발 및 교육	평균 교육 시간
		근로조건	
		건강 및 안전	
G	① CSR 전략	CSR 전략	
		ESG 공시 및 투명성	
	② 관리	구조 (독립성, 다양성, 위원회)	
		보수	
	③ 이해관계자	주주의 권리	
		인수방어	

자료: FTSE러셀, NH투자증권 리서치본부 정리

한편, 톰슨 로이터의 금융 및 리스크 사업부였다가 M&A를 통해 2021년 런던증권거래소의 자회사로 편입된 리피니티브는 2002년 약 1,000개 기업의 ESG 평가로 시작해 현재 약 1만 개 기업의 ESG를 평가하고 있다. 공시 등 공개된 데이터를 기반으로 환경(E)의 배출, 혁신, 자원 사용, 사회(S)의 지역공동체, 인권, 제품 책임, 노동, 지배구조(G)의 CSR 전략, 관리, 이해관계자 등 10개 카테고리, 25개 테마에 대해 500개 이상의 세부 지표를 평가한다. 카테고리 가중치를 적용하여 ESG 점수는 가점 방식으로 100%를 만점으로 하는 백분위 점수로 부여된다.

특이한 점은 23가지 항목을 고려한 컨트로버시 점수도 감점 방식으로 계산해서 부여한 후, 이 둘을 통합한 ESGC 점수를 제공하는데, ESG 점수가 컨트로버시 점수보다 클 경우는 둘의 평균을, 그렇지 않을 경우는 ESG 점수를 ESGC 점수로 부여한다.

(6) 국민연금

운용기금 900조 원에 달하는 세계 3대 연기금인 국민연금은 국내 책임투자를 주도하고 있다. 2009년 PRI에 가입했고, 2015년 국민연금법 제 102조(기금의 관리 및 운용)를 신설하여 장기적이고 안정적인 수익 증대를 위해 ESG 요소를 고려할 수 있도록 법적 근거를 마련했으며, 2018년 스튜어드십 코드를 도입하고, 2019년 책임투자 활성화 방안을 도입했다.

국민연금은 ESG 평가기관은 아니지만, 2015년 ESG 평가 체계를 구축하고, 거래소와 코스닥 상장 약 800개 기업을 연 2회 평가하고 있다. 국내 상장사에게는 글로벌 ESG 평가기관이 부여하는 등급 못지않게, ESG 투자 비중을 높이고 있는 국민연금의 평가 방법이 중요하다.

평가는 환경(E)의 기후 변화, 청정생산, 친환경 제품 개발, 사회(S)의 인적자원관리 및 인권, 산업안전, 하도급 거래, 제품안전, 공정경쟁 및 사회발전, 지배구조(G)의 주주의 권리, 이사회 구성과 활동, 감사 제도, 관계사 위험, 배당 등 13개 이슈에 걸친 52개 평가지표를 바탕으로 기

국민연금의 ESG 평가항목

	평가항목	평가지표
E	① 기후변화	온실가스관리시스템, 탄소배출량, 에너지 소비량
	② 청정생산	청정생산관리시스템, 용수사용량, 화학물질 사용량, 대기오염물질 배출량, 폐기물 배출량
	③ 친환경 제품 개발	친환경제품 개발 활동, 친환경 특허, 친환경 제품 인증, 제품 환경성 개선
S	① 인적자원관리 및 인권	급여, 복리후생비, 고용증감, 조직문화, 근속연수, 인권, 노동관행
	② 산업안전	보건안전시스템, 안전보건경영시스템 외부 인증, 산재다발사업장 지정
	③ 하도급 거래	거래대상선정 프로세스, 공정거래자율준수 프로그램, 협력업체 지원 활동, 하도급법 위반 사례
	④ 제품안전	제품안전시스템, 제품안전경영시스템 인증, 제품안전사고 발생
	⑤ 공정경쟁 및 사회발전	내부거래위원회 설치, 공정경쟁 저해 행위, 정보보호시스템, 기부금
G	① 주주의 권리	경영권 보호장치, 주주의견 수렴장치, 주주총회 공시시기
	② 이사회 구성과 활동	대표이사와 이사회 의장의 분리, 이사회 구조의 독립성, 이사회의 사외이사 구성현황, 이사회 활동, 보상위원회 설치 및 구성, 이사보수 정책 적정성
	③ 감사제도	감사위원회 사외이사 비율, 장기 재직 감사 또는 감사위원 비중, 감사용역 비용 대비 비감사용역 비용
	④ 관계사 위험	순자산 대비 관계사 우발채무 비중, 관계사 매출 거래 비중, 관계사 매입 거래 비중
	⑤ 배당	중간/분기배당 근거 마련, 총주주수익률, 최근 3년 내 배당 지급, 과소배당

자료: 한국거래소, NH투자증권 리서치본부

업을 총 6등급으로 나누는 것으로 이루어진다.

국민연금의 ESG 평가등급은 국내주식 직접 운용 부문에서 신규 종목 편입 검토나 투자종목 점검 시 활용되는데, ESG 평가등급 중 C등급은 벤치마크보다 초과 편입 시 조사 보고서를 의무화하고, D등급은 벤치마크보다 초과 편입이 불가능하도록 하고 있다.

ESG 평가의 문제점

(1) 결과의 일관성 결여

여러 글로벌 ESG 평가기관들이 수십 년간 ESG 평가 방법론을 다듬어왔고, MSCI의 리스크매트릭스, 이노베스트, KLD, IRRC, GMI레이팅스, 매저리스크(Measurisk), 카본 델타 인수, S&P글로벌의 로베코샘, 트루코스트, HIS마킷 인수, 런던증권거래소의 FTSE러셀, 리피니티브, 그리즐리 레이팅스(Grizzly Ratings) 인수, 모닝스타의 서스테이널리틱스, 리스폰서블 리서치, CES인터네셔널 인수, 무디스의 포트웬티세븐, 비지오 아이리스, 신타오 그린 파이낸스 인수, ISS의 IW파이낸셜, 외콤 리서치 인수 등 대형 평가기관이 ESG 데이터 강화와 평가 방법 개선을 위해 M&A를 주도해왔다. 그러나 ESG 평가 결과에 대한 분석들의 결론은 '결과의 일관성 결여'로 귀결된다.

글로벌 평가기관들의 ESG 평가등급 간 상관계수가 0.5~0.6 사이의 낮은 수준에 머문다는 조사도 있고, 2021년 전국경제인연합회 발표에 따르면 국내 55개 기업의 국내외 3개 ESG 평가기관의 등급 격차는 전체 7단계를 기준으로 평균 1.4단계이다.

평가기관의 표본을 늘려서 삼성전자, SK하이닉스 등 7개 국내 대형 상장사의 6개 국내외 ESG 평가등급을 비교해봐도, 결과는 크게 다르지 않았다. KCGS, 서스틴베스트, MSCI, S&P글로벌, 서스테이널리틱스, 리피니티브의 등급 체계가 모두 달라서 MSCI의 7단계(AAA, AA, A, BBB, BB, B, CCC)로 환산해서 비교해본 결과, 등급 차이 최대치의 평균은 4.4등급이었고, 네이버의 평가등급에는 최대등급과 최저등급이 동시에 포함되어 있었다(격차 6등급).

국내 주요기업의 평가등급

등급 및 점수	삼성 전자	SK 하이닉스	네이버	카카오	LG화학	현대차	포스코
KCGS	B	A	A	B+	B	A	A
서스틴 베스트	AA	AA	A	BB	AA	AA	AA
MSCI	A	BBB	AAA	BBB	BB	B	BBB
S&P글로벌	43	76	10	4	65	70	74
서스테이널리틱스	23	20.2	17.7	28.6	27.2	35.9	41.8
리피니티브	91	77	69	59	67	74	84
MSCI기준 환산 등급	삼성 전자	SK 하이닉스	네이버	카카오	LG화학	현대차	포스코
KCGS	BB	A	A	BBB	BB	A	A
서스틴 베스트	AAA	AAA	AA	A	AAA	AAA	AAA
MSCI	A	BBB	AAA	BBB	BB	B	BBB
S&P글로벌	BBB	AA	CCC	CCC	A	A	AA
서스테이널리틱스	BBB	A	A	BB	BBB	B	B
리피니티브	AAA	AA	A	A	A	AA	AA

주: MSCI 기준 환산 등급은 각 평가사의 등급 및 점수를 MSCI의 7단계 등급(AAA, AA, A, BBB, BB, B, CCC)으로 환산
자료: 각 평가사, NH투자증권 리서치본부

평가 결과의 일관성 결여는 기초 데이터, 평가 방법론, 결과 제공 방식 등 세 가지 요인에서 비롯된다. 우선 ESG 평가는 국제 준칙에 의거해 작성하고 공시하는 회계 및 재무정보에 대한 평가와 달리 정보 인프라가 불완전하다. 공시 정보의 부족으로 정보의 양이 불충분하여 획득 가능한 정량 정보에 의존해야 하며, 조사의 충실도나 부재 데이터에 대한 처리 방법에도 차이가 있다.

더 큰 차이는 평가 방법론에서 나온다. 앞서 살펴본 대로 평가기관

들의 평가지표가 대분류부터 세부 지표까지 서로 일치하는 경우는 없다. 또한 ESG가 다루는 비재무정보 영역이 광범위한 만큼 평가항목의 범주도 광범위하고 이를 세부화하는 방식도 차이가 난다. 산업 분류 방식 차이와 산업 간 ESG 각 이슈에 대한 민감도 차이를 보전하기 위한 가중치 적용 방법의 차이, 그리고 정성적인 부분이나 컨트로버시에 대한 계량화 방식 차이도 평가 결과의 차이 및 비교 가능성 하락으로 이어진다.

마지막으로 평가 결과의 제공 방식도 혼란을 가중한다. 다수의 평가기관이 등급제를 사용하지만, 점수제로 발표하는 경우도 있다. 등급제는 최소한의 ESG 경영 기준을 보여주고 전반적인 ESG 등급 향상에 대한 인센티브를 제공하며, 점수제는 산업 내 우수 기업 및 평균과의 차이에 대한 정보를 제공한다. 등급과 해당 산업 내 선도업체와의 차이를 동시에 제공하는 경우도 있지만, 서스테이널리틱스처럼 50점 만점에 점수가 높을수록 좋지 않은 ESG 리스크 노출 점수를 발표하는 경우도 있다.

(2) 차이를 줄이기 위한 노력

ESG 평가 결과의 일관성 결여를 해소하고자 하는 문제의식에서 출발해서 ESG 공시 정보 확대 및 표준 통일화 노력, 회계 및 재무 기반 공시 체계로의 통합 시도, 기존 평가 정보들을 활용한 새로운 평가 방법론 구상, 평가사에 대한 금융당국의 규제 가능성 등 여러 가지 움직임이 나타나고 있다.

먼저, 국가 차원에서 ESG 정보공개 제도를 도입하는 국가가 꾸준히 증가하고 있다. 2020년 기준 84개국에서 정보공개 제도를 도입했다.

유럽에서는 2014년 비재무정보공개지침 채택 및 2021년 지속가능성공개지침으로 개정, 2020년 유럽연합 친환경분류법과 2021년 지속가능금융공시규제 시행 등 법에 근거한 ESG 공시 의무화가 진행 중이다.

2021년 기준 전 세계 60개 증권거래소에서 ESG 공시 가이던스를 제공하고 있으며 거래소 규정 및 특정 이슈 공시를 통해 ESG 정보공개가 확대되고 있다. 또한 G20 재무장관과 중앙은행 총재로 구성된 금융안정위원회가 설립한 TCFD(기후관련재무공시협의체)는 2017년 기후 변화와 관련된 데이터를 기존 금융 공시 자료에 적용할 수 있는 프레임워크 권고안을 발표했다. 권고안은 기업이 기후 변화와 관련한 리스크와 기회 요인, 재무적 영향을 파악하고, 지배구조, 전략, 리스크 관리, 지표 및 목표치 등 4개 주요 공개 항목에 걸쳐 기후 변화 관련 위험과 기회를 조직의 위험 관리 및 의사결정에 반영하며, 다양한 기후 변화 시나리오 분석에 따른 재무적 영향을 공개하도록 한다.

TCFD는 GRI, SASB(현재 VRF로 통합)와 함께 전 세계적으로 지속가능 경영보고서 작성 표준으로 가장 많이 채택되고 있으며, 금융당국이 주도하고, 환경정보 공시에 특화된 차별점을 보인다.

ESG 공시나 평가의 표준을 제시하는 ESG 이니셔티브들도 협업을 통해 차이를 줄이기 위해 노력하고 있다. 2014년 국제통합보고위원회가 주도한 CRD(기업공시대화)를 통해 8개 ESG 이니셔티브들이 ESG 공시 기준 통합 논의를 시작했고, 2020년에는 그중 GRI, CDP, CDSB, SASB, IIRC 등 5개 기관이 ESG 공시 표준화를 위한 협업을 결의했다. 2019년에는 SASB 표준과 CDSB 프레임워크를 활용한 TCFD 실행 가이드가, 2021년에는 GRI와 SASB의 상호 보완을 위한 지속가능성보고

가이드가 발간되었다. SASB와 IIRC는 2021년 6월 합병하여 VRF로 재편되었다.

국제회계기준위원회를 통해 국제회계기준(IFRS, International Financial Reporting Standards)을 제정한 IFRS 재단의 행보에 주목할 필요가 있다. IFRS 재단은 기술적준비작업단을 창설해 TCFD, CDSB, 세계경제포럼 등과 긴밀히 협력하고, 2022년 들어 주요 ESG 이니셔티브인 CDSB와 VRF를 합병하는 등 통합에 앞장서고 있다. 또한, 2021년 11월 국제지속가능성기준위원회를 설립하고, 초대 의장으로 ESG 경영 전도사로 유명한 전 다농 CEO 에마뉘엘 파베르를 선임하면서, 지속가능성 공시 기준 제정 작업을 시작했다. 2022년 3월에는 지속가능성 공시 기준 공개 초안(S1, S2)을 발표했다. ISSB가 전 세계적인 ESG 공시 의무화 추세에 발맞춰 새로운 지속가능성 공시 기준을 제정하고 이를 기존의 IASB 재무제표 공시시스템과 통합한다면, IFRS 재단은 ESG 공시의 주류로 부상할 가능성이 크다.

ESG 평가기관들과 계약을 맺고 평가 정보 서비스를 받는 기관투자자들도 평가기관 간 결과의 차이로 인해 자체 ESG 평가 역량을 갖추기 위해 노력하고 있다. 세계 3대 자산운용사 중 하나인 SSGA(State Street Global Advisors)는 2019년 독자적인 ESG 평가 시스템인 'R팩터 스코어링 시스템'을 개발해 복수의 ESG 평가기관의 세부 항목 평가 데이터를 '중요성' 프레임워크에 맞춰서 새롭게 평가하기 시작했다.

전 세계 6,000개 이상의 기업에 대해 SASB의 중요성 지도에 기반한 26개 의제를 기준으로 ESG 점수와 17개 국가 및 지역에서 받아들여지는 규준에 따라 기업지배구조 점수를 합산하여 100점 만점의 'R인자' 점수를 산출한다. ESG 점수는 서스테이널리틱스, 비지오 아이리스, ISS ESG 등 4개 ESG 평가기관으로부터 450개 이상의 평가 데이터를 제공받고, 기업지배구조 점수는 ISS거버넌스로부터 150개 이상의 평가 데이터를 제공받는다. R팩터 점수는 지수 개발, 포트폴리오 관리, 주주관여활동의 방향성 책정에도 활용되고 있다. 그러나 ESG 평가기관으로부터 제공받는 데이터의 신뢰도는 차치하더라도, 사용하는 데이터의 수량과 연계된 평가기관의 수를 감안하면, 규모의 경제가 가능한 대형 자산운용사에서나 시도할 수 있는 방법이라는 한계가 있다.

마지막 노력으로는 ESG 평가기관에 대한 금융당국의 규제 가능성을 들 수 있다. 유럽증권시장감독청은 2021년 1월 유럽연합집행위원회에 보낸 서신을 통해 그린워시 및 비효율적 자본 배분 위험 증가와 ESG 평가기관들이 녹색채권 인증이나 신용등급 서비스를 제공하는 금융그룹의 일부가 될 수 있는 잠재적 이해상충 가능성 등을 이유로 기존의 광범위한 ESG 평가 스펙트럼을 포괄하는 ESG 단일 등급 체계와 ESG 평가기관을 규율하는 체계를 마련할 필요가 있다고 밝혔다.

ESG 평가기관 간 평가의 편차를 어느 정도 줄일 수 있을지는 몰라도, 모든 평가사들의 평가 점수와 등급이 통일되는 것은 불가능한 일이다. 따라서 투자자 입장에서는 ESG 평가지표와 프로세스를 이해하고, 어떤 지표에 가중치를 줄지 평가 방법론을 정립하여 평가기관을 취사선택할 수 있는 능력을 키우는 것이 중요하다. 2019년 단계적 의무 공시 시작으로 누적 공시데이터가 확대되고 있는 기업지배구조보고서를 ESG 평가에 활용하는 것도 대안이 될 수 있다.

기업지배구조보고서로 ESG 평가하기

(1) 간이 ESG 등급표로 핵심지표 준수율 가늠하기

기업의 ESG 등급 평가는 사업연도 1년간의 실적에 대한 사업 보고서, 지속가능 경영보고서와 같은 공시 정보를 바탕으로 내려지기 때문에 자료를 수집하고 분석하는 데 오랜 시간이 걸린다. 그리고 다수의 ESG 평가기관들은 등급 평가 결과를 계약을 통해서만 공개한다. 국내 ESG 평가기관 중에서는 비영리단체인 KCGS의 평가등급만이 모두에게 공개된다. 그것도 해당 사업연도의 이듬해 10월경에나 가능하다. 하지만 2019년부터 의무 공시가 단계적으로 진행 중인 기업지배구조보고서를 통해 보다 빨리 지배구조 등급의 변화 여부와 방향성을 추정해볼 수 있다. 기업지배구조의 공시 시한은 사업연도 종료 90일 이내인 사업보고서 공시 시한으로부터 60일 이내이므로 5월 말에서 6월 초 사이이다.

기업지배구조보고서는 지배구조와 관련한 통일성 있는 상세 정보를 제공하도록 하여 투자자들의 기업에 대한 이해를 높이고, 기업들의 지배구조 개선을 장려하여, 궁극적으로 기업가치를 높이는 성장 전략의 일환이다. 특히 주주, 이사회, 감사기구를 아우르는 15가지 기업지배구조 핵심지표에 대한 준수 여부를 공시 항목에 포함하여 기업 간 비교 및 동일 기업 시계열 분석에 활용할 수 있다. 더욱이 지배구조는 환경, 사회와 달리 산업별 특성에 따른 편차가 크지 않아서 기업의 규모만 감안하면, 기업 간 비교분석에도 무리가 없다.

기업지배구조 핵심지표 준수율이 높은 기업은 지배구조 관련 제도가 잘 정비되어 있고, 제도의 운영이 효율적인 기업이다. 그리고 실제로 기업지배구조 핵심지표 준수율은 KCGS의 지배구조(G) 등급과 높은

기업지배구조 핵심지표

구분	핵심지표
주주	1. 주주총회 4주 전에 소집공고 실시
	2. 전자투표 실시
	3. 주주총회의 집중일 이외 개최
	4. 배당정책 및 배당실시 계획을 연 1회 이상 주주에게 통지
이사회	5. 최고경영자 승계정책(비상시 선임정책 포함) 마련 및 운영
	6. 내부통제정책 마련 및 운영
	7. 이사회 의장과 대표이사 분리
	8. 집중투표제 채택
	9. 기업가치 훼손 또는 주주권익 침해에 책임이 있는 자의 임원 선임을 방지하기 위한 정책 수립 여부
	10. 6년 초과 장기 재직 사외이사 부존재
감사기구	11. 내부감사기구에 대한 연 1회 이상 교육 제공
	12. 독립적인 내부감사부서(내부감사업무 지원 조직)의 설치
	13. 내부감사기구에 회계 또는 재무전문가 존재 여부
	14. 내부감사기구가 분기별 1회 이상 경영진 참석 없이 외부감사인과 회의 개최
	15. 경영 관련 중요정보에 내부 감사기구가 접근할 수 있는 절차를 마련하고 있는지 여부

자료: 한국거래소, NH투자증권 리서치본부

상관관계를 보이므로, '지배구조(G) 간이 등급표'로 활용할 수 있다.

2019년 6월 공시한 161개 '자산총액 2조 원 이상'인 의무 공시 대상 기업의 핵심지표 준수 점수를 3점씩 5구간으로 분류한 후, 2019년 10월 KCGS가 발표한 G 및 ESG 등급(S, A+, A, B+, B, C, D 등 7등급)과 비교한 결과 준수 점수 최상위 구간부터 차례로 G 등급 평균이 A+, B+, B+, B, B 순서로 나타났다.

2020년 6월 공시한 171개 의무 공시 대상 기업의 핵심지표 준수 점

2018년 기업지배구조보고서 핵심지표 준수율과 ESG 등급의 상관관계

	핵심지표 13~15개 준수 기업	핵심지표 10~12개 준수 기업	핵심지표 7~9개 준수 기업	핵심지표 4~6개 준수 기업	핵심지표 0~3개 준수 기업
해당 기업 수	포스코 등 총 2사	SK 등 총 33사	LG 등 총 94사	한진칼 등 총 28사	다우기술 등 총 4 사
KCGS ESG등급 평균	5.00점 (A)	4.27점 (B+)	3.80점 (B+)	3.27점 (B)	2.50점 (B)
KCGS 거버넌스 등급 평균	6.00점 (A+)	4.13점 (B+)	3.81점 (B+)	3.31점 (B)	2.75점 (B)

2019년 기업지배구조보고서 핵심지표 준수율과 ESG 등급의 상관관계

	핵심지표 13~15개 준수 기업	핵심지표 10~12개 준수 기업	핵심지표 7~9개 준수 기업	핵심지표 4~6개 준수 기업	핵심지표 0~3개 준수 기업
해당 기업 수	SK텔레콤 등 총 4사	SK 등 총 62사	LG 등 총 81사	하이트진로 등 총 24사	0사
KCGS ESG등급 평균	5.50점 (A+)	4.90점 (A)	4.16점 (B+)	3.22점 (B)	해당 없음
KCGS 거버넌스 등급 평균	5.75점 (A+)	4.90점 (A)	4.19점 (B+)	3.30점 (B)	해당 없음

주: (1) KCGS ESG 및 G등급을 S=7점, A+=6점, A=5점, B+=4점, B=3점, C 이하=2점으로 계량화하여 평균 계산;
(2)동일 기간 비교 위해 2020년 6월 공시 기업지배구조보고서 및 2020년 10월 발표 KCGS ESG 등급 사용
자료: KCGS, 각사, NH투자증권 리서치본부

수와 2020년 10월 KCGS가 발표한 G 등급과의 관계는 더 명확하게 A+, A, B+, B, '해당 기업 없음' 순서로 나타났다. 2020년 평가 결과에서는 ESG 전체 등급마저 동일한 결과를 보였다. 물론 계산상 편의를 위해 S등급은 7점, A+등급은 6점, … D등급은 1점처럼 등급 간 점수 차이를 균일하게 1점으로 부여했기 때문에 실제 등급 산정과는 차이가 존재할 것이다.

어쨌거나, 기업지배구조 핵심지표 준수 점수가 전년 대비 유의미하게 변화한 기업은 10월에 발표될 KCGS 평가 결과 G 등급 및 ESG 등급에 변화가 있을 것으로 예상된다. 한 가지 변수는 2021년의 ESG 모

범규준 개정이다. KCGS가 주도하는 ESG 모범규준 개정에 따라 ESG 평가지표가 일정 부분 바뀔 가능성이 있고, 이는 기업지배구조 핵심지표 준수율과 ESG 등급 사이의 상관관계에도 변화를 가져올 수 있다.

(2) 의무 공시에 의한 ESG 등급 개선

2020년 한국거래소가 발표한 '지배구조 공시 점검 결과'에 따르면, 기업지배구조보고서 의무화의 효과로 기업의 지배구조 항목 준수율이 상승했고, 이로 인해 ESG 평가등급도 개선되었다. 의무 공시 대상인 자산총액 2조 원 이상 155개 상장사의 기업지배구조를 공시 의무화 이전인 2017년의 현황과, 공시 의무화 시작 이후인 2019년 및 2020년의 현황과 비교해보니, 21개 지배구조 항목의 준수율 평균이 2017년 16.1%에서 2019년 45.3%, 2020년 47.5%로 개선되는 추세를 보였다. 이는 KCGS의 ESG 평가등급 개선에서도 확인되었는데, 공시 의무화 이후 G 등급 및 ESG 등급 상승 기업의 수와 비중이 증가했다. G 등급 상승 기업은 2019년 58사(37%)에서 2020년 75사(48%), ESG 등급 상승 기업은 2019년 49사(31%)에서 2020년 72사(46%)로 증가했는데, 의무화 1년 차보다 2년 차에 평가등급 상승 기업 수가 증가한 점을 들어 의무화를 통한 지배구조 개선이 가속화하는 것으로 평가했다.

물론, 공시 의무화 기간이 아직 길지 않고, 의무 공시 2년 차에는 작성 가이드라인이 강화되는 개정도 있었지만, 공시 의무화가 '기업들의 지배구조 개선을 촉진하여, 궁극적으로 기업가치를 제고'하고자 하는 기업지배구조보고서의 도입 취지를 잘 살릴 수 있는 방법인 것은 분명하다. 따라서 기업지배구조보고서나 지속가능 경영보고서 공시의 단

핵심지표 준수율 평균과 ESG 등급

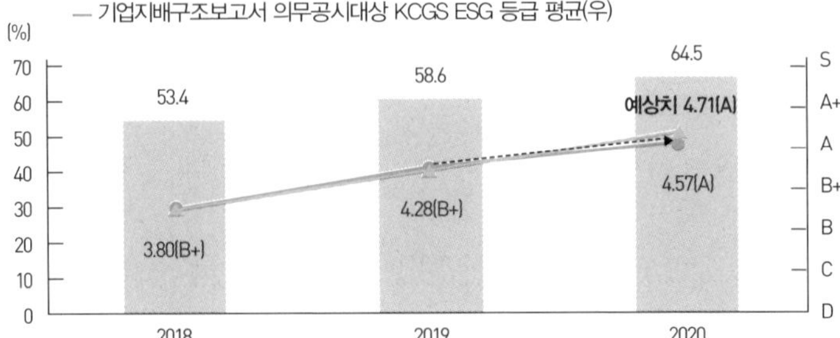

자료: KCGS, NH투자증권 리서치본부

계적 의무화는 기업들의 전반적인 ESG 개선에 도움이 될 것으로 기대된다.

앞서 살펴본 '핵심지표 준수율과 KCGS의 G 등급 및 ESG 등급의 상관관계'에서 활용한 방법론의 관점에서 다시 생각해보면, 2018년 161개 의무 공시 대상 기업의 핵심지표 준수율 평균은 53.4%, KCGS의 G 등급 평균은 3.80점(B+), ESG 등급 평균은 3.80점(B+)이었고, 2019년 171개 의무 공시 대상 기업의 핵심지표 준수율 평균은 58.6%, KCGS의 G 등급 평균은 4.24점(B+), ESG 등급 평균은 4.28점(B+)이었다. 2개년을 종합하면, 평균 준수율이 1%p 개선될 때, G 등급과 ESG 등급은 공히 0.072점 상승했다. 2020년 175개 의무 공시 대상 기업의 핵심 지표 준수율 평균은 64.5%로 전년 대비 5.9%p 개선되었다. 이 비례식을 적용한 예상 ESG 등급은 0.43점 상승한 4.71(A)이었는데, 실제 KCGS 평가 등급은 4.57(A)로 상승했다.

공시 대상 기업의 핵심지표 평균 준수율 추이

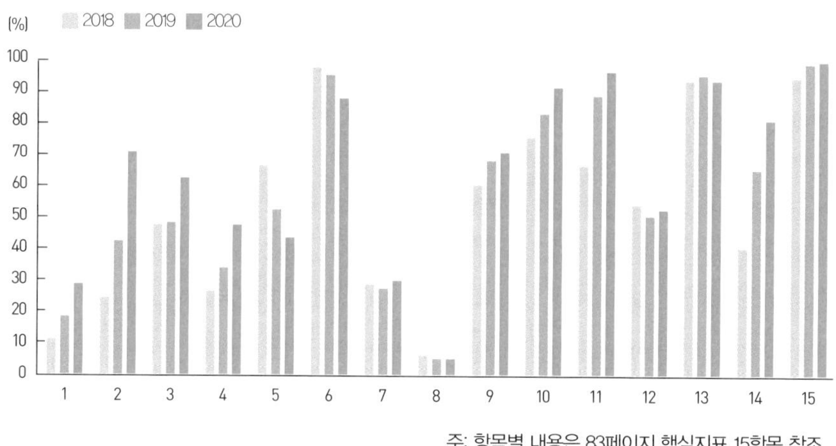

주: 항목별 내용은 83페이지 핵심지표 15항목 참조
자료: 한국거래소, NH투자증권 리서치본부

(3) ESG 등급 상향 평준화와 옥석 가리기

마지막으로 생각해볼 문제는 ESG 등급의 상향 평준화 가능성과 이에 따른 변별력 감소이다. 기업지배구조보고서 공시 의무화만으로도 전반적인 지배구조의 개선을 통해서 ESG 등급이 상승하는 것을 보았다. 여기에 ESG가 사회적 이슈로 부각하면서 기업들도 앞다퉈 ESG 경영체제를 도입하고 있다. ESG 경영체제 강화에서 빠지지 않고 들어가는 항목이 바로 ESG 평가등급 대응이다. 기업들은 다양한 방식으로 ESG 평가등급을 올리기 위해 노력할 것이다. ESG 모범규준에 부합할 수 있도록 ESG 전반에 걸친 목표와 전략을 수립하고, 조직과 제도를 정비하며, 성과와 위험을 관리하고, 이해관계자와 소통하고자 할 것이다. 아직 의무 공시 대상 기업이 아니더라도 기업지배구조보고서나 지속가능경영보고서의 자율 공시를 통해서 종합적인 대응을 할 수도 있다. 기업 홈페이지를 통한 ESG 경영정보 제공이 그 시작점이 될 것이다.

2019, 2020년 KCGS 통합 등급 부여 현황

등급	2020 (기업 수)	2019 (기업 수)	비고
S	0사	0사	
A+	16사 (2.1%)	8사 (1.1%)	▲ 1.0%p
A	92사 (12.1%)	50사 (6.7%)	▲ 5.4%p
B+	134사 (17.6%)	135사 (18.1%)	▽ 0.5%p
B	260사 (34.2%)	259사 (34.7%)	▽ 0.5%p
C	236사 (31.1%)	266사 (35.7%)	▽ 4.6%p
D	22사 (2.9%)	28사 (3.8%)	▽ 0.9%p
계	760	746	

주: 평가대상 상장회사 중 유가증권시장 상장법인만 제시
자료: KCGS, NH투자증권 리서치본부

ESG 공시 단계적 의무화가 2030년 모든 거래소 상장사로 확대되고, 기업의 여러 대응 시도들이 성과를 보이면서, ESG 평가 점수가 전반적으로 상승할 것으로 예상된다. 다수의 ESG 평가기관들이 평가 점수를 기반으로 등급을 산정할 때 등급 간 비중을 유동적으로 조정하기 때문에, 평가 점수가 상승하면 ESG 평가등급도 상향 평준화될 가능성이 있다. 이는 ESG 투자 확산의 효과로 볼 수 있는 기업들의 긍정적인 변화지만, 투자자의 입장에서는 ESG 통합투자를 위해 종목을 선정할 때 이러한 변별력의 하락이 문제가 될 것으로 보인다.

변별력 하락은 컨트로버시를 활용한 네거티브 스크리닝이나 소수 핵심지표 비교를 통한 포지티브 스크리닝을 통해 일정 부분 개선할 수 있다. 비슷한 등급의 기업이라면, ESG에 부정적인 영향을 미치는 사고의 빈도나 정도가 상대적으로 적은 기업을 선택해야 할 것이다. 또한 평가지표가 세분화되고, 평가 방식이 복잡해질수록 개별 지표의 변별력이

떨어지는데 예를 들어, 기업지배구조 핵심지표 중 준수율이 가장 낮은 집중투표제 도입 여부처럼 핵심적인 소수의 지표 준수 여부를 최종 선택의 기준으로 삼을 수도 있다.

3

ESG 지수와 ETF

MSCI, S&P글로벌, FTSE러셀 등 글로벌 종합 금융 서비스 기관들은 ESG 평가를 바탕으로 다양한 ESG 지수들을 산출한다. 연기금 같은 자산보유자들은 ESG 지수를 패시브 투자(지수의 등락에 따라 기계적으로 지수에 편입된 종목을 사고파는 투자방식. 액티브 투자에 비해 비용이 덜 든다)의 벤치마크(투자의 성과를 평가할 때 기준이 되는 지표)로 삼고, 자산운용사들도 ESG 지수들을 추종하는 다양한 전략의 액티브 및 패시브 ESG 펀드와 ETF를 출시하고 운용하기 때문에 ESG 지수는 중요한 의미를 갖는다.

글로벌지속가능투자연합(GSIA)에 따르면 주식, 채권, 대체투자를 총망라한 전 세계 지속가능 투자의 규모는 2020년 35조 달러로 2018년 대비 15% 성장했다. ESG 지수와 연계된 투자상품으로 국한해서 보면, 2021년 7월 현재 전 세계 ESG 펀드의 규모는 2조 달러를 상회하고, ESG ETF 시가총액은 1,500억 달러에 달한다. 전 세계 ESG 간접

투자시장을 주도하고 있다는 것은 MSCI의 ESG 지수와 블랙록의 ESG ETF다. 우리나라에서는 ESG 펀드 규모의 확대로 인해 ESG 지수의 역할이 커지고 있으나, ESG ETF에 대한 시장의 관심은 상대적으로 낮은 편이다.

글로벌 ESG 지수와 ETF

1990년 5월 1일 KLD리서치앤애널리틱스가 발표한 최초의 ESG 지수인 Domini 400 Social Index는 투자 선택에 있어 사회적, 환경적 요소를 고려할 수 있게 지원하는 것이 목적이었다. MSCI가 KLD를 인수한 후 MSCI ESG 등급을 적용하여 2010년 MSCI KLD 400 Social Index를 새롭게 발표했다. MSCI는 기존의 지수 사업 위에 활발한 ESG 평가기관 M&A를 통해 ESG 평가 방법론과 지수를 확장했다. 주식시장과 채권시장에 걸쳐, ESG 통합, 가치, 임팩트 등 세 가지 투자 목적에 대한 ESG 종합과 ESG 테마 등 다양한 ESG 지수 라인업을 1,500개 이상 보유하고 있다. ESG 종합지수 중 대표적인 MSCI ESG Universal과 MSCI ESG Leaders 시리즈는 우리나라 주식시장을 대상으로도 산출하고 있다.

MSCI ESG Universal 지수와 MSCI ESG Leaders 지수는 서로 다른 ESG 투자 전략을 목적으로 하기 때문에 종목의 구성에서부터 차이가 있다. ESG Universal 지수는 기초 지수 구성 종목에 MSCI ESG 등급 및 ESG 컨트로버시 점수를 반영하되 제외 종목을 최소화하여 기초지수와 추적 오차를 최소화한다. 기초 지수 구성 종목 중 MSCI의 ESG

등급이나 컨트로버시 점수가 없는 종목, 논란이 되는 무기(지뢰, 열화우라늄 무기 등) 관련 기업, 컨트로버시가 매우 심한 기업(컨트로버시 점수 0점)은 제외한다. 선정된 종목의 MSCI ESG 등급과 등급 추이를 점수화하고, 시가총액을 반영하여 편입 비중을 산정하는데, 개별종목 최대 편입 비중은 5%(또는 기초 지수 보유 비중)로 한다. 분기별 리뷰를 거쳐 5월과 11월 반기별 지수 조정을 한다. 반면에 ESG 리더스 지수는 동일 산업 내 ESG 등급 우수 기업 편입을 목표로 한다. 기본적으로 기초 지수 편입 종목의 50%가 그 대상이다. 따라서 선정 기준도 더 까다로운데, ESG 유니버설 지수와 동일한 선정 기준에 추가로 MSCI ESG 등급 BB 이상, 컨트로버시 점수 3 이상(편입 이후 유지 조건은 1 이상)이면서, 모든 무기, 담배, 주류, 도박, 원자력, 화석 연료, 화력 발전 등과 관련이 없어야 한다. 분기별 리뷰를 거쳐 5월 연간 지수 조정을 한다.

MSCI ACWI 지수를 벤치마크로 하는 MSCI ACWI ESG Universal 지수(2017년 2월 8일 발표)와 MSCI ACWI ESG Leaders 지수(2013년 6월 6일 발표)를 예로 보면, 2021년 7월 기준 벤치마크 구성 종목이 2,965개인데, ESG Universal 지수는 큰 차이 없는 2,859개 종목(최대 보유 종목 마이크로소프트 4.99%)인 반면, ESG Leaders 지수는 1,216개 종목(최대 보유 종목 마이크로소프트 5.99%)으로 절반 이하이다. 지수 산출 기준 시점 대비 수익률은 MSCI ACWI ESG Universal 지수(2009년 11월 30일 이후)가 242.4%로 벤치마크 수익률을 11.2%p 상회했고, MSCI ACWI ESG Leaders 지수(2007년 9월 28일 이후)는 173.4%로 벤치마크 수익률을 22.3%p 상회했다. 이 두 지수 포함, 모든 MSCI ESG 지수를 추종하는 ESG ETF는 171개로 시가총액은 1,230억 달러에 달한다.

S&P글로벌의 지수 사업부인 S&P다우존스 지수는 주식시장의 핵심 ESG, 기후 변화 ESG, 테마 ESG 등 세 가지 카테고리의 ESG 지수와 채권시장에 대한 ESG 지수를 제공한다. 핵심 ESG 중 S&P500 ESG, DJSI(다우존스 지속가능성 지수) 시리즈가 많이 사용되고, 기후 변화 ESG 중 탄소효율성 지수는 우리나라 주식시장을 대상으로도 산출하고 있다. 대표적인 S&P500 ESG 지수는 2019년 1월 28일 발표되었으며(기준 시점은 2005년 4월 29일), S&P500의 산업 비중을 적용하면서 ESG 평가 기준에 미달하는 회사를 제외한 지수이다. S&P500 구성 종목 중 무기류, 화석 연료 및 화력 발전, 담배 관련 사업을 하는 기업, UNGC 점수 하위 5% 기업, S&P글로벌 ESG 점수가 없거나 하위 25% 기업은 제외한다. 현재 구성 종목은 315개로 매년 5월 선정 기준과 컨트로버시를 참조하여 조정한다. 발표일 이후 2021년 7월까지 수익률은 73.2%로 기초 지수인 S&P500 지수 수익률을 5.7%p 상회했다. S&P500 ESG 지수를 추종하는 5개의 ESG ETF가 미국과 유럽에 상장되어 있으며 시가총액은 32억 달러이다.

ETF 시장은 전 세계적인 패시브 투자 강세와 궤를 같이하며 성장하고 있고, ESG ETF도 그 몫을 하고 있다. 2021년 7월 기준 전 세계 주식시장에 상장된 313개 ESG ETF의 시가총액은 1,520억 달러이다. 2019년 말 149개, 286억 달러에서 2020년 말 233개, 906억 달러를 거쳐 매우 빠르게 성장하고 있으며, 미국과 영국이 각각 44개, 613억 달러와 59개, 342억 달러로 시가총액의 과반을 차지하고 있다. 블랙록(ETF 상표명 iShares)이 82개, 시가총액 8,800억 달러로 ESG ETF 시장을 주도하고 있다. 시가총액 상위 10개 ESG ETF 중 8개가 블랙록의 아이셰어스다. 이 밖에 뱅가드(상표명 Vanguard), DWS(상표명 Xtrackers) 등이 참여하고 있다.

시가총액 207억 달러로 ESG ETF 중 규모가 가장 큰 블랙록의 iShares ESG Aware MSCI USA(티커: ESGU US Equity)는 2016년 12월 1일 미국 나스닥에 상장되었으며, MSCI USA Extended ESG Focus Index를 벤치마크로 삼는다. 이름에 들어 있는 'ESG 어웨어'는 블랙록의 ESG 투자 전략 중 브로드 ESG(Broad ESG)의 하나로 벤치마크와의 추적 오차를 줄이면서 ESG 평가 및 컨트로버시를 활용하는 ESG 투자 전략을 의미한다. 벤치마크인 MSCI USA Extended ESG Focus Index는 담배, 무기류, 석탄 및 오일샌드 관련 기업을 제외한다.

한편, 시가총액 49억 달러로 아이셰어스 ESG ETF 시리즈를 제외하고 가장 규모가 큰 뱅가드의 Vanguard ESG US Stock ETF(티커: ESGV US Equity)는 2018년 9월 18일 미국 나스닥에 상장되었으며, FTSE US All cap choice Index를 벤치마크로 삼는다. FTSE US All cap choice Index는 FTSE USA All Cap Index에서 주류, 도박, 담배, 성인오락, 무기, 화석 연료, 원자력 관련 기업, 컨트로버시 기업, UNGC원칙 및 특정 다양성 조건을 충족하지 못하는 기업 등을 제외한 지수이다.

우리나라의 ESG 지수와 ESG ETF

우리나라 주식시장에는 한국거래소(6개), MSCI(2개), FnGuide(3개, 합병한 Wisefn 포함) 등 3개 기관이 개발한 11개의 ESG 지수가 있다. 2021년 7월 기준으로 주식형 ESG 공모펀드 운용자산의 절반에 해당하는 15개 액티브 및 패시브 펀드, 약 9,500억 원이 이들 ESG 지수들을 벤치마크로 추종한다. 2017년부터 역사가 시작된 ESG ETF에는 14개 종목이 상장되어 있고(그린 테마 ETF 제외), 전체 시가총액은 약 7,300억 원이다.

한국거래소의 ESG 지수는 주로 KCGS의 ESG 평가를 종목 구성에 활용한다(6개 중 1개만 S&P글로벌 평가 기반). ESG 종합지수로는 KRX ESG Leaders 150, KRX KOSPI 200 ESG가 있고, E 특화 지수로는 KRX Eco Leaders 100, KRX/S&P 탄소효율그린 지수가, S 특화 지수로는 KRX ESG 사회책임경영지 지수, G 특화 지수에는 KRX Governance Leaders 100이 있다. 2015년 12월 21일 KRX ESG Leaders 50이 가장 먼저 발표되었다(산출되는 기준 시점은 2010년 1월 4일). 코스피 및 코스닥 전체를 대상으로 ESG 통합 점수 상위 150종목으로 구성되는데, 지수 산출은 ESG 통합 점수가 높은 순서로 편입 비중이 결정되는 ESG 통합 점수 가중 방식을 채택했다. 그다음으로 2018년 12월 24일 발표된 KRX KOSPI 200 ESG는(기준 시점은 2012년 1월 2일) KOSPI 200 지수를 유니버스로 하고 우량 ESG 종목을 선정하여 KOSPI 200 지수와의 추적 오차를 줄이도록 설계되었다.

두 ESG 종합지수 모두 KCGS의 ESG 평가 점수를 기초로 하며, 매출액의 20% 이상이 도박, 담배, 술, 무기 산업에서 창출되는 기업은 배제하지만, 종목 구성, 특히 삼성전자의 비중에 있어 큰 차이를 보인다. KRX ESG Leaders 150이 전체 주식시장을 대상으로 한 ESG 통합 점수 가중 방식이어서 비중이 가장 큰 종목도 3%를 초과하지 않는 반면, KRX KOSPI 200 ESG는 삼성전자 보유 비중이 KOSPI 200의 보유 비중과 큰 차이 없는 25% 내외를 유지하고 있다. 이러한 차이는 지수 수익률의 차이로 이어진다. 2012년 이후 2021년 7월까지의 누적 수익률은 KRX KOSPI 200 ESG, KOSPI 200, KRX ESG Leaders 150 순이다. KRX KOSPI 200 ESG의 연도별 수익률을 보면, KOSPI 200보다 수익률이 낮은 해도 4번이나 된다. 우리나라 주식시장에서 단일 종목 비중이 압도적으로 높은 삼성전자의 수익률에 따라 ESG 지수 간 수익률에도 희비가 엇갈리는 것이다.

특화 지수는 코스피 및 코스닥 전체를 대상으로 E, S, G 각각의 평가 점수가 높은 100~130종목으로 구성된다. 가장 최근인 2020년 11월 16일 발표된 KRX/S&P 탄소효율그린 지수는 S&P 코리아 BMI(S&P Korea BMI) 구성 종목을 대상으로 탄소 배출량 정보 등을 기준으로 종목을 선정하고, 산업군을 감안한 매출액 대비 탄소 배출량으로 종목별 가중치를 적용하며, S&P글로벌의 지수 사업부인 S&P Dow Jones 지수에서 계산한다. 특화 지수 중에는 KRX ESG 사회책임경영 지수와 KRX/S&P 탄소효율그린 지수의 삼성전자 비중이 코스피 200 내 비중과 유사하게 20% 중·후반을 유지하고 있다.

책임투자 확산으로 ESG 주식형 공모펀드 규모가 빠르게 증가하고 있고, ESG 액티브펀드의 벤치마크도 과거 KOSPI 일변도에서 ESG 종합지수로 변화하고 있어서 ESG 지수의 역할이 더 커질 것으로 기대된다. ESG 액티브 및 패시브 펀드에 비해 ESG ETF에 대한 시장의 관심은 상대적으로 낮은 편이지만, ESG 지수를 추종하지 않는 신재생에너지 등 그린 테마 ETF 중심으로 관심이 확대되고 있다.

한국거래소의 ESG ETF

종목명	티커	추종 ESG 지수	시가총액 (십억원)	상장일
ARIRANG ESG 우수기업 코스피	A278420	Wise ESG 우수기업지수	4.0	2017.08.31
FOCUS ESGLeaders 코스피	A285690	KRX ESG Leaders150	23.6	2017.12.13
KODEX MSCI KOREA ESG Universal 코스피	A289040	MSCI Korea ESG Universal	19.5	2018.02.07
TIGER MSCI KOREA ESG Universal 코스피	A289250	MSCI Korea ESG Universal	9.8	2018.02.07
TIGER MSCI KOREA ESG Leaders 코스피	A289260	MSCI Korea Country ESG Leaders	61.1	2018.02.07
KBSTAR ESG사회책임투자 코스피	A290130	KRX ESG 사회책임경영지수(S)	349.2	2018.02.27
KODEX 200ESG 코스피	A337160	KOSPI200 ESG	41.8	2019.11.14
네비게이터 ESG액티브 코스피	A385590	MSCI Korea Country ESG Leaders	33.6	2021.05.25
ARIRANG ESG가치주액티브 코스피	A395750	FnGuide한화ESG가치	9.1	2021.07.30
ARIRANG ESG성장주액티브 코스피	A395760	FnGuide한화ESG성장	9.1	2021.07.30
HANARO 탄소효율그린뉴딜 코스피	A375760	KRX/S&P 탄소효율그린지수	13.6	2021.02.05
KODEX 탄소효율그린뉴딜 코스피	A375770	KRX/S&P 탄소효율그린지수	52.4	2021.02.05
ARIRANG 탄소효율그린뉴딜 코스피	A376250	KRX/S&P 탄소효율그린지수	6.8	2021.02.05
TIGER 탄소효율그린뉴딜 코스피	A376410	KRX/S&P 탄소효율그린지수	96.6	2021.02.05

자료: 한국거래소, NH투자증권 리서치본부

7장

금융시장을 움직이는 손, ESG

1

스튜어드십 코드의 탄생

ESG 투자의 출발점은 기관투자자들의 수탁자책임이다. 수탁자책임이란 기관투자자가 주인의 재산을 관리하는 집사처럼 고객 재산을 '선량하게 관리해야 할 의무'를 말한다. 기관투자자가 투자한 기업의 단순 주식 보유를 넘어 투자 대상 기업을 점검하고 우려 사항이 발견되면 비공개 대화, 공개 대화, 주주제안, 의결권 행사와 같은 적극적인 주주관여활동을 통해 기업과 주주가치를 함께 제고해야 한다는 것이다. 수탁자책임에 충실하기 위해, 즉 장기적으로 안정적인 수익 증대를 위해 투자 대상 기업의 비재무요소 개선이 필요하다는 컨센서스가 형성되고, 유엔이 발표한 책임투자원칙에 서명하는 기관투자자들이 증가하고 있다. PRI의 서명기관은 2021년 3월 말 현재 3,826개이고, 서명기관의 운용자산은 총 121조 달러에 달한다.

투자 성과 개선을 위한 기관투자자들의 요구는 기업의 ESG 개선

해외 각국의 스튜어드십 코드 도입 현황

지역	국가	도입 연도	지역	국가	도입 연도
북아메리카	미국	2017년	아프리카	남아프리카 공화국	2011년
	캐나다	2010년		케냐	2017년
아시아	대만	2016년	오세아니아	호주	2017년
	말레이시아	2014년	유럽	네덜란드	2018년
	싱가포르	2016년		덴마크	2016년
	인도	2017년		독일	2005년
	일본	2014년		벨기에	2009년
	카자흐스탄	2017년		스위스	2013년
	태국	2017년		영국	2010년
	한국	2016년		이탈리아	2015년
	홍콩	2016년		브라질	2016년

국제기구 및 해외 기관	도입 연도
EU	2017년
ICGN	2016년
OECD	2017년

주: 도입 연도와 시행 연도는 다를 수 있음
자료: KCGS, ICGN, NH투자증권 리서치본부

및 ESG 경영체제 도입 확산의 주요 요인 중 하나이다. 그런데 2008년 세계 금융 위기를 겪으며, 기관투자자들이 기업에 대한 의결권을 지나치게 소극적으로 행사하여 견제를 통한 건전한 성장을 견인하지 못하고 있다는 반성에서, 2010년 영국을 필두로 전 세계적인 스튜어드십 코드 도입이 시작되었다.

스튜어드십 코드는 기관투자자가 수탁자책임을 다하도록 행동원칙을 규정한 자율규범이다. 스튜어드십 코드가 대형 연기금이 있는 국가들 중심으로 도입되기 시작했거니와, 기관투자자들이 스튜어드십 코드 도입을 시작으로 책임투자를 정착하는 데에는 거대 자산 보유자이면서 일부 또는 전체 자산의 운용을 기관투자자에게 위탁하는 연기금의 역할이 크다. 우리나라에서는 2016년부터 한국형 스튜어드십 코드를 도입했지만, 본격적으로 확산한 것은 2018년에 국민연금이 스튜어드십 코드를 도입하면서다. 2022년 5월 현재 190개 국내 기관투자자가 스튜어드십 코드를 도입한 상태다.

영국

2008년 전 세계적인 금융 위기 직후, 영국 총리의 요청으로 모건스탠리의 전 회장 데이비드 워커가 2009년 발간한 〈영국 은행 및 금융기관 지배구조 리뷰〉는 금융 위기의 원인을 분석하고 은행 및 금융기관 이사회의 구성과 역할, 기관투자자의 역할, 지배구조, 보수 등에 걸쳐 39가지 대책을 제안했다. 은행과 금융기관의 지배구조에 대한 보고서지만, 기관투자자의 스튜어드십과 주주관여활동을 강조했고, 이것이 영국 재무보고위원회가 2010년 전 세계에서 가장 먼저 스튜어드십를 발표하게 된 배경이다.

스튜어드십의 사전적 의미는 '재산을 돌보는 책무'이지만, PRI는 스튜어드십을 구체적으로 '수익률과 고객의 이익이 달려 있는 공통적인 경제, 사회, 환경, 자산 가치를 포함한 모든 장기 가치를 극대화하기 위해 기관투자자가 영향력을 사용하는 것'으로 정의하고, 스튜어드십 실행 수단으로 투자 대상 기업에 대해서는 의결권 행사, 주주제안, 이사회 진입, 소송 등 주주관여활동을, 기타 이해관계자들에 대해서는 정책입안자와의 주주관여활동, 연구활동 같은 공공재 기여, 미디어와의 스

영국 스튜어드십 코드(2010년)

내용
1. 기관투자자는 스튜어드십 책임 이행방법에 대한 정책을 공개해야 한다.
2. 기관투자자는 스튜어드십과 관련하여 이해충돌 관리에 대한 강력한 정책을 가지고 있어야 하며, 이 정책은 공개되어야 한다.
3. 기관투자자는 투자대상 기업을 감시해야 한다.
4. 기관투자자는 주주가치 보호 및 제고 방안으로서 언제 어떻게 활동을 전개할 것인지에 대한 명확한 가이드라인을 수립해야 한다.
5. 기관투자자는 적절한 경우 다른 투자자와 함께 집단적으로 행동할 의지가 있어야 한다.
6. 기관투자자는 의결과 의결활동 공시에 대한 명확한 규정이 있어야 한다.
7. 기관투자자는 스튜어드십과 의결활동에 대해 주기적으로 보고해야 한다.

주: 2012년 원칙2, 4의 문구가 소폭 개정되나 내용은 동일
자료: FRC, NH투자증권 리서치본부

튜어드십 목표 지원 공개 담론, 서비스 제공자 감시 등을 제시하고 주주관여활동에 있어 투자자 연대를 강조한 바 있다.

영국에서는 2021년 7월 현재 295개 기관투자자, 자산보유자, 서비스 제공자가 스튜어드십 코드를 도입했다. 스튜어드십 코드를 시작한 FRC뿐 아니라, ESG 확산에 가장 큰 기여를 한 PRI도 런던에 자리하고 있어 영국은 'ESG 투자의 종주국'이라 할 만하다.

2010년 발표된 최초의 스튜어드십 코드는 7가지 원칙으로 구성되어 있다. 책임 이행방법에 대한 정책 공개, 이해충돌 관리, 기업에 대한 감시, 주주관여활동 가이드라인 수립, 투자자 연대, 의결권 행사 정책, 활동에 대한 주기적인 보고 등이 그것이며, 이는 이후 다른 국가들의 스튜어드십 코드 도입과 스튜어드십 코드 원칙 구성에 영향을 주었다.

영국 스튜어드십 코드는 기관투자자가 수탁자책임을 다하도록 행동원칙을 규정한 연성규범이지만, '원칙준수 예외설명' 방식으로 적용되

어 자율적인 규범 준수를 유도한다. 2012년 7원칙에 대한 세부 원칙을 강화한 1차 개정으로 스튜어드십 코드가 확립되었다. 그러나 2018년 영국의 종합 금융그룹 리걸앤제너럴의 존 킹맨 회장이 스튜어드십 코드에 대한 근본적인 접근법 전환을 포함한 83건의 권고안을 담은 검토 보고서를 발간하고, 2019년 1월부터 개정 기업지배구조 코드가 시행되면서, 2019년 말 영국의 스튜어드십 코드는 두 번째로 개정된다.

2차 개정으로 크게 다섯 부분이 수정되었다. 첫째, 스튜어드십 코드 적용 기관으로 기관투자자 이외의 연기금, 보험사와 같은 자산보유자와 서비스 제공자가 추가되었다. 둘째, 의결권 행사 내역이나 주주관여 활동 같은 스튜어드십활동 및 성과에 대한 연 단위 보고가 의무화되었다. 셋째, 투자 의사결정 및 프로세스에 기후 변화를 포함한 ESG 요소를 적극 고려하도록 했다. 넷째, 스튜어드십 실행 범위가 상장 주식 이외의 채권, 사모펀드, 대체투자, 해외투자까지 확대되었다. 마지막으로 구성원의 투자원칙, 철학, 전략, 문화가 어떻게 스튜어드십 실행을 가능하게 하는지 설명하고, 적절한 지배구조, 자원 배분, 인센티브를 통해 어떻게 이를 이행하는지 설명하도록 했다. 개정을 통해 기존 자산운용자 7원칙이 자산운용자 및 자산보유자 12원칙으로 확대 개편되고, 서비스 제공자 6원칙이 신설되었다.

영국 스튜어드십 코드의 가장 큰 특징은 '투자자 연대'이다. 2011년 영국의 자선기금운용사 CCLA(Churches, Charities and Local Authorities, 교회, 자선단체 및 지방정부)는 'A 지향(Aiming for A)'이라는 투자자 연대를 구축하기 시작했다. A 지향은 영국에 상장된 10대 유틸리티 및 자원개발 기업들을 CDP(탄소공개프로젝트)의 탄소성과리더십지수에서도 최우수그룹

영국 스튜어드십 코드(2020년)

	자산보유자, 자산운용자 원칙	서비스 제공자 원칙
목적과 지배구조	1. 투자 철학, 전략, 사내 문화가 고객들의 장기적 가치를 창출하면서 경제, 환경, 사회의 지속가능한 성장을 이끄는 스튜어드십 코드를 가능하도록 한다. 2. 투자자의 거버넌스, 자원, 인센티브는 스튜어드십을 지원한다. 3. 고객 이익을 최우선으로 하기 위해 이해상충을 관리한다. 4. 잘 작동하는 금융시스템을 촉진하기 위해 시장 전반적이고 체계적인 위험을 식별하고 대응한다. 5. 내부 투자정책을 검토하고, 프로세스와 활동의 효과를 평가한다.	1. 목적, 전략, 사내 문화가 효과적인 스튜어드십의 촉진을 가능하도록 한다. 2. 지배구조, 인력, 자원, 인센티브가 효과적인 스튜어드십의 촉진을 가능하도록 한다. 3. 이해상충을 식별하고 관리하여 고객 이익을 최우선으로 한다. 4. 잘 작동하는 금융시스템을 촉진하기 위해 시장 전반적이고 체계적인 위험을 식별하고 대응한다. 5. 고객의 중요 ESG 요소를 고려하는 투자 통합을 지원하고 어떤 활동을 수행했는지 소통한다. 6. 내부 투자정책을 검토하고, 프로세스를 확인한다.
투자 접근	6. 고객의 요구를 고려하고 스튜어드십 및 투자의 활동과 결과를 소통한다 7. 책임을 이행하기 위해 주요 ESG 이슈 및 기후변화를 투자 프로세스에 체계적으로 통합한다. 8. 서비스 제공자들의 효율성 및 실용성을 평가한다.	
주주관여 활동	9. 주주관여활동을 통해 투자 자산의 가치를 유지하거나 개선한다. 10. 필요하다면 영향력을 행사하기 위해 투자자 연대 주주관여활동에 참여한다. 11. 필요하다면 영향력을 행사하기 위해 주주관여활동을 강화한다.	
의결권 행사	12. 의결권을 적극적으로 행사한다	

자료: FRC, NH투자증권 리서치본부

인 A밴드에 포함시키는 것을 목표로 삼았고, 운용자산 1,500억 파운드의 지방정부 연기금 포럼, 150억 파운드의 교회 투자자 그룹 등이 여기 참여하면서 그 영향력을 확대했다.

2015년에는 A 지향 소속 55개 기관투자자가 공동으로 FTSE100(런던증권거래소에 상장된 100개의 우량 주식으로 구성된 지수) 기업 중 탄소발자국(제품 및 서비스의 원료 채취, 생산, 수송 및 유통, 사용, 폐기 등 전 과정에서 발생하는 온실가스 발생량을 이산화탄소 배출량으로 환산한 수치)이 가장 큰 에너지 기업인 로열더치셸그룹과 비욘드 퍼트롤리엄의 정기 주주총회에서 '2035년 이후를 위한 전략적 회복력'이라는 주주제안을 했고, 각각 98.91%, 98.28%의 압도적 득표로 승인되었다. 이 주주제안은 온실가스 배출관리(scope1, scope2), 국제에너지기구(IEA)의 다양한 시나리오에 대한 2035년 이후 보유자산 회복력 분석, 저탄소에너지 연구개발 및 투자 전략, 전략적 KPI(핵심성과지표) 및 경영진 인센티브, 공공 정책 개입 등 다섯 가지를 요구하고 있다. 두 회사 모두 당장 온실가스 배출 목표를 제시하지는 않았지만, 다른 분야에서는 연차 보고서를 통해 향후 계획을 투자자들과 공유하게 됐다.

일본

일본 스튜어드십 코드는 일본 경제 재생의 방안으로 도입되었다. 2012년 말 아베 총리 취임 이후 설치된 일본 경제재생본부의 산업경쟁력 회의에서 일본의 산업경쟁력과 해외 기업활동 강화 등을 통한 일본 기업의 지속가능한 성장 방안을 준비했다. 이는 '대담한 금융 정책', '기동성 있는 재정 정책', '민간투자를 이끄는 성장 전략'이라는 세 개의 화살로 대표되는 아베노믹스(유동성 확대를 통해 장기 디플레이션과 엔화 강세에서 벗어나겠다는 일본 아베 총리의 경제 정책) 중 '민간투자를 이끄는 성장 전략'의 일환이었다. 일본 기업들의 건전한 지배구조를 통한 기업 경영 개선, 주주권리 강화 등이 국가 경쟁력의 향상으로 이어진다는 믿음을 바탕으로, 기관투자자는 수탁자책임을 충실히 이행하여 기업의 지속가능한 성

일본 스튜어드십 코드(2014년)

내용
1. 기관투자자는 수탁자책임을 완수하기 위해 명확한 정책을 수립하고, 이를 공표해야 한다.
2. 기관투자자는 수탁자책임을 다하고, 이해상충 문제들을 관리하기 위한 명확한 정책을 수립하고, 이를 공표해야 한다.
3. 기관투자자는 투자 대상 기업의 지속적인 성장을 위한 수탁자책임으로 해당 기업의 상황을 정확하게 파악해야 한다.
4. 기관투자자는 투자 대상 기업과의 건설적인 '목적을 지닌 대화'를 통해 투자 대상 기업과 인식을 공유하기 위해 노력하며, 이와 동시에 문제의 개선을 위해서도 노력해야 한다.
5. 기관투자자는 의결권 행사 및 행사 결과의 공표에 대해 명확한 정책을 가지고 있어야 하며, 의결권 행사 정책은 단순히 형식적인 판단 기준에 그치는 것이 아니라 투자 기업의 지속적인 성장에 도움이 될 수 있어야 한다.
6. 기관투자자는 의결권 행사를 포함하여 수탁자책임을 어떻게 수행하고 있는지에 대해 원칙적으로 고객과 수익자에게 정기적으로 보고해야 한다.
7. 기관투자자는 투자 대상 기업의 지속적인 성장에 도움이 되도록 투자 기업과 그 기업의 사업 환경에 대한 깊은 이해를 지녀야 하며, 이를 바탕으로 한 해당 기업과의 대화 및 스튜어드십 활동을 통해 적절한 판단을 할 수 있도록 실력을 갖추어야 한다.

자료: FSA, NH투자증권 리서치본부

장을 촉진해야 한다는 것이다. 이는 2014년 2월 기관투자자의 행동규범인 스튜어드십 코드 제정과 2015년 6월 기업의 지배구조 모범규준인 기업지배구조 코드 제정으로 이어졌다.

2014년 8월에는 일본 경제산업성이 상장기업 수익 향상을 위한 기업지배구조 개혁 보고서인 〈이토 보고서〉를 발간했다. '지속가능한 성장을 위한 경쟁력과 인센티브: 기업과 투자자 간의 우호 관계 구축'이라는 프로젝트의 결과로 작성된 보고서에서 히토츠바시대학 이토 쿠니오 교수는 기업과 투자자의 협동 창조를 통한 지속가능한 가치 창출, 기업 ROE(자기자본이익률)가 최소 8%를 상회하는 자본효율 혁명, 투자망 개혁 및 최적화, 기업과 투자자 간 고품질 대화 추구, 기업과 투자자를 포함한 다양한 이해관계자로 구성된 포럼을 설립하여 지속가능한 성장 구체화 등 다섯 가지 제안을 했다. 정리하자면, 기업의 지속가능한 성장과 기업가치 제고를 위한 기관투자자 수탁자책임 이행의 중요성을 강조한 것이다.

일본 금융청은 2014년 2월 일본 스튜어드십 코드인 기관투자자 7원칙을 공표했다. 2014년 5월에는 일본공적연금이 스튜어드십 코드 도입 의사를 표명하면서 스튜어드십 코드 확산에 기여했고, 2017년 5월과 2020년 3월 두 차례 개정을 통해 일본 스튜어드십 코드는 8원칙, 33개 가이던스로 구성된 현재의 모습을 갖추었다. 2021년 6월 현재 309개 기관투자자들이 일본 스튜어드십 코드에 서명했다. 2014년 첫 스튜어드십 코드는 7원칙과 21개 가이던스로 구성됐다. 7원칙은 영국의 2010년 스튜어드십 코드 7원칙과 거의 유사하나, 영국 스튜어드십 코드에 있는 기관투자자 연대 원칙이 없다는 것이 가장 큰 차이점이다. 명확한 투자자 연대 원칙은 없지만, 가이던스에서 다른 투자자들과의 의견 교환을 통해 주주관여활동을 개선할 수 있다고 밝히고 있다.

2017년 1차 개정은 7원칙에는 변화 없이, 가이던스가 30개로 대폭 확대되었다. 가장 중요한 변화는 원칙4에서 가이던스4-4 '기관투자자가 투자 대상 기업과 대화하는 경우, 단독으로 대화하는 것 외에도 필요한 경우 다른 기관투자자와 협동하여 대화를 시행하는 것이 유익한 경우도 있을 수 있다'가 신설된 것이다. 이로써 일본 스튜어드십 코드도 영국과 마찬가지로 투자자 연대를 명확하게 권장하게 되었다. 이외에 원칙1에서 자산보유자의 수탁자책임 이행 정책 수립 및 공표를 강조했고, 원칙2에서 기관투자자의 자체 지배구조 강화를 추가했다. 원칙5에서 의결권 행사 기록 공개를 강화했으며, 원칙7에서 자산운용사 자체

일본 스튜어드십 코드(2020년)

원칙	내용
원칙 1	기관투자자는 수탁자책임을 완수하기 위해 명확한 정책을 수립하고, 이를 공표해야 한다.
원칙 2	기관투자자는 수탁자책임을 다하고, 이해상충 문제들을 관리하기 위한 명확한 정책을 수립하고, 이를 공표해야 한다.
원칙 3	기관투자자는 투자 대상 기업의 지속적인 성장을 위한 수탁자책임으로 해당 기업의 상황을 정확하게 파악해야 한다.
원칙 4	기관투자자는 투자 대상 기업과의 건설적인 '목적을 지닌 대화'를 통해 투자 대상 기업과 인식을 공유하기 위해 노력하며, 이와 동시에 문제의 개선을 위해서도 노력해야 한다.
원칙 5	기관투자자는 의결권 행사 및 행사 결과의 공표에 대해 명확한 정책을 가지고 있어야 하며, 의결권 행사 정책은 단순히 형식적인 판단 기준에 그치는 것이 아니라 투자 기업의 지속적인 성장에 도움이 될 수 있어야 한다.
원칙 6	기관투자자는 의결권 행사를 포함하여 수탁자책임을 어떻게 수행하고 있는지에 대해 원칙적으로 고객과 수익자에게 정기적으로 보고해야 한다.
원칙 7	기관투자자는 투자 대상 기업의 지속적인 성장에 도움이 되도록 투자 기업과 그 기업의 사업환경에 대한 깊은 이해를 지녀야 하며, 운용 전략에 따라 지속가능성을 고려해야 하고, 이를 바탕으로 한 해당 기업과의 대화 및 스튜어드십 활동을 통해 적절한 판단을 할 수 있도록 실력을 갖추어야 한다
원칙 8	기관투자자에 서비스를 제공하는 주체는 기관투자자가 수탁자책임을 다할 수 있도록 적절한 서비스를 제공해야하며, 투자 시장 전체의 기능 향상에 기여할 수 있도록 노력해야 한다.

자료: FSA, NH투자증권 리서치본부

평가를 추가했다.

2020년 두 번째 개정에서는 8원칙으로 확대 개편되고, 가이던스도 33개로 확대됐다. 가장 큰 변화로는 의결권 자문사, 연금 운용 컨설턴트 등 서비스 제공자의 스튜어드십이 원칙8로 신설되었고, 원칙7에 '운용 전략에 따른 지속가능성 고려'가 추가되었다. 가이던스 개정을 통해 운용 전략에 따라 ESG 요소를 포함한 중장기적 지속가능성에 대한 고려의 필요성을 강조하고, 이해상충 등 중요하다고 생각되는 안건에 대해서는 의결권 행사의 결과뿐 아니라 이유까지 공시하도록 했다.

일본 스튜어드십 코드는 지속가능한 기업 성장을 위한 건설적 대화를 강화하여 기업지배구조 개혁의 실효성을 높이기 위한 방안으로 도입되었기 때문에, 기업지배구조 코드의 개정과 밀접한 상관관계를 갖는다. 이는 스튜어드십 코드나 기업지배구조 코드 개정 이후 일본 금융청과 일본 증권거래소가 합동으로 기업지배구조 추가 개선을 위한 제안 보고서를 작성하는 이유이기도 하다. 결과적으로 스튜어드십 코드가 개정된 다음 해에는 지배구조 코드의 개정이 있었다.

2018년 기업지배구조 코드의 개정은 상호출자 해소에 주안점을 두었다. 우리나라에서는 공정거래법으로 대기업집단의 상호출자를 금지하지만, 일본에서는 2차 세계대전 이후 재벌이 해체되면서 주식 상호보유를 바탕으로 느슨한 기업연합 형태를 유지했고, 1960년대 고도성장기에 기업-은행 간 상호출자가, 1970년대 외국계 자본의 기업 인수합병으로부터 경영권을 방어하기 위한 거래 관계 기업 간 상호출자가 증가했다. 그러나 경영진의 지배력 강화, 부실회사 지원, 연쇄도산 가능성 등 부정적인 측면이 부각되고, 상호출자로 인한 자본 효율성 저하가 기업가치 향상을 방해한다는 의견이 우세해지면서, 개선 요구도 확산했다.

이전 원칙에서는 상호출자를 의미하는 '정책보유주식'에 대한 단순 보유 목적만 공시하도록 했지만, 개정 원칙에서는 상호출자의 타당성을 검증하고, 그 결과를 공시하도록 했다. 아울러 상호출자의 형태로 회사의 지분을 보유한 기업이 지분 매각에 나설 경우 매각 행위를 방해해서는 안 된다는 기준도 추가되었다. 2021년 기업지배구조 코드 개정은 지속가능성에 대한 회사의 기본 방침을 책정하기 위한 노력 공개(E), 여성, 외국인, 중도 채용자 등 경영진의 다양성을 확보하고 이를 측정할 수 있는 자발적 목표 설정(S), 지명위원회 및 보상위원회 설치(G) 등 ESG 정보 공시가 전반적으로 강화되었다. 특히 2022년 예정된 일본

주식시장 개편(프라임-스탠다드-그로스)에 맞춰 상위 시장인 프라임 시장에 속하기 위해 기후관련재무공시협의체 또는 이에 상응하는 국제적 체제에서 요구하는 기준에 따라 기후 변화가 미치는 재무적 영향을 공시하고, 사외이사를 1/3 이상 선임하는 등 강화된 기준을 적용했다.

한국

우리나라에서는 2016년 12월 한국기업지배구조원을 중심으로 한 스튜어드십 코드 제정위원회에서 한국형 스튜어드십 코드인 '기관투자자의 수탁자책임에 관한 원칙'을 공표했고, 2018년 국민연금이 스튜어드십 코드를 도입하면서 본격적으로 확산했다. 2021년 7월 현재 165개 국내 기관투자자가 스튜어드십 코드를 도입했다. 우리나라 스튜어드십 코드의 7원칙은 일본의 2014년 첫 스튜어드십 코드와 거의 유사하고, '원칙준수 예외설명' 방식을 적용하는 것도 동일하다.

영국에서는 2018년 기업지배구조규준 개정(2019년부터 적용) 이후 2019년 말 스튜어드십 코드 개정이 이어졌고, 일본은 2017년, 2020년 스튜어드십 코드 개정 이후 2018년과 2021년에 기업지배구조 코드가 개정되었다. 우리나라도 2021년 ESG 모범규준 개정에 따라 스튜어드십 코드 개정이 예상된다. 향후 개정을 통해 영국이나 일본의 스튜어드십 코드처럼, 서비스 제공자를 적용 기관으로 명시, 투자 의사결정 및 프로세스에 ESG 요소 적극 고려, 스튜어드십 실행 범위를 국내 상장 주식 이상으로 확대, 스튜어드십활동 및 공시 기준 강화, 투자자 연대 등의 조항이 점진적으로 추가될 것으로 전망한다.

한국 스튜어드십 코드의 7원칙

원칙	내용
원칙 1	고객, 수익자 등 타인 자산을 관리·운영하는 수탁자로서 책임을 충실히 이행하기 위한 명확한 정책을 마련해 공개해야 한다.
원칙 2	수탁자로서 책임을 이행하는 과정에서 실제 직면하거나 직면할 가능성이 있는 이해상충 문제를 어떻게 해결할지에 관해 효과적이고 명확한 정책을 마련하고 내용을 공개해야 한다.
원칙 3	투자대상회사의 중장기적인 가치를 제고하여 투자자산의 가치를 보존하고 높일 수 있도록 투자대상회사를 주기적으로 점검해야 한다.
원칙 4	투자대상회사와의 공감대 형성을 지향하되, 필요한 경우 수탁자책임 이행을 위한 활동 전개 시기와 절차, 방법에 관한 내부지침을 마련해야 한다.
원칙 5	충실한 의결권 행사를 위한 지침·절차·세부기준을 포함한 의결권 정책을 마련해 공개해야 하며, 의결권 행사의 적정성을 파악할 수 있도록 의결권 행사의 구체적인 내용과 그 사유를 함께 공개해야 한다.
원칙 6	의결권 행사와 수탁자책임 이행 활동에 관해 고객과 수익자에게 주기적으로 보고해야 한다.
원칙 7	수탁자책임의 적극적이고 효과적인 이행을 위해 필요한 역량과 전문성을 갖추어야 한다.

자료: KCGS, NH투자증권 리서치본부

스튜어드십 코드 도입 확산의 직접적인 효과는 기관투자자의 주주관여활동 증가와 이를 뒷받침할 내부 ESG 전담 조직 신설이나, TCFD 등 각종 ESG 이니셔티브 지지 확대이다. 2018년 국민연금의 스튜어드십 코드 도입 이후 기관투자자들의 스튜어드십 코드 가입이 확산되었는데, 2019년 3월 정기 주주총회 시즌부터 주주관여활동도 본격적으로 진행되었다. KCGS의 조사에 따르면, 2019년 정기 주주총회에서 상장회사 중 주주제안이 상정된 회사와 안건은 전년의 24사, 89건에서 각각 33사, 107건으로 증가했고, 연간 비슷한 수준이 2021년 정기 주주총회까지 이어지고 있다. 상정된 주주제안 안건의 유형도 주로 배당 확대에서 사내외이사 선임과 정관 변경 등으로 다양화되었다. 또한 기관투자자가 공개한 비공개 대화, 공개 서신까지 포함한 모든 주주관여활동의 주제의 주류도 2019년 주주환원 및 재무구조 개선(58%)에서 2021년

주주제안이 상정된 기업 및 안건 수

	2018	2019	2020	2021
유가증권시장	8	16	8	17
코스닥시장	16	17	23	13
기업수 총계	24	33	31	30
총 안건수	89	107	120	107

주: (1)정기 주주총회 및 임시 주주총회 합산 기준; (2) 2021년은 3월까지
자료: KCGS, NH투자증권 리서치본부

에는 ESG(74%)로 바뀌었다. 특히 2021년에는 중대재해 처벌 등에 관한 법률 및 산업안전보건법 개정으로 산업재해에 대한 원청업체와 대표이사의 책임이 강화됨에 따라 안전·보건·환경 위험에 대한 대응을 요구하는 주주관여활동도 증가했다.

2020년 1월 자본시장법 시행령 개정으로 주주관여활동이 보다 손쉽게 되었다. 개정 전에는 상장회사 주식 5% 이상을 보유한 투자자는 보유 목적을 '경영권 영향 목적' 또는 '경영권 영향 목적 없음'으로 보고해야 했는데, '경영권 영향 목적'의 개념이 불분명하여, 배당 및 지배구조 개선 요구 등 보편적인 주주관여활동을 제약해왔다. 그러나 개정으로 양 선택의 중간에 '경영권 영향 목적 없는 일반투자'가 추가되었다. '일반투자' 보유 목적의 경우 '경영권 영향 목적'은 없지만, 의결권이나 신주인수권 같은 단독주주권만 행사하는 '단순투자' 보유 목적과 달리, 배당 및 보편적 지배구조 개선 관련 주주관여활동(정관 변경, 위법행위 임원에 대한 해임 청구 등)을 할 수 있게 되었다. 이에 따라 일부 기관투자자들은 보유 목적을 '단순투자'에서 '일반투자'로 변경했다.

2020년 2월 국민연금은 5% 이상 지분을 보유한 상장회사 313사 중

국내 기관투자자 주주관여활동 주제 비중 변화

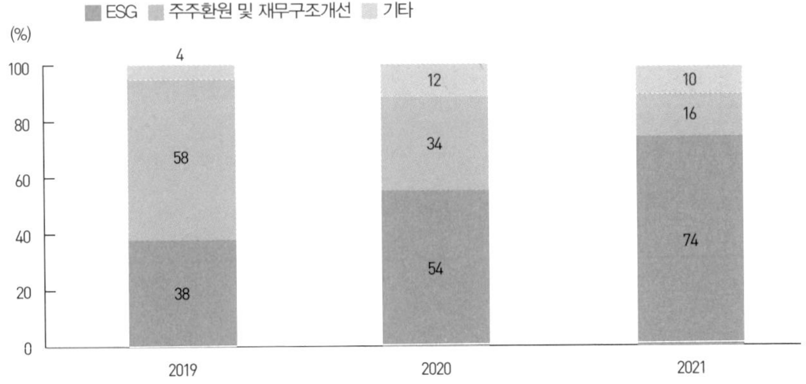

주: 직전해 정기 주주총회 직후부터 당해 정기 총회까지
자료: KCGS, NH투자증권 리서치본부

56사의 보유 목적을 '일반투자'로 변경 공시했다. 국민연금이 '일반투자' 목적으로 보유한 상장회사는 2021년 3월 83사로 꾸준히 증가했는데, 이 중에는 단순투자로 변경했다가, 다시 일반투자로 변경하는 경우도 있었다. 이는 해당 회사에 다시 주주관여활동을 강화할 만한 사유가 생겼다는 신호로 해석할 수 있다.

스튜어드십 코드 도입의 긍정적인 효과를 보여주는 사례로 정기 주주총회에서의 경영진 제안 안건에 대한 기관투자자 반대율의 변화를 들 수 있다. 주주관여활동이 본격화한 2019년 정기 주주총회에서 재무제표/이익 배당, 정관 변경, 임원 선임, 보수 한도 등 경영진 제안 안건별 기관투자자 반대율은 평균 20.4%로 직전 3개년도 평균인 6.0%에서 3배 이상 상승했다. 경영진을 견제하지 못하는 정도가 아니라 '거수기'라고까지 비난받던 기관투자자들이 스튜어드십 코드 도입 이후, 수탁자책임을 다하기 위해서 안건을 분석하고, 반대의견을 제시하기 시작한 것

2020년 1월 개정 자본시장법 시행령의 5% 대량 보유 보고 제도 개선

〈기존〉

보유 목적	경영권 영향 목적	경영권 영향 목적 없음
주주활동	임원 선·해임 등에 대한 주주 제안 등 '사실상 영향력' 행사	그 외
보고 의무	5일, 상세	일반투자자: 월별 보고 (신규: 5일), 약식 공적연기금: 분기 보고, 약식

〈개정〉

보유 목적	경영권 영향 목적	경영권 영향 목적 없음	
		일반투자	단순투자
주주활동	임원 선·해임 등에 대한 주주 제안 등 '사실상 영향력' 행사 *배당, 보편적 지배구조 개선 관련 주주활동 등 제외	경영권 영향 목적은 없으나 적극적인 유형의 주주활동 *예: 배당, 보편적 지배구조 개선 관련 주주활동	단독 주주권만 행사 *예: 의결권, 신주인수권
보고 의무	일반투자자: 현행 유지 공적연기금: 5일, 약식	일반투자자: 10일(신규:5일), 약식 공적연기금: 월별, 약식	일반투자자: 현행 유지 공적연기금: 현행 유지

자료: 금융위, NH투자증권 리서치본부

이다. 그런데 기관투자자 반대율은 2020년 15.0%를 거쳐 2021년에는 7.1%로 스튜어드십 코드 도입 이전 수준까지 하락했다.

스튜어드십 코드 도입은 지속해서 늘어나고, 의안 분석은 더 정교해지는데, 기관투자자 반대율은 왜 하락했을까? 코로나바이러스감염증-19(이하 코로나19)로 인한 주주총회 직접 참석률 저하, 기업의 배당성향 상승에 따른 반대 명분 하락도 이유가 될 수 있지만, 근본적으로는 2019년 기관투자자들의 반대가 급증하자, 경영진이 논란의 여지가 있는 안건의 주주총회 상정 자체를 자제했기 때문에 반대율이 낮아졌다고

스튜어드십 코드 도입 직후 급등했던 정기주총 안건별 기관투자자 반대율 하락세

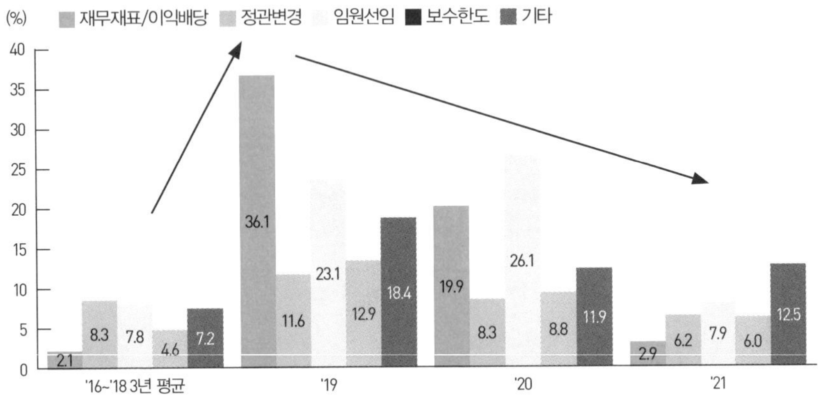

주: 정기주총에서 경영진 제안 안건에 대한 반대율(주주제안 안건 제외), 반대율=(기관투자자가) 반대의결권을 행사·불행사한 안건의 수/의결권을 행사·불행사한 안건의 수

자료: KCGS, NH투자증권 리서치본부

보는 편이 맞을 것이다. 스튜어드십 코드 도입에 따른 주주관여활동의 증가가 경영진 감시 활동의 성과로 이어진 결과이다.

ESG 전문 리서치업체인 서스틴베스트의 2019년 조사에 따르면, 국민연금이 투자하지 않은 회사들의 평균 배당성향을 100점으로 환산한 뒤, 이를 기준으로 국민연금 투자 대상 그룹의 평균 배당성향을 점수화해보니 137.5점이었고, 특히 5% 이상 지분 보유 그룹의 평균 배당성향은 155점이었다. 산업 및 기업별 배당 여력 및 관행 차이, 연도별 실적 이슈 등을 반영하지 못해 주주관여활동으로 배당성향이 상승한 것인지, 애초에 배당성향이 높아서 투자한 것인지 인과 관계를 정확히 파악할 수는 없지만, 스튜어드십 코드 도입의 확산이 주주관여활동의 증가로 이어지면서 경영진이 배당을 늘리고, 지배구조 개선을 위해 노력하는 모습은 우리가 기대하는 효과이다.

하지만 여전히 풀어야 할 과제도 있다. 바로 의결권 자문사를 포함한 서비스 제공자의 독립성 및 전문성 제고와 투자자 연대 도입이다. 서비스 제공자의 스튜어드십 강화는 스튜어드십 코드 개정으로 조항을 신설하면 해결할 수도 있지만, 투자자 연대의 경우, '기업에 더 강한 목소리를 내는 것'과 앞서 살펴본 5% 룰처럼 '기업 경영권에 영향력을 행사하는 것'을 구분하는 방법이 여전히 과제로 남아 있다.

한편, 2019년 현대차그룹의 정기 주주총회는 행동주의 펀드(일정한 의결권을 확보하고 기업에 자산 매각, 구조조정, 배당 확대, 자사주 매입, 지배구조 개선 등을 요구해 수익을 내는 투자 전략을 사용하는 펀드)의 주주관여활동과 기업의 대응을 통한 기업가치 제고를 잘 보여준 사례이다.

2018년 현대차그룹은 여론 악화로 인해 지배구조 개편안을 자진 철회하는 해프닝을 겪은 바 있다. 현대차그룹에서 시가총액이 가장 큰 현대차의 2019년 정기 주주총회에서 행동주의 펀드 엘리엇은 배당 확대(1주당 2만 1,967원 vs. 회사 측 3,000원), 이사회 내 보수위원회 및 투명경영위원회 설치, 다국적 기업 출신의 사외이사 및 감사위원 3인 선임에 대한 주주제안을 했다. 엘리엇은 당시 현대차의 기업가치가 저평가되어 있고, ROE(자기자본이익률) 역시 업계 최저 수준임에도 그룹 신사옥 개발로 한국전력 부지 매입에 10조 원 이상 투입한 의사결정을 주주가치 훼손으로 인식했다. 이에 대해 현대차는 향후 FCF(잉여현금흐름)의 30~50%를 배당으로 지급하고, 유동성 자금 중 매년 1조 원 이상의 주주환원 준비금을 확보한다는 구체적인 주주 친화계획을 발표했다. 이밖에 2019년부터 국내외 일반 주주들로부터 주주 권익보호 담당 사외이사 후보를 직접 추천받는 주주 친화 제도를 도입, 이사회 다양성 및 전문성 강화를 위한 이사회 규모 확대, 사외이사후보 추천위원회의 위원장을 사내이사에서 사외이사로 변경하는 등의 자구책을 마련했다. 이는 엘리엇과의 의결권 대결 양상이 치열해짐에 따라 주주제안에 대응한 회사안을 가결하기 위한 노력으로 보인다.

비록 보수위원회 및 투명경영위원회 설치를 명시한 정관 변경 안건을 제외한 주주제안은 모두 부결되었으나, 이러한 주주제안 시도가 회사의 제도 개선을 이끌어냈고, 주주와의 소통도 강화하는 계기가 되어 기업가치의 제고에 영향을 미쳤다. 현대차의 기업지배구조보고서 핵심지표 준수율은 2018년 47%에서 2020년 80%로 급상승했고, KCGS의 ESG 평가등급도 2018년 B+에서 2020년 A로 개선되었다.

2

대형 자산보유자

GSIA(글로벌지속가능투자연합)에 따르면 주식, 채권, 대체투자를 총망라한 전 세계 ESG 투자의 규모는 2020년 35조 달러로 2018년 대비 15% 성장했다. 전체 투자자산 중 ESG 투자 비중도 2020년 35.9%로 2018년 대비 2.5%p 증가했다. 금융시장 조사 및 투자 관리 서비스기관인 모닝스타에 의하면, 2021년 1분기 말 전 세계 ESG 펀드 운용자산은 2조 달러에 육박하며, 기록적인 자금 유입 덕분에 1년 전 대비 2배 이상 늘어난 규모로 성장했다.

국내주식형 ESG 공모펀드도 2019년 말 약 3,000억 원에서 2021년 6월 현재 2조 원 규모로 크게 늘었다. 기관투자자들이 스튜어드십 코드 도입을 시작으로 책임투자를 정착하는 데에는 소위 '유니버설 오너(다양한 장기 포트폴리오를 갖추고 세계 자본시장을 대표하는 투자자)'로 불리는 거대 자산보유자인 연기금의 역할이 크다. 연기금은 가입자의 소득을 재원으로 조

세계 주요 연기금 규모

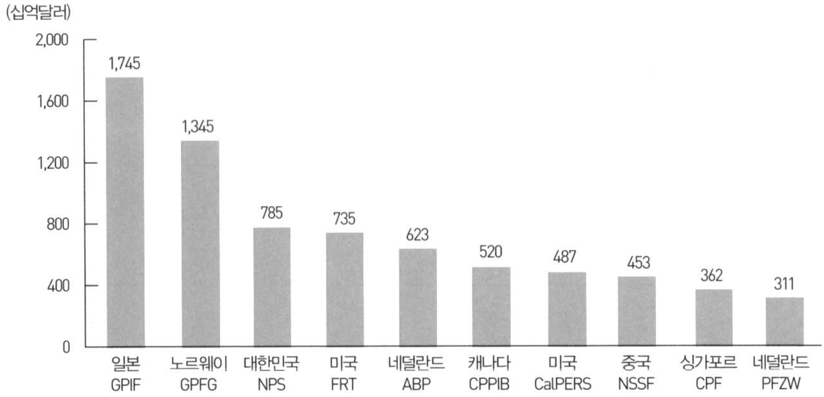

주: 공개된 최근 보고서 기준, 2021년 9월 6일 환율로 환산
자료: 각 연기금, NH투자증권 리서치본부

성한 자금을 투자해 노후에 안정적인 소득을 돌려주는 '연금'과 특정 공공사업 자금 마련을 위해 정부가 조성하는 자금인 '기금'을 합친 말이다.

연기금은 가입이 강제적이고, 급여 조건과 수준이 법률로 정해져 있어 사회보험의 형태를 띠는 데다가, 운용 규모가 크고, 자금의 성격상 초장기투자가 필요하기 때문에 지속가능성에 대한 고려가 필수적이다. 자산보유자는 일부 또는 전체 자산의 운용을 기관투자자에게 위탁하는데, 자산운용자에게 투자원칙을 제시하고, 지시나 평가를 통해 자산운용자가 수탁자책임을 이행하도록 한다. 이를 통해 책임투자에 대한 의지를 시장 전반에 전달하는 것도 자산보유자의 역할인 것이다.

국부펀드는 정부가 자원 수출 등을 통한 외환보유액의 일부를 투자용으로 출자해서 만든 펀드이다. 국부펀드는 민간 자산운용사와 달리 총자산을 포함한 투자 정보를 비공개로 하는 경우가 많은데, 2008년 국제통화기금이 정보공개 범위, 투자 목적, 지배구조, 리스크 관리 등 24개

가이드라인을 담은 '산티아고원칙'을 제안했다. 2009년에는 산티아고원칙을 자발적으로 이행하는 국부펀드들이 국부펀드총회를 설립했고, 현재 35개 국부펀드를 회원으로 두고 있다.

우리나라의 대표적인 연기금인 국민연금과 국부펀드인 한국투자공사는 각각 2015년 1월 28일 국민연금법 개정, 2021년 3월 16일 한국투자공사법 개정을 통해 '장기적이고 안정적인 수익 증대를 위해 투자 대상과 관련한 환경, 사회, 지배구조 등의 요소를 고려할 수 있다'는 조항을 신설하고, 책임투자의 근거를 마련했다.

해외 주요 자산보유자

(1) 일본 공적연금 GPIF

2006년 설립된 일본 공적연금은 일본 후생노동성으로부터 공무원연금과 국민연금의 적립금을 받아 관리한다. 2021회계연도 1분기 말(2021년 6월 말) 기준 자산 규모 192조 엔(1조 7,400억 달러)으로 세계 최대 규모의 연기금이다. 2019회계연도(2020년 3월 종료) 기준 운용자산 151조 엔 중 81.6%의 자산을 위탁 운용하고 있으며, 자체 운용은 국내채권 및 일부 대체투자에 국한되어 있다. 운용 전략별로는 벤치마크를 추종하는 패시브 투자 비중이 78.7%로 대부분을 차지한다. ESG 투자로는 국내외 주식 ESG 지수를 벤치마크로 추종하는 패시브 투자와 ESG 채권 보유가 각각 5.7조 엔, 4,414억 엔으로 전체 자산의 3.5%, 0.3%에 해당한다.

GPIF는 2014년 2월 일본 금융청의 스튜어드십 코드 공표 직후인

GPIF의 운용자산 규모와 운용수익률 추이

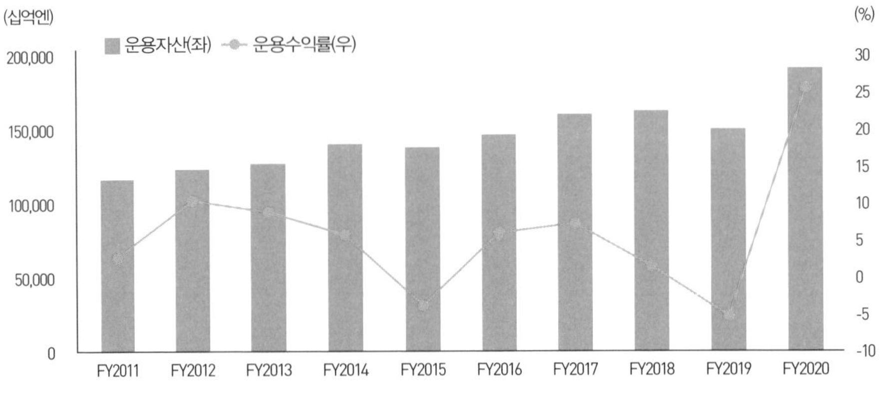

자료: GPIF, NH투자증권 리서치본부

2014년 5월 스튜어드십 코드를 도입하고, 2015년 3월 다양한 수탁자책임 이행으로 연금 수급자의 장기 투자수익 제고에 전념한다는 투자원칙을 제정했다. 2017년 10월 수탁자책임 이행에 ESG 요소를 고려하기 위해 투자원칙을 개정하여, 투자 대상 기업과 자본시장 전체의 지속가능한 성장의 중요성을 인식하고, 투자 과정에서 재무적 요소와 ESG 요소의 통합을 추진하기로 하면서, 모든 자산을 대상으로 ESG 고려를 확대했다.

또한 2015년 9월 PRI 서명, 2016년 11월 30% 클럽(30% club, 이사회와 임원의 여성 비율을 최소 30%까지 높이는 성별 다양성을 위한 글로벌 캠페인) 가입, 2018년 10월 기후행동 100+(세계 최대 온실가스 배출 기업들의 기후 변화 지배구조 개선, 배출량 감축, 기후 관련 공시를 강화하기 위해 투자자들이 설립한 이니셔티브) 가입, 2018년 12월 TCFD 지지, 2019년 8월 국제지배구조네트워크, 기관투자자협의회(CII, Council of Institutional Investors) 가입 등 다양한 ESG 이니셔티브에 참여했으며, 2016년 기업과 자산보유자 포럼 및 세계 자산보유

해외주식 해외채권 국내주식 국내채권

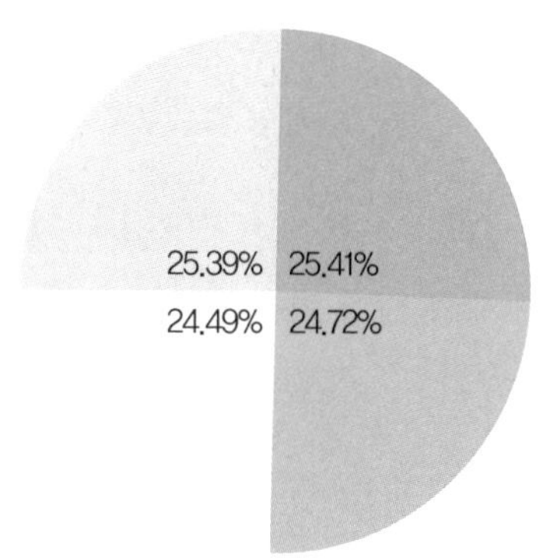

주: FY1Q21 기준(2021년 6월 말). 정책목표는 해외주식 25%, 해외채권 25%, 국내주식 25%, 국내채권 25%
자료: GPIF, NH투자증권 리서치본부

자 포럼의 설립을 주도했다.

GPIF는 2017년 7월 ESG 종합지수 2종(FTSEBlossom Japan Index/9,314억 엔, MSCI Japan ESG Select Leaders Index/1조 3,061억 엔), 성별다양성에 초점을 맞춘 사회(S) 특화지수 1종(MSCI Japan Empowering Women Index/7,978억 엔)을 선정하여, 국내주식에 대한 ESG 패시브 투자를 시작했다.

2018년 9월에는 기후 변화의 심각성을 고려하여 국내주식 환경(E) 특화 지수 1종(JPX Carbon Efficient Index/9,802억 엔)과 해외주식 환경(E) 특화 지수 1종(S&P Global ex-Japan LargeMidCap Carbon Efficient Index/1조 7,106억 엔) 이상 2020년 3월 기준 운용자산)을 선정하여 국내주식은 물론 해외주식에도 ESG 패시브 투자를 시작했다. 2020년 12월에는 해외주식 ESG 종합지수 1종(MSCI ACWI ESG Universal Index/초기투자 1조 엔)과 사회(S) 특화 지수 1종(Morningstar Gender Diversity Index/초기투자 3,000억 엔)을 선정하여 해외주식 ESG 패시브 투자를 강화했다. 한편, 코로나19로 인한 주식시장 급락으로 -5.2%의 수익률을 기록한 2019회계연도의 ESG 투자 성과는 국내주식 5개 펀드 가중평균 -6.4%, 해외주식 1개 펀드 -12.9%로 해당 자산군 평균수익률 -9.7%과 -13.1%를 상회했다.

GPIF는 ESG 채권에 대한 초과 수요와 만기 보유 경향 때문에 유통시장에서의 매수가 어려운 점을 감안하여, 세계은행그룹을 포함한 10개 다국간 개발은행 및 3개국 정부 금융기관과 함께 ESG 채권 투자 기회를 제공하는 플랫폼을 구축하기도 했다.

(2) 노르웨이 국부펀드 GPFG

석유펀드라고도 불리는 노르웨이 국부펀드는 노르웨이 정부가 1969년 북해 유전 발견에 따른 장기적인 석유 수입 관리를 위해 설립했다. 1990년 노르웨이 의회에서 관련 법안이 통과된 이후 1996년 첫 자금이 유입되었다. GPFG 이름 뒤에 붙은 Global처럼 해외투자만 허용된다. 노르웨이은행의 자산운용 부문인 NBIM이 관리한다. 2020년 기준 운용자산 10.9조 크로네(1조 2,750억 달러)이며, 자산군별로는 주식이 72.4%로 대부분이고, 나머지는 채권 25.1%, 부동산 2.4%, 신재생에너지 0.1% 등이다.

GPFG는 2006년 7월 PRI에 서명하는 등 지속가능성 관련 TCFD, CDP, 유엔글로벌콤팩트, 유엔환경계획금융이니셔티브 등의 회원이며, 지배구조 관련으로도 국제지배구조네트워크, 기관투자자협의회, 유럽지배구조협회, 아시아기업지배구조협회 등의 회원이다.

GPFG의 운용자산 규모와 운용수익률 추이

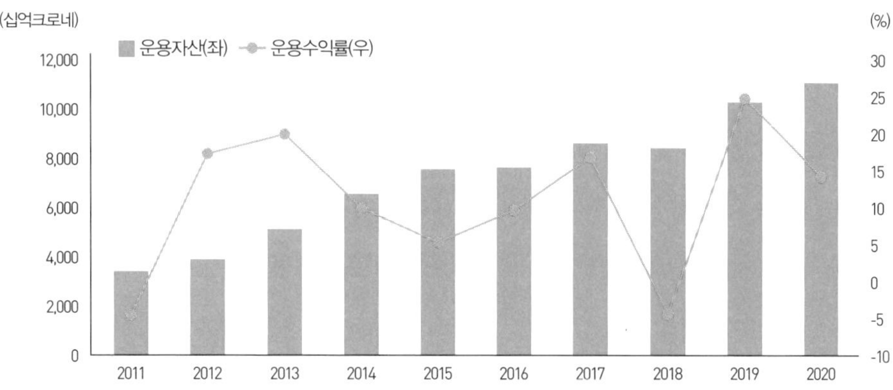

자료: GPFG, NH투자증권 리서치본부

GPFG의 자산군별 투자비중

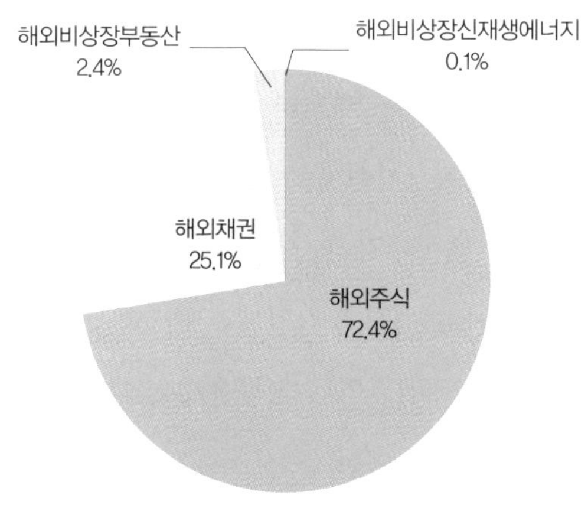

주: 2020년 기준
자료: GPFG, NH투자증권 리서치본부

GPFG는 9,000개 이상의 기업에 투자하고 있으며, 2020년 전체 주주총회의 98.0%에 해당하는 1만 1,871회의 주주총회에서 투표했다. 기본적으로는 일관성과 예측 가능성 원칙에 기반하여 회사 이사회를 지원

(경영진 안건 찬성률 95.1%)하지만, 반대 투표할 경우 사유를 설명한다. 포트폴리오 운용에 있어 제품, 행위, 리스크 등 세 가지 영역에 기반한 투자 배제원칙을 가지고 있다. 2020년까지 인권원칙 침해 무기 제조 및 특정 국가에 무기를 판매하는 회사, 담배제조 회사, 석탄 관련 매출액이 30%를 초과하는 자원개발 및 발전회사 106개, 심각한 윤리규범 위반 회사 38개, 수용할 수 없는 ESG 리스크에 노출된 회사 314개를 처분했다.

GPFG는 2015년부터 투자 기업의 탄소발자국을 분석하고 있다. 2020년에는 9,239만 톤으로 전년 대비 14% 감소했고, 벤치마크 대비 12% 낮은 수준이었다. 이는 노르웨이 재무부가 자원개발기업을 벤치마크에서 제외한 영향이 가장 크지만, 환경 산업 투자할당의 기여도 무시할 수 없다.

ESG 투자 관련한 특이사항으로 환경 산업 투자할당이 있다. 300~1,200억 크로네 규모를 배정하여, 저탄소에너지 및 대체연료, 청정에너지 및 에너지 효율, 천연자원 관리 등 세 가지 분야 관련 매출액이 20% 이상인 기업에만 투자하는데 위탁 운용이 아닌 자체 운용하고 있다. 2020년 투자 규모는 90개 기업에 1,000억 크로네(113억 달러)로 전체 자산의 0.9%이며, 2020년의 수익률은 34.3%, 2020년도 투자 개시 이후 연평균 수익률은 9.5%이다.

(3) 네델란드 공적연금 ABP

네덜란드 공적연금 ABP는 네덜란드의 정부 및 교육공무원을 위한 연기금으로 2021년 상반기 기준 자산 규모 5,230억 유로(6,172억 달러)이다. 1922년 설립된 네델란드 공무원연금을 계승했으며, 1996년 민영화

ABP의 운용자산 규모와 운용수익률 추이

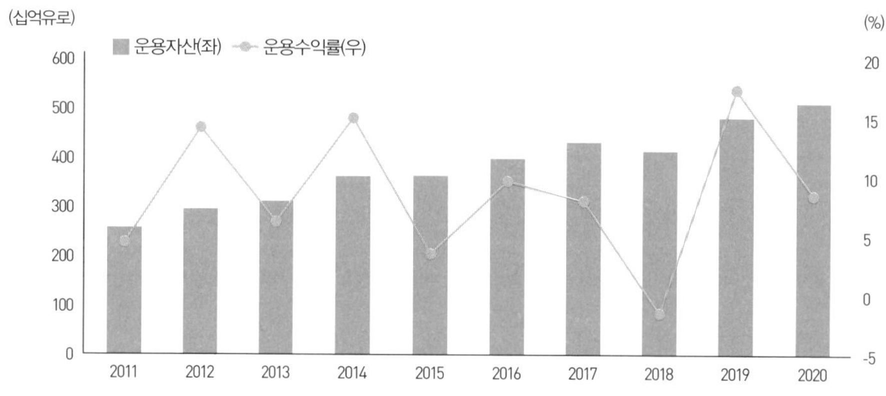

자료: GPFG, NH투자증권 리서치본부

ABP의 자산군별 투자비중

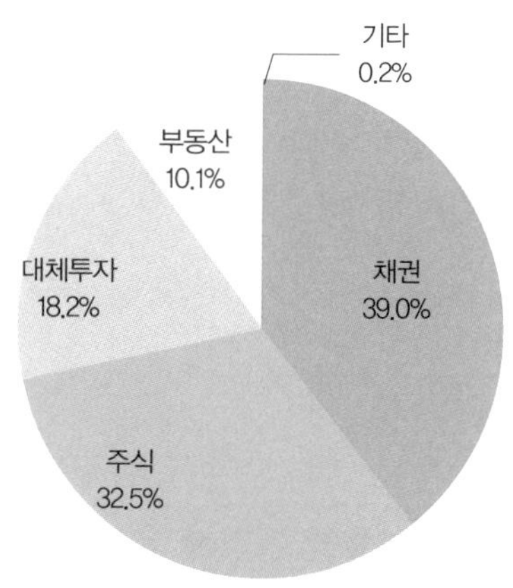

주: 2020년 기준
자료: ABP, NH투자증권 리서치본부

되었다. ABP는 2008년 자회사 APG를 설립해 자산운용을 담당하도록 했다.

2019년 기준 국내투자는 210억 유로로 전체 자산의 4.5%이며, 자산군별로는 채권 39.0%, 주식 32.5%, 대체투자 18.2%, 부동산 10.1%

등에 투자하고 있다. 세부적으로는 선진국시장 주식 25.2%, 회사채 13.4%, 국채 10.3%의 투자 비중이 높다. ABP는 2006년 4월 PRI 창립 시 서명한 47개 기관 중 하나이다. 2007년 책임투자 정책을 도입하여 기존 투자 기준인 위험, 수익, 비용에 더해 기업이 사람과 환경을 대하는 방식과 ESG 위험이 적절히 관리되는지에 주목하기 시작했다. 2015년에는 유엔의 지속가능발전목표 발표에 맞춰, 투자 과정에 지속가능성 요소를 통합하기 위해 새로운 책임투자 정책을 도입했다. 이때부터 모든 투자를 평가할 때 수익, 위험, 비용뿐 아니라 지속가능성과 책임 있는 사업 기준도 고려하기 시작했다.

5년간의 목표로 제시한 지표들인, UN SDGs에 기여하는 투자 규모(580억 유로), 교육과 정보통신 투자 규모(16억 유로), 탄소발자국 감축(2014년 대비 25% 감축), 신재생에너지 투자 규모(50억 유로) 등을 2019년 달성함에 따라 2020년에는 새로운 5년간의 책임투자 정책을 도입했다. 2019년 기준 UN SDGs에 기여하는 투자 656억 유로, 그린본드 투자 76억 유로로 전체 자산 대비 각각 12.5%, 1.5% 규모이다. 2020년의 새로운 책임투자 정책은 기후 변화와 신재생에너지로의 전환, 희소성이 증가하는 원자재와 식품을 포함한 천연자원의 보존, 기술의 중요성이 커지는 사회의 디지털화를 세 가지 주요 사회 전환으로 인식하고, UN SDGs 달성에 기여하며, 투자 기업들의 인권존중 및 지배구조 개선을 촉구하는 것이다. 이를 위해 2025년까지 전체 자산의 20%를 UN SDGs에 기여하는 투자에 배정하고, 탄소발자국 40% 감축(2015년 대비), 석탄광산 매출 비중 30% 이상 또는 오일샌드(점토나 모래 등에 중질 원유가 10% 이상 함유된 비전통 석유. 원유 분리·가공 과정에서 발생하는 이산화탄소, 매연, 유해

물질 등이 환경을 오염시킨다) 매출 비중 20% 이상인 회사 투자 배제, 신재생에너지에 150억 유로 투자 등을 목표로 제시했다.

(4) 미국 캘리포니아 공무원연금 CalPERS

미국 캘리포니아 공무원연금은 2021년 8월 기준 자산 규모 4,871억 달러로 미국 내에서 가장 큰 연기금이며, 캘리포니아 주정부 공무원, 교육공무원, 공공기관 직원을 위한 연금과 건강보험을 운영한다. 1932년 설립된 캘리포니아 공무원 퇴직 제도(SERS, State Employees' Retirement System)를 모태로 한다.

2020회계연도(2020년 6월 종료) 기준 캘리포니아 내 투자는 436억 달러로 전체 자산의 11.1%이며, 자산군별로는 주식 52.1%, 채권 28.2%, 실물자산 11.3%, 사모펀드 6.3% 등에 투자하고 있다.

CalPERS는 2006년 4월 PRI 창립 시 서명한 47개 기관 중 하나이며, TCFD, 유엔글로벌콤팩트, 환경책임경제연합, 지속가능성회계표준위원회(현재는 가치공시재단), 국제지배구조네트워크, 기관투자자협의회 등 다양한 ESG 이니셔티브의 회원이다.

2022년까지 진행 중인 5개년 전략계획에서도 펀드의 지속가능성은 가장 앞에 오는 전략 목표이다. CalPERS는 2013년 투자 신념을 도입하고, 2016년 ESG에 초점을 맞춘 지배구조와 지속가능성 전략 계획을 승인했다. 2019년에는 지배구조와 지속가능성 원칙을 개정했으며, 2021년에는 다음 5개년 지배구조와 지속가능성 전략 계획을 발표할 예정이다.

CalPERS의 운용자산 규모와 운용수익률 추이

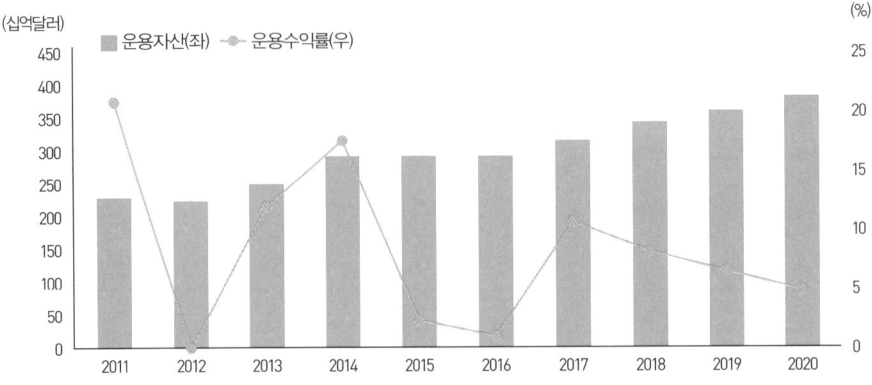

자료: CalPERS, NH투자증권 리서치본부

CalPERS의 자산군별 투자비중

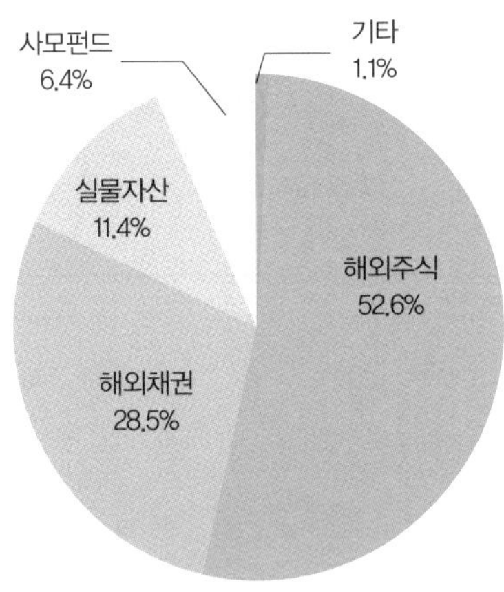

주: FY2020 기준 (2020년 6월 말)
자료: CalPERS, NH투자증권 리서치본부

우리나라 주요 자산보유자

(1) 국민연금 NPS

국민연금은 2021년 상반기 기준 자산 규모 908조 원(7,794억 달러)으로 세계 3대 연기금이다. 1986년 국민연금법의 공포로 1987년 국민연금관리공단을 설립하고, 1988년부터 국민연금 제도를 실시했다. 운용을 담당하는 기금운용본부는 1999년 설치되었다.

2020년 기준 운용자산 833조 원을 자산군별로 분류하면 국내주식 21.2%, 해외주식 23.1%, 국내채권 39.1%, 해외채권 5.4%, 대체투자 10.9% 등이다. 국민연금은 2006년 국내주식 위탁 운용에서 책임투자를 시작하고, 2018년 국내주식 직접 운용에도 책임투자를 적용하고 있다. 국내주식 중 직접 운용 93.4조 원(직접 운용의 99.9%), 위탁 운용 8조 원(위탁 운용의 9.6%) 등 총 101.4조 원에 대해 책임투자를 고려하고 있는데, 이는 전체 자산의 12.2%이며, 국내주식의 57.4%에 해당한다. 국내채권, 해외주식 및 채권에도 책임투자를 적용하여 책임투자 고려 자산 비중을 2022년 50% 이상까지 높일 계획이다.

국민연금은 2009년 6월 PRI에 가입했고, 2015년 1월 국민연금법 개정으로 ESG 요소 고려에 대한 법적 근거가 마련됨에 따라, 같은 해 12월 국내주식 ESG 평가 체계를 구축했으며, 2016년 4월 기금운용 지침에 책임투자 관련 조항 마련, 2018년 7월 스튜어드십 코드 도입, 2019년 11월 책임투자 활성화 방안 발표 및 PRI 제정 등 수탁자책임 활동을 강화하고 있다. 국제지배구조네트워크, 아시아기업지배구조협회, 기후 변화에 관한 아시아투자자그룹 등의 회원이기도 하다. 또한 2021년 5월 '기후 변화에 대응하기 위한 탄소 배출 감축의 필요성에 공감하

국민연금의 책임투자 고려 자산 추이

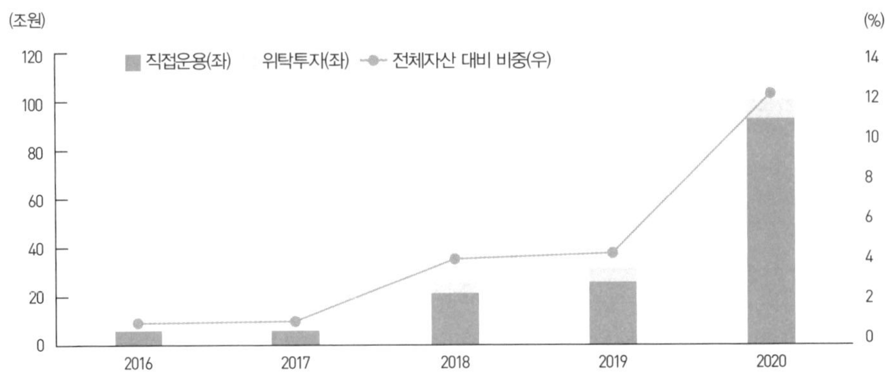

자료: 국민연금, NH투자증권 리서치본부

고, 석탄 채굴·발전 산업에 대한 투자 제한 전략을 도입할 것'을 내용으로 하는 '탈석탄 선언'을 했다. 먼저 국내외 석탄발전소 건설 신규 프로젝트에 대한 투자 배제를 시작하고, 배제 전략을 바탕으로 단계별 실행 방안을 수립할 계획이다.

국민연금의 수탁자책임 활동은 최고 의사결정기구인 기금운용위원회가 정한 정책에 따라 이행된다. 기금운용위원회 산하 민간 전문가로 구성된 수탁자책임 전문위원회가 책임투자 및 주주권 행사에 대한 주요 사항을 검토 및 결정하여 기금운용위원회의 의사결정을 지원하고, 기금운용본부의 수탁자책임실에서 수탁자책임 활동을 이행한다. 2020년 854개 주주총회에서 84.0%의 안건에 대해 찬성 의결권을 행사했으며, 반대 의결권을 행사한 535개 안건의 사유는 이사 및 감사 선임(45.8%), 이사 및 감사 보수(29.0%)가 대부분이었다. 또한 109개 투자 기업에 대해 서신 발송 및 면담 등 225건의 주주관여활동을 수행했으며 이는 전년 대비 51% 증가한 수치이다.

국민연금의 운용자산 규모와 운용수익률 추이

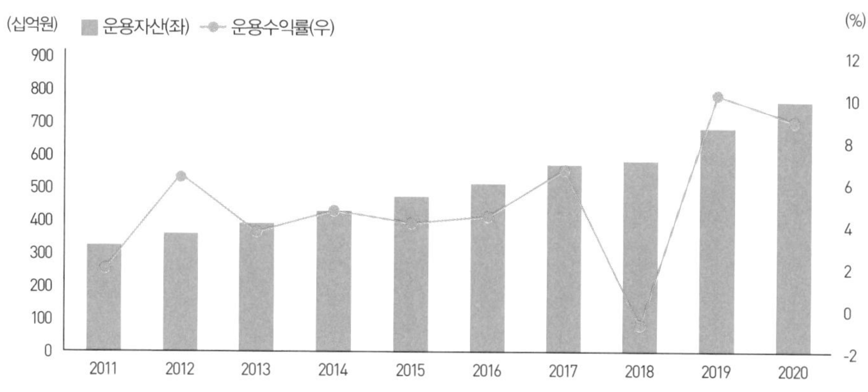

자료: 국민연금, NH투자증권 리서치본부

국민연금의 자산군별 투자비중

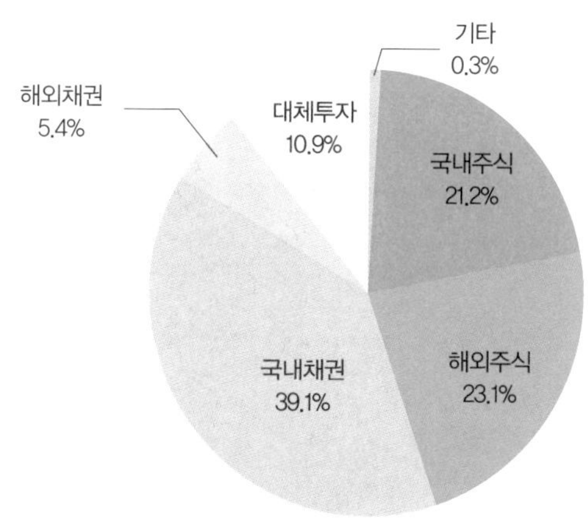

주: 2020년 기준. 2021년 정책목표는 국내주식 16.8%, 해외주식 25.1%, 국내채권 37.9%, 해외채권 7.0%, 대체투자 13.2%
자료: 국민연금, NH투자증권 리서치본부

(2) 한국투자공사 KIC

한국투자공사는 2005년 공포된 한국투자공사법을 근거로 설립된

KIC의 운용자산 규모와 운용수익률 추이

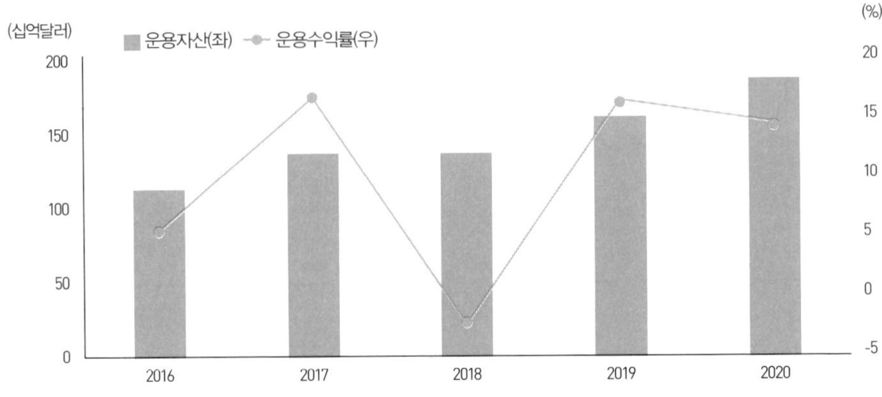

자료: KIC, NH투자증권 리서치본부

KIC의 자산군별 투자비중

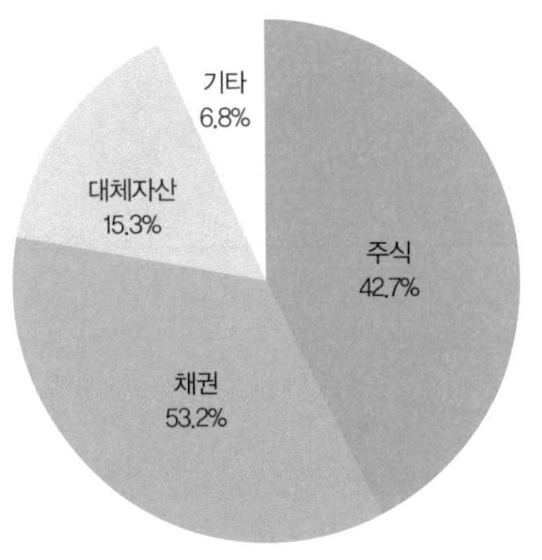

주: 2020년 기준
자료: KIC, NH투자증권 리서치본부

국부펀드이다. 정부와 한국은행 공공기금 등으로부터 위탁받은 자산을 해외투자로 운용한다. 2020년 기준 자산 규모는 1,831억 달러이며, 자산군별로는 주식 42.7%, 채권 35.2%, 대체자산 15.3% 등에 투자하고 있다.

KIC는 2018년 12월 스튜어드십원칙 수립, 2019년 9월 투자 정책서 내 책임투자 조항 신설, 10월 책임투자 업무 지침 제정 등 수탁자책임 활동을 강화하고 있고, 2021년 3월 한국투자공사법 개정으로 ESG 요소 고려에 대한 법적 근거가 마련되었다. 또한 국부펀드의 지배구조와 투명성 등을 규정한 산티아고 원칙을 자발적으로 이행하는 국부펀드들이 2009년 4월 설립한 국부펀드총회의 회원이며, 2014년 9월 글로벌공공펀드공동투자협의체의 창립을 주도했다. 국제지배구조네트워크, 기후변화 대응을 위한 국부펀드 협의체인 OPSWF 회원이며, 2020년 11월 국내 공적 투자기관 최초로 TCFD 지지 선언을 했다.

KIC는 ESG 전용 투자펀드, 포트폴리오 수준의 ESG 통합, ESG 리뷰, 특정 산업 투자 배제 및 ESG 하위 기업 투자 비중 제한 등 4가지 경로를 통해 'ESG 통합 투자 전략'을 모든 자산군에 적용한다.

(3) 기타 연기금

국민연금, KIC 이외에도 한국교직원공제회, 사학연금, 공무원연금 등 다양한 자산보유자들이 책임투자의 확산을 주도하고 있다.

한국교직원공제회는 교육공무원과 교원의 생활 안정과 복리 증진을 위해 1971년 제정한 한국교직원공제회법을 근거로 설립된 공제회이다. 2020년 기준 자산 규모는 46조 원이며, 자산군별로는 대체투자 54.6%, 채권 21.2%, 주식 20.9% 등에 투자하고 있다. 2017년 9월 국내 공제회 중 최초로 스튜어드십 코드를 도입했고, 2019년부터 위탁 운용사 선정 기준으로 사회책임투자(SRI) 여부를 추가했다. 국내주식 위탁 운용에 사회책임투자를 일부 적용하고 있으며, 규모는 2019년 기준

750억 원으로 아직 전체 자산의 0.2% 수준이다. 2019년 12월 '탈석탄 금융 선언'을 통해, 국내외 석탄발전소 건설을 위한 자금조달에 참여하지 않고, 신재생에너지 투자를 확대하겠다는 계획을 밝혔다.

사학연금은 사립학교 교직원의 생활안정과 복리향상을 위해 제정된 사립학교교직원연금법을 근거로 1974년 사립학교교직원연금관리공단을 설립하면서 시작된 연기금이다. 2020년 기준 자산 규모는 21조 원이며, 자산군별로는 주식 42.7%, 채권 34.7%, 대체투자 20.7% 등에 투자하고 있다. 2018년 10월 공무원연금과 함께 우리나라 금융기관 중 처음으로 '탈석탄 선언'을 했으며, 2019년 12월 스튜어드십 코드를 도입하고, 자산운용지침에 'ESG 요소를 고려할 수 있다'는 조항을 신설했다. 2021년 5월에는 책임투자 유형 이외의 국내주식 위탁 운용사 선정 기준에도 스튜어드십 코드 도입이나 ESG 투자 전담조직 운영과 같은 'ESG 투자 활성화 노력'을 추가했다. 2020년 책임투자를 고려하는 펀드 투자 규모는 3,041억 원으로 전체 자산의 1.4%이다.

공무원연금은 1960년 제정된 공무원연금법을 근거로 시작되었으며, 1982년 공무원연금관리공단을 설립하여 기금 운용 등의 업무를 정부로부터 이관했다. 2020년 기준 자산 규모는 8조 원이며, 자산군별로는 채권 39.0%, 주식 33.5%, 대체투자 23.0% 등에 투자하고 있다. 2018년 10월 사학연금과 함께 우리나라 금융기관 중 처음으로 '탈석탄 선언'을 했으며, 2020년 1월 스튜어드십 코드를 도입하면서 수탁자책임 활동을 강화하고 있다. 특히 5인 이내의 외부 전문가로 구성된 수탁자책임 전문위원회를 신설하여 수탁자책임 활동 관련 주요 정책을 결정하도록 함으로써 의사결정의 독립성 제고와 이해상충 문제의 최소화를 도모하고 있다. 2020년 책임투자 규모는 3,215억 원으로 전체 자산의 4.0%이다.

마지막으로, 우정사업본부는 2020년 12월 스튜어드십 코드를 도입했으며, 2020년 연차 보고서를 통해 보험사업단의 우체국보험적립금 운용자산 55.8조 원 중 2.1%인 1.2조 원이 사회책임투자라고 밝혔다.

3

글로벌 녹색금융 정책

글로벌 환경 문제, 특히 지구 온난화와 기후 변화, 미세먼지 등 생태적 위기가 갈수록 심각해지고 있고, 이러한 위기로부터 비롯되는 기후 변화 문제에 능동적으로 대처하기 위해 저탄소 경제로의 전환은 필수라고 할 수 있다.

저탄소 경제로의 전환을 성공적으로 달성하는 데는 리스크를 관리하고 자금을 조달할 수 있는 금융의 역할이 대단히 중요하다. 녹색금융은 기후 환경 위기로 발생하는 리스크를 최소화하고, 저탄소 경제로 전환하는 데 필요한 금융 조달이 가져오는 기회를 포착할 의무가 있다. 이에 이른바 '녹색금융'의 활성화를 위한 여러 방안을 국제기구와 각국 정부가 다각도로 모색하고 있다.

지속가능 금융과 녹색금융의 범위

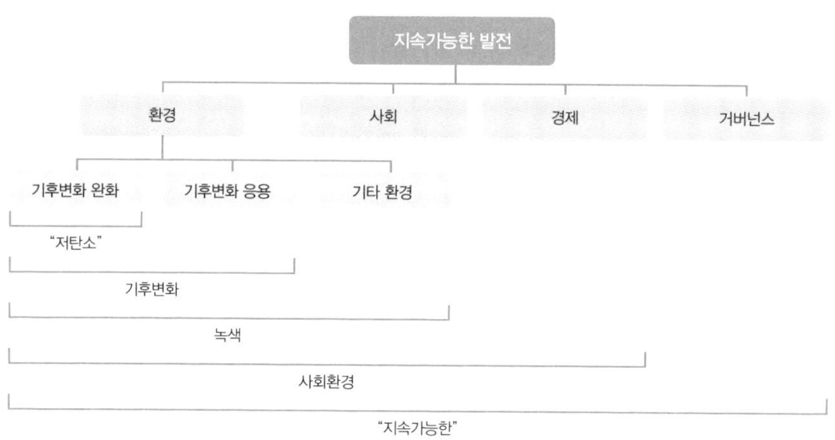

자료: UNEP, 2016

녹색금융의 등장 배경 및 개념

녹색금융은 교토의정서에 따른 청정개발체제(CDM), 공동이행제도(JI), 배출권거래제(ET) 중심의 온실가스 감축 관련 '탄소금융'을 중심으로 발전해왔다. 그러나 국제적인 흐름은 단순히 온실가스 감축에서 벗어나 기후 변화로 인해 금융기관이 부담해야 할 리스크를 확인하고, 이를 주도적으로 관리해야 한다는 것이었다. 기업 또한 기후 변화로 인해 발생할 수 있는 리스크를 관리하지 않으면 기업이 존속하기 어렵다는 것에 공감하면서 체계적이고 구체적인 관리책의 필요성이 대두되면서 '녹색금융' 이 등장했다.

'녹색금융' 에 대한 정의는 다양하다. 호네(2012) 등은 "지속가능발전목표 프로젝트와 이니셔티브, 환경 제품, 지속가능경제 발전을 촉진하는 정책에 투입되는 재무적 투자"라고 정의했고, 유엔환경계획은 "환경·사회·지배구조 등을 감안하는 지속가능금융의 한 부분으로서 기후 변화와 환경 요인에 주력하는 금융"이라고 정의했다. 녹색금융을 포괄하는 개념인 지속가능금융은 1990년대 초반부터 민간 금융회사를 중심으로 자발적으로 발전해왔다. 지금까지 지속가능금융을 논할 때면 ESG를 언급했다. 하지만 최근 글로벌 금융시장에서는 ESG 중에서도 금융안정에 가장 큰 영향을 미치며 재무적으로 정량화할 수 있는 기후 변화에 집중하고 있는 추세이다.

유엔환경계획금융 이니셔티브는 녹색금융의 개념을 두 가지 방향으로 정리하고 있다. 하나는 경제활동 전반에 걸쳐 자원과 에너지 효율을 높이고 환경을 개선하는 상품 및 서비스의 생산에 자금을 제공함으로써 녹색성장을 지원하는 활동이다. 다른 하나는 환경을 파괴하는 활동에 자금이 공급되는 것을 효과적으로 차단하기 위한 자율적인 심사 및 감시 체계를 만드는 활동이다. 최근에는 금융시장 차원에서 녹색성장을 위한 금융 지원뿐만 아니라 다양한 녹색금융상품을 통한 환경 개선 및 신금융상품개발과 리스크 관리 기법 개선 등을 바탕으로 한 금융 산업의 발전까지 동시에 추구하는 새로운 금융 형태'로 정의하기도 한다.

위의 녹색금융 정의에서 찾을 수 있는 두 가지 공통점은 '녹색'의 의미를 '친환경'과 같은 의미로 해석한다는 것과, 녹색금융을 녹색성장을 지원하는 금융으로 한정하기보다는 리스크 관리와 관련 금융상품 개발 등 보다 포괄적인 개념으로 해석하고 있다는 것이다. 이러한 해석을 바탕으로 녹색금융의 범위를 다음과 같이 세 가지로 구분할 수 있다.

첫째, 녹색기술과 녹색산업의 육성을 통해 일자리를 창출하고 관련 산업이 글로벌 경쟁력을 갖출 수 있도록 선도하는 금융이다. 금융 지원이 없는 신기술 개발과 산업의 육성은 요원할 수밖에 없다. 고위험, 고

수익 투자 대상의 경우, 자본시장을 통해 자금을 공급하는 것이 상대적으로 더 적합한 수단이기 때문에 새로운 시장에 대한 자본 투자를 통해 친환경 녹색산업을 활성화하려는 것이다. 자금 투자의 경로는 산업화의 정도와 리스크 크기에 따라 자본시장을 통한 투입과 은행시장을 통한 투입으로 구별될 수 있다.

둘째, 기업과 개인의 생산활동과 소비활동이 친환경적으로 이루어질 수 있도록 녹색금융상품을 개발하고 보급을 활성화함으로써 국가 경제 전체의 에너지 효율 개선과 환경파괴를 방지하는 금융이다. 이것은 녹색금융상품을 통해 거래 고객에게 친환경활동의 유인을 제공하기 위한 것이다. 은행들은 에너지 효율 시설에 대한 투자를 통해 친환경 경영을 실천하는 기업이나 친환경 자동차, 재생에너지, 에너지 절감형 건축물 등을 구매하는 고객들에게 금리를 우대해주거나 수수료를 감면해줄 수 있다.

셋째, 산업 환경 변화와 탄소시장 형성 등 새로운 변화에 대응하여 금융 기업이 새로운 수익원을 적극 발굴하는 것을 의미한다. 이미 국내 대형은행들은 금융지주회사로 탈바꿈함으로써 벤처 투자에서부터 펀드, 프로젝트 파이낸싱, 여신까지 다양한 금융 지원 프로그램 구성이 가능하다. 앞으로는 과거 성숙 단계의 기업을 대상으로 한 단순한 여신 제공에서 벗어나 친환경 분야 사업 부문에 대해 기업의 시작에서부터 기업의 상장, 해외 진출, M&A까지 사업모델을 확장하여 접근할 필요가 있다.

글로벌 지역별 녹색금융 재정 규모, 2018

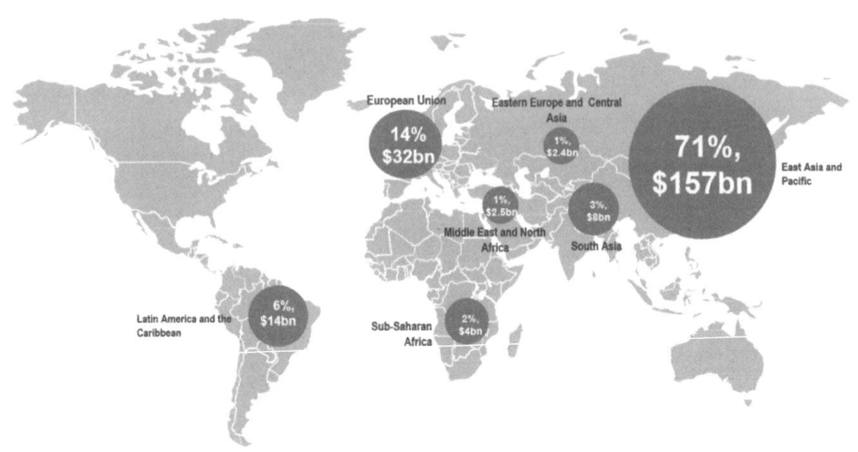

자료: Climate policy initiative

녹색금융시장의 메커니즘

녹색금융에 대한 수요 예측은 다양하다. IEA(국제에너지기구)는 2016~2050년 사이에 에너지 분야에만 연평균 약 3.5조 달러의 투자가 필요할 것으로 추정하고, 지구환경금융은 대지, 해양, 삼림의 보존을 위해 연간 4,000~6,000억 달러, 재생에너지와 에너지 효율 향상 프로젝트를 위해 연간 3,500억 달러의 추가 자본 투입이 각각 필요하다고 추산하고 있다. 유엔무역개발회의는 지속가능발전목표를 달성하기 위해서는 2015~2030년 사이 매년 5~7조 달러의 투자가 요구되는데, 이 가운데 3.3~4.5조 달러가 개발도상국의 기본 인프라 건설(도로, 발전소, 상수도 등), 식량 조달, 온실가스 감축과 기후 변화 적응 등에 필요하므로, 공공부문의 자금조달 능력을 감안할 때 연간 약 2.5조 달러의 투자가 부족할 것으로 예상하고 있다. 달리 표현하자면 연간 2.5조 달러의 녹색금융시장 수요가 새로이 생긴다는 의미이다.

녹색금융의 공급은 발행시장과 유통시장을 통해 이루어진다. 정확히 집계하기는 어렵지만 발행시장에서 2018년 600억 달러의 녹색융자와 1,670억 달러의 녹색채권이 각각 조달되어 전년 대비 30% 증가한 것으로 조사된다. 유통시장에서는 2018년 4,440억 달러의 임팩트 투자 및 1조 180억 달러의 지속가능 테마 투자가 이루어져 2016년 대비 각각 79%와 269%의 성장세를 보였다. 결론적으로 녹색금융시장은 금융기관의 입장에서 볼 때, 공급이 수요를 충족시키지 못하고 있고 성장 속도가 빠른 '블루오션'이라고 할 수 있다.

이중 최근 주목을 받고 있는 분야는 바로 '임팩트 투자'다. 임팩트 투자는 재무적 수익과 함께 투자 대상 기업이 사회, 환경에 미치는 실질적인 영향을 고려하는 ESG 투자방식 중 하나로 이왕이면 투자할 때 긍정적이고 측정 가능한 환경적인 '임팩트'를 거두려는 의도로 사용하는 투자방식을 말한다. 임팩트 투자는 정부 예산만으로는 사회 및 환경 문제를 온전히 해결하기 힘들기 때문에 자본시장이 그 역할을 함께 맡아야 한다는 인식 아래에 만들어졌다.

임팩트 투자는 다른 ESG 투자방식과 비교해 '적극성'이라는 측면에서 차이가 크다. 임팩트 투자는 주식, 채권, ETF, VC 등 모든 투자방식으로 이루어지고 참여자도 헤지펀드, 연기금, 개인 및 기관투자자로 기존 ESG 투자방식과 동일하지만, 기존의 네거티브 스크리닝 방식의 ESG 투자 패러다임을 넘어 투자자를 직접 발굴하고, 측정 가능한 검증 과정을 거쳐 투자한다는 점에서 한 단계 발전한 ESG 투자로 평가된다.

2018년 기준 아시아 태평양 지역은 녹색투자 재정 규모가 가장 큰 지역이다. 두 번째로 가장 많은 재정 지원을 받는 지역은 유럽연합으로 전 세계 전체 녹색금융에서 22%를 차지했는데 이는 2017년 대비 7% 감소한 규모였다. 라틴 아메리카와 카리브해 및 남부 아시아 지역은 각각 전체 녹색금융의 9% 및 7%를 차지하며 그 뒤를 이었다. 기후 변화 적응을 위한 대부분의 재정은 동아시아 지역에 집중되었다. 2018년에는 신재생에너지 등 온실가스 감축 지원을 위한 사업에 IDFC(국제개발금융클럽)로부터 전체 녹색금융의 79%를 지원받아 총 1,060억 달러가 할당되었다. 운송 분야의 경우 전년도와 마찬가지로 370억 달러로 가장 많은 재정 지원을 받은 분야였고, 앞으로도 투자의 핵심 구성 요소가 될 전망이다. 다음으로 신재생에너지 분야(290억 달러)와 에너지 효율화(240억 달러)에 대한 투자 비중이 높았다. 특히 신재생에너지 분야는 저탄소 에너지 생산에 대한 수요로 전년 대비 20억 달러 이상 증가하며 큰 성장세를 보였다.

IDFC 회원국들 사이에서 상위 녹색투자는 크게 운송과 재생가능에너지 그리고 에너지 효율성의 세 가지 범주로 나눠진다. 지난 몇 년간의 추세에 따라 운송 분야는 가장 많은 녹색금융 재정을 받았으며, 도시의 교통 방식을 변경하고 도시 간 교통을 위한 금융 투자는 3배 이상 증가했다. 신재생에너지 분야는 두 번째로 큰 범주로 대부분 금융 지원을 바탕으로 한 발전을 통해 풍력, 수력, 태양광 발전 분야에서 비슷한 규모의 투자가 이어지고 있다. 세 번째 범주인 에너지 효율성 분야는 에너지 수급 개선 및 새로운 상업, 공공 및 주거 시설의 에너지 효율성을 높이는 것으로 기존 산업시설에 32%, 기존 건물의 개선을 위한 분야에 24%가 투자되었다

G20지속가능금융연구그룹은 녹색금융을 포함한 지속가능금융 시

장의 최근 동향을 다음과 같이 분석했다.

첫째, 가속도가 붙어 성장이 빠른 시장이다. 2018년 상반기 녹색융자 규모는 170억 달러로 전년 동기 대비 4배 성장, 2018년 임팩트 투자사모펀드 규모는 지난 5년 사이 32% 증가, 책임투자원칙에 가입한 금융기관 수는 2018년 4월 1,961개로 전년 동기 1,714개에 비해 15% 증가했다. 미국의 경우 46.6조 달러의 기관투자자 자산 중 25%가, 유럽연합의 경우 약 50%가 각각 지속가능금융 시장에 편입되고 있다. 이런 성장세에 힘입어 지속가능금융은 이제 틈새시장이 아니라 시장의 주류가 되고 있다.

둘째, 지속가능발전목표가 금융시장의 보편적 프레임워크가 되고 있다. 2018년 10월 28개 은행이 프랑스 파리에서 채택한 책임은행원칙, 2006년 PRI, 2012년 지속가능보험원칙, 2009년 지속가능거래소 이니셔티브 등 지속가능성을 추구하는 글로벌 금융 이니셔티브가 속속 등장하여 녹색금융시장에 관한 통계와 데이터가 양적·질적으로 개선되고 있다. 이는 지속가능금융에 대한 분류 체계와 개념 정의가 치밀해지고, 금융계가 과거 실적 위주에서 미래 예측 위주의 데이터를 요구하고 있으며, 정보공개에 대한 투명성 요구가 강해지고 있기 때문으로 볼 수 있다.

세계 각국의 녹색금융시장 현황

(1) 중국

중국은 녹색금융 분야에서 국가 차원의 지원과 강력한 추진력을 바탕으로 빠른 성장세를 보이고 있다. 중국인민은행은 G20지속가능금융 연구위원회를 주도하고, 녹색금융협의체 설립에 적극적으로 참여하는 등 현재 글로벌 녹색금융 논의에서 중국의 발언권과 영향력이 점차 커지고 있다

중국의 녹색금융은 파리기후협약 등에 따른 국제적 의무 부과, 녹색금융에 대한 투자자의 관심도 증대 등의 국제적인 요인, 환경에 대한 국민적 관심도 증대에 따른 중국 정부의 적극적인 환경보호 정책 추진 및 녹색금융 수요 증가 등의 국내 요인 등으로 급속히 발전해왔다. 중국은 제13차 5개년 계획(2016-2020)에서 녹색금융 기반 마련을 주요 국정 방향으로 설정했다. 2015년에는 중국인민은행 산하 녹색금융위원회를 발족했고 2017년에는 광둥, 구이저우, 장시, 저장, 신장 위구르 등 5군데의 녹색금융파일럿지구를 발표하고 녹색산업에 다양한 종류의 인센티브를 제공하기 시작했다.

중국 정부의 녹색대출 정책은 오염 산업에 대한 대출 억제에서 친환경 부문에 대한 대출 확대로 그 정책의 중심을 옮겨가고 있다. 또한 최근 은행 평가 시 녹색 대출 평가 비중을 높여 녹색금융을 금융기관의 주력 업무 중 하나로 내재화하기 위해 노력하고 있다. 2018년 기준 녹색채권 발행금액은 2,800억 위안을 초과하며 세계 1위이고, 2018년 말 기준 전국금융기관의 녹색대출 잔액은 8.23조 위안으로 전년 대비 16% 증가하는 등 매년 상승세이다.

또한 2016년 인민은행과 재무부가 공동으로 발표한 녹색금융 시스템 가이드라인에서 알 수 있듯 녹색산업에 대한 민간투자를 유도하고 오염 프로젝트에 대한 투자를 통제하기 위해서 녹색 대출금의 증권

TCFD 권고안 주요 내용

1. 기후변화 관련 리스크를 금융안정 모니터링 및 미시감독에 반영
2. 지속가능성 요소를 중앙은행의 포트폴리오 관리에 반영
3. 정보격차 해소
4. 인식과 지적역량 구축 및 기술지원과 지식공유 장려
5. 체계적이고 국제적으로 통일된 기후와 환경 관련 정보공시체제 구축 공식 장려
6. 녹색경제활동 분류체계 지원

화 촉진, 대출자의 환경 책임제 도입, 기업의 환경 정보를 은행 대출 데이터베이스에 통합하는 등 지원 정책을 마련했다. 또한 녹색개발펀드 출시와 민관파트너십을 통한 사회적 자본을 동원하기로 했다. 즉 기존의 특수 펀드를 통합한 국가 차원의 녹색개발펀드를 출시하고, 녹색산업과 프로젝트에 민관파트너십 모델 도입 등을 정부가 적극적으로 지원하기로 했다. 세계 2위 규모인 중국의 녹색채권 시장은 최근 그 성장세가 두드러지고 있으며, 정부는 녹색채권 발행 및 운용과 관련한 법률적, 제도적 제반 사항을 정비하면서 그 발전을 지원하고 있다.

중국 정부는 녹색금융을 위한 지방정부의 이니셔티브를 지원하기 위해 지방정부에 대한 중앙은행의 전대 등 지원 방안을 마련했다. 또한 중국증권업감독관리위원회의 감독하에 2020년까지 중국 상장기업의 환경 정보공개 의무화를 추진 중이다. 이와 함께 강제적인 환경 오염 책임보험제도 도입, 환경 리스크 통제 시스템 개발 지원 등에 전방위적인 정부적 차원의 지원을 아끼지 않고 있다.

중국 금융업계는 이에 발맞추어 환경권 거래시장 개선하고 관련 금융상품을 개발 중이다. 즉 다양한 탄소금융상품 개발과 통일된 온실가스

거래시장 촉진, 오염 배출권, 에너지 사용권 등 환경권 거래시장의 개설, 이들 시장에 근거한 금융상품 개발 등의 업무에 박차를 가하고 있다.

(2) 영국

영국은 기후 변화 문제 해결의 시급성을 인식하고, 2050년까지 온실가스 순배출 제로를 목표로 하는 25개년 환경 계획을 법제화한 세계 최초의 국가로, 녹색금융에 선도적 국가라는 이미지메이킹을 위해 민관이 합심하여 노력하고 있다. 이를 위해 녹색금융 전담팀을 구성하고 민관 공동의 녹색금융연구회를 설치한 바 있다.

영국은 이미 1990년 이래 경제성장은 67%, 탄소 배출은 40% 감소, 저탄소 산업에서 40만 개의 일자리 창출을 달성했으며, 이 국면에서 영국 정부는 녹색금융의 리더로서 경제적 이익 창출 기회를 위해 다음과 같은 세 개의 핵심 전략을 제시했다.

첫째, 금융의 녹색화이다. 이는 기후와 환경 요인으로 인한 현재와 미래의 금융 리스크와 기회를 주류 재무적 의사결정에 반드시 통합하는 것을 말한다. 기후 환경 요소를 재무적 의사결정에 통합하는 것의 필요성에 대한 국제적 인식이 증대하면서 영국 내 총 118조 달러의 자산을 운용하는 금융기관들이 이 기후관련재무공시협의체(TCFD)를 지지하기에 이르렀다. 이에 따라 영국에서는 2022년까지 국내 모든 상장기업과 대규모 자산소유주는 TCFD의 권고안에 따르게 되어 있다. 이에 의거해 정부와 금융감독기관이 공동으로 의무 보고가 적절한지를 포함하여 가장 효과적인 정보공개 방안을 도출하기 위한 전담팀을 구성하고 데이터와 지침을 통한 양질의 정보공개를 지원할 방침이다.

둘째, 녹색금융 자금조달이다. 녹색투자은행은 120억 파운드에 달하는 100개 프로젝트에 34억 파운드의 투자를 약속하고 2011년 이래 국제기후금융을 통해 9.1억 파운드의 민간 자본과 33억 파운드의 공적 자금을 삼림, 토지 이용, 저탄소, 지속가능 인프라, 에너지 전환 등에 투자한 바 있다. 앞으로도 중국, 브라질, 멕시코 등의 정부와 '기후전환 촉진파트너' 프로그램과 '번영펀드'로 글로벌 녹색금융 네트워크를 만들고자 박차를 가하고 있다.

셋째, 기회 포착으로 금융 서비스만이 아니라 혁신, 분석, 저탄소 기술 등의 영역에서도 상업적 기회를 포착하기 위해 민관 협력을 강화하고, 글로벌 녹색금융 허브로서 영국의 지위를 공고히 하기 위해 녹색금융연구회(GFI)를 출범했다.

(3) 프랑스

프랑스는 가장 적극적인 행보를 보이고 있다. 최근 발효한 '녹색성장을 위한 에너지전환법'에 따르면, 2030년까지 온실가스 배출량을 40% 줄이고, 재생에너지 비중을 전체 에너지의 32%까지 늘릴 계획이다. 동법 제173조에는 상장기업은 기후 변화로 인한 회사의 재무적 리스크를 공개해야 하며, 은행 및 신용평가기관은 평가에 기후 변화 관련 리스크를 반영하는 정기 '스트레스 테스트' 시행 내용을 담아야 한다.

프랑스의 경우 은행은 개별적으로 석탄 발전에 대한 자금 제공을 제한하거나 아예 하지 않겠다고 약속하고 보험사 및 개발은행들까지 2020년까지 기후활동을 자발적으로 확대하겠다고 발표하는 등 금융권의 자발적인 동참이 있었다. 이에 힘입어 프랑스 공공부문에서도 금융

안정위원회의 TCFD의 권고안을 지지하도록 기업을 설득하고, 금융감독위원회는 금융기관이 기후 관련 리스크를 감안할 수 있도록 업무에 착수했다. 이러한 민관의 협력에 힘입어 보험사와 자산운용사를 포함하여 프랑스 주요 기관투자자들이 기후금융연맹에 참여하여 '2°C 로드맵'이라는 장기 전략을 공표하고, 2015년 모든 프랑스 주요 은행들이 화석연료, 특히 석탄에 대한 금융 제공을 제한하겠다는 약속을 받아내는 데 성공했다. 프랑스 금융권의 약속의 결과로 2016년 프랑스개발청의 지원 금융 중 기후금융 비율이 52%에 달하는 가시적 성과를 거뒀다.

다만 프랑스는 2015년에서 2030년까지 생태에너지로 전환하기 위해 3,000억 유로가 추가로 소요되고 그 대부분을 민간 자본으로 조달해야 하는데 이와 관련한 리스크가 큰 데 반해 탄소와 에너지 가격이 낮아 민간의 투자가 충분치 않다는 한계가 있었다. 그래서 민간 펀드에 미치는 영향을 극대화할 수 있도록 공적 지원 계획을 재설계했다. 이에 따라 프랑스 공공투자은행(Bpifrance)의 펀드 가운데 이미 발달한 재생에너지 분야에 대한 투자를 아직 미발달된 재생에너지나 기타 녹색기술 등에 대한 투자로 전환하고, 미발달된 재생에너지와 녹색기술 등에 대한 주식투자에 대해서는 공적 인센티브 제도를 시행하고 있다.

(4) 일본

일본은 '서늘한 지구 행동 2.0' 선언에 따라 2020년까지 1.3조 엔을 개도국에 제공했고 2015년에서 2016년까지 총 233억 달러를 제공할 정도로 글로벌 녹색금융 연대에 적극적으로 동참했다. 그리고 추가로 일본국제협력은행(JBIC)에서 2018년 인도네시아에 6억 달러 상당의 천연가스 발전 프로젝트 대출을 약정하는 등 '환경보존과 지속가능성장을 위한 양질의 인프라 투자'를 시행했다. 이는 민간 부문과 파트너가 되어 지구 환경을 보존하는 인프라 개발이 목적으로 주요 프로젝트로는 재생에너지, 에너지 절약, 녹색 교통, 대기 오염 방지, 수질 오염 방지와 물 공급, 폐기물 처리 등이 있다.

이외에도 기후 관련 위험과 기회를 공개하는 여러 조치의 일환으로 재무부 장관과 G20 중앙은행장들의 요청에 의해 일본 기후관련재무공시협의체를 구성하고 일본금융청은 TCFD 권고안을 수용하는 기업을 지원하는 업무를 담당했으며 환경성은 기후 변화로 인한 위험과 기회의 시나리오 분석, 환경보고 지침, 'ESG 대화 플랫폼' 등 개발 프로젝트를 진행 중이다.

글로벌 기업들의 녹색금융 현황

환경·사회 리스크 관리 체계에는 크게, 유의영역정책 및 환경사회심사가 있으며 글로벌 금융기관들은 유엔환경계획금융이니셔티브, 적도원칙 등의 국제 이니셔티브 참여와 국제금융공사의 가이드라인을 준용 및 참고하여 녹색금융 정책을 수행해나가고 있다.

글로벌 금융기관이 추종하는 환경·사회 리스크에 관련한 대표적인 국제 이니셔티브로는 유엔이 발표한 책임투자원칙이 있다. 이는 전 세계 기관투자자들의 책임투자 흐름을 이끌고 있는 가장 큰 이니셔티브로, 금융기관의 투자 의사결정 시 기업의 ESG 요소를 고려하는 것을 골자로 유엔글로벌콤팩트와 유엔환경계획금융이니셔티브가 공동으로 개발했으며 6가지 책임투자원칙을 투자 결정 프로세스 중 핵심 사항으로 고려할 것을 권장하고 있다. 구체적으로는 투자 분석과 결정 과정에 ESG 이슈를 적용하고, 투자 대상에게 ESG 이슈에 대한 정보공개 요구, 투자 산업의 원칙 수용과 이행을 촉진하는 것 등이 있다.

적도원칙은 1,000만 달러 이상의 개발 프로젝트가 환경파괴를 일으키거나 해당 지역 주민들의 인권을 침해할 경우 투자 대금을 대지 않겠다는 금융회사들의 자발적 협약으로 국제금융공사와 10개 금융기관 협약 발표를 시작으로 2021년 기준 37개국 118개 금융기관이 채택한 바 있으며, 우리나라에서는 산업은행이 2018년에 한국 최초로 가입했다.

해외 주요 금융기관별 녹색금융 정책

ING 그룹(ING Group, 네덜란드) : 글로벌 금융기관 중 최초로 파리기후협약의 2℃ 목표 달성을 위해 6,000억 유로 대출 포트폴리오를 과학 기반 시나리오에 따라 관리하고 있으며, 평균 온도 상승을 2℃ 혹은 1.5℃로 제한하는 전환의 필요성과 금융기관으로서의 책무성을 꾸준히 강조해왔다. 이에 따라 모든 고객과 거래는 자체적인 환경, 사회 리스크 프레임워크에 의해 평가되며, 개선된 지속가능성 성과를 보여준 고객에게는 낮은 이자율을 제공하고 있다. 또한 2020년까지 재생에너지 사용 100%, 2014년 대비 온실가스 50% 감축을 목표로 하며 2025년까지 석탄 발전 투자 제로화 및 2017년 기준 기후 변화 대응, 사회 및 환경 개선을 위해 현재 146억 유로 규모의 펀드를 2022년까지 2배 증액할 예정이다.

악사 그룹(AXA Group, 프랑스) : 정책 리스크와 녹색기술 평가를 통해 온실가스 감축 시나리오의 목표 달성에 필요한 배출량을 근거로 채권 및 주식 발행 기업 투자에 대한 재평가를 실시했다. 또한 자연재해 평가 모델링을 통해 340억 유로의 실물자산에 대한 물리적 리스크 및 파괴율에 따른 향후 잠재적 손실을 계산했고, 석탄 플랜트, 탄광, 오일샌드, 북극 탐사 등에 대한 보험 서비스를 중단했다. 또한 재생에너지 그린빌딩 등과 같은 지속가능성 사업에 대한 보험 서비스를 제공하기 시작했다. 좌초자산 리스크를 감안해 석탄 산업에 대한 투자 회수를 2015년, 2017년 각각 5억 유로, 30억 유로씩 실시했으며 2015년부터 2020년까지 120억 유로 녹색투자 목표와 2025년까지 RE100(재생에너지 100%) 이행을 발표했다.

소시에테제네랄(Societe generale Group, 프랑스) : 지구의 평균기온 상승을 2℃로 제한하는 파리기후협약에 맞춘 내부 정책을 마련하여 2016년 세계 최초로 석탄 산업 부문에 대한 투자 회수를 실시했으며 금융자금 지원 비중을 2020년까지 19%로 축소할 예정이다.

뮤닉 리(Munich Re, 독일) : 석탄발전소 보험인수 중단 및 수익의 30% 이상을 석탄 관련 사업에 의존하는 기업에 대한 투자를 배제했다.

알리안츠(Allianz SE, 독일) : 대표적인 글로벌 손해보험사로 2018년 5월부터 운영 중인 석탄발전소와 광산에 보험을 제공하지 않으며 재생에너지, 전기자동차, 에너지 효율에 투자하는 저탄소 비즈니스와 물리적 충격에 대한 보험 솔루션을 제공했다. 그룹 내 전문가로 구성된 기후콘택트그룹을 운영해 기후 변화가 사업에 반영될 수 있도록 했으며 2050년까지 투자 포트폴리오의 탄소중립을 목표로 하고 있다. 2015년부터 석탄 채굴 기업에 대한 투자 중단을 시작으로 석탄 산업 비중을 2022년까지 25%, 2040년까지 0%를 목표로 하고 있으며 지속가능성 투자에 251억 유로, 재생에너지 채권 및 지분 투자에 68억 유로, 녹색채권에 36억 유로, 지속가능한 책임투자자산에 1,756억 유로의 대규모 투자를 책정했다.

바클레이즈(Barclays, 영국) : 자사 내 기후 변화 전략 수립 및 상품개발을 담당하는 그린뱅킹위원회를 운영하고 있고, 녹색채권, 그린홈모기지 등의 기회를 적극적으로 발굴하며, 기후 리스크를 기존 신용 리스크 관리 프로세스에 관리 통합하고, 녹색채권 등 기후 관련 기회 발굴에 적극적으로 개입하고 있다. 현재 녹색채권, 신재생에너지 및 저탄소 기술 대출 관련 규모가 총 53억 파운드(한화 7조 원)이며, 2017년 기준으로 15.6억 파운드였던 녹색채권 규모를 2025년까지 40억 파운드까지 늘릴 예정이다.

HSBC(영국) : 2015년 기후 변화 리스크 정책 채택 이후, 최고경영진이 기후 변화 리스크 평가 및 관리를 위해 기후 변화에 관한 기관투자자그룹에 참여했다. 기후 시나리오별 확정급여형 자산에 미치는 재무적 영향을 반영한 투자 정책을 시행했으며 주식노출수준에 기후 관련 틸트를 적용했다.

AP2(스웨덴) : 2013년부터 석탄 기반 전력회사 등의 기후 변화 관련 전환 위험을 분석해 화력 발전 등 83개 기업을 투자 포트폴리오에서 제외했으며, 전통적인 시가총액가중 지수 대신 ESG 요소를 반영한 다중요인 모델을 채택했다.

씨티그룹(Citi Group, 미국) : 지속가능한 발전 전략과 파리기후협정에 대한지지활동을 해왔고, 유엔환경계획금융이니셔티브 뱅킹파일럿 프로그램에 참여했다. 지속가능한 발전 전략에 따라 기후 변화, 환경과 관련된 다양한 리스크를 규명 및 평가해 중장기 기후 변화 시나리오 방법론과 대부분 5년 만기인 씨티 여신 포트폴리오와의 정합성을 모색 중이다. 1,000억 달러 규모의 환경금융목표, 환경사회 리스크 관리정책 등을 시행 중이며 향후 저탄소활동에 대한 지원을 적극적으로 확대할 예정이다.

4

한국의 녹색금융 정책

우리나라에서 단편적 환경 정책이 아닌, 종합적이고 '녹색'을 명시한 정책을 처음 수립한 것은 이명박 정부 때다. 2008년 8월 국가 비전으로 '저탄소녹색성장'을 선포하고, 이를 온실가스와 환경 오염을 줄이는 지속가능한 성장이자, 녹색기술과 청정에너지로 신성장동력과 일자리를 창출하는 신국가 발전 패러다임으로 규정했다. 2050년까지 세계 5대 녹색강국 진입을 목표로 기후 변화 적응 및 에너지 자립, 신성장동력 창출, 삶의 질 개선과 국가 위상 강화라는 3대 전략을 수립하여 저탄소녹색성장을 추진했다. 2009년 1월에는 구체적인 그린뉴딜 사업 추진 방안도 발표했다. 4대강 살리기 및 주변 정비 사업 등 36개 사업에 4년간 50조 원을 투입하여 일자리 96만 개를 만드는 정책이다. 법적 기반 마련을 위해 2010년 저탄소녹색성장 기본법, 2012년 온실가스배출권의 할당 및 거래에 관한 법률, 녹색건축물조성 지원법, 탄소흡수원의 유지

환경부와 금융위의 2021년 녹색금융 추진계획

	2050 탄소중립 뒷받침을 위한 녹색금융 활성화 전략		
2050 탄소중립 추진전략(안)	정책금융 선도적 지원 • 정책금융지원 확충 • 저탄소 산업전환 뒷받침	민간자금 유입 유도 • 녹색분류체계 마련 • 녹색 포트폴리오 확대	시장인프라 정비 • 환경정보 공시공개 확대 • 책임투자 기조 확산
2021년 녹색금융 추진계획 세부과제	[1] 공공부문 역할 강화 1 녹색분야 자금지원 확충전략 마련 2 정책금융기관별 녹색금융 전담조직 신설 3 정책금융기관 간 「그린금융 협의회」 신설 4 기금운용사 선정지표에 녹색금융 실적 반영	[2] 민간금융 활성화 5 『녹색분류체계』 마련 6 『녹색금융 모범규준』 마련 7 『녹색채권 가이드라인』 시범사업 시행 8 금융회사 『기후리스크 관리 감독계획』 수립	[3] 녹색금융인프라 정비 9 기업 환경정보 공시/공개 의무화 10 『스튜어드십 코드』 개정 검토 11 『환경 표준평가체계』 마련 12 『정보공유 플랫폼』 구축

자료: 금융위, 환경부, NH투자증권 리서치본부

및 증진에 관한 법률 등을 제정했다.

문재인 정부가 2020년 7월 발표한 한국판 뉴딜 정책에서 그린뉴딜은 디지털, 그린, 휴먼, 지역균형 등 4대 뉴딜의 한 축으로 탄소중립 추진 기반 구축, 도시·공간·생활인프라 녹색 전환, 저탄소·분산형에너지 확산, 녹색산업혁신 생태계 구축 등에 2025년까지 61조 원을 투입할 계획이다. 또한 2020년 12월 '2050 탄소중립'을 선언하고, 경제구조의 저탄소화, 저탄소 산업 생태계 조성, 탄소중립 사회로의 공정 전환 등 3대 정책 방향에 탄소중립 제도 기반 강화를 더한 '3+1' 전략을 추진하기로 했다. 기획재정부, 환경부, 금융위원회, 산업통상자원부 등 정부 부처들은 녹색산업에 대한 정의 미비와 녹색투자 유인 부족을 문제점으로 인식하고, 녹색금융 활성화 기반 구축을 위해 다양한 정책을 추진하고 있으며, 법적 기반 마련을 위해 저탄소녹색성장 기본법, 환경 기술 및 환경산업지원법 등을 개정했다. 또한 2021년 12월에는 K-ESG 가이드라인과 한국형녹색분류체계 가이드라인도 발표했다. 21대 국회에서도 기후 변화 대응 기술개발촉진법을 결의했으며, 녹색금융촉진 특별법, 탈탄소사회이행 기본법 등을 심사하고 있다.

환경부와 금융위원회

환경부는 금융위와 공동으로 2020년 8월 녹색금융 추진 태스크포스를 출범하고, 산하에 기후 리스크 평가·관리, 녹색투자 활성화, 기업공시 개선 등 정책 과제별 세부 작업반을 운영하고 있다. 이를 통해 녹색금융 특성화대학원 지정, 녹색채권 가이드라인 발간, ESG 정보공개 가이던스 제공 등의 성과를 보였다. 녹색채권 가이드라인은 그린워시를 방지하고 ESG 채권시장을 활성화하기 위해 국제자본시장협회의 녹색채권원칙을 바탕으로 조달자금의 사용처, 프로젝트의 평가 및 선정 과정, 조달자금 관리, 사후보고 등 4개 핵심 요소를 제정하고, 녹색채권에 부합하는 10개 녹색프로젝트를 제시했으며, 향후 한국형 녹색분류체계 구축에 따라 개정될 예정이다. ESG 정보공개 가이드라인 제공과 함께 ESG 중 E, S 공시에 해당하는 지속가능 경영보고서의 공시가 2025년부터 단계적으로 의무화되었다.

환경부와 금융위는 2021년 녹색금융 활성화 전략으로 공공부문 역할 강화, 민간 금융 활성화, 녹색금융 인프라 정비 등 3개 분야에 걸친 12개 실천과제를 도출했다. 환경부는 2021년 12월 녹색금융의 시작점이라고 할 수 있는 한국형 녹색분류체계 가이드라인을 공개했다. 한국형 녹색분류체계는 온실가스 감축, 기후변화 적응, 물의 지속가능한 보전, 자원순환, 오염방지 및 관리, 생물다양성 보전 등 6대 환경목표 달성에 기여하는 녹색경제활동을 분류한 것으로, 진정한 녹색경제활동에 대한 명확한 원칙과 기준을 제시한 것이다. 한국형 녹색분류체계는 녹색부문과 전환부문에 걸쳐 총 69개 세부 경제활동으로 구성되었다. 녹색부문은 6대 환경목표 달성에 기여하는 진정한 녹색경제활동으로 14개 분야 64개 경제활동으로 구성되었다. 전환부문은 탄소중립이라는 최종지향점으로 가기 위해 과도기적으로 필요한 경제활동으로 2030~2035년까지 한시적으로 녹색분류체계에 포함됐다. 산업, 발전·에너지, 수송 등 3개 분야 5개 세부 경제활동으로 구성되었다. 한국형 녹색분류체계 가이드라인을 통해 녹색사업 해당여부를 확인할 수 있으며, 녹색채권 발행, 녹색 프로젝트 파이낸싱 등 다양한 녹색금융 활동의 준거로 활용될 수 있다. 환경부는 2023년부터 한국형 녹색분류체계를 녹색채권 가이드라인에 전면 적용할 계획이다.

한편, 최초의 한국형 녹색분류체계에는 화석연료인 LNG(액화천연가스)를 사용하는 LNG 발전과 LNG기반 수소(블루수소) 제조가 전환부문으로 포함된 반면, 원자력 발전은 녹색분류체계에 포함되지 않았다. 환경부는 원자력 발전 포함 여부를 검토 중인 EU 등 국제동향을 지속적으로 파악하고, 국내상황도 감안하여 원자력 발전의 포함여부를 검토할 계획이다.

K-ESG 가이드라인 진단항목 체계

영역	범주	진단 항목
정보공시 (P) (5개 문항)	정보공시 형식	ESG 정보공시 방식 / ESG 정보공시 주기 / ESG 정보공시 범위
	정보공시 내용	ESG 핵심이슈 및 KPI
	정보공시 검증	ESG 정보공시 검증
환경 (E) (17개 문항)	환경경영 목표	환경경영 목표 수립/ 환경경영 추진체계
	원부자재	원부자재 사용량 / 재생 원부자재 비율
	온실가스	온실가스 배출량 (Scope1 & Scope2) / 온실가스 배출량 (Scope3) / 온실가스 배출량 검증
	에너지	에너지 사용량 / 재생에너지 사용 비율
	용수	용수 사용량 / 재사용 용수 비율
	폐기물	폐기물 배출량 / 폐기물 재활용 비율
	오염물질	대기오염물질 배출량 / 수질오염물질 배출량
	환경 법/규제 위반	환경 법/규제 위반
	환경 라벨링	친환경 인증 제품 및 서비스 비율
사회 (S) (22개 문항)	목표	목표 수립 및 공시
	노동	신규 채용 및 고용 유지 / 정규직 비율 / 자발적 이직률 / 교육훈련비 / 복리후생비 / 결사의 자유 보장
	다양성 및 양성평등	여성 구성원 비율 / 여성 급여 비율 / 장애인 고용률
	산업안전	안전보건 추진체계 / 산업재해율
	인권	인권정책 수립 / 인권 리스크 평가
	동반성장	협력사 ESG 경영 / 협력사 ESG 지원 / 협력사 ESG 협의사항
	지역사회	전략적 사회공헌 / 구성원 봉사참여
	정보보호	정보보호 시스템 구축 / 개인정보 침해 및 구제
	사회 법/규제 위반	사회 법/규제 위반
지배구조 (G) (17개 문항)	이사회 구성	이사회 내 ESG 안건 상정 / 사외이사 비율 / 대표이사 이사회 의장 분리 / 이사회 성별 다양성 / 사외이사 전문성
	이사회 활동	전체 이사 출석률 / 사내이사 출석률 / 이사회 산하 위원회 / 이사회 안건 처리
	주주권리	주주총회 소집 공고 / 주주총회 집중일 이외 개최 / 집중, 전자, 서면 투표제 / 배당정책 및 이행
	윤리경영	윤리규범 위반사항 공시
	감사기구	내부감사부서 설치 / 감사기구 전문성(감사기구 내 회계/재무 전문가)
	지배구조 법/ 규제 위반	지배구조 법/규제 위반

자료: 산업부, NH투자증권 리서치본부

산업통상자원부

산업부는 2020년 12월 지속가능경영 확산대책을 발표했다. 기업에 대한 지속가능경영 요구와 인식이 확대되고, ESG가 기업 경영의 새로운 규칙으로 자리매김함에 따라 민간 주도 K-ESG 지표 정립, 대응 역량 제고, 인센티브 부여, 확산 기반 구축 등 정책 과제를 설정했다. 글로벌 기준에 부합하는 가이드라인 성격의 K-ESG 지표는 기본지표와 산업 이슈별로 특화된 혁신지표로 나누어 정립하고, 인증 기준 마련 및 인증 평가기관 지정을 통한 활성화를 목표로 하고 있다.

ESG 평가 대상 기업에게는 지속가능경영 전략 수립을 위한 직급별 맞춤 교육, 지속가능 경영보고서 작성 가이드라인 발간, 현황 진단 및 컨설팅 제공 등으로 대응 역량을 제고할 계획이다. 또한 ESG 우수 기업에 대한 포상 확대, 연구개발 선정·조건 우대, 정책금융 지원 등 ESG 인센티브를 부여하며, 업종별 연대와 협력을 통해 산업생태계 지속가능성 확보와 비전 공유의 확산 기반을 구축하는 것도 정책 과제이다.

2021년 12월에는 관계부처와 합동으로 마련해온 K-ESG 가이드라인을 발표했다. K-ESG 가이드라인은 1년전 발표한 K-ESG 지표를 바탕으로 국내외 주요 ESG 평가 기관의 지표와 측정항목을 분석하여 61개 ESG 이행 및 평가의 핵심·공통사항을 마련하고, 국내 ESG 평가기관에서 자율적으로 활용할 수 있도록 설계했다. 향후 개정판을 1~2년 주기로 발간하고, 2022년부터는 업종별·기업 규모별 가이드라인도 마련할 계획이다.

한편, 산업부는 이와 별개로 2021년 신재생에너지 발전 사업자와 관련 제품 생산 기업을 위한 신재생에너지 금융 지원 사업, 대규모 풍력·태양광 사업에 참여하는 주민 지원 사업인 녹색혁신금융 사업 등에 전년 대비 25% 증가한 5,610억 원을 책정했다.

기획재정부

기획재정부는 2021년 4월 '기후금융포럼'을 개최하며 녹색금융 주요 유관 부서로 부상했다. 기후금융포럼에서는 탄소중립 경제로 전환이 이루어질 수 있도록 초기 투자 비용을 지원하는 '선도적 기후금융', 전환 과정에서 취약계층, 중소기업, 개도국들이 소외되지 않도록 하는 '포용적 기후금융', 글로벌 기후 대응의 시너지 효과를 위한 국제 사회와의 '협력적 기후금융' 등 중점 추진 3대 기후금융행동 방향을 제시했다. 이에 대한 구체화 방안으로 2022년에 기후대응기금을 신설할 계획이다. 탄소배출권 유상할당 매각, 교통·에너지·환경세 배분, 타회계·기금 전입 등을 재원으로 운용하게 될 2.5조 원 규모의 기후대응기금은 온실가스 감축, 신유망저탄소 산업생태계 조성, 취약 산업·고용·지역 공정 전환, 탄소중립 기반 구축 지원 등에 사용할 계획이다.

기재부는 2021년 8월 관계 부처와 합동으로 ESG 인프라 확충 방안을 발표했다. 그동안 각 부처별 정책이 산발적으로 발표되면서 발생한 정책 간 연계성 부족과 ESG 규제 강화에 대한 시장 우려를 해소하기 위해 관계 부처 간 ESG 통합 플랫폼을 구축해 정책 간 정합성을 강화하고 2030년까지의 정책 방향을 마련해 시장 혼란을 최소화하기 위한 목적이다. 3대 중점 추진 과제로 ESG 경영 확산, ESG 투자 확산 및 건전한 시장 조성, ESG 정보 플랫폼 및 통계 구축 등을 제시했다. ESG 경영 확산을 위해 2023년까지 기업 규모 및 업종별로 차별화되는 범부처 합동 K-ESG 가이드라인을 마련하고, 중소·중견기업에 대한 지원과 인센티브를 강화하며, 공공기관 경영 평가에 ESG 요소를 강화할 계획이다. ESG 투자 확산 및 건전한 시장 조성을 위해 2021년 말까지 한국형 녹색분류체계를 마련, 2022년 사회적채권 가이드라인 및 ESG 평가기관 가이던스 마련, 스튜어드십 코드 개정 검토, 연기금 및 정책금융기관의 ESG 투자 활성화 등을 계획하고 있다. 또한 2021년 말까지 ESG 경영 및 투자 플랫폼을 구축하고 시스템 간 연계를 추진하는 한편, 환경정보공개시스템, 산업안전통계포탈, 기업집단포탈 등 ESG 관련 데이터베이스도 확충할 계획이다.

8장

기후변화 방지와 ESG 친화경 투자

1

지구 온난화와 각국의 탄소중립 의지

기후 변화와 관련한 과학적 근거를 제시해온 IPCC(기후 변화에 관한 정부간협의체)는 2021년 8월부터 2022년 말에 걸쳐 6차 기후 변화평가보고서(AR6)를 발간할 계획이다. 2021년 8월 제1 실무그룹보고서 (WG1, Working Group1) 이후, 2022년 2월 제2 실무그룹보고서, 4월 제3 실무그룹보고서가 발간됐는데 기후 변화가 이전 보고서 발간 시점과 비교하여 더욱 심각해진 것으로 보고했다.

IPCC 6차 기후 평가보고서의 경고

IPCC는 기후 변화를 과학적으로 규명하고 기후 변화에 대응하기 위해 세계기상기구와 유엔환경계획(UNEP)이 1988년 공동으로 설립한 국제기구이다. IPCC 평가보고서는 기후 변화에 대한 과학적 근거와 정책 방향을 제시하여 정부 간 협상 근거로 활용되는 중요한 정기 보고서다.

1990년 IPCC 1차 평가보고서를 발간한 이후 1992년 유엔기후변화협약이 채택되었고, 1995년 2차 평가보고서가 발간된 후 1997년 교토의정서가 채택되었다. 그리고 2014년 발간된 5차 평가보고서를 기반으로 2015년 파리협정이 채택되기에 이르렀다. 이에 앞서 2007년에 4차 평가보고서는 기후 변화의 심각성을 전 세계에 전파한 공로로 미국의 정치가 겸 환경운동가 앨 고어와 노벨평화상을 공동 수상하기도 했다. 2021~2022년 발간 예정인 6차 평가보고서는 3개의 실무그룹이 순차적으로 보고서를 발간하고 승인받은 뒤 2022년 연말께 최종적으로 종합 보고서를 발간/승인될 예정이다. 그 첫 번째 단계로 2021년 8월 9일 IPCC 6차 평가보고서 제1실무그룹보고서가 발표됐다.

IPCC 6차 평가보고서 제1실무그룹보고서에 따르면 지구 평균 온도는 산업화 이후 1.09℃ 상승했다. 5차 평가보고서 발표 당시에는 지구 평균 온도가 0.78℃ 상승했다고 보고했으니 8년 만에 0.39℃가 추가로 상승한 것이다. 1950년대 이후 진행된 지구 온난화에 대해 5차 평가보고서에서는 인간 활동과 관련되었을 '가능성이 매우 높다'고 언급했으나 6차 평가보고서는 인간 활동에 의한 것이 '명백하다'고 규정했다.

또한 이산화탄소 배출량과 지구 평균 온도 상승은 선형적 관계라는 것을 다시 한 번 확인하고, 이것이 인간 활동에 의한 것이라고 명확히 밝힌 것이다. 산업화(1850~1900년) 이후 지구 온도 1.5℃ 상승 시점에 대해 5차 평가보고서는 2030~2052년으로 예측했으나 AR6는 2021~2040년으로 10년 이상 앞당겨질 것으로 예측하여 온난화 속도가 가속화한 것으로 평가했다. 대기 중 이산화탄소 농도는 2011년

391ppm에서 2019년에는 410ppm으로 19ppm 증가한 것으로 발표했다. 1850년 이후 이산화탄소 누적 배출량의 경우 5차 평가보고서 발표 당시에는 1,890Gt이었지만 6차 평가보고서에서는 2,390Gt으로 보고하여 불과 8년 만에 27%가 증가한 것으로 나타났다. 온실가스의 누적 배출 속도가 매우 빨라졌으며, 이에 따라 지구 평균 온도 상승도 가속화한 것으로 평가한 것이다.

지구 평균 온도 상승에 따라 발생하는 극단적인 기상이변(폭우, 폭염, 홍수, 가뭄, 혹한 등) 또한 크게 증가한 것으로 보고했다. 평균 온도 1℃ 상승에 따라 50년에 한 번 발생할 만한 극단적 기상이변은 산업화 기간(1850~1900년)보다 4.8배 증가한 것으로 나타났다. 시나리오별로는 평균 온도가 1.5℃ 상승할 경우 기상이변 발생 가능성이 8.6배 증가하고, 2℃ 상승할 경우에는 13.9배 증가할 것으로 전망했다.

유럽의 그린딜 추진 현황

탄소중립 정책을 가장 앞서 추진하는 유럽에서는 2019년 12월 '유럽 그린딜'을 발표했다. 유럽 그린딜은 2050년 탄소중립 달성을 위해 에너지, 산업, 건축, 수송, 친환경 농식품, 생물다양성 등 모든 경제 분야를 포괄하는 새로운 성장 전략이다. 유럽연합집행위원회(EC)는 정책 목표를 달성하기 위해 2030년까지 1조 유로 이상을 투자할 계획이다. 탄소중립을 추진하면서 경제성장을 유지하기 위해 에너지와 산업/순환 경제, 건축, 수송 등 6개 주요 분야로 나누어 정책을 제시했다. 에너지 비용을 줄이면서 새로운 일자리를 창출하며, 유럽연합 회원국의 글로벌 경쟁력을 유지하는 데 목적이 있다. 6개 분야의 탄소 배출 감축 과제는 다음과 같다.

① 에너지 분야는 탄소 배출량 감축을 위해 화석 연료의 사용을 줄이고, 재생에너지를 확대하는 것이다. 특히 해상풍력을 활용한 재생에너지 전략과 에너지 효율 제고를 위한 에너지법 개정, 유럽연합 국가별 에너지 기후 변화 계획 구체화를 주요 활동 분야로 제시했다.

② 산업/순환경제 분야에서는 유럽연합 회원국의 재활용률을 높여 순환경제로의 전환을 도모하는 것을 가장 중요한 목표로 제시했다. 디지털 기술을 활용하여 제품의 탄소 배출량 정보를 소비자에게 제공하여 저탄소 소비활동을 촉진할 계획이다.

③ 건축 분야에서는 에너지를 효율적으로 소비하여 탄소 배출량을 감소한다는 전략이다. 유럽연합 각 국가 내 건물의 에너지 효율 개선을 위해 고효율 단열재와 같은 친환경 건축자재를 활용하고, 친환경인증 제도를 정비하는 등의 내용을 담고 있다.

④ 수송/교통 분야에서는 화석 연료 기반 자동차 판매를 2050년까지 금지하며, 항공과 해양 부문을 배출권거래제에 편입하여 온실가스를 감축할 계획이다. 또한 도로 부문에 집중된 육상 화물을 에너지 효율이 높은 철도와 해상, 운하로 전환하고, 자율주행 차량과 스마트 도로와 같은 신기술을 도입하여 에너지를 절감할 계획이다.

⑤ 농식품 분야의 친환경 기술 도입과 친환경 제품 생산을 촉진하기 위해 '농장에서 식탁까지(Farm to Fork)' 전략을 사용한다.

⑥ 생물다양성 보존을 위한 과제를 포함하고 있다.

이러한 유럽 그린딜 프로젝트를 지원하기 위해 10년간 최소 1조 유로를 조성한다는 목표를 제시한 것이다. 이를 세분화하면 유럽연합 예산 5,030억 유로와 유럽연합 차원의 공정 전환 체계를 통해 최소 1,000억 유로를 지원하게 된다. 또한 민간과 공공 투자자들의 지속적인 투자를 장려하기 위해 EU투자를 적극적으로 활용할 계획이다. EU투자는 2018년 EU 집행위원회가 제안한 것으로 유럽 내 프로젝트 투자를 위한 금융 프로그램이며, EU투자펀드, EU투자자문허브, EU투자포털로 구성되어 있다.

유럽연합은 2020년 9월 탄소중립 달성을 위한 구체적인 실행 계획인 '유럽의 2030 기후 목표 상향'을 발표했다. 여기서 2030년 탄소 배출량 감축 목표를 1990년 대비 40% 감축에서 55% 감축으로 강화했다. 과거 감축 경로에 대해서도 확인했는데 2019년 기준 유럽연합의 탄소 배출량은 1990년 대비 25% 감소했으며, 2020년 목표로 했던 20% 감축은 이미 달성했다는 것이다. 건물과 수송 부문은 산업 부문과 함께 온실가스의 주 배출원으로 에너지 부문과 같이 탄소 저감 목표를 설정했다. 2030년까지 재생에너지 발전 비중을 32%에서 40% 이상으로 확대하고, 석탄과 석유, 가스 소비는 2015년 대비 각각 70%, 30%, 25% 이상 줄이는 것을 목표로 했다. 수송 분야에서는 전기자동차와 차세대 바이오연료, 기타 재생 가능 저탄소 연료의 사용 비중을 2015년 6%에서 2030년 24%까지 확대하는 것이 목표다. '비이산화탄소' 의 경우 유럽연합 전체 온실가스의 20%를 차지하고 있는데 2030년까지 2015년 대비 최대 35% 감축하기로 했다.

유럽 그린딜 6개 분야별 세부 내용

분야	세부 내용
에너지	– 유럽연합 온실가스 배출의 75% 이상을 차지하는 에너지 생산과 사용 분야를 탈탄소화 함 – 유럽연합집행위원회(EC)는 청정에너지 개발이 소비자 편익 증가로 이어질 것으로 전망하면서, 재생에너지의 개발 및 사용을 지원하기 위한 정책을 강조함 – 2020년 중 유럽연합집행위원회는 해상풍력을 활용한 재생에너지 전략을 발표할 계획임 – 유럽연합집행위원회는 2021년 6월까지 에너지 효율을 제고하기 위해 필요할 경우 에너지법을 개정할 계획이며, 회원국들은 2023년 국별 에너지 및 기후변화 계획을 개선할 때 새로운 기후변화대응 목표를 반영할 예정 – 탄소중립으로의 전환은 스마트 인프라를 요구하는 만큼 국경 간·지역 간 에너지 협력을 강화할 필요가 있음
건설	– 건축 부문이 에너지 소비에서 높은 비중을 차지하고 있는 바, 건물의 에너지 성능과 관련한 법안 제안 – 유럽연합집행위원회는 2020년 중 건물의 에너지 성능지침에 근거하여 회원국의 중장기 전략을 평가하고, EU ETS(온실가스배출권 거래제)에 건물도 포함하는 방안을 검토함 – 2020년 중 유럽연합 차원에서 에너지 효율성 개선을 위한 이니셔티브를 제안하고, 건축 및 건물 관계자, 엔지니어, 지방정부가 모두 참여하여 에너지 혁신을 가로막는 장애요인을 논의하고 이를 철폐하기 위해 노력할 예정
운송	– 온실가스 배출의 25%를 차지하는 수송 분야를 더 깨끗하고, 더 싸며 더 건강한 방법으로 개선함. – 2050년까지 운송에서 비롯된 온실가스 배출량을 90% 감축
산업	– 산업경쟁력과 녹색경제 간 연계성을 감안해 순환경제 및 저탄소경제로의 전환을 지원하고 장려하는 산업전략을 추진 – 자원채굴과 같은 산업행위가 온실가스 배출, 생물다양성 손실 및 물 부족을 초래하고 있다는 판단에 따라 우선적으로 자원재활용률을 늘리는 것이 중요함. 디지털 기술을 활용하여 제품의 탄소배출 관련 정보를 소비자에게 제공함으로써 저탄소 친환경 제품의 구매를 독려함.
농식품	– 유럽연합집행위원회는 공동농업정책 예산의 최소 40% 및 해양어업기금의 최소 30%를 기후변화 대응에 할당하는 방안을 제안하며, 회원국들의 국별 농업전략이 유럽 그린딜과 농장에서 식탁까지(Farm to Fork) 전략의 목표를 반영할 것을 요구함 – '농장에서 식탁까지' 전략은 순환경제로의 전환에 기여해야 하는 바, 식품처리 및 소매부문이 환경에 미치는 영향을 최소화하고, 건강한 식품에 대한 지속가능한 소비를 독려해야 함
생물다양성	– 생물다양성전략(Biodiversity Strategy)은 미래 전염병으로부터의 보호를 포함해 기후변화와 맞서 싸우고 적응해 인류의 건강을 개선하는 사회적 도전에 중점을 둠 – 생물 다양성과 생태계를 보호 및 회복해 미래에 발생 가능한 전염병에 대한 내성을 강화함

자료: 유럽연합집행위원회

2021년 6월 유럽연합 회원국들은 온실가스 순배출량을 2030년까지 1990년 대비 55% 이상 감축하고 2050년까지 탄소중립을 이루겠다는 목표를 법제화한 '유럽기후법'을 제정했다. 온실가스 감축을 통해 신재생에너지 확대 및 에너지 효율의 증대, 청정한 교통수단과 청정한 농업의 확대, 순환경제를 실현해 탄소중립을 이루겠다는 선언을 법제화한 것이다. 7월에는 탄소중립을 위한 입법 패키지인 'Fit for 55'를 통해 세부 정책을 제시했다. 입법안은 크게 다섯 가지로 구분할 수 있는데 세부 내용은 다음과 같다.

① 유럽연합은 탄소배출권거래제도를 통해 지난 16년간 발전, 에너지 분야에서 탄소 배출량을 43% 감소할 수 있었다. 앞으로는 항공에 대해서도 무료 배출 허용량을 단계적으로 폐지하며, 도로 운송과 건물을 위한 배출권 거래시스템을 구축하여 다양한 산업에서의 탄소 감축을 유도할 계획이다.

② 토지 및 임업, 농업 분야에서는 2030년까지 유럽에 30억 그루 나무를 심는 등의 노력으로 3.1억 톤의 이산화탄소를 흡수할 계획이다. 또한 2030년까지 비료 사용과 가축 등 임업, 농업 분야에서도 탄소중립을 목표로 제시한다.

③ 유럽연합의 탄소 배출의 75%를 차지하는 에너지 생산, 사용 분야에서는 2030년까지 재생에너지 비중을 40% 상향하고, 에너지 절약을 위해 공공부문의 건축물을 매년 3%씩 개조할 계획이다.

④ 운송 분야에서는 이산화탄소 배출량을 2021년 기준 2030년까지 55% 감축하고, 2035년까지 100% 감축(신차 판매 금지를 의미)하는 것을 목표로 한다. 저탄소 자동차 인프라 지원을 위해 주요 고속도로에는 60킬로미터마다 전기충전소를 설치하고, 150킬로미터마다 수소충전소 설치를 의무화한다. 항공과 선박의 탄소 배출량 감축을 위해 합성저탄소연료의 혼합을 의무화할 예정이다.

⑤ 마지막으로 유럽의 탄소 저감 노력이 탄소 누출(탄소 제조 국가의 탄소세 부담으로 인해 생산 시설을 해외로 옮기는 것)되지 않도록 하기 위해 탄소국경조정제도를 2026년부터 시행할 계획이다. CBAM은 철강과 시멘트, 알루미늄, 비료, 전기 제품 분야에서 먼저 시행하며, CBAM을 통해 매년 100억 유로를 거둬들일 계획이다.

미국 바이든 대통령의 강력한 탄소중립 의지

46대 미국 대통령으로 조 바이든이 임명되고 새 행정부가 출범한 이후 바이든 대통령은 친환경 전략을 정권의 주요 정책으로 추진하기 시작했다. 도널드 트럼프 전 대통령이 기업 이익만을 중시하여 미국의 파리기후협약 탈퇴를 주도하고, 지구 온난화는 사기라고 주장하며 반환경 정책을 수립했던 것과는 대조적이다. 바이든 대통령은 파리기후협약에 재가입하고, 미국의 탄소중립 전략을 강화하는가 하면 글로벌 각국의 온실가스 감축 목표치 상향을 촉구하기도 했다. 또한 화석 연료 개발과 사용 감축을 위해 미국 연방 소유의 토지와 수역에서 석유와 천연가스 시추를 금지하는 행정명령을 내렸다. 미 연방이 소유한 시추 부지는 미국 전체의 9%에 불과하지만 여기서 발생하는 온실가스는 5억 5,000만 톤으로 막대한 규모다. 화석 연료 시추 금지를 시작으로 운송 파이프라인 신규 건설 금지 및 건설 중단 명령을 준비하고 있어 연방 이외의 부지에서도 화석 연료 시추를 억제하는 효과를 확산하고자 노력하고 있다.

2021년 4월에 있은 세계 기후정상회의는 미국 주도로 진행되었다. 조 바이든 대통령이 주재하고 세계 40개국 정상들이 참여하는 화상회의였다. 회의에는 미국과 긴장 관계인 중국과 러시아가 참여해 기후 변화 대응에 대한 글로벌 공조가 이루어졌고, 이는 미국의 기후 변화 리더십을 확인하는 계기가 되었다. 기후정상회의를 통해 각국은 온실가스 감축 목표를 상향했다. 미국의 경우 온실가스 감축 목표를 대폭 상향하여 2030년까지 2005년 대비 온실가스를 50~52% 감축하기로 선언했다. 독일과 프랑스 등 유럽연합은 2030년까지 온실가스 배출량을 1990년 대비 40%에서 55% 이상 줄이기로 목표치를 상향했으며, 일본은 2030년까지 2013년 대비 26%에서 46% 감축으로 조정했고, 캐나다는 2030년까지 2005년 대비 30%에서 40~45% 감축하기로 했다.

바이든 정부는 집권 초기 2025년까지 그린 분야에 1조 7,000억 달러(한화 약 1,900조 원)를 투자한다는 계획을 발표했다. 친환경차 산업에 약 100만 개의 일자리를 만들고, 연비규제, 공공충전소 확대 등으로 전기차시장 구축 의지를 보였다. 미국 전체 에너지의 80%를 차지하는 석유와 천연가스, 석탄을 태양광이나 풍력 등 재생에너지로 전환하고 이를 통해 최대 1,000만 개의 일자리를 창출할 계획이다. 또한 정부 기관이나 국공립 기관에 소속된 300만 대의 차량을 전기차로 교체하고, 전기차 충전소 5만 개를 확충할 예정이다. 2021년 9월에는 미국 2차 인프라 패키지 '더 나은 미국 재건'의 구체적인 내용으로 교육, 복지, 친환경 분야를 골자로 한 3조 5,000억 달러 규모의 하원 법안 초안이 공개되었다. 이 중 친환경에너지 사용 촉진을 위한 예산으로 2,650억 달러가 배정되었는데, 친환경 발전 보조금과 전기차 인프라, 혁신기술 투자, 전기차 전환, 환경/기후 정의 추구를 목적으로 사용될 계획이다.

미국의 친환경 정책은 CEPP(Clean Electricity Payment Program, 청정전

기요금프로 그램)과 세제 혜택 패키지 등 크게 두 가지로 요약할 수 있다. CEPP는 2023년에서 2030년까지 진행될 예정으로, 1,500억 달러의 예산이 책정되어 있다. CEPP를 통한 최종 목표는 2031년까지 탄소 배출이 적은 청정에너지 발전 비중을 80%로 높인다는 것이다. 2021년 5월 기준 미국의 청정에너지 발전 비중은 43%로 2031년까지 80%로 올리기 위해서는 매년 약 4%pt의 청정에너지 발전 비중 상승이 필요하다. 에너지 발전회사에 청정에너지 발전량 비중을 매년 4%pt 이상 늘리는 것을 의무화하며, 달성 목표를 기준으로 인센티브와 벌금을 부과할 계획이다. 4%pt 달성을 기준으로 1.5%pt 초과 달성에 대해서는 1MWh당 150달러의 인센티브를 지급하며, 4%pt를 하회할 경우 1MWh당 40달러의 벌금을 부과하게 된다. 현실적으로 건설 기간이 매우 긴 원자력과 수력 등의 청정 발전의 건설이 제한되는 것을 고려하면 2030년까지 태양광 패널은 5억 개 이상, 풍력 발전 설비는 2배 이상 확대될 전망이다.

세제 혜택 제도로는 PTC(Production Tax Credit, 생산세액공제)와 ITC(Investment Tax Credit, 투자세액공제)를 사용하고 있으며, RPS(Renewables Portfolio Standard, 발전의무 할당제) 목표를 상향하여 탈탄소 정책을 강화하고 있다. PTC와 ITC 제도는 각각 2022년과 2026년 이후 소멸 예정이었으나 세제 혜택 강화 정책으로 각각 2033년, 2036년까지 연장되어 투자 유인을 제공하게 된다. PTC는 생산세액공제도로 재생에너지로부터 생산된 전력 판매 시 세금 일부를 공제하는 제도를 말한다. 대상은 태양광, 풍력, 지열, 바이오매스, 수력, 도시 고형 폐기물, 매립지 가스, 조력 등이다. 미국 풍력에너지협회의 2018년 집계에 따르면, PTC의 성과로 풍력 발전 비용은 7년간 67% 하락했고, 풍력 발전 단지에 대한 민간투자가 10년간 4,330억 달러이며, 관련 분야에 10만 명 이상이 종사한 것으로 나타났다.

ITC는 투자세액공제로 재생에너지 설비나 기술 투자 금액에 부과되는 세금 일부를 공제하는 제도를 말한다. 태양광, 풍력, 지열 히트펌프, 수력, 연료전지, 마이크로 터빈 등이 대상이다. 미국에서는 투자세액공제율 10~30%가 적용되며, 태양광은 2023년까지 26%를 유지하고 이후로는 10% 세액공제율로 바뀌게 되며, 해상풍력은 2025년까지 30% 공제 혜택이 주어진다. 미국의 ITC는 태양광 보급 확대를 통해 가격을 낮출 전망이다. 미국태양에너지산업협회에 따르면, 주거용 및 상업용 태양광은 2006년 ITC 시행 후 연평균 76% 성장해 누적 기준으로 1,600% 이상 성장했다. RPS는 신재생에너지 의무할당제도로 발전사업자의 전력 판매량 중 신재생에너지의 의무 공급 비율을 말한다. 캘리포니아 등 7개 주와 워싱턴 D.C.는 2030년까지 전력 판매량의 100%를 신재생에너지로 공급하는 것을 목표로 설정했다.

한국의 발빠른 대응

우리나라는 2020년 10월 문재인 대통령의 국회 시정연설에서 기후변화에 적극 대응하여 2050년 탄소중립을 달성하겠다고 선언했다. 12월 '대한민국 2050 탄소중립 대국민 선언'을 통해 3대 목표로 ①산업, 경제, 사회 모든 영역에서 탄소중립을 강력히 추진하기 위해 재생에너지, 수소, 에너지 IT 등 3대 신사업을 육성하며, ②저탄소 산업 생태계를 조성하고, ③소외 계층 및 소외 지역이 없는 공정한 사회로 전환할 것을

'2050 탄소중립 추진전략' 주요 내용

① 경제구조 모든 영역에서 低탄소화 추진	
에너지 전환 가속화	• (공급) 화학연료 중심에서 신재생에너지(해상풍력 등)로 에너지 主공급원 전환 • (계통) 재생에너지의 변동성 대응을 위해 송배전망 확충, 분산형 전원체계 확대 • (산업) 재생에너지, 수소, 에너지 IT 등 3대 에너지 신산업 육성
고탄소 산업구조 혁신	• (多배출 업종)철강* · 석유화학** 등 多배출 업종의 저탄소 전환 촉진 * 수소환원제철+** 납사 대체(바이오, 수소+CO2) • (밸류체인) 산업벨류체인* 전반의 혁신 가속화로 전과정 탄소 중립 실현 * 연 · 원료(탄소함유 원료를 저 · 무탄소 원료로 대체)→공정→제품→소비 · 자원순환
미래 모빌리티로 전환	• (친환경차 전환) 수소 · 전기차 생산 · 보급 확대, 기술개발 · 인프라 확충 등 • (모빌리티 혁신) 창의적 모빌리티 서비스, 철도 · 선박 등 非도로 부문까지 친환경화 추진
도시 · 국토 저탄소화	• (건물) 건물의 탄소배출량 全생애 주기 관리 및 탄소중립도시 조성 • (국토) 도시별 맞춤형 그린 인프라 보전 · 확충 지원 • (농림 · 해양) 산림, 갯벌 등 생태지원을 활용한 탄소흡수 기능 강화, 농축수산업의 저탄소 생산 기반 확대
② 新유망 저탄소 산업 생태계 육성	
신유망 산업 육성	• (저탄소 신기업) 이차전지, 바이오, 그린수소 등 저탄소산업 육성 • (기후산업) 탄소중립 가속화를 위한 디지털 · 에너지 융합, 탄소순환산업 육성
혁신생태계 저변 구축	• 저탄소 · 친환경 분야 규제자유특구 확대, 그린기술 사용화 로드맵 수립 등
순환경제 활성화	• 제조 공정의 연료 · 원료 순환성 강화, 지속가능한 제품 사용기반 구축 및 이용 확대
③ 탄소중립 인프라 강화	
R&D 확충	• 탄소중립을 위한 핵심기술(에너지 효율, CCUS 등) 개발을 집중 지원

자료: 정부부처 합동, 2050 탄소중립 추진전략, 2020.12

제시했다.

정부는 2021년 8월 탄소 저감 속도가 가장 느린 산업 부문의 탄소중립을 위해 6조 7,000억 원 규모의 '탄소중립 산업 핵심 기술개발 사업' 예비타당성(예타)을 조사할 것이라고 발표했다. 예타 추진안에는 2023년부터 2030년까지의 1단계 기술 개발 내용이 담겨 있으며, 업종은 총 13개로 구분했다. 철강과 석유화학, 시멘트 등 탄소 다배출 업종과 자동차, 조선, 섬유, 비철금속, 제지, 유리, 기계, 전기전자 등 일반 업종으로 구분했고, 산업 공통으로 자원순환 분야를 포함했다. 분야별로 탄소 배출 경로를 조사하여 고탄소 원료 및 연료를 대체하고, 생산공정의 탄소 저감 기술을 높이며, 탄소 재자원화를 위한 순환 기술 등 공정 전반에 탄소중립 기술을 포함하여 진행할 계획이다.

2021년 8월에는 세계에서 14번째로 탄소중립 기본법(기후 위기 대응을 위한 탄소중립 녹색성장 기본법)이 국회 본회의를 통과했다. 2030년 온실가스 감축 목표를 2018년 대비 35% 이상 감축하며, 2050년 탄소중립 달성을 법으로 명시했다. 탄소중립 비전과 이행 체계를 법제화했고, 2030년 중간 단계 감축 목표를 상향했으며, 실질 정책 수단으로 '기후변화영향평가 제도' 및 '온실가스감축인지예산 제도'를 도입했다. 기후변화영향평가 제도란 국가 주요 계획과 개발 사업 추진 시 기후 변화 영향을 추가로 평가하여 대비하도록 하는 제도다. 주요 사업을 추진하는 데 온실가스 발생 영향을 점검하여 저탄소 사업을 유도하는 순기능을 고려한 것이다. 온실가스감축인지예산 제도는 국가 예산·기금 편성 시 온실가스 감축에 미치는 영향을 분석하여 그 결과를 예산에 반영하고, 결산 시 적정하게 집행되었는지를 평가하는 제도를 말한다.

2021년 10월에는 2030년 대한민국 온실가스 배출량을 40% 감축하겠다는 탄소중립 중간 목표 최종안을 확정했다. 탄소중립위원회는 제2차 전체회의에서 '2050 탄소중립 시나리오안'과 '2030 국가 온실가스 감축목표(NDC) 상향안'을 심의하고 의결했다. 온실가스 감축목표 상향안에 따르면 2018년 온실가스 배출량은 7억 2,700만 톤이었으며, 이를 2030년까지 40% 감축하여 4억 3,600만 톤 배출로 낮추겠다는 것이다. 이는 기존 목표인 26.3% 감축에서 대폭 상향 조정된 것이며, 앞서서 국

주요국가 탄소중립 및 2030 온실가스 감축목표 법제화 현황

국가	법제화 여부(규정 시 O, 미규정 시 X)		
	탄소중립 목표	2030 감축목표	비고
유럽연합	O(2050)	O(1990 대비 55%)	유럽기후법
독일	O(2045)	O(1990 대비 65%)	연방기후보호법
프랑스	O(2050)	O(1990 대비 40%)	녹색성장을 위한 에너지전환법
스페인	O(2050)	O(1990 대비 23%)	기후변화 및 에너지전환에 관한 법률
덴마크	O(2050)	O(1990 대비 70%)	기후법
헝가리	O(2050)	O(1990 대비 40%)	기후보호법
스웨덴	O(2045)	O(1990 대비 63%)	기후정책프레임워크 (2017.6월)
룩셈부르크	O(2050)	O(2005 대비 55%)	국가기후법
아일랜드	O(2050)	O(2018 대비 51%)	기후행동 및 저탄소개발법
일본	O(2050)	X (기후정상회의 선언, 2013 대비 46%)	지구온난화대책의 추진에 관한 법률
영국	O(2050)	X(NDC, 1990 대비 68%)	기후변화법
캐나다	O(2050)	X (NDC, 2005 대비 최소 40~45%)	넷제로 배출 책임에 관한 법률
뉴질랜드	O(2050)	X(NDC, 2005 대비 30%)	기후변화대응법
노르웨이	X	O(1990 대비 50~55%)	기후변화법
네덜란드	X	O(1990 대비 49%)	기후법
미국	X(2050)	X(2005 대비 50~52%)	2050 탄소중립목표: 국내외 기후위기 대응에 관한 행정명령 (2021.1월) 2030 감축목표: NDC
중국	X(2060)	X(탄소배출정점)	14차 5개년 계획 (2021.3월)
러시아	X(–)	X(1990 대비 30%)	2050 탄소중립목표: 제시하지 않음 2030 감축목표: NDC

주: NDC는 '국가 온실가스 감축목표'를 말함
자료: 환경부

회가 탄소중립 기본법에 못박은 것보다 35% 이상 감축보다도 높은 것이다.

목표 달성을 위해 2030년까지 신축이나 증축 중인 철강 고로를 전기를 사용하는 고로로 대체하고, 노후 건축물을 대상으로 에너지 효율

을 높이고, 제로에너지 건축물을 확대하는 등 그린리모델링을 확대하기로 했다. 생활폐기물 재활용률은 2018년 62%에서 2030년 83%로 높이고, 사업용 차량 50만 대 이상을 친환경차로 우선 보급하겠다는 것이다. 그 결과 국내총생산(GDP)은 0.07% 감소하겠지만 고용은 최대 0.02% 증가할 것으로 예측했다.

에너지 전환 부문에서는 2030년까지 석탄 발전 비중을 21.8%로 낮추고, 신재생에너지 발전 비중을 30.2%로 높일 계획이다. 이 경우 에너지 부문의 온실가스 배출량은 2018년 대비 44.4% 줄어들 것으로 전망했다. 수송 부문에서도 친환경차 보급 확대를 통해 온실가스를 2030년까지 37.8% 감축할 방침이다. 또한 국외 감축은 기존 1,620만 톤에서 3,350만 톤으로 늘려서 국내 온실가스 배출량을 상쇄할 것이라고 밝혔다. 탄소 감축 목표 달성을 위한 보충적인 수단으로 국외 감축을 활용할 수밖에 없다는 사실을 확인했고, 국외 감축을 위해 국내 기업의 해외 감축 사업 및 정부 간 양자 협정 등의 방식을 이용하기로 했다.

2050년까지 탄소중립을 달성한다는 목표도 재확인했는데 이를 위해 두 가지 주요 수단을 제시했다. 먼저 전기와 열 생산 과정에서 발생하는 탄소 배출을 최소화하기 위해 석탄 발전을 중단하고 무공해차 보급을 최소 85% 이상으로 확대하기로 한 것이다. 동시에 화학비료를 줄이는 등 영농법을 개선하고 저탄소, 무탄소 어선을 보급한다는 내용도 포함되었다. 2030 온실가스 감축목표는 11월 영국 글래스고에서 개최된 유엔기후변화협약 당사국총회와 12월 유엔에 공식적으로 제출되었다.

2

탄소중립을 위한 긴 여정의 시작

파리협정은 2015년 온실가스 배출을 감축함으로써 기후 변화의 위험과 영향을 줄이기 위해 채택되었다. 지구 평균 온도 상승폭을 산업화 이전 대비 2100년까지 2℃ 이하로 유지함으로써 기후 변화 위협을 방지하고 나아가 산업화 이전 대비 온도 상승폭을 1.5℃ 이하로 제한하여 기후 변화를 최소화할 것을 목표로 하고 있다. 문명의 발전과 함께 기하급수적으로 증가해온 온실가스 발생량을 현격히 줄이는 것은 장기간에 걸쳐 모든 산업 부문 구조가 바뀌어야 달성 가능한 매우 어려운 문제라 할 수 있다.

강화하는 온실가스 감축 요구

전 세계적으로 1870년 이후 온실가스(이산화탄소 상당량, CO_2eq) 누적 배출량을 2조 8,900억 톤 이하로 제한해야 지구 평균 온도 상승이 1.5℃에 머무를 수 있다. 2017년까지 온실가스 누적 배출량은 2조 2,000억 톤으로, 2017년 이후 온실가스 배출량은 6,900억 톤 이하로 제한해야 한다. 목표로 설정한 온도 상승폭까지 배출할 수 있는 온실가스의 양을 탄소예산이라고 하는데 2017년 이후 남아 있는 탄소예산이 6,900억 톤이라는 의미다. 유럽연합집행위원회에 의하면 2019년 전 세계 탄소 배출량은 380억 톤으로 1990년의 배출량 230억 톤에 비교하면 68% 증가했다. 글로벌 총생산 단위당 온실가스 배출량은 1,000달러당 0.3톤이었으며, 인구 1인당 배출량으로는 연간 4.9톤이었다. IPCC는 지구 평균 온도 상승을 1.5℃으로 맞추기 위해서는 저탄소에너지로의 전환과 고효율 에너지 소비 기반 확립, 산업의 탈탄소화, 이산화탄소 흡수 등 다양한 수단이 강구되어야 한다고 제언했다.

IPCC에 따르면 1.5℃ 목표를 달성하기 위해서는 2030년까지 전 세계 온실가스 순 배출량을 2019년 대비 43% 감축해야 하지만 각국이 제출한 NDC(국가온실가스감축목표)에 따르면 이에 미치지 못한다. 각국의 탄소 배출량 감축 목표를 더욱 높여야 하며, 저탄소에너지 전환을 중심으로 토지와 도시, 산업 시스템의 빠른 전환이 필요하다. 2019년 기준 탄소 배출량 상위 10개국이 전 세계 전체 배출량의 75%의 탄소를 배출해 이들의 적극적인 노력이 필요하다. 중국은 2019년 115억 톤의 탄소를 배출하여 전 세계 배출량의 30.3% 비중으로 2위 미국이 배출한 51억 톤보다 2배 이상 많았다. 영국을 포함한 유럽연합의 탄소 배출량은 40억 톤으로 전 세계 배출량의 10.6%였다. 중국과 미국, 유럽연합 세 지역의 탄소 배출 규모가 전체 54%로 절반을 넘어 이들 지역의 탄소 감축

2019년 탄소배출량 상위 10개국

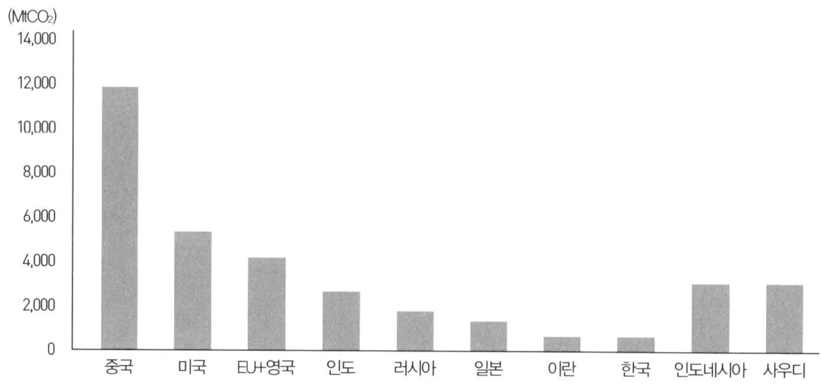

자료: JRC2020

이 매우 중요하다. 앞 장에서 언급한 대로 유럽연합과 미국은 탄소중립 정책을 강화하고 있으며, CBAM 등 다양한 무역 규제를 통해 중국에 압력을 가하고 있어 이들 지역은 경쟁적으로 탄소 감축 정책을 시행할 수밖에 없는 환경으로 변하고 있다.

2021년 5월 발간된 IEA 자료에 의하면 2050년 탄소중립은 상당히 어려운 과제이며, 정치경제와 사회, 금융, 기술 등 모든 분야에서 큰 변화가 필요하다고 밝혔다. 2050 탄소중립을 위해 필요한 몇 가지 변화를 제시했는데 첫 번째로는 화석 연료 사용량을 큰 폭으로 줄여야 하며, 신규 공급을 위한 투자가 불필요하다는 것이다. 정책적으로 화석 연료의 수요를 큰 폭으로 낮춰야 하며, 이는 석탄뿐만 아니라 석유와 천연가스에 대한 수요도 감소하는 것을 의미한다. IEA는 탄소중립 경로를 따른다면 석탄과 석유, 천연가스 수요는 2050년이면 각각 90%, 75%, 55% 감소할 것으로 전망했다.

두 번째로는 저탄소에너지 공급과 사용을 위해 태양광과 풍력, 전기차, 수소 산업에 대규모 투자가 이뤄져야 하며 각 산업은 큰 폭으로 성장해야 한다는 것이다. 태양광과 풍력 산업의 경우 2030년까지 매년 추가 설치 규모가 각각 630GW, 390GW로 확대되어야 한다. 전기차는 2030년까지 전체 자동차 판매량의 60% 비중으로 확대돼야 하며, 이를 위해 이차전지 생산량은 매년 6,600GWh로 증가해야 한다. 또한 산업 분야에서 탄소 저감 기술이 확대되어야 하며, 이를 위해 수소를 활용하거나 탄소포집 기술인 CCUS를 적용하여 탄소 배출을 감축할 것을 제안했다.

세 번째로는 원자력 발전의 확대를 제시하고 있는데 2030년까지 원자력 발전 용량은 매년 17GW 증가해야 하고 2030년 이후로는 매년 24GW가 추가되어야 한다. 또한 전 세계 전력망은 2040년까지 지금의 2배로 증가해야 한다고 밝혔다. 이러한 목표를 달성하기 위해 필요한 투자액은 최근 연평균 투자액 2.3조 달러보다 2배 이상 증가한 5조 달러가 2030년까지 매년 투자되어야 한다고 주장했다. 이 중 재생에너지에 대한 투자는 매년 1.3조 달러로 과거 화석 연료 투자 최고치였던 2014년의 1.2조 달러보다 많은 금액이 될 것으로 전망했다.

IRENA(세계재생에너지기구)의 보고서에 따르면 에너지 전환이 탄소중립의 핵심이며, 그 중심은 신재생에너지라는 것이다. 1.5℃ 이하를 유지하기 위해서는 에너지 전환에 대한 투자가 큰 폭으로 늘어나야 하고, 2050년까지 131조 달러가 투자되어야 한다고 말했다. 이는 신재생 분야에 매년 4.4조 달러의 투자가 필요하다는 것으로 IEA에서 제시한 금액보다 월등히 큰 규모다. IRENA는 2050년 전력 생산의 90%가 재생

연간 에너지 발전 신규 설치 규모(2001~2020)

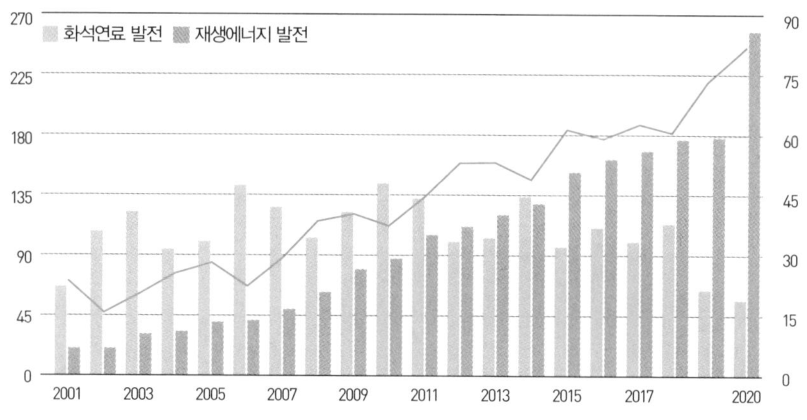

자료: IRENA 2020

에너지로 공급되어야 한다고 주장했는데 이는 IEA가 제시한 88%보다 높고, IPCC가 제시한 70%보다 약 20%pt 높은 것이다.

에너지 분야에서는 지난 8년 동안 재생에너지 발전이 화석 연료 발전 설치 규모를 초과했으며, 그 추세는 계속될 전망이다. 2020년 재생에너지 설치 규모는 260GW로 크게 늘었는데 이는 화석 연료 기반 발전 설치 용량의 4배 이상으로 큰 규모였다. 최근 저탄소에너지 발전 설치가 늘어난 이유는 기술 발전에 따라 재생에너지 설치 단가가 하락했고, 각국의 저탄소 정책으로 석탄 발전을 비롯한 화석 연료의 설치가 제한되고 있기 때문이다. 다만 1.5℃의 탄소중립을 위해서는 지금보다 더욱 빠르게 재생에너지 발전이 확대되어야 한다. 기존 화석 연료 발전 설비를 좌초자산으로 전환하는 정책을 확대함으로써 설비 전환을 가속화해야 한다.

2020년 에너지 전환에 대한 투자 규모는 5,240억 달러로 사상 최

연간 탄소 저감 관련 산업의 신규 투자 규모(2001~2020)

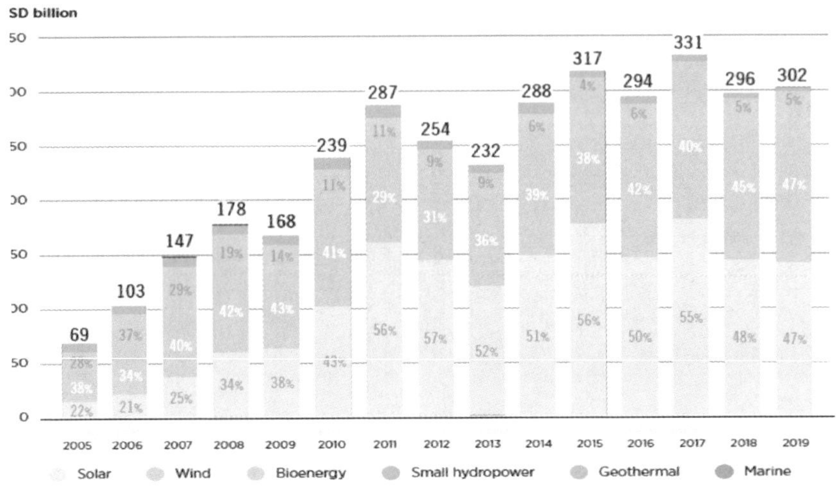

자료: IRENA 2020

대치를 기록했다. 그 중심에는 재생에너지 투자가 자리 잡고 있으나 전기자동차 등 다른 에너지 전환 기술에 대한 투자 또한 느는 추세다. 전기자동차 관련 투자 비중은 27%로 약 1,415억 달러로 추정한다. 전기자동차 지원 정책은 더욱 강화되고 있는데 내연기관 탄소 배출 규제 및 생산 중단, 보조금 지급, 충전 인프라와 무료 주차 확대, 세금 우대 등의 정책이 도입되고 있다. 유럽연합은 승용차의 이산화탄소 배출량을 5년 단위로 강화하는데 2020년 킬로미터당 95그램으로 낮췄고, 2025년에는 81그램, 2030년에는 59그램으로 배출 기준을 강화할 계획이다. 내연기관 신차 판매 금지 정책의 경우 노르웨이와 네덜란드는 2025년부터 시행하고, 영국과 독일, 이스라엘, 인도 등에서는 2030년부터 시행할 전망이다. 많은 국가에서 신차 판매 금지 정책을 도입하고 있으며,

재생에너지 분야별 전 세계 투자 규모(2005~2019)

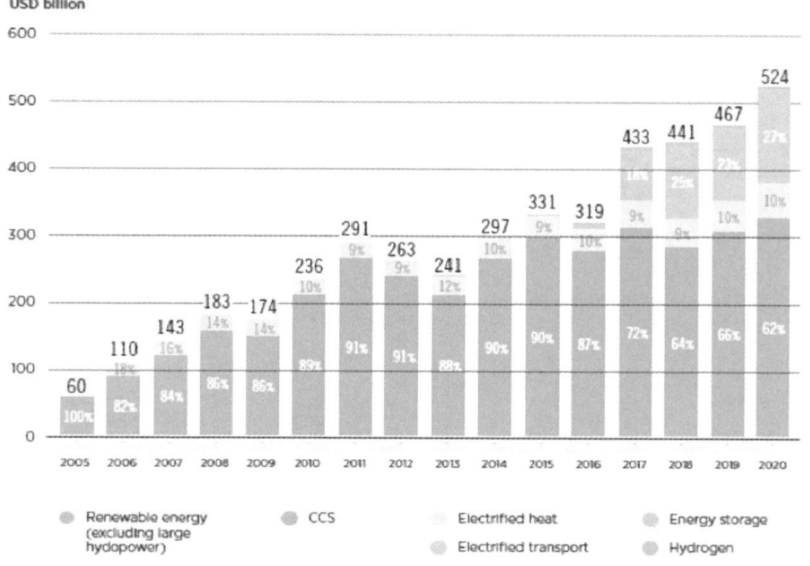

자료: Frankfurt School-UNEP Centre and BNEF

기존의 판매 금지 시점을 경쟁적으로 앞당기고 있다. 앞으로 에너지 전환에 있어 전기자동차의 투자 규모가 더욱 증가하고, 이외 수소와 에너지 저장, CCS(이산화탄소 포집 및 저장 기술) 등의 분야에 대한 투자 규모 또한 확대될 전망이다.

재생에너지 발전 설치 규모는 증가하고 있지만 설치 단가의 하락으로 투자 비용은 횡보하고 있다. 2019년 재생에너지 발전 투자 규모는 3,020억 달러였으며, 2020년은 코로나19의 대유행에도 불구하고 3,200억 달러를 달성한 것으로 집계했다. 재생에너지 투자는 주로 태양광과 풍력에 집중되어 있으며, 2014년 이후 두 분야의 투자 비중은 꾸준히 90%를 상회하고 있다.

1.5°C 시나리오를 위한 분야별 탄소배출 감축 규모

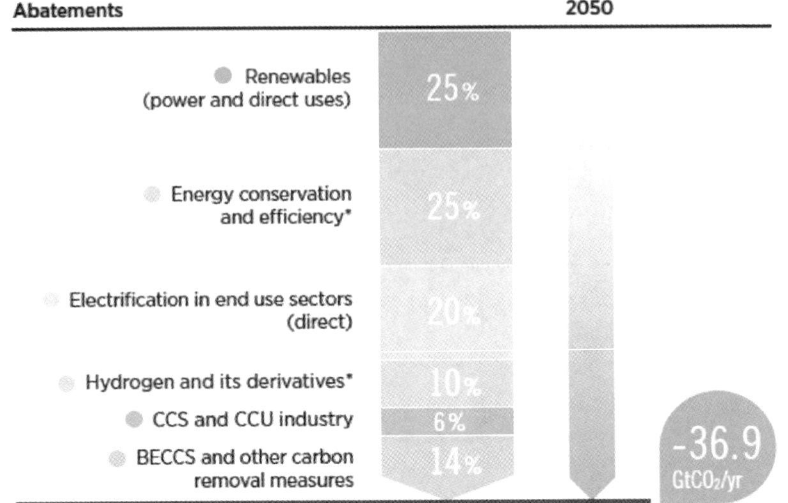

자료: IRENA 2021

2050년까지 1.5℃ 이하를 유지하기 위해서는 연간 탄소 배출량을 현재보다 약 369억 톤 감축해야 하는데 이를 산업 분야별로 구분하면 에너지원으로 직접 사용하는 재생에너지 분야가 25%의 비중을 차지하며, 에너지 절감 및 효율화를 통한 감축이 25%, 전기자동차 등 전력화를 통한 감축은 20%, 수소를 통한 감축은 10%, CCUS를 이용한 감축은 6% 비중이 될 것으로 전망했다. 그러나 이를 다시 에너지 공급 관점에서 종합하면 탄소 저감의 핵심은 재생에너지라고 할 수 있으며, 전체 탄소 감축의 90% 이상은 재생에너지가 담당한다고 해도 과언이 아니다. 전기자동차와 수소 생산, CCUS를 운영하기 위해서는 전력이 필요한데 재생에너지로부터 생산한 전기를 활용해야 탄소 감축이 가능하기 때문이다.

3

탄소 저감을 위한 신기술, CCUS

현재 전 세계 121개국은 '2050 탄소중립'을 목표로 기후동맹에 가입했다. 주요 선진국은 온실가스 감축을 위해 탄소배출권 거래제도 확대, 탄소세 부과, 탄소 국경세 등을 통해 저탄소·친환경 경제구조로의 전환을 유도하고 있다. 유럽연합은 2023년 시범 도입하고, 미국은 2025년부터 탄소 배출이 많은 국가의 제품 수입 시 관세를 부과할 예정이다.

탄소중립을 실현하기 위해서는 탄소 배출을 절감하는 것도 물론 중요하지만 이미 배출된 이산화탄소를 흡수하여 처리하는 기술을 개발하는 것 또한 필요하다. 이를 위한 수단으로 이산화탄소 포집 및 활용 저장(CCUS) 기술 도입의 필요성이 대두되었다. CCUS는 기술 확보 시 중장기적으로 경제·사회적 파급효과가 크고 탄소중립에 핵심적인 기여가 예상되는 분야다. IEA는 2020년 9월 발간된 〈에너지기술 전망〉 보고서에서 CCUS 기술 없이는 온실가스 배출량 제로에 도달하는 것이 불가능하다고 전망했다. 전 세계에서 배출되는 이산화탄소의 50% 이상이 발전 시설과 중공업 공장에서 발생하는데, CCUS 기술은 산업 현장에서 나오는 대규모 이산화탄소를 경감할 수 있는 유력한 방법이기 때문이다. IEA는 CCUS 기술을 '저감하기 어려운' 탄소 배출량 분야에 대한 해결책이라고 언급했다. 발전소 및 중공업 분야에서 화석 연료를 다른 연료로 대체하는 것이 너무 비싸고 비효율적이기 때문에 사용량을 당장 낮추기 어려운데 이 화석 연료 사용으로 발생되는 이산화탄소를 CCUS 기술로 일정 부분 상쇄할 수 있다고 강조했다.

CCUS의 개념과 단계별 핵심 기술

CCUS란 에너지, 산업 공정 등에서 배출되는 이산화탄소를 포집, 저장하거나 잠재적 시장가치가 있는 제품으로 활용하는 기술이다. CCUS의 첫 단계 이산화탄소 포집로 단계에서는 석탄 및 천연가스 화력발전소, 제철소, 시멘트 공장, 정유 공장 등과 같은 대규모 산업 공정 시설에서 발생한 다양한 가스 혼합물에서 이산화탄소를 분리하게 된다. 포집한 이산화탄소는 압축하여 파이프라인이나 선박 등을 통해 저장에 적합한 장소까지 운송되고, 운송된 이산화탄소는 필요한 곳에 사용하거나 이산화탄소가 대기 중으로 빠져나가는 것을 막기 위해 1km 이상의 깊은 지하 암석층에 저장하거나 화학적 변화 등을 통해 활용한다.

이 중 가장 관심이 집중되는 단계는 화석 연료의 연소 후에 CO_2를 포집하는 것으로 발전소나 공장 굴뚝에 적용할 수 있는 기술이다. 다만 석탄 화력의 경우 10~15%, 액화천연가스(LNG)의 화력은 4%로 CO_2 농도가 낮아 포집 기술의 추가 개발이 필요하다. 미국과 캐나다에서는 이미 상용화 기술에 근접했지만 우리나라에서는 아직 소규모 화력발전소에서 실증 연구를 하고 있는 단계이다.

CCUS 과정의 각 단계별 핵심 기술은 다음과 같다.

첫째, 포집 기술이다. 이는 여러 물질이 혼합된 배출가스에서 CO_2를 포집·분리하는 기술로 현재 화력 발전 배출가스 위주의 소규모의 실증기만 개발된 상태다. 앞으로 국내 포집 기술의 대규모 실증으로 LNG 발전 및 산업 배출원별 최적화된 CO_2 포집 기술 확보가 요구된다. 발전 분야만 살펴봤을 때 미국과 캐나다는 각각 240MW, 150MW의 대규모 화석 연료 발전소에서, 한국은 10MW의 소규모 발전소에서 실증 사업이 진행되고 있다. CO_2 포집 비용은 아직 톤당 60~70달러 수준이나 중장기적으로는 하락할 것으로 전망하고 있다.

둘째, 화학적 전환 기술이다. 이는 CO_2를 반응원료로 활용하여 화학적 전환을 통해 연료·기초화학 제품 등의 다양한 탄소화합물로 전환하는 기술로 촉매반응을 통해 합성가스나 메탄올, 초산 등으로 전환하는 실증 연구가 진행되고 있다. 아직은 열역학적 한계로 기존의 석유화학 제품 대비 높은 생산 비용이 필요하기 때문에 동시 포집·전환 기술, 화학-바이오촉매 융합 기술, 기존 공정·시스템 연계 기술 등 기술 간 융합을 통한 공정 효율화 및 경제성의 확보가 절실한 상황이다.

셋째, 생물 전환 기술이다. 이는 CO_2를 생물학적으로 고정하여 미세조류 바이오매스를 생산하고, 이를 바이오연료·바이오소재 등으로 제품화하는 기술을 말한다. 아직은 기술 한계로 균주의 CO_2 전환율이 낮고, 저농도 미세조류 배양으로 인하여 바이오매스 회수 공정(수확 및 건조)

에서 에너지 소비량이 과다하다는 문제점이 있다. 향후 바이오매스 대량 생산 시스템 효율화를 통한 바이오매스 생산 단가가 줄어들 것으로 기대되는 만큼 바이오매스를 이용한 유용소재별 고농도 생산·회수 기술, 기능성 식품·화장품, 사료화 기술을 선제적으로 개발할 필요성이 있다.

넷째, CO_2 광물탄산화방법이다. 이는 CO_2를 탄산염 형태로 전환하여 광물화하는 기술로 시멘트·콘크리트 대체제, 건설 소재 등으로 쓰이는 CO_2 광물화 반응생성물의 제품화 연구가 아직 부족하다는 문제점이 있다. 앞으로 산업별 활용처가 분명하고 온실가스 감축 효과가 큰 광물탄산화 제품군을 발굴하고 상용화하는 데 필요한 기술을 확보하는 것이 과제로 남아 있다.

CCUS 기술 개발 현황

CCUS 관련 기술 개발과 관련하여 유럽연합, 미국 등 선진국을 중심으로 CCU 개발이 확대되고 있으며, 건설 소재 및 고분자 화학 제품 생산 등 일부 기술은 상용 단계에 진입하고 있다.

첫째, CO_2의 경우, 미국, 캐나다 등에서 연소 배출가스 50~800만 톤 규모의 대규모 포집을 추진하고 있다. 유럽연합, 중국, 미국 등에서는 매체순환 연소, 순산소 연소 등의 원천분리 기술을 실증하고 있다. 연소 중 포집 기술의 대표 주자인 순산소 연소는 고난도 기술로 꼽힌다. 공기 대신 산소만을 사용해 연소하면 CO_2, 물, 분진, 이산화황이 배출되는데 여기서 CO_2만을 바로 빼낸다. 미국, 유럽연합, 중국 등은 열출력 50MW급 순산소 연소 발전 실증 연구에 속도를 내고 있다.

둘째, CO_2를 원재료로 다양한 석유화학 제품을 만드는 화학 전환 기술과 관련하여 메탄올, 초산, 개미산, 옥살산, 요소 등을 직접 전환하는 데 성공했다. CO_2 화학 전환에 있어서 미국, 유럽의 경우 CO_2 기반 다양한 제품·공정 원천 연구가 활발히 추진 중이며, 일부 기술은 제품화 단계에 진입했다. 일산화탄소와 수소를 생산하는 합성가스 생산 기술 또한 상용화 단계에 있다. 고분자 관련 제품은 민간 주도로 일부 제품의 상용화를 추진 중이며, 유기산, 탄화수소, 탄소 소재 등 다양한 제품화 또한 원천·실증 연구 중이다. 미국과 유럽연합, 일본은 이미 여러 가지 화학 전환 원천기술을 확보했다. 일본의 아사히카세이의 에틸렌 카보네이트, 유럽연합 기업 코베스트로의 폴리우레탄 생산 공법 등이 상용화에 성공한 사례로 꼽히지만 국내에서는 아직 상용화 사례가 없다. 한국화학연구원은 부흥산업과 협력해 초산을 연간 20톤 이상 생산하는 시험 연구시설을 가동하고 있다. 현대오일뱅크도 하루 메탄올을 10톤가량 생산할 수 있는 실증 연구를 진행하는 것으로 알려져 있다.

셋째, CO_2 생물 전환에 있어 미국, 유럽 등 주요국에서 최신 생명공학 기술이 적용된 고효율 산업 생산용 균주 개발이 진행 중이다. 대표적으로 미세조류 대량생산을 위한 바이오 반응기 운전 실증 및 경제성 확보를 위한 저가 기질 활용 연구 등이 진행되고 있다. 또한 그린 디젤, 항공유, 동물·어류 사료 등의 미세조류 기반 바이오 연료 및 기타 제품들도 연구개발에 착수했다.

넷째, CO_2 광물탄산화는 CO_2를 탄산염 형태로 전환해 소재화하는 기술이다. 폐콘크리트, 석탄재, 철강슬래그 등을 특수 처리해 고순도 탄산염을 얻은 다음 이를 고무 등 화학 제품이나 건설자재로 바꾼다. 역시 선진국 대비 국내 기술이 취약한 분야다. 미국 솔리디아, 캐나다 카본큐어 등이 곧 광물탄산화 기술을 상용화할 것으로 알려졌다. 미국, 캐나다, 유럽의 경우 직접탄산화 기반 건설자재 생산 기술과 CO_2 반응 경화시멘트·양생 기술은 시장 진입 단계까지 이르렀다.

CCUS 기술 관련 글로벌 시장 동향

이미 주요국들은 탄소중립을 위한 장기 전략에 CCUS 기술을 중요한 탈탄소 수단으로 제시하고 있다. 미국, 영국, 독일, 일본 등 주요국이 발표한 장기 저탄소 발전 전략에 모두 CCUS가 포함돼 있다.

미국은 2018년부터 '45Q 세금 공제(45Q Tax Credit)' 정책으로 CO_2를 포집·저장·활용하는 시설에 세액공제 혜택을 확대 제공하고 있다. 유럽연합은 주요 R&D 프로그램을 집중 지원하고, 의무 사용 재생연료 범위에 CCU 연료를 포함하도록 제도를 개선했다.

IEA는 2070 글로벌 탄소중립 시나리오에서 CCUS 기술 기여도를 온실가스 총 감축량의 15% 수준으로 제시했으며, 이를 위해 연간 100억 톤의 CO_2를 포집·처리할 것으로 예상했다. 포집된 CO_2는 저장(CCS) 분야에서 90%, 활용(CCU) 분야에서 10% 처리할 것으로 예측했으며, 활용 분야의 경우 CO_2를 합성연료(경유·항공유 등) 생산에 95%, 기타 화학제품(플라스틱 등) 생산에 5% 활용할 수 있을 것으로 전망했다.

유럽연합집행위원회(EC)는 2050년 연간 CO_2 포집량을 6억 톤 규모로 제시했으며, 포집된 CO_2는 저장 및 활용 분야에서 각각 50% 처리할 것으로 전망했다.

국내에서는 2050 장기 저탄소에서 발전 및 산업 부문 온실가스 감축을 위한 핵심 수단으로 CCUS를 제시했다. 우리나라 정부는 2021년 6월 과학기술관계장관회의에서 CCU 기술혁신 로드맵을 내놓고 현재 60~70달러 선인 CO_2 1톤당 포집 비용을 2030년까지 30달러, 2050년까지 20달러로 낮추겠다고 발표했다.

현재 형성된 CCUS시장은 정책과 주변 여건 및 조사기관마다 전망치가 상이하다. IEA에 따르면 2020년 현재 전 세계적으로 21개 대규모 상업용 CCUS 설비가 운영 중이며, 연간 최대 4,000만 톤 수준의 CO_2를 포집 중이다. 대부분 영구 저장 및 석유 회수 증진의 용도로 운영 중이며 CO_2를 원료로 연료, 화학 제품, 건설 소재 제조 산업 등의 제품 전환 생산에 활용하는 CCUS 관련 시장은 아직 형성되지 않았다. 향후 탈탄소·친환경 정책 강화로 인하여 점진적으로 시장이 형성될 것으로 전망된다. 대다수의 CCU 기술은 제도 내에서 감축 효과를 인정해주거나, 저탄소 제품 인센티브를 제공해야만 시장 진입이 가능할 것으로 보인다.

또한 전 세계적으로 화석 연료 발전 설비에 부착될 CCUS 프로젝트가 현재 20개 정도 진행되고 있다. 지역별로는 미국 11개, 영국과 중국 각각 3개, 아일랜드와 네덜란드, 그리고 우리나라에서 각각 1개가 진행 중이다. 개발 중인 20개 프로젝트에서는 연간 5,000만 톤 이상의 이산화탄소를 포집할 예정이다. 포집 기술에서 선도적 역할을 하고 있는 미국과 캐나다는 유전 지역과 연계한 대규모 인프라를 갖추고 있어 다수의 대규모 CCS 플랜트 운영이 가능하다. 국내의 경우 저장소의 부재로 한전과 발전사가 주도하는 포집 기술 중심 실증 연구가 진행 중이다. 포집한 CO_2를 안정적으로 대량 저장하기 위해서는 특정 지질 요인들을 갖춘 구조가 필요하며, 저장소 확보는 CCUS 활용의 필수 요소가 되는데 외국은 기존 유전 지역을 중심으로 대규모 저장소를 보유하고 있어 상업화 가능한 저장 잠재량이 크다는 이점이 있다. 그러나 국내의 경우 서해 대륙붕 및 동해가스전의 저장 공간 고갈에 대비하여 인근 지역의 탐사를 통한 대규모 저장소 확보가 필요하다.

금융 측면에서는 유럽, 미국 등에서 CCUS 기술 개발 및 상용화를 위한 R&D 투자가 크게 확대되고 있으며 대규모 민간투자도 확대 중이다. 영국에서는 12억 달러 규모 발전·산업 부문 CCUS 인프라 신규 투자를 발표했으며, 미국은 2020년에 2억 3,000만 달러 규모의 CCUS 기술개발·보급 신규 지원을 발표했다. 글로벌CCS연구소가 발표한 2019년 탄소포집저장기술 준비 지수에 따르면 미국과 캐나다가 각각 70점, 71점으로 전 세계에서 가장 탄소 포집 기술을 위한 준비가 잘 돼 있다. 그다음으로는 노르웨이(65), 영국(64), 호주(61), 중국(54) 순이다. 이 지표는 해당 국가가 탄소 포집 저장 기술 적용을 강제하는 정도, 관련 규제와 정책, CCS 시설 및 프로젝트의 개수, 진행 정도를 종합 평가해 측정한다.

4

탄소배출권과 탄소배출시장의 이해

탄소배출권 거래제도의 개념과 등장 배경

배출권이란 지구환경에 부하를 주는 물질을 배출할 수 있는 권리를 의미한다. 대표적인 배출권으로는 온실가스 배출권과 질소산화물, 유황산화물 배출권 등이 있고, 이들 물질은 현재 다양한 형태의 시장에서 거래되고 있다. 그중 온실가스 배출권은 지구 온난화의 주범인 이산화탄소, 메탄, 아산화질소, 수소불화탄소, 과불화탄소, 육불화황 등 온실가스를 배출할 수 있는 권리를 말하며, 온실가스 중에서 이산화탄소 비중이 가장 높아 통상적으로 탄소배출권이라고 부른다.

탄소배출권의 개념은 1997년 기후변화협약의 구체적 이행 방안으로 채택된 '교토의정서'에서 처음 등장했다. 탄소배출권은 유엔기후변화협약에서 발급하며, 주식이나 채권처럼 장외에서 매매할 수 있다. 이것이 바로 탄소배출권거래제(EST)로 온실가스 총배출량 산출을 기초로

탄소배출권 거래 개념도

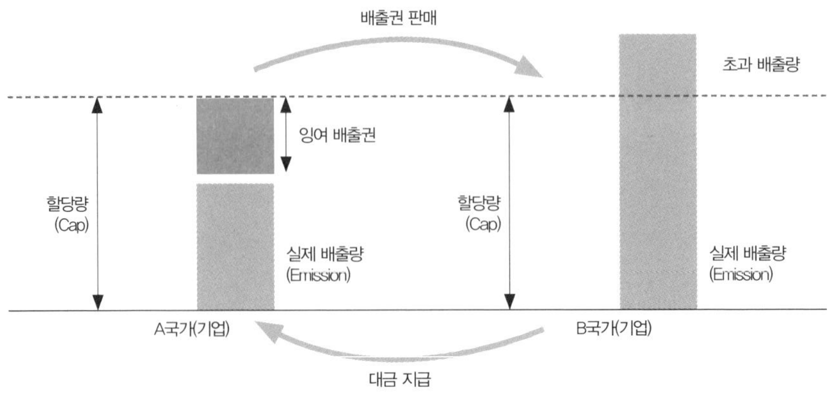

자료: 환경부

배출권을 설정하여, 그 권리를 시장에서 매매할 수 있게 하는 제도이다. 탄소배출권에 대한 시장의 수요와 가격 조절 기능을 바탕으로 배출권의 수요와 공급이 결정된다. 만약 누군가가 보다 저렴한 비용으로 온실가스를 감축할 수 있으면, 배출량을 절감하고 초과 달성한 양만큼의 배출권을 배출권 거래시장에 공급함으로써 이득을 얻게 된다. 탄소배출권에 가격을 설정하여 상품처럼 거래할 수 있는 금융상품의 성격을 갖게 된 것이다. 탄소배출권은 국가별로 부여되지만 대부분의 배출권을 기업에 할당하기 때문에 거래는 대부분 기업들 사이에서 이뤄지게 된다.

탄소배출권 거래소는 탄소배출권을 사고파는 거래소로서 보통 '탄소시장'이라고 부른다. 교토의정서가 2005년 발효되면서 설치되기 시작해 2017년까지 15개국 이상에서 설립되었고, 이 중 유럽의 탄소거래소가 가장 발전했다. 국내에서는 2015년 1월 처음으로 개설되었다.

탄소배출권 거래제도가 등장하게 된 배경은 1992년 기후 변화협약 이후 단순한 협약상의 감축 의무만으로는 지구 온난화를 방지하기에 부족하다는 인식에 따라 선진국들의 주도로 1997년 교토의정서를 채택한 것이다. 교토의정서는 지구환경에 대한 역사적 책임을 갖고 있는 선진국들의 온실가스 감축 목표를 설정했으며, 이 목표를 달성하기 위한 수단으로써 시장원리에 기반한 이른바 '교토메커니즘'을 도입하게 된다. 교토메커니즘은 전술한 탄소배출권거래제(ETS)를 포함하여 탄소시장에서의 거래 방식인 청정개발체제, 공동이행제도의 세 가지 제도를 말한다.

교토메커니즘하의 청정개발체제는 선진국인 A가 개발도상국 B에 투자하여 발생한 온실가스 배출 감축분을 자국(선진국)의 감축 실적에 반영할 수 있도록 하여 선진국은 비용 효과적으로 온실가스를 저감하고, 개도국은 기술적, 경제적 지원을 얻는 제도이다. 온실가스 감축 사업 시행 전후를 비교하여 추가적인 온실가스 감축이 이뤄지고, 환경적 이익이 발생하면서도 개도국의 지속가능 발전에 기여할 때 사업으로 인정한다.

CDM은 참여국 기준에 따라 양국 간 혹은 다국 간, 일국 CDM으로 분류한다. 우리나라의 경우 교토의정서에 따른 의무감축 국가가 아니므로, 일국 청정개발체제에 해당한다.

공동이행제도는 선진국 사이에서 온실가스 감축 사업을 공동으로 수행하는 것을 말하며, 한 국가가 다른 국가에 투자하여 감축한 온실가스 감축량 일부분을 투자국의 감축 실적으로 인정하는 제도이다. 교토의정서 의무 이행 국가가 아닌 우리나라는 이 제도에 해당하지 않는다.

탄소 거래 유형과 탄소시장의 구분

탄소배출권은 총량제한 배출권거래제와 기준선 및 대차제, 이 2가지 유형의 거래를 통해 발생한다.

총량 제한 배출권거래제는 목표 감축량 총량(cap)을 설정하고, 각각의 참가자(국가 단위, 지역 단위 또는 사업 단위)들은 이에 기초한 배출권을 할당받고 초과분이나 잉여분에 대해 거래하도록 하는 것이다. 좁은 의미에서 '배출권거래'는 본래 '총량 제한 배출권거래'를 뜻한다.

기준선 및 대차제는 기준선 배출량을 설정하고 이보다 적게 배출한 만큼을 저감량 인정분으로 서로 거래할 수 있도록 한 것이다. 예를 들어 CDM 사업에서는 사업의 부재 시 발생할 배출량이 기준선이 되고, 기준선 배출량과 CDM 사업 후의 배출량을 비교해 그 차이를 감축량으로 인정한다. 이는 사업에서 배출권이 산정되기 때문에 이러한 체제에서 이뤄지는 사업을 일반적으로 '온실가스 저감 사업'이라고 부른다.

온실가스 배출권이 거래되는 탄소시장은 구분 기준에 따라 여러 형태로 분류한다. 첫째, 거래 대상 배출권의 근거에 따라 할당량 거래시장과 프로젝트 거래시장으로 구분할 수 있으며, 둘째, 교토의정서에 따른 온실가스 의무감축 이행 여부에 따라 강제적 탄소시장과 자발적 탄소시장으로, 셋째, 거래 가능 지역을 기준으로 국제시장과 지역시장으로 구분할 수 있다.

(1) 할당량 거래시장과 프로젝트 거래시장

할당시장은 각 국가 또는 기업에 의무적으로 할당된 배출권을 거래하는 의무 시장이다. 이러한 거래시장으로는 유럽연합탄소시장, 시카고 기후거래소, 영국탄소시장, 호주탄소시장 등이 대표적이다. 할당량 거래시장에서는 국가나 기업의 초기 할당량 목표치를 설정하고 그 목표치보다 실제 배출량의 많고 적음에 따라 배출권을 매매하는 방식인 총량 거래 방식으로 배출권을 거래한다.

프로젝트 거래는 상쇄시장이라고도 불리며, 탄소 감축 사업을 통해 획득한 크레딧을 배출권의 형태로 거래하는 시장(자발적 탄소시장)으로 청정개발체제와 공동이행사업이 대표적이다. 여기서는 이산화탄소 배출 감축 활동에 따라 탄소 배출이 감소했을 때, 그 감축분을 크레딧으로 부여하는 베이스라인 크레딧 방식의 배출권이 거래된다. 온실가스 배출 감축 의무가 없는 곳이라도 온실가스 배출 감축 활동이 이루어지는 경우, 크레딧을 부여하여 수익원으로 활용하도록 하는 방식이다.

할당 배출권과 상쇄 배출권을 모두 거래하는 시장은 '혼합시장'이라고 부른다. 우리나라 탄소거래시장은 교토의정서상의 총량 규제를 받는 국제적 강제시장은 아니지만, 국내 탄소배출권 거래제도에 의하여 국내 사업장을 대상으로 배출권 할당 및 사업장 간 거래가 가능하다.

(2) 의무감축 시장과 자발적 시장

탄소시장은 교토의정서에 따른 온실가스 의무감축 이행 여부에 따라 의무감축시장과 자발적 시장으로 나눌 수 있다. 의무감축시장은 온실가스 감축이라는 법적 규제하에서 운영되는 배출권거래 시장을 말하며 유럽연합 탄소시장과 CDM, JI 등의 거래가 이루어지는 프로젝트시장을 예로 들 수 있다.

자발적 감축시장(혹은 자발적 상쇄권시장)은 감축 주체의 자발적 참여,

즉 탄소 감축 의무가 없는 기업, 기관(정부기관 포함), 비영리단체, 개인 등이 사회적 책임과 환경보호를 위해 활동 중에 발생한 탄소를 자발적으로 상쇄하거나 이벤트, 마케팅용으로 탄소배출권을 구매하는 등 다양한 목적 달성을 위해 배출권을 거래하는 시장을 의미한다. 세계 최초의 자발적 탄소 상쇄 프로젝트는 1989년 미국의 전력회사 AES 코퍼레이션(AES Corp.)이 환경보호와 마케팅을 목적으로 전력 발전 시 발생하는 온실가스를 상쇄하기 위해 5,000만 그루의 나무를 심는 과테말라산림농업 사업에 투자한 것이다.

자발적 탄소시장은 강제적 탄소시장의 규제가 모든 산업 및 탄소 배출원을 규제 대상에 포함할 수는 없기 때문에 이와 상호보완적인 관계로 공존하고 있다. 자발적 탄소시장으로는 미국의 VERRA와 Nori, 핀란드의 Puro.earth, 한국의 팝플 등이 있다.

(3) 국제시장과 지역시장

탄소거래 국제시장은 한 국가를 넘어 국제적인 거래가 가능한 배출권시장으로 교토의정서의 탄소시장이나 국제적 자발적 탄소시장을 예로 들 수 있다. 한편 지역시장이란 한 국가 내 또는 국가의 일부 지역에서 이루어지는 배출권시장으로 호주의 NSW GGAS와 미국 동부의 RGGI를 예로 들 수 있다.

자발적 탄소시장의 구조와 특징

법적 구속력 있는 강제적(의무적) 탄소시장은 참여자들 스스로 의무

감축 조약을 체결한 후, 시장 내에서의 거래를 통해 의무감축을 달성하고자 노력해야 하는 반면, 법적 구속력이 없는 자발적 탄소시장은 순수하게 자신이 배출하는 탄소의 영향을 최소화하고, 기후 변화에 대응하기 위한 시장으로 참여자들이 탄소 감축 및 상쇄에 자발적으로 투자한다.

자발적 탄소시장의 배출권은 기업, 기관, 개인들이 주로 구매하며, 최근에는 국제 행사의 조직위원회가 행사 홍보와 환경보호를 목적으로 배출권을 구매하고 있다. 배출권 판매는 주로 배출권 도·소매상인, 브로커, 비영리단체 중개인 등에 의해 이루어지는데, 도·소매상인은 배출권 가격 차익을 통해 수익을 얻으며, 브로커는 구매자와 판매자를 연결해주고 수수료를 받는다. 수익을 목적으로 하는 이들 이외에 순수하게 최종 수요자의 탄소 배출 상쇄를 위해 활동하는 비영리단체 중개인도 있으며, 프로젝트 개발자들이 배출권 구매자와 직접 거래하기도 한다.

자발적 탄소시장의 장점은 첫째, 시장 참여 조건이 개방적이며 다양하고 유연하다는 것이다. 자발적 탄소시장은 지역사회 발전, 규제 대상 온실가스 외에 공해 방지 등 부가적인 혜택을 제공한다. 둘째, 등록에 따른 비용이 상대적으로 저렴해 자금이 충분하지 못한 개인과 기업, 기관의 참여가 쉽다. 셋째, 다양한 교육 및 참여 기회를 제공한다. 이는 자발적 탄소시장의 가장 큰 장점으로 향후 강제적 탄소시장을 도입하기 위한 준비 과정의 의미를 지니며, 전체 탄소시장을 확대하는 데도 이바지한다. 넷째, 자발적 탄소시장에 참여하는 기업은 브랜드 가치 상승효과를 기대할 수 있다는 점이다. 그러나 자발적 시장은 시장에 강력한 규제와 표준이 없기 때문에 통일성이 적어 시장에 혼란을 가져올 수 있으며, 명확한 표준의 부재로 인한 낮은 신뢰성으로 인해 추후 계약이 체결되지 않을 위험 또한 있다.

자발적 탄소시장에서의 탄소 크레딧 메커니즘

탄소 크레딧 메커니즘이란 프로젝트 사업의 결과물로 발생한 온실가스 배출량 감축분을 제3자 검증을 거쳐 상쇄 크레딧으로 인정받아 거래 가능한 단위로 발행하는 제도이다. 2019년 기준으로 전 세계적으로 1만 4,500개 이상의 크레딧 프로젝트가 등록되어 누적 탄소 크레딧은 40억 이산화탄소 환산톤 규모다. 과거에는 교토의정서에 따른 청정개발체제하의 조림(造林) 분야가 최근 5년간 누적 크레딧의 42%를 차지했으나, 2019년 연간 크레딧의 경우 민간 중심의 독립 크레딧 메커니즘에서 2/3가 발행되어 앞으로 민간 중심의 독립 크레딧 확산이 이슈가 될 것으로 보인다.

탄소 크레딧 메커니즘은 교토의정서하의 국제 크레딧, 민간 중심의 독립 크레딧, 국가·지역 단위 크레딧 메커니즘의 3가지 유형으로 구분할 수 있다. 그중 국제 크레딧 메커니즘은 유엔기후변화협약이 주관하는 청정개발체제와 공동이행제도로 구분되며 현재까지 누적 탄소 크레딧의 70%를 차지하고 있다.

파리기후 변화협약이 채택된 2015년에는 국제 크레딧과 지역·국가 단위 크레딧의 발행이 중심이었으나 최근에는 자발적 탄소 감축 제도인 VCS(Verified Carbon Standard) 등 조림, 재생에너지, 폐기물, 에너지 전환 분야 등에서 발행한 민간 중심의 독립 크레딧 메커니즘 발행이 증가세에 있다. 이와 같은 민간 중심의 독립 크레딧 메커니즘의 경우 ACR, 클라이밋 액션 리저브, 골드 스탠더드(Gold Standard), VCS 등 4개의 주요 자발적 탄소상쇄 프로그램이 전체의 80%를 차지한다.

ACR(American Carbon Registry)은 세계 최초의 민간 온실가스 등록기관으로 자발적 탄소상쇄 프로젝트의 등록 및 검증을 감독하고 상쇄 크레딧을 발행하는 역할을 한다. 클라이밋 액션 리저브는 2001년 캘리포니아주가 지역 온실가스 감축 사업을 촉진하기 위해 설립한 독립 크레딧이다. VCS는 가장 큰 독립 크레딧 메커니즘으로 2005년 탄소시장 주요 기관(국제배출권거래협회, 세계지속가능발전협의회, 세계경제포럼, 더 클라이밋 그룹)이 중심이 되어 자발적 온실가스 감축 활동 인증 및 지원 목적으로 설립한 단체이다. 더 클라이밋 그룹은 2003년 설립된 국제 비영리 환경단체로 2014년 기업의 재생에너지 사용을 촉구하는 RE100 캠페인을 주도하기도 했다. 2019년 연간 기준 VCS의 크레딧 발행량(118.9MtCO2eq)은 청정개발체제의 발행량(53.7MtCO2eq)을 초과했으며 이는 2006년 이후 처음으로 다른 크레딧 메커니즘이 청정개발체제의 연간 발행량을 초과한 것이다. 골드 스탠더드는 두 번째로 큰 독립 크레딧 메커니즘으로 등록된 크레딧은 재생에너지 42% 중, 에너지 전환이 26%으로 높은 비중을 차지한다.

세계의 탄소시장 동향

세계 탄소시장은 국가 간 거래와 국내 기업 간 거래 등 다양한 형태로 운용되고 있다. 지역별·국가별로 운용되고 있는 탄소시장에는 세계 최초의 온실가스 배출권거래소인 영국의 기후거래소(UK-ETS), 북미지역의 기업과 공공기관 등이 모여 자발적으로 거래하는 시카고 기후거래소 시카고 기후거래소 자회사인 유럽 기후거래소, 노르웨이의 전력거래소인 노드 풀, 자발적인 감축 목표를 설정하고 거래하는 일본의 자발적 배출권거래제, 호주의 뉴사우스 웨일즈 배출권거래소 등이 있다.

전 세계 탄소시장의 규모는 최근 몇 년간 급성장세를 보여 2020년 거래 규모는 약 2,610억 달러(약 313조 원)를 기록했다. 이는 2017년 이후 5배 성장한 것으로 연평균 성장률은 77%에 이른다. 강제적 탄소시장 및 할당량 탄소시장의 대부분을 차지하고 있는 유럽연합 탄소시장의 경우 전체 시장의 90%로 압도적인 비중을 차지하고 있다. EU-ETS의 탄소배출권 가격은 배출허용 총량을 강화한 2018년 큰 폭으로 상승했으며, 파리협약 발효로 글로벌 탄소배출 규제가 강화된 2021년 다시 한번 큰 폭으로 상승했다.

우리나라의 탄소배출권 거래제도

한국은 교토의정서상의 의무감축국은 아니지만 온실가스 배출량은 전 세계 8위이며, 온실가스 배출량 증가율은 OECD 국가 중 1위를 기록하는 등 온실가스 다 배출국가로서 감축 노력에 대한 대내외적 요구가 높다. 이에 지구 온난화에 대응하고, 감축 기술 개발 및 저탄소 산업 육성을 위해 국가 온실가스 감축 목표 달성을 위한 감축 로드맵과 기본 계획을 통해 배출 허용량 산정 근거인 배출 전망 및 감축률을 설정하고, 배출권 할당 계획을 통해 배출 허용 총량 및 업종별 할당량을 결정했다.

배출권거래제 계획 기간별 운영 방안

구분	제1기 (2015~2017)	제2기 (2018~2020)	제3기 (2021~2025)
주요목표	– 경험축적 및 거래제 안착	– 상당수준의 온실가스 감축	– 적극적인 온실가스 감축
제도운영	– 상쇄인정범위 등 제도의 유연성 제고 – 정확한 MRV 집행을 위한 인프라 구축	– 거래제 범위확대 및 목표 상향 조정 – 배출량보고, 검증 등 각종 기준 고도화	– 신기후체제 대비 자발적 감축유도 – 제3자 거래제 참여 등 유동성 공급 확대
할당	– 전량 무상할당 – 목표관리제 경험 활용	– 유상할당 개시 *무상: 97%, 유상: 3% – 벤치마크 할당 등 할당방식 선진화	– 유상할당 비율 확대 *무상: 90%, 유상: 10% – 선진적 할당방식 정착

자료: 환경부

2015년 1월에는 국내 탄소배출권 거래제도 시장이 처음으로 개장되었고, 같은 시기에 제정하여 시행한 '저탄소 녹색성장 기본법(2010.01) 제46조에 의거해 정부가 온실가스를 배출하는 사업장을 대상으로 연 단위 배출권을 할당하여 그 범위 내에서 배출할 수 있도록 했다. 그리고 할당된 사업장의 실질적 온실가스 배출량을 평가하여 잉여분 또는 부족분의 배출권에 대해서는 사업장 간 거래를 허용하도록 했다. 우리나라 탄소배출권 제도는 기본적으로 국내에서의 온실가스 감축 수단 중의 하나로 국내 감축 대상 기업 간의 배출권 거래에 국한하지만, 해외에서의 국제적 기준에 의한 외부 사업 배출권의 경우 국제 거래와 중복 판매하지 않는다는 조건하에 배출권의 50% 범위 내에서 인증 절차를 거쳐 상쇄배출권으로 인정하도록 했다.

우리나라 탄소배출권 시세는 한국거래소 배출권시장 정보플랫폼에서 확인할 수 있는데, 정부가 온실가스를 배출하는 사업장을 대상으로 할당한 연 단위 배출권을 기준으로 한 KAU21, KAU22, KAU23 종목으로 거래할 수 있다. 2021년부터 배출권거래제 제3기가 시작되어 정부에서 제공하는 무상 할당량 비율이 줄어들어 기업들은 자체 배출량을 감소시키거나, 거래시장에서 구매해야 하는 배출권이 늘어났다. 제3기(2021~2025년) 동안의 국가 목표 총 배출량은 매년 균등 분배하여 배출권 할당 대상을 나누게 된다.

5

ESG 환경 투자로 재테크 시작하기

탄소중립을 위한 정부의 제도가 강화되고, 투자 지원금이 증가한다면 관련된 산업이 성장하고, 자연스럽게 투자 기회가 증가할 것이다. 앞서 살펴본 바와 같이 탄소를 감축하기 위해서는 기존의 화석연료가 담당하는 에너지 발전을 저탄소 에너지 발전으로 전환해야 한다. 이는 대표적인 화석연료인 석탄과 석유, 천연가스 사용을 줄이는 대신에 저탄소 발전원인 풍력과 태양광, 수력 등 재생에 너지 발전을 늘려야 한다는 뜻이다. 재생에너지 발전의 치명적인 단점인 간헐적 발전을 보완하기 위해 수소를 이용한 연료전지 발전도 도입해야 한다. 수소 생산을 위한 연구를 확대해야 하며, 생산된 수소를 운송하고 저장하며, 활용하는 인프라 또한 새롭게 마련해야 한다.

저탄소에너지 생산이 전부가 아니다. 에너지를 효율적으로 사용하려는 노력도 병행되어야 한다. 노후화한 건물을 에너지 절감형 건물로

리모델링 해야 하며, 신축 건물은 에너지를 효율적으로 활용하기 위해 설계해야 하고 에너지 절감 자재 비율을 늘려야 한다. 또한 사용하지 않으면 바로 소멸하는 전기의 특성을 고려하여 에너지를 저장할 수 있는 에너지저장시스템을 도입해야 한다. 분산된 재생에너지의 효율적인 생산을 위해서는 흩어진 분산에너지를 통합하여 전력시장에 입찰하고 관리하며, 분산전원을 체계적 관리와 계통 안정에 기여하는 가상발전소 시스템 개발이 필수적이다.

운송 부문에서도 기존의 화석연료를 사용하는 대신 재생에너지로 발전된 전기나 수소를 사용함으로써 탄소 배출을 감축할 수 있다. 전기차와 수소전기차가 내연기관차를 대체해나가야 하는데 이는 수십 년에 걸쳐 진행하게 될 장기 프로젝트다. 전기차 확대를 위해 2차전지 생산을 늘려야 하고, 자동차 전장이 발전해야 한다. 이는 자연스럽게 자율주행차, 무인 주행 서비스가 확대되는 계기가 될 것이다.

이렇듯 탄소중립은 사회, 경제, 정치, 문화 등 현대 문명 전반이 바뀌어야 달성할 수 있는 매우 어려운 과제다. 앞서 언급한 새로운 사회, 경제로 전환하는 분야 모두가 투자 대상이 될 수 있다. 다만 개인이 개별 종목을 선정하는 것은 어렵고, 이를 꾸준히 업데이트하고, 변화에 대응하는 것은 더더욱 어려운 활동이다. 개별 종목에 대한 분석력이 부족한 초보 투자자나, 투자 경험이 많더라도 선호하는 분야에 속한 종목을 여러 개 사고 싶다면 ETF를 통한 투자를 하는 것이 효율적일 수 있다.

2차전지와 전기자동차

이산화탄소와 메탄가스 등 온실가스 배출의 주범인 내연기관차 산업이 하락세를 보이면서 전기차와 2차전지 산업이 앞으로 주목할 만할 새로운 사업으로 떠오르고 있다. 이미 영국과 독일 정부는 2030년부터 휘발유와 경유를 사용하는 내연기관 신차 판매를 전면 금지하기로 했으며, 노르웨이와 네덜란드는 이에 앞서 2025년부터 내연기관 신차 판매를 금지하기로 했고, 중국은 2035년부터 프랑스는 2040년부터 금지한다고 발표했다. 화석연료를 이용한 내연기관 차량 판매 금지 국가가 속속 늘고 있으며, 시간이 지나면서 금지 일정 또한 앞당겨지는 추세다.

이산화탄소와 메탄가스 등 대기오염 배출량이 많은 내연기관차 판매를 금지한다는 것은 당연히 앞으로 전기차와 수소전기차가 늘어날 수밖에 없다는 뜻이다. 특히 기술적 진보와 인프라 구축에서 앞서 있는 전기차의 판매가 먼저 빠르게 늘어날 것이다. 2021년에는 주요 자동차 기업들이 전기차 모델을 경쟁적으로 쏟아낼 전망이다. 이전에는 기존의 내연기관차 생산라인을 활용해 부분 설계 변경을 통해 전기차를 생산했으나 2021년부터는 많은 기업이 전기차 전용 생산라인에서 전기차를 생산하게 된다. 다시 말해 전기차 특성에 맞게 모터와 배터리, 인버터, 컨버터 등을 최적화해 차량의 뼈대를 설계하고 이를 위한 생산라인을 구축해 전기차 전용 플랫폼을 구성하는 것이다. 이를 통해 성능 향상 및 디자인 개선, 공간 증대 등 장점을 부각해 최적화된 전기차 생산이 가능하고, 대량생산을 통한 원가 절감도 가능해진다.

전기차 생산을 원하는 애플이나 글로벌 IT 기업들은 이미 전기차 전용 플랫폼을 이용하길 원하고 있다. 폭스바겐의 경우 MEB(Modular

내연기관 신차 판매 금지 국가 및 일정(2021년 2월 기준)

2025년	2030년	2035년	2040년
노르웨이 네덜란드	영국 독일 이스라엘 인도	중국 미국, 캘리포니아주 캐나다, 퀘벡주 한국, 서울	프랑스 싱가포르

자료: 출처

Electric Drive Matrix) 플랫폼을 통해 2020년부터 전기차 ID 시리즈(ID.3, ID.4) 생산을 시작했다. 폭스바겐그룹의 아우디와 포르쉐는 전기차 전용 플랫폼인 PPE(Premium Platform Electric)를 공동 개발해 전기차를 양산할 예정이다. 이외에도 토요타와 닛산, 피아트크라이슬러그룹이 2020년 전기차 전용 플랫폼을 선보였다. 2021년에는 우리나라의 현대차와 기아가 E-GMP(Electric Global Modular Platform) 통해 전기차 생산을 시작했다. 미국 GM도 새로운 로고를 공개하며, 전기차 시장의 선두주자가 되겠다는 포부를 밝혔다. 글로벌 자동차 기업들은 앞다투어 전기차 전용 플랫폼을 개발하고, 전기차 시장에서 주도권을 잡기 위해 투자를 늘리는 중이다.

전기차의 대중화는 테슬라가 앞당겼다고 해도 과언이 아니다. 차량에 대량의 2차전지를 채용함으로써 주행거리를 400km 이상으로 늘렸고, 고급차량으로 포지셔닝해 비싼 배터리 가격을 감당할 수 있었다. 2014년에는 테슬라가 보유한 제조 관련 특허를 누구나 사용할 수 있게 공개함으로써 시장 참여자를 늘려 전기자동차 시장이 보다 빨리 대중화되는 데 기여하기도 했다. 테슬라의 선전 이후 전 세계 자동차 생산 기업들은 소형차에서 고급 스포츠 차량까지 다양한 전기자동차 모델을 경쟁적으로 출시하고 있다. 물론 유럽의 이산화탄소 배출 규제에 따라 의무적으로 전기자동차 생산을 늘려야 할 필요성도 있지만, 디자인과 성능 측면에서 앞선 제품을 출시해서 시장 선점 효과를 노리기 때문이기도 하다.

그러나 사실 세간의 인식처럼 전기차가 꼭 친환경, 무공해 산업인 것만은 아니다. 내연기관차가 화석연료를 직접 태워 생산한 에너지를 사용하느냐 혹은 전기차가 발전소에서 화석연료를 태워 생산한 전기를 공급받아 사용하느냐의 차이일 뿐이기 때문이다. 결국 전기 생산 방식이 무엇인지, 최종 에너지 사용 단계까지 발전 효율이 어떠한지에 따라 전기자동차의 환경 파괴 영향은 유동적이다. 이는 수소차도 마찬가지로 수소 생산을 위한 에너지를 어디서 공급받는지에 따라 친환경이 될 수도 있고 반환경이 될 수도 있다. 전기자동차의 에너지는 전기 발전 회사로부터 공급받기 때문에, 전력 회사가 전기를 생산하는 방식에 따라 전기자동차의 친환경성이 결정될 수밖에 없다. 석탄 발전으로 생산된 전기를 공급받을 경우 전기자동차의 온실가스 배출량은 내연기관을 운행할 때 발생하는 온실가스보다 많은 것으로 나타난다. 그렇기 때문에 풍력과 태양광, 수력 등 재생에너지를 통해 생산된 전기를 사용하는 경우에만 전기자동차를 진정한 친환경 운송수단으로 인정할 수 있는 셈이다.

이러한 관점에서 주목해야 할 또 다른 산업이 바로 2차전지이다. 2차전지란 전기를 모두 사용한 이후에도 다시 충전해 반복적으로 사용할 수 있는, 다시 말해 환경을 오염시키는 일회용 전지가 아닌 재생 가능한 전지를 말한다. 전기자동차 판매 증가에 따라 차량용 배터리인 2차전지 또한 수요가 크게 증가하고 있다. 긴 주행거리를 원하는 소비자의 요구와 2차전지 가격의 하락으로 자동차 한 대에 사용하는 2차전지의 용량이 늘어날 것으로 예상되어 앞으로 전 세계 전기차용 2차전지 수요는 더욱 높아질 것이다. 또한 전기자동차를 폐기하지 않고 2차전지 등 자동차를 구성했던 소재를 재활용할 경우 온실가스 배출을 최대 17%까지 줄일 수 있다. 2차전지 생산 과정에서 발생하는 온실가스를 줄일 수 있기 때문이다. 일반적으로 구매 5년 후부터 사람들은 자동차를 교체하기 시작하는데, 전기자동차 판매량이 급증하는 만큼 앞으로 폐기되는 전기자동차도 많이 늘어날 수밖에 없다. 따라서 온실가스 감소 및 폐기물 문제 방지를 위해 2차전지를 적극적으로 재활용할 필요가 있으며, 관련 사업은 앞으로 주목받는 분야가 될 전망이다.

시장조사 기관 SNE리서치는 전기차용 2차전지 수요가 2019년 118GWh에서 2025년에는 1,160GWh로 증가해 연평균 증가율이 58%에 달할 것으로 전망했다. 금액 기준으로는 2020년 약 16조 원에서 2025년 100조 원으로 증가하고, 2030년에는 210조 원으로 확대될 것으로 전망하고 있다. 실제 기업의 매출액을 고려하면 이마저도 보수적인 수치이며, 2차전지의 시장 규모와 증가 속도는 앞으로 더욱 확대되고 빨라질 것으로 보인다.

전기차와 IT 산업의 만남- 자율주행 기술

전기차의 필수 옵션인 자율주행 기술은 첨단 IT 산업과 자동차 산업이 만나 시너지를 만들어내는 대표적인 신산업이다. 자율주행을 위해서는 운전자가 주변을 살피고 운전하듯 자동차가 주변을 인지하고 위치를 파악할 수 있어야 하며 이를 위해 다양한 센서와 다수의 카메라, 알고리즘 구동을 위한 반도체 회로 등의 작동이 필요하다. 내연기관차에 일부 자율주행 기술이 적용되기도 했지만, 이는 운전을 보조해주는 역할 정도에 머무는 수준이다. 완전 자율주행을 위해서는 이런 부품들이 더욱 정교해져야 하고, 복잡한 안전장치가 추가돼야 한다. 또한 주변의 정보를 실시간으로 받아 미리 안전하게 주행 방향을 설정할 수 있어야 한다. 여러 가지 경우의 수를 따져 미처 대비하지 못한 부분을 보완해 사고를 방지하는 것이 자율주행 기능의 핵심이라 할 수 있다.

자율주행을 적용할 때 운전자의 눈 역할을 해주는 기능을 라이다 시스템이라고 한다. 라이다는 레이저를 발사하고 그 빛이 주변의 물체에서 반사돼 돌아오는 것을 받아 거리를 측정하고 주변의 모습을 그려내는 장치다. 이것을 주행을 위한 알고리즘으로 해석하고, 자동차 운행으로 이어지게 하는 것이 바로 라이다 시스템이다.

차량 내부에 시스템을 설치하기 위해서는 추가적인 공간이 필요하다. 전기자동차의 부품 수는 내연기관차의 절반 수준이라 자율주행 시스템을 구비하기 위한 충분한 공간이 존재한다. 또한 부품 교체와 정기적인 수리 빈도 측면에서도 전기자동차가 훨씬 유리하기 때문에 자율주행은 전기자동차에서 보다 원활하게 구현될 수 있다.

자율주행기술과 관련해 주목해야 할 솔루션의 또 다른 예로 테슬라의 OTA(소프트웨어 무선 업데이트) 서비스를 들 수 있다. 기존 내연기관차의 경우에는 직접 서비스센터를 방문해야만 차량의 전자제어 장치 소프트웨어 업데이트가 가능했는데, 테슬라의 완성차는 차량 제조 단계에서부터 OTA 시스템을 적용해 무선통신으로 소프트웨어 업데이트를 할 수 있게 만들었다. 소프트웨어 업데이트를 자주 해야 하는 자율주행차의 입장에서 시간과 비용을 고려했을 때 OTA는 매우 합리적인 선택이다. 테슬라는 OTA를 통해 꾸준히 차량 시스템의 오류를 개선하고 새로운 기능을 추가하면서 서비스 만족도를 높여 충성 고객을 확보하는 데 주력하고 있다. 최근 포드도 머스탱 마하-E 시리즈에 OTA 시스템을 도입했으며, GM과 폭스바겐 역시 새 전기차 모델에 OTA를 적용할 계획이다.

젠슨 황 엔비디아 대표는 2021년 1월 유럽 언론과의 인터뷰에서 "자동차 업계의 돈 버는 방식이 바뀌었다. 이제 소프트웨어가 자동차를 정의하고 이윤 창출을 이끌게 될 것"이라고 언급했다. IT 기술이 자동차 업체의 수익성을 좌우하게 될 것이라고 보는 시각이 점차 많아지고 있는 것이다. 이에 시가총액 세계 최대 기업 애플도 자율주행에 기반한 전기자동차 시장에 진입하려고 준비 중이다. 전통의 자동차 기업 이외에도 구글과 바이두, 네이버, 카카오 등 국내외 IT 기업은 자율주행 시스템 개발에 적극적으로 뛰어들고 있다.

온실가스 저감과 기후변화의 방지를 위해 전기자동차가 부상하고 있는 시대, 자율주행 시스템이 결합한 전기자동차는 단순한 이동 수단을 넘어 차량 안에서 휴식하고, 즐기고, 일하는 등 새로운 가치를 창출하게 될 것이다. 그렇기에 글로벌 IT 기업들까지도 전기차 시장 진출에 도전하고 있는 것이다. 앞으로 수많은 투자 기회가 전기자동차, 자율주행 분야에서 쏟아져 나올 것으로 보인다.

무공해 친환경 에너지, 수소

수소는 원자번호 1번으로, 원소 중 가장 가벼우며 우주 질량의 75%를 차지할 정도로 풍부한 원소이다. 아직은 에너지화에 기술적 어려움이 존재하지만 어디든 존재하는 보편적 에너지원이고, 온실가스 배출이 없는 친환경 에너지원이라는 장점을 갖고 있다. 이에 2018년 일본을 시작으로 2020년 독일, 미국, 유럽연합 등이 수소경제 로드맵을 마련했고, 한국 역시 2019년 수소경제 활성화 로드맵을 발표했다. 한국은 이를 본격적으로 실행하기 위한 일환으로 2020년 2월에 '수소경제 육성 및 수소 안전관리에 관한 법률(수소법)'을 제정했고, 2021년 2월 5일부터 수소법이 시행됐다. 2020년 7월에는 한국판 뉴딜정책을 발표했으며, 9월에는 뉴딜펀드를 출시하고 10월에는 K-뉴딜 ETF를 출시하는 등 수소경제로의 빠른 행보를 이어나가고 있다.

많은 이들이 대부분 수소의 친환경성에만 주목하고 있지만, 지역적으로 편중되지 않은 수소의 보편성 역시 중요하다. 과거 석유에 의존하던 에너지 패권 싸움에서는 중동이, 셰일가스 혁명 이후에는 미국이 에너지 헤게모니를 독점해왔다. 에너지의 지역적 불균형은 많은 정치 · 경제적 문제들을 양산했고 특히 한국과 일본처럼 에너지 자급률이 낮은 국가에서 수소 산업 육성의 필요성이 커졌다.

물론 기존의 자원 강국인 중동, 호주 역시 수소 산업 발전에 박차를 가하고 있다. 석탄이 풍부한 호주의 경우 2019년에 카타르를 제치며 세계 1위 천연가스 수출국이 됐지만 수소경제로의 변화를 준비하는 일도 게을리하지 않고 있다. 호주의 남서쪽 해안지역은 풍력, 내륙지역은 태양광발전에 적합한 지리적 이점이 있다. 풍력과 태양광으로 발전한 에너지 여분을 수소로 전환해 저장 및 수출하는 사업을 국가적 차원에서 계획 중이다.

호주의 수소 수출 전략에서 알 수 있듯이, 수소는 최근 에너지 운반체로 주목받고 있다. 풍력 및 태양광으로 많은 전력을 생산해낼 수는 있지만, 이를 다른 국가로 수출하기는 어렵다. 풍력과 태양광처럼 신재생에너지로 생성된 전력은 전력계통이 수용할 수 없을 때는 버려지기도 한다. 따라서 이런 유휴 전력을 수소라는 중간체로 변환해 저장하면, 장거리 운송이 가능해지고, 이를 상용화할 경우, 재생에너지의 전력 생산 불안정성을 해결하고 화석연료 사용을 줄일 수 있다는 측면에서 일석이조의 효과를 기대할 수 있는 것이다. 더욱이 수소는 어디에나 존재하는 보편적 원소로서 안정적인 수출입이 가능하기에 중동 등 특정 지역에 국한된 에너지 의존도를 낮출 수 있어 에너지 안보 차원에서도 의미가 있다.

수소는 생산 방식에 따라 그레이수소, 블루수소, 그린수소로 구분한다. 그레이수소는 석유화학 및 제철 산업의 공정 과정에서 나오는 부생수소 또는 천연가스를 고온고압에서 분해해 생산하거나 석탄을 고온에서 가스화한 추출수소를 말한다. 블루수소는 그레이수소 중 추출수소를 만들 때 발생하는 이산화탄소를 포집 후 저장하는 CCS 공정을 적용해 생산한 수소를 말한다. 그린수소는 순수 재생에너지 전력에서 발생하거나 물을 전기 분해해서 수소를 생산하는 수전해 방식으로 생산된 수소이다.

그린수소시대로 전환하는 과정에서 결국 가장 중요하고 필요한 것은 그린수소와 관련된 기술의 확보일 것이다. 친환경 수소인 그린수소는 재생에너지의 전력을 이용해 물을 분해해서 수소를 생산하는 수전해 기술을 필수로 한다. 수전해 방식은 전해질의 종류에 따라 알카라인과 고분자 전해질막, 고체산화물로 구분된다. 알카라인 쪽에서는 노르웨이의 넬 하이드로젠과 일본의 아사히카세이, 고분자 전해질막에서는 독일의 지멘스, 캐나다 하이드로제닉스, 영국의 ITM 파워 등이 대표기업이다. 국내 업체로는 비상장 업체인 엘켐텍이 2003년부터 개발에 착수해 여러 실증 사업에 참여하고 있으며, 3,000cm² 대형 스택, 1MW 수전해 기술을 확보했다. 해외에서 그린수소 관련 기업들이 이미 활발하게 움직이고 있는데 반해 국내에서는 이제야 대기업 중심으로 본격적인 수소 관련 투자 및 미래 비전을 제시하고 있는 점이 다소 아쉽다.

진정한 의미에서 친환경 수소는 이산화탄소가 발생하지 않는(CO_2-free) 그린수소 뿐이다. 하지만 그린수소는 그레이수소 대비 가격 경쟁력이 떨어지기 때문에 상용화를 위해서는 상당한 시간과 투자가 필요하다. 그린수소 생산이 본격화되기 위해서는 상당한 시간이 소요되기 때문에 당분간은 부생수소를 많이 사용될 것으로 생각된다. 부생수소는 석유화학이나 제철 공정상에서 발생하는 부산물이기 때문에 생산단가가 가장 저렴한 경제적 수소 제조 방법이다. 궁극적으로는 그린수소 생산 방법으로 가야 하겠지만, 아직 재생에너지의 발전량이 부족한 국내에서는 추출수소와 그린수소의 병행수입이 현실적인 대안이 될 것이다.

추출수소는 천연가스 등을 개질하거나(천연가스를 고온·고압의 수증기로 분해해 화학적 구조를 변형하는 것), 석탄을 고온에서 가스화해 만든 것이다. 다만 수소를 생산하는 과정에서 수소의 10배에 해당하는 이산화탄소가 발생하기 때문에 이산화탄소를 포집 및 저장하는 CCS 방식(블루수소)으로 활용하는 방식이 논의되고 있다. 궁극적으로는 그린수소 생산 방법으로 가야 하겠지만, 아직 재생에너지의 발전량이 부족한 국내에서는 추출수소와 그린수소의 병행 수입이 현실적인 대안이 될 것이다.

수소가 가장 긴요하게 사용될 것으로 보이는 분야는 바로 운송이다. 이미 각국 정부가 앞다투어 수소 모빌리티, 특히 수소차에 대한 활성화를 위한 로드맵을 발표했다. 미국의 경우는 2030년까지 수소차 120만 대, 수소 화물차 30만 대를 생산하고, 수소충전소 4,300개를 만드는 것을 목표로 하고 있다. 일본의 경우는 2030년까지 수소차 80만 대, 수소버스 1,200대, 수소충전소 900개를 계획하고 있다. 우리나라는 누적 기준 2040년 620만 대, 수소충전소 1,200개 이상을 로드맵으로 제시하고 있다. 2017년 기준 전 세계 자동차시장은 약 2조 달러 수준으로, 그중 약 10%만 수소차로 전환된다고 하더라도 수소차 시장의 규모는 전 세계 디스플레이시장(1,300억 달러)보다 크고, 반도체시장(4,200억 달러)의 절반 수준에 달할 것이다.

현재까지 승용차 부분에서는 전기차가 수소차보다 가격 경쟁력이 뛰어나다고 할 수 있지만, 차량의 크기가 커지면 이야기는 달라진다. 주행거리를 늘리기 위해서 전기차에서는 배터리 양을, 수소차에서는 수소통 개수를 늘려야 하는데 수소통이 배터리보다는 가벼워 대형 트럭의 경우, 수소차가 전기차보다 주행거리와 충전시간 측면에서 모두 유리해지기 때문이다. 주로 물류를 담당하는 대형 트럭 등은 특정 구간을 이동할 가능성이 많기 때문에 충전소 인프라만 잘 갖춘다면 대형 운송수단 부분에서 수소차가 크게 성장할 것으로 기대된다.

현재 수소차의 글로벌 플레이어로 현대차, 토요타, 혼다 등이 있다.

특히 2020년 현대차의 수소전기차 넥쏘는 주요 경쟁사를 따돌리며 판매량 1위를 차지했다. 2020년 1~9월 글로벌 시장에서 판매된 수소차 6,664대 중 현대차 넥쏘가 4,917대(74%), 토요타 미라이 767대(11%), 혼다 클래리티 187대(3%)로 현대차가 압도적인 승리를 거두었다. 2020년 말, 토요타가 성능을 대폭 개선한 미라이 2세대 모델을 출시하여 앞으로 경쟁은 더욱 치열해질 전망이다.

미래형 재생에너지, 풍력에너지

풍력은 발전 단가와 효율성 측면에서 재생에너지 중 가장 경쟁력 있다고 평가되는 에너지원이다. REN21(국가재생에너지정책네트워크)의 자료에 따르면 2018년 기준 글로벌 풍력 발전 누적 설치량은 591GW로 전체 재생에너지 누적 설치량 2,378GW의 25%를 차지한다. 풍력 산업은 온실가스를 감축하고 기후 변화에 대응하기 위한 국가적 차원의 정부 주도형 산업이며 건설 단조, 철강, 기계, 전기·전자 등 전후방 산업과 연관 효과가 높은 노동 및 기술 집약적 종합 산업이라는 특징이 있다. 또한 대규모 자금이 투입되고 산업 연관 효과로 인해 관련 다양한 중소기업이 동반 성장할 수 있는 미래 산업이다. 세계풍력에너지협의회의 〈GWEC 2019 풍력발전 보고서〉에 따르면 전 세계 누적 풍력 보급량은 2010년 198GW에서 2019년 651GW으로 꾸준히 증가했으며, 연간 50GW 내외의 증가 추세를 보인다. 특히 2019년의 신규 설치량은 60.4GW로 2015년 63.8GW 이후 가장 많은 설치량을 보였다. 주목할 점은 풍력 시장에서 미래 성장 동력으로 보고 있는 해상풍력이 2년간 신규 설치량의 10.2%에 해당하는 6.1GW가 설치되면서 역대 최고치를 달성했고, 그 비중이 2021년 현재까지 점진적으로 의미 있게 증가하고 있는 것이다.

지역별 설치 현황을 살펴보면, 2019년 기준 육상 누적 설치량 및 신규 설치량이 많은 국가는 중국, 미국, 인도 등이다. 해상 누적 설치량이 많은 국가는 영국, 독일이며 신규 설치는 중국, 영국, 독일 순이다. 육상풍력은 넓은 땅덩어리를 가진 국가를 중심으로 발달했고, 미래 성장 사업으로 주목받는 해상풍력은 중국이 신규 설치량을 급격히 늘리며 영국과 독일을 추격하는 신흥 강자로 떠오르고 있다. 중국의 해안지대 길이는 1만 8,000km에 달해, 해상풍력 1,000GW 이상의 잠재성을 가진 엄청난 시장이다. 2019년 말 기준으로 중국에서 건설 중인 해상풍력의 규모는 10GW 이상이고, 허가받은 프로젝트는 무려 30GW에 달한다.

IRENA에 따르면 해상풍력 시장은 2030년 228GW 규모로 향후 10년간 연평균 20.6% 성장할 것으로 전망한다. 그동안 유럽 중심의 성장을 넘어 2021~2050년경에는 아시아 시장이 크게 확대될 예정인데, 구체적으로는 아시아의 글로벌 해상풍력 점유율을 2018년 20.8%에서, 2030년 55%, 2050년 61.3%로 높아질 것으로 전망하고 있다.

각 국가는 풍력 발전 활성화를 위해 이미 여러 정책을 내놓았다. 유럽의 경우 그린수소 생산을 위한 전력 발전에 80~120GW 규모의 재생에너지 투자를 밝혔고, 이 중 대부분은 해상풍력이 될 것이다. 미국은 2021년 바이든 시대를 맞아 2035년 전력 부문 탄소 배출 제로를 목표로 120~180GW 규모의 재생에너지 설치를 공략으로 내세우고 있다. 아시아에서는 대만이 해상풍력 누적 설치 목표량을 2025년 5.7GW,

2030년 10.5GW, 2035년 15.7GW로 설정했다. 일본 정부는 2020년 12월 말 해상풍력 누적 설치 목표량을 2030년 10GW에서 2040년 최대 45GW로 대폭 상향해서 발표했다. 시기는 일부 차이가 있으나, 이는 미국 북동부의 목표 2035년 약 28GW, 영국 2030년 40GW, 대만 2035년 15.7GW와 비교하면 가장 높은 수치이다. 국가별 계획을 종합하면 향후 10년간 전 세계 해상풍력 시장이 연간 20GW 규모로 성장할 것으로 전망된다.

풍력 발전은 발전 장소의 위치에 따라 육상풍력과 해상풍력으로 나뉜다. 초창기에는 육상풍력이 주를 이루었으나, 육상풍력은 입지 조건에 많은 제약이 따르며 소음으로 인한 민원 및 대형화의 어려움 등의 문제가 발생하는 관계로 점차 넓은 용지 확보가 가능하고 사회적 수용성이 높은 해상풍력으로 옮겨가는 추세이다. 다만 발전소를 해양에 설치하는 해상풍력 역시, 사업 면적이 넓고 초기 설치 및 유지보수 비용이 많이 드는 단점이 있어, 초기 육성을 위해서는 발전차액지원제도나 RPS 등과 같은 정부의 정책적 보조가 필요하다. 해상풍력은 근해에 설치가 가능한 전통적인 고정식 발전과 심해의 부유식 발전으로 나뉜다. 향후 고정식 발전에서 부유식 발전으로 점차 바뀔 것으로 보인다.

풍력 발전의 구조는 터빈과 타워, 블레이드, 하부구조물 등으로 이뤄진다. 발전 원리는, 블레이드가 바람의 운동에너지를 기계적 회전력으로 변환하면, 이를 증속기로 증폭시킨 후 이를 다시 발전기를 통해서 전기에너지로 변환하는 것이다. 윈드유럽(전 유럽풍력에너지협회)에 따르면 해상 풍력의 투자 비용 비중은 터빈이 28%, 타워 및 하부구조물이 24%, 설치 및 시운전이 20%를 차지한다. 타워와 하부구조물 중에서는 하부구조물의 비용이 더 큰 비중을 차지한다.

하부구조물은 초대형 구조물임에도 불구하고 아주 미세한 오차범위 내로 제조해야 하므로 제작을 위한 기술적 진입장벽이 높다. 하부구조물 설치 방법은 근해의 고정식과 심해의 부유식으로 나뉜다. 육상풍력과 달리 해상풍력은 육지가 아닌 바다라는 환경의 특성상 하부구조물을 튼튼하게 건설해야 한다. 육상에서는 필요 없는 하부구조물이 해상에서는 중요해지므로 고정식과 부유식 하부구조물 시장은 타워 시장 대비 각각 4배, 16배로 확대될 전망이다. 지금부터 매년 20GW가 설치된다고 가정했을 때, 그중 하부구조물 시장 규모는 매년 10조(GW당 약 5,000억)에 달하는 큰 시장이 된다고 예측된다.

풍력 발전에서 주요한 시장 중의 하나가 타워이다. 터빈 대비 높은 기술력이 필요하다고 볼 수는 없으나, 다양한 국가의 고객의 니즈를 맞춰줄 수 있어야 한다. 부피가 큰 부품이기 때문에 고객사와 거리가 멀 경우 운송비 지출이 증가해, 수요처에 생산 기지를 보유하는 것이 경쟁력이 될 수 있다. 또 국가별로 수출입 규제와 관세 등이 다르기 때문에 수요처에 생산 공장이 있다면 제품의 원활한 공급이 가능하다는 장점도 있다.

풍력 터빈 발전기는 기계적인 회전 동력을 전력으로 전환해주는 장치를 말하며, 풍력 시스템 효율을 결정해주는 핵심부품이다. 터빈 산업은 해상풍력이 확대됨에 따라 점점 대형화되는 추세이고, 에너지 저장장치와 연계해 발전 단가를 낮추기 위해 노력하고 있다. 현재 덴마크의 베스타스, 스페인의 지멘스가메사, 중국의 금풍과기 등 글로벌 주요 업체들이 시장점유율을 절반 가까이 차지하고 있다. 국내에는 두산중공업

유니슨 등이 있으며, 아직은 유럽 대비 기술력이 뒤처져 있지만 풍력 시장에 대한 정부의 지원과 아시아 풍력 시장의 성장세와 맞물려 빠른 성장을 기대해볼 만하다.

해상 풍력에 쓰이는 해저케이블은 전선에서도 가장 기술 난이도가 높은 제품이다. 해저케이블 시장은 국가 간의 전력망 연계를 통한 발전 비용을 절감하려는 정책 추진과 함께 해상풍력 시장이 급격히 성장하면서 수요가 계속 증가하는 추세다. 수중에서 장거리 초고압 전기를 전송하는 역할을 하기 때문에 지상케이블보다 강한 내구성이 요구되며, 따라서 진입장벽이 높다고 할 수 있다. 제조뿐만 아니라 설치도 해저에서 오차 없이 이어붙여 전력 손실이 없어야 하고, 설치선에 실어 수중 로봇으로 매설하면서도 암반이나 자연재해 등 돌발 변수까지 고려해야 하는 어려운 작업이다. 따라서 글로벌 해저케이블 시장은 4대 업체인 프랑스 넥상스, 이탈리아 프리즈미안, 일본 스미토모, 한국의 LS 전선을 중심으로 형성되어 있다.

최근 풍력 시장은 유럽에서 아시아로, 육상풍력에서 해상풍력으로 중심축이 변화하고 있다. 아직은 터빈 등 핵심 기술에 대한 기술 발전이 더 필요하지만, 다행히 국내 기업들이 풍력에 관련된 대부분의 밸류체인을 보유하고 있다. 전망 역시 긍정적이다.

무한 에너지의 근원, 태양광

태양에너지를 전력으로 사용하기 시작한 것은 1970년대부터이다. 처음에는 전력이 닿을 수 없는 산간지역이나 섬, 해상 등에서 태양전지

연도별 전 세계 태양광발전 설치 규모

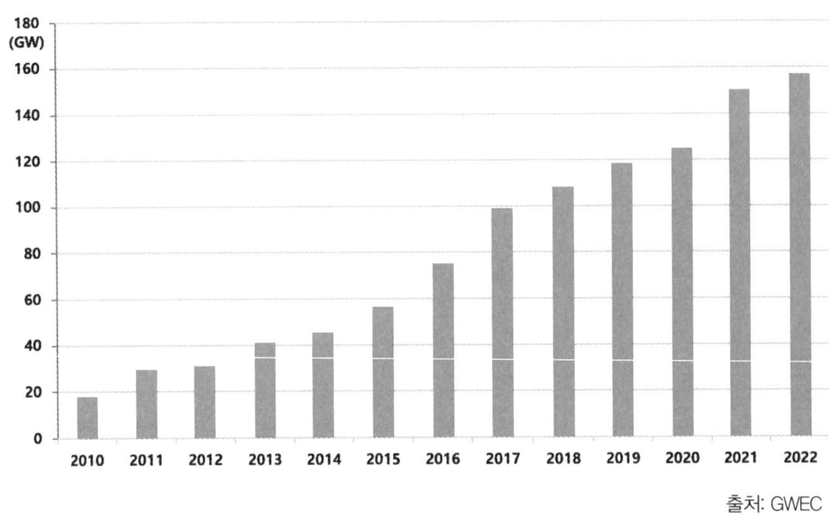

출처: GWEC

가 사용되기 시작했다. 1980년대부터는 전력이 들어오는 지역에서도 에너지 효율 향상과 환경보호 의식의 확산으로 태양전지 설치가 확대됐다. 1993년에는 최초로 태양광 발전 시스템이 전력망에 연결돼 대규모 전력 공급원의 역할을 일부 담당하게 됐다. 지금도 태양전지의 발전 효율이 개선되고, 생산 원가가 꾸준히 하락하고 있어 기존의 화력 에너지를 대체할 청정에너지로 주목받고 있다.

다만 태양광 발전은 낮에만 발전이 가능하며, 낮에도 기상 상태나 시간대에 따라 발전량이 불규칙적으로 변하는 문제가 있다. 중앙 전력 공급으로 활용하려면 24시간 안정적으로 전력을 발전해야 하나 태양광 발전은 그렇지 못하다. 이러한 근본적 한계로 인해 태양광발전은 낮의 피크(Peak) 전력을 낮추기 위한 방안으로 우선 활용됐고, 전력 송전이 어려운 지역의 분산형 발전으로 사용이 제한돼왔다. 최근에는 낮에 생산한 전기에너지를 저녁에도 사용할 수 있도록 ESS를 활용하는 등 단점을 극복하기 위해 노력하고 있다.

2010년 당시 전 세계 연간 태양광 설치 규모는 18GW에 불과했으나 2019년에는 118GW로 6배 이상 성장했다. 10년 동안 연평균 23%의 성장률을 보인 것이다. 2020년에는 코로나19로 태양광 모듈 제조와 설치가 원활하지 않아 성장세가 주춤했다. 하지만 저탄소에너지 발전을 위해서는 태양광과 풍력 등 친환경 재생에너지의 증가가 꼭 필요하므로 앞으로 태양광 설치량은 급증할 수밖에 없다. 에너지 시장 조사업체 블룸버그 NEF(Bloomberg New Energy Finance)는 2021년 전 세계 태양광 발전 설치량이 전년 대비 25GW 늘어난 150GW에 이를 것으로 전망했다.

태양광 발전 설치량이 늘어나게 된 데에는 발전 비용이 지속해서 하락한 것도 한몫한다. 국제재생에너지기구에 의하면 2019년 태양광 발전 비용은 0.068달러/KWh으로 2010년 대비 82% 하락한 것으로 조사됐다. 대규모 설치가 필요한 유틸리티급 태양광 발전 비용은 하락 폭이 더욱 큰데 인도는 2010년 대비 85% 하락한 0.045달러/KWh를 기록해 가장 저렴했다. 다음은 중국으로 82% 하락한 0.054달러/KWh, 스페인은 81% 하락한 0.056달러/KWh였다. 태양광 발전 효율 향상과 규모의 경제를 통한 태양광 모듈 생산원가 하락으로 태양광 발전 비용은 지속해서 하락할 전망이다.

태양광 산업은 모래에서부터 시작된다. 모래는 이산화규소로 이뤄져 있는데 여기서 실리콘을 분리해 순도를 높이고 얇은 막 형태로 가공하면 태양광 셀의 기본 재료가 된다. 돌덩어리 형태의 폴리실리콘은 잉곳과 웨이퍼 제조 단계를 통해 원형의 얇은 실리콘 박막으로 만들어진다. 폴리실리콘을 도가니 안에서 1,500℃ 이상의 온도로 가열해 녹인 후 막대기 모양의 폴리실리콘 조각으로 천천히 돌려 올리면 원기둥 모양의 잉곳이 형성된다. 이후 톱(사실상 와이어로 절단)을 이용해 슬라이스처럼 얇게 자르면 웨이퍼가 만들어지는 것이다. 다음으로 태양전지 제조 공정이 이어진다. 먼저 웨이퍼를 절단할 때 발생한 표면의 거친 자국을 없애기 위해 특수 화학약품으로 부드럽게 하는 에칭 공정을 진행한다. 이후 웨이퍼 표면에 태양광이 닿는 면적을 최대한 넓히기 위해 일정한 모양을 만드는 스크래칭 작업을 하는데 이를 텍스처링 공정이라고 한다. 이어서 전도성을 띠도록 인산 등 불순물을 주입하고, 고온처리를 한다. 태양광 반사를 막기 위해서 표면에 반사방지막을 형성하고, 발생한 전류를 내보내기 위해 은 혼합물로 얇은 선을 그려 전선을 만들면 한 장의 태양전지(셀)가 완성된다. 이렇게 만든 태양전지를 직사각형 틀에 여러 장 배치하고 위아래를 밀봉하면 태양광 모듈이 된다.

폴리실리콘부터 테양광 모듈까지 제조와 관련된 부분은 중국의 시장점유율이 절대적으로 높다. 2010년대 중국에서는 폴리실리콘 증설 붐이 일었다. 당시 폴리실리콘은 가격이 높았지만 태양광용 수요가 크게 증가할 것으로 전망돼 폴리실리콘 제조 공장이 우후죽순 들어섰고 결과적으로 심각한 공급과잉이 나타났다. 폴리실리콘 가격은 2011년에만 69% 하락해 규모의 경제를 갖추고 생산 원가를 낮춘 상위 기업만 생존할 수 있게 됐다. 또한 폴리실리콘 제조 원가 중 약 40%가 전력 비용인데, 중국에서는 값싼 석탄 발전을 통해 전력을 공급하게 되면서 폴리실리콘 제조 원가를 상당 비율 낮췄다. 결과적으로 중국 이외 대다수 국가의 폴리실리콘 공급업체는 문을 닫게 됐다.

태양광 잉곳과 웨이퍼, 셀 모듈 또한 중국의 과잉 증설로 생산원가가 빠르게 낮아졌고, 동시에 중국 제품의 시장점유율도 높아졌다. 태양광 웨이퍼 가격은 2010년 대비 2019년 86% 하락했고, 셀과 모듈 가격은 각각 89%, 88% 하락했다. 태양광 모듈 밸류체인 가격이 전반적으로 크게 하락하면서 화석연료 발전과 비교해 생산단가가 대등한 그리드 패리티를 달성한 것이다.

중국의 힘으로 태양광 밸류체인 단가가 급격히 하락했지만, 또 다른 문제가 발생했다. 태양광 제품의 중국 생산 비중이 지나치게 높아져 버린 것이다. 탄소 저감을 위해 태양광 발전을 하는 것인데, 중국산 폴리실리콘과 태양광 셀, 모듈은 중국의 대규모 석탄 발전에 의해 생산되는 아이러니한 상황이었다. 현재 폴리실리콘 제품의 중국 제품 점유율은 64%인데 그 비중은 계속 상승하고 있다. 잉곳과 웨이퍼의 중국 제품 비중은 92%이며, 태양광 셀과 모듈의 중국 제품 비중은 각각 85%와 80%에 달한다.

다시 말하자면 폴리실리콘부터 태양광 모듈까지 제조와 관련된 부분은 중국의 시장점유율이 절대적으로 높다. 중국 기업의 기술개발과 원가 절감도 지속해서 이뤄지고 있어 국내 기업이 경쟁력을 오랜 시간 동안 유지하기는 사실상 어려운 실정이다. 차세대 제품 개발이 이뤄지거나 태양광 모듈을 활용한 태양광발전소 설치와 발전, 전력 판매 등 다운스트림으로 사업을 확장해야 태양광 산업에서 경쟁력을 확보할 수 있다. 중국에 대항하는 국내 기업으로는 한화솔루션과 LG전자가 있으며 한화솔루션의 태양광 셀, 모듈 생산능력은 전 세계 5위권이지만 광전환 효율과 제품 신뢰성 측면에서는 가장 우수한 기업으로 손꼽히고 있다.

향후 태양광발전 기술에 관해 주목할 만한 제품으로는 차세대 태양전지를 들 수 있다. 차세대 태양전지는 광전환 효율이 높으면서도 박막 형태의 제조로 생산원가가 낮다. 또한 심미적으로도 우수해 도심 내에서도 자유롭게 적용하고, 의류에 부착해 웨어러블이 가능한 형태가 될 전망이다. 이러한 특성에 근접한 태양전지로서 염료감응이나 유기박막, 페로브스카이트 등 많은 연구가 진행되고 있다.

특히 국내 학계와 기업을 중심으로 가장 활발하게 개발되고 있는 제품은 페로브스카이트 태양전지다. 페로브스카이트는 1839년 러시아 우랄산맥에서 새롭게 발견된 광물에 붙여진 이름으로 러시아 광물학자 레프 페로브스키의 이름을 따서 만들어졌다. 페로브스카이트 태양전지는 실리콘계 무기 태양전지와 유기·염료감응 태양전지의 중간 정도의 성질을 가지고 있다. 제작공정은 박막 전지와 같이 간단하고 저렴하게 제조할 수 있지만, 광전환 효율은 실리콘계보다 높아 차세대 제품으로 주목받고 있다. 최종 상용화를 위해서는 구성 요소 중 하나인 납을 대신할 수 있는 소재가 개발돼야 하고, 수분과 열 등에 장기간 버티는 장기 안정화 기술이 보완돼야 한다. 페로브스카이트 태양전지는 국내 기업을 중심으로 연구개발이 활발히 이뤄지고 있다.

ETF를 통한 다양한 친환경 투자

상장지수펀드로 불리는 ETF(Exchange Traded Fund)는 여러 종목을 하나의 펀드로 구성하여 거래소에서 투자자들이 주식처럼 편리하게 거래할 수 있도록 만든 상품이다. 투자자들이 개별 주식을 고르는 수고를 하지 않아도 되는 펀드 투자의 장점과 언제든지 시장에서 원하는 가격에 거래할 수 있는 주식투자의 장점을 모두 갖고 있는 상품으로 볼 수 있다. 펀드처럼 여러 종목이 묶여 구성되어 있고, 수수료가 저렴한 장점이 있으며, 공모펀드보다 거래 비용이 낮을 뿐 아니라 소액으로 분산투자를 할 수 있다는 점에서 매력적이다. 그 위에 안정성이 매우 높다는 장점이 있다. 성장 초기에 진입한 산업에서는 치열한 경쟁 속에서 어떤 기업이 최종적으로 살아남을지 알 수 없다. 개별 종목을 거래한다면 산업 내 치열한 경쟁으로 인해 변동성이 높아지는데 ETF를 통한다면 개별 종목 변동성의 위험에서 벗어날 수 있다.

ETF시장은 미국을 중심으로 빠르게 성장하고 있다. 다양한 상품이 나오고 있는데 글로벌 자금이 지속해서 유입되고 있는 분야는 ESG ETF이며, 이 중 친환경 ETF는 가장 주목받는 분야로, 앞서 언급한 탄소중립 관련 산업으로 구성되어 있다.

주요 종목을 몇 개 소개하면 보유자산 기준 글로벌 최대 자산운용사 중 하나이며, ESG 투자의 선구자 블랙록이 2008년 출시한 친환경 ETF ICLN(iShares Global Clean Energy ETF)이 있다. ICLN은 태양광, 풍력 등 신재생에너지 관련 글로벌 대표 기업에 투자하는 미국 상장 신재생에너지 테마 대표 ETF로 규모는 9월 기준 약 7조 원에 이른다. 미국 이외 유럽의 투자 비중이 높으며, 테슬라 등 전기차 관련주에는 투자하지 않고 있다.

2차전지/전기차 관련 ETF인 LIT(Global X Lithium & Battery Tech ETF)는 한국의 미래에셋이 2018년 인수한 미국 ETF 운용사 글로벌X(Global X)가 2010년 출시했다. 글로벌 전기차 및 2차전지 관련주에 투자하는 대표 ETF로 리튬 생산 기업의 비중이 높은 것이 특징이다. 리튬 생산 기업이나 전기차 완성차인 테슬라, 전기차 핵심부품인 2차전지 기업과, 관련 부품과 장비 기업을 아우르는 다양한 종목으로 구성되어 있다. 국가별로는 중국 기업의 비중이 약 50%로 가장 높으며, 이어 미국과 한국 비중이 높다. 국내 기업으로는 삼성SDI, LG화학, 엘앤에프 등에 투자하고 있다. 전기차와 2차전지의 성장성을 선호하는 투자자라면 투자를 고려해볼 만한 ETF 상품이다.

한국에서도 친환경 ETF가 출시되고 있으며, 산업 발전 특성상 2차전지 관련 지수를 주로 편입하고 있다. 이외에도 글로벌 친환경기업을 포트폴리오로 구성하는 ETF도 출시되고 있어 한국 내 거래소에서도 손쉽게 친환경 ETF 거래를 할 수 있게 되었다.

글로벌 주요 친환경 ETF

테마	티커	ETF	기초지수	순자산총액(백만달러)	3개월 평균 거래량(주)	연초 이후(%)
종합 신재생 에너지	ICLN	iShares Global Clean Energy ETF	S&P Global Clean Energy NR USD	6,075.26	3,725,124	−18.76
	ICLN	iShares Global Clean Energy ETF	S&P Global Clean Energy NR USD	6,075.26	3,725,124	−18.76
	QCLN	First Trust NASDAQ® Cln Edge® GrnEngyETF	NASDAQ Clean Edge Green Energy TR USD	2,577.30	282,842	−7.22
	PBW	Invesco WilderHill Clean Energy ETF	WilderHill Clean Energy TR USD	1,893.29	420,452	−22.1
	ACES	ALPS Clean Energy ETF	CIBC Atlas Clean Energy TR USD	934.88	66,584	−13.93
	ERTH	Invesco MSCI Sustainable Future ETF	MSCI Global Environment Select NR USD	407.88	27,070	0.25
	PBD	Invesco Global Clean Energy ETF	WilderHill NewEnergy GLB Innovate TR USD	422.98	85,329	−15.39

테마	티커	ETF	기초지수	순자산총액 (백만달러)	3개월 평균 거래량(주)	연초 이후 (%)
종합 신재생 에너지	CNRG	SPDR® Kensho Clean Power ETF	S&P Kensho Clean Power TR USD	362.66	24,578	-10.62
	SMOG	VanEck Low Carbon Energy ETF	MVIS Global Low Carbon Energy TR USD	294.02	11,846	-5.62
	CTEC	Global X CleanTech ETF	Indxx Glb CleanTech USD	167.02	76,506	-13.55
	RNRG	Global X Renewable Energy Producers ETF	Indxx Renew Energy Producers TR USD	143.10	55,897	-8.64
태양광	TAN	Invesco Solar ETF	MAC Global Solar Energy TR USD	3,093.16	1,150,689	-18.86
	RAYS	Global X Solar ETF	Solactive Solar USD	2.35	-	-
전기차 / 2차 전지	LIT	Global X Lithium & Battery Tech ETF	Solactive Global Lithium TR USD	4,819.44	930,290	35.2
	BATT	Amplify Lithium & Battery Tech ETF	EQM Lithium & Battery Technology PR USD	211.55	134,192	11.12
수자원 관리	PHO	Invesco Water Resources ETF	NASDAQ OMX US Water TR USD	2,002.92	181,438	23.42
	CGW	Invesco S&P Global Water ETF	S&P Global Water NR	1,185.68	83,715	25.29
	PHO	Invesco Water Resources ETF	NASDAQ OMX US Water TR USD	2,002.92	181,438	23.42
	CGW	Invesco S&P Global Water ETF	S&P Global Water NR	1,185.68	83,715	25.29
	FIW	First Trust Water ETF	ISE Clean Edge Water TR USD	1,327.97	88,468	23.11
	PIO	Invesco Global Water ETF	NASDAQ OMX Global Water NR USD	323.16	58,113	21.81
	AQWA	Global X Clean Water ETF	Solactive Gbl Clean Water Indus NR USD	8.74	6,844	-
풍력	FAN	First Trust Global Wind Energy ETF	ISE Clean Edge Global Wind Energy TR USD	401.29	105,941	-4.99
	WNDY	Global X Wind Energy ETF	Solactive Wind Energy USD	2.59	-	-
스마트 그리드	GRID	First Trust NASDAQ ® Cln Edge® StGidlfsETF	NASDAQ OMX ClnEdge SmartGridInfra TR USD	569.97	51,786	-21.66
수소	HJEN	Direxion Hydrogen ETF	Indxx Global Hydrogen USD	33.79	13,244	-
	HDRO	Defiance Next Gen H2 ETF	BlueStar Hydrogen & NextGen FC TR USD	41.73	34,586	-

테마	티커	ETF	기초지수	순자산총액 (백만달러)	3개월 평균 거래량(주)	연초 이후 (%)
중국 신재생 테마	2809 HK	Global X China Clean Energy ETF	Solactive China Clean Energy NR CNH	3,573.65	222,228	38.33
중국 전기차 /2차전지	2845 HK	Global X China Electric Vehicle ETF	Solactive China Electric Vehicle NR CNH	7,784.41	672,286	–
일본 신재생 테마	2637 JP	Global X CleanTech ESG Japan ETF	FactSet Japan CleanTech & Energy Index	2,003.00	13,825	–
폐기물 /순환경제	EVX	VanEck Environmental Svcs ETF	NYSE Arca Environmental Services TR USD	69.39	1,771	22.85
	WWOW	Direxion World Without Waste ETF	Indxx US Circular Economy USD	5.82	308	14.35
탄소 배출권	KRBN	KraneShares Global Carbon ETF	IHS Markit Global Carbon TR USD	845.87	392,687	63.01
저탄소 기업 투자	GRN	iPath® Series B Carbon ETN	Barclays Gbl Carbon TR USD	81.76	45,597	84.48
	CRBN	iShares MSCI ACWI Low Carbon Target ETF	MSCI ACWI Low Carbon Target NR USD	1,067.91	22,965	14.49
	LCTU	BlackRock US Carbon Transition Rdnss ETF	Russell 1000 USD	1,409.54	37,981	–
	LCTD	BlackRock World ex US Cbn Tnstn Rdns ETF	MSCI World ex USA NR USD	613.30	2,777	–
	LOWC	SPDR® MSCI ACWI Low Carbon Target ETF	MSCI ACWI Low Carbon Target NR USD	116.52	2,099	14.34
화석 연료 제외 투자	SPYX	SPDR® S&P 500 Fossil Fuel Rsrv Free ETF	S&P 500 Fossil Fuel Free NR USD	1,205.12	33,212	19.3
	CHGX	Change Finance US LgCp FossilFuel Fr ETF	Change Fin US LC FsslFlFr TR USD	94.70	15,797	17.79
	EFAX	SPDR® MSCI EAFE Fossil Fuel Free ETF	MSCI EAFE ex Fossil Fuels NR USD	248.12	5,831	11.53
	EEMX	SPDR® MSCI Em Mkts Fossil Fuel Free ETF	MSCI EM ex Fossil Fuels NR USD	174.96	7,338	–1.05

국내 주요 친환경 ETF

테마	종목 코드	ETF	기초지수	순자산 총액 (억원)	3개월 평균 거래량(주)	연초 이후 (%)
종합 신재생	A377990	TIGER Fn 신재생에너지	FnGuide 신재생에너지 지수	236.51	59,744	–
	A381570	HANARO Fn 친환경에너지	FnGuide 친환경에너지 지수 (시장가격)	106.87	18,000	–
	A385510	KODEX K-신재생에너지액티브	FnGuide K-신재생에너지 플러스 지수	652.86	140,134	–
중국 신재생	A396510	TIGER 차이나클린에너지SOLACTIVE	Solactive China Clean Energy 지수(Net Total Return)	607.26	–	–
미국 신재생	A391600	KINDEX 미국친환경그린테마INDXX	Indxx US Green Infrastructure Price return Index	180.02	–	–
2차 전지 /수소	A381560	HANARO Fn 전기&수소차	FnGuide 전기&수소차 지수 (시장가격)	278.01	76,611	–
전기차 /2차전지	A364980	TIGER KRX 2차전지K-뉴딜	KRX 2차전지 K-뉴딜지수	6,533.91	862,341	27.81
	A305720	KODEX 2차전지산업	FnGuide 2차전지 산업 지수	9,453.07	2,177,927	45.77
	A305540	TIGER 2차전지테마	WISE 2차전지 테마 지수	7,781.84	2,398,380	54.84
중국 전기차 /2차전지	A371460	TIGER 차이나 전기차 SOLACTIVE	Solactive China Electric Vehicle Index	20,340.63	6,690,319	56.94
수소	A367770	KBSTAR Fn 수소경제테마	FnGuide 수소 경제 테마 지수	3,213.10	240,259	11.54
탄소 효율	A376250	ARIRANG 탄소효율그린뉴딜	KRX/S&P 탄소효율 그린뉴딜지수	64.93	1,143	–
	A375760	HANARO 탄소효율그린뉴딜	KRX/S&P 탄소효율 그린뉴딜지수	139.89	12,446	–
	A375770	KODEX 탄소효율그린뉴딜	KRX/S&P 탄소효율 그린뉴딜지수	480.39	11,968	–
	A376410	TIGER 탄소효율그린뉴딜	KRX/S&P 탄소효율 그린뉴딜지수	771.83	49,526	–

자료: NH투자증권

9장

비(非) 주식 자산군의 ESG 투자

1

ESG 채권

지속가능성 제고를 통해 장기 수익성 개선을 도모하는 ESG 투자는 주식에 국한되지 않는다. 녹색채권, 사회적채권(Social Bond), 지속가능채권처럼 ESG 중 일부를 개선하려는 목적의 프로젝트에 자금을 조달하기 위해 발행하는 ESG 채권도 빠르게 성장하고 있다. 녹색채권(E)은 기후 변화 대응 및 환경보존을 위한 친환경 프로젝트에 자금을 조달할 목적으로 발행되는 채권이고, 사회적채권(S)은 주택 공급, 실업 문제 해결, 취약계층 금융 지원, 보건 및 의료 문제 해결 등 사회적 문제 해결 프로젝트에 자금을 조달할 목적으로 발행되는 채권이며, 지속가능채권(ES)은 녹색채권과 사회적채권의 특성이 결합한 채권이다. 이들 ESG 채권은 ESG 개선을 위한 프로젝트에만 사용되어야 한다는 점에서 일반채권과 차별화된다.

ESG 채권의 종류

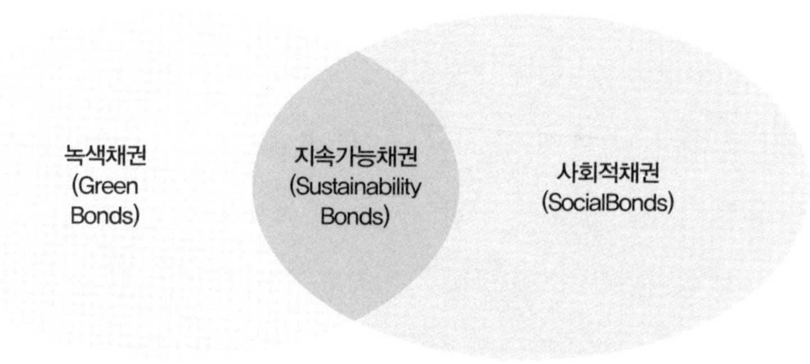

자료: GSIA, NH투자증권 리서치본부

전 세계 ESG 채권 발행액은 2015년 464억 달러에서 2020년 4,755억 달러로 연평균 59.3% 성장했다. 전 세계 ESG 채권 발행 잔액은 2조 달러로 아직 전체 채권시장의 1.5% 수준이다. 그러나 기본적으로 ESG 채권 발행은 인증 등 추가 비용 부담에도 불구하고, ESG 개선이라는 발행 목적으로 인해 특정 수요처를 확보하고 있고, 발행기관의 이미지를 제고하는 장점이 있다. 또한 각국 정부의 그린딜 정책 및 넷제로 선언에 따른 녹색산업 투자 수요 증가가 ESG 채권 발행을 확대하고 있다. 그 위에 각국 연기금의 ESG 투자 비중 확대, ESG 채권펀드의 성장, 리테일 직간접 수요 등 ESG 채권 수요도 빠르게 증가하고 있어 ESG 채권시장의 성장은 가속될 전망이다. 한편, ESG 채권 ETF 시가총액도 2018년 48억 달러에서 2021년 8월 478억 달러로 빠르게 성장하고 있다.

ESG 채권시장 성장 트렌드

2007년 유럽투자은행은 기후인식채권으로 명명된 최초의 녹색채권을 발행했고, 2008년 세계은행도 녹색채권을 발행했다. 2010년대 초반까지 국제기구가 발행하는 녹색채권이 ESG 채권의 주류였지만, 이후 유럽 국가의 정부 및 일반 기업까지 녹색채권의 발행 범위가 확대되었다. 2008년 프랑스 지방정부가 최초의 지속가능채권을, 2009년 면역화를 위한 국제재무기구가 최초의 사회적채권을 발행했지만, 2010년대 초반까지는 간헐적 발행에 그쳤다. 2016년 유럽중앙은행(ECB, European Central Bank)의 양적완화정책(기준금리가 너무 낮아서 금리 인하의 효과를 기대할 수 없을 때 중앙은행이 다양한 자산을 사들여 시중에 통화공급을 늘려 경기를 부양시키는 통화 정책)의 일환인 회사채 매입 프로그램이 가동되면서 일반 기업의 ESG 채권 발행도 크게 증가했다. 국제결제은행은 각국 중앙은행의 녹색채권 투자를 위해 2019년 9월과 2021년 1월, 두 차례에 걸쳐 20억 달러 규모의 녹색채권펀드를 조성하고, A-등급 이상이며 녹색채권원칙을 준수하는 녹색채권에 투자하고 있다.

2020년에는 코로나19로 인한 피해를 지원하기 위한 사회적 채권의 발행이 급증했다. 2020년 전 세계 ESG 채권 발행액은 전년 대비 59.6% 증가한 5,332억 달러이며, 2021년에는 9,499억 달러로 전년 대비 78.2% 증가했다. 2021년 기준으로 종류별로는 녹색 채권 58.9%, 사회적 채권 21.9%, 지속가능채권 19.2%, 지역별로는 유럽 38.7%, 아시아 22.1%, 미국 8.7%, 기타 14.4%(지역별 분류에는 국제기구 제외), 발행주체별로는 민간 비금융 33.4%, 정부 및 공공기관 32.0%, 민간 금융 18.5%, 국제기구 16.1% 등의 비율이다.

전 세계 ESG 채권 발행 종류별 추이

전 세계 ESG 채권 발행 주체별 추이

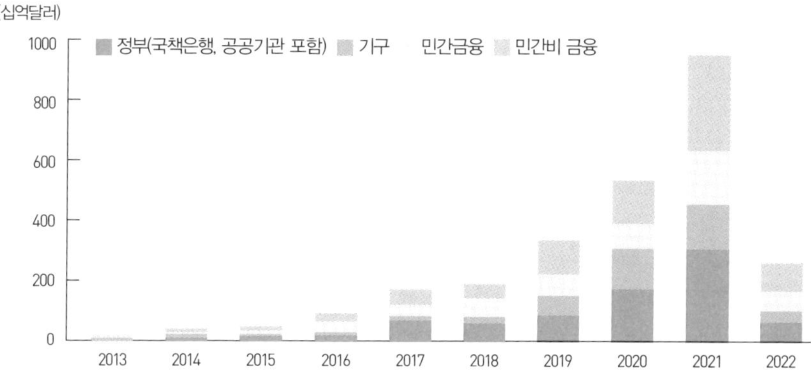

2022년은 4월 말까지 누적 기준
자료: 블룸버그, NH투자증권 리서치본부

우리나라에서는 2013년 수출입은행이 아시아 최초로 5억 달러 규모의 녹색채권을 발행한 것이 ESG 채권의 효시이다. 녹색채권 위주로 명맥을 이어오던 ESG 채권은 2018년부터 다변화하면서 본격적으로 성장했다. 한국산업은행이 최초로 달러가 아닌 원화 녹색채권을 발행했고, 한국동서발전과 한국산업은행이 각각 최초의 사회적채권과 지

우리나라 ESG 채권 발행 종류별 추이

주 : 2022년은 4월 말까지 누적 기준
자료: 블룸버그, NH투자증권 리서치본부

속가능채권을 발행했다. 공공기관 중에는 한국수자원공사가 가장 먼저 2018년 3억 달러 규모의 녹색채권을 발행했고, 민간 금융에서는 현대캐피탈이 처음으로 2016년 5억 달러 규모의 녹색채권을, 민간 비금융에서는 한진인터내셔널이 최초로 2017년 3억 달러 규모의 녹색채권을 발행했다.

정부는 2019년 처음으로 국제채 5억 달러를 지속가능채권으로 발행했는데, 당시까지 해외 정부가 발행한 ESG 채권은 모두 녹색채권이었다. 우리나라에서도 2020년 코로나19로 인한 피해를 지원하기 위해 한국장학재단, 중소벤처기업진흥공단, 한국주택금융공사 등 공공기관의 사회적채권 발행이 급증했다.

2018년 이후 ESG 채권 발행액은 기하급수적으로 증가하고 있는데, 2021년 발행액은 606억 달러로 전년도 연간 발행액 209억 달러의 3배에 육박했다. 2021년 기준으로 종류별로는 녹색 채권 38.2%, 사회적

우리나라 ESG 채권 발행 주체별 추이

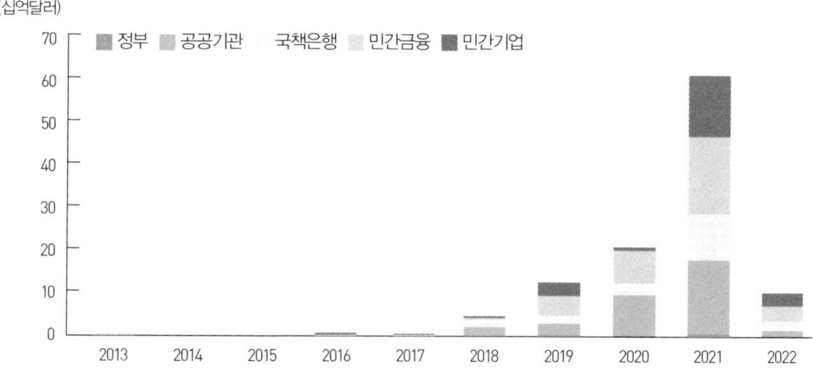

주 : 2022년은 4월 말까지 누적 기준
자료: 블룸버그, NH투자증권 리서치본부

채권 37.3%, 지속가능채권 24.5%, 발행 주체별로는 민간 금융 29.9%, 공공기관 28.3%, 민간 비금융 23.2%, 국책은행 17.3%의 비율이다.

2014년 뱅크오브아메리카메릴린치, 씨티, JP 모건체이스 등의 투자은행 컨소시엄이 투명성과 공시를 강화한 녹색채권원칙을 제정하면서, ESG 채권 발행에 적용할 수 있는 국제 가이드라인이 세워지고, 지속가능한 발전 지원에 더 많은 투자를 유치할 기반을 마련했다. 녹색채권원칙은 국제자본시장협회로 이관되어 지속해서 업데이트하고 있다. 국제자본시장협회는 이후 사회적채권원칙, 지속가능채권가이드라인을 연이어 제정했다. 녹색채권원칙과 사회적채권원칙은 공통된 4가지 원칙인 조달자금 사용, 프로젝트 평가 및 선택, 조달자금 관리, 보고 등으로 구성된다. 특히 조달자금의 사용에서는 재생에너지, 에너지 효율 등 녹색프로젝트의 카테고리 리스트, 적정 가격의 인프라 설비, 적정 가격의 주택 등 사회적프로젝트의 카테고리 리스트, 그리고 빈곤선 이하로

국제자본시장협회의 녹색채권원칙 4대 원칙

국가	비중(%)
조달자금 사용 (Use of Proceeds)	– 녹색 프로젝트의 펀딩 수단으로, 지정된 모든 녹색 프로젝트는 명확한 환경적 편익을 제공해야 하며, 발행자가 평가가능하고 정량화 되어야 함 – 녹색프로젝트의 카테고리: 재생에너지, 에너지 효율, 오염방지 및 관리, 지속가능성 있는 생물자원 및 토지 사용, 생물 다양성, 청정 교통수단, 지속가능성 있는 수자원 관리, 기후변화 대응, 순환경제, 녹색 빌딩
프로젝트 평가 및 선택 (Process for Project Evaluation and Selection)	– 녹색채권의 발행자는 투자자들에게 적격한 녹색프로젝트의 환경적으로 지속가능한 목표를 소통해야 함 – 녹색채권의 발행자는 투자자들에게 해당 프로젝트가 적격한 녹색프로젝트 카테고리에 부합하는지 결정하게 된 과정에 대해 소통해야 함 – 녹색채권의 발행자는 투자자들에게 프로젝트와 관련된 사회적, 환경적 리스크를 식별 및 관리하는 과정에 대해 추가적 정보를 제공해야 함
조달자금 관리 (Management of Proceeds)	– 녹색채권의 순발행금은 하위 계좌, 하위 포트폴리오로 입금되어야 하며, 내부 검증 절차를 거쳐야 함 – 배분되지 않은 발행금에 관해서 임시적 자금 배치의 목적을 투자자에게 알려야 함 – 높은 투명성이 요구되며, 이를 위해 외부 감사 혹은 제3 기관의 관리가 보강되어야 함
보고 (Reporting)	– 진행사항에 대해 프로젝트 마무리까지 연간 보고서로 발행금의 사용 정보를 투자자에게 알려야 하며, 중요한 상황에서는 수시로 정보를 제공해야 함 – 연간보고서는 자금 사용처가 명시되어야 하며 자금이 배분된 프로젝트와 금액, 예상되는 환경적 영향에 대한 내용이 포함되어야 함 – 정성적/정량적 성과평가 지표의 사용 및 주요 방법론 및 가정에 대한 공개를 통해 환경적 영향을 투명성 있게 소통하는 것이 권장됨

자료: ICMA, NH투자증권 리서치본부

사는 사람들, 장애인 등 사회적 프로젝트의 목적 계층의 예를 구체적으로 제시한다.

ESG 채권 발행의 급성장은 각국 연기금의 ESG 투자 비중 확대, ESG 채권펀드의 성장, 리테일 직간접 수요 등 빠르게 증가하는 ESG 채권 수요 덕분이다. 앞서 살펴본 대형 연기금들의 ESG 투자는 아직 주식 자산 위주이고 채권 자산 중 ESG 투자 비중은 미미한 수준이어서 향후 비중 확대에 따른 ESG 채권 수요의 증가가 예상된다. ESG 채권 펀드로의 자금 유입도 확대되고 있다.

국제자본시장협회의 사회적채권원칙 4대 원칙

국가	비중(%)
조달자금 사용 (Use of Proceeds)	– 사회적 프로젝트의 펀딩 수단으로, 지정된 모든 사회적 프로젝트는 명확한 사회적 편익을 제공해야 하며, 발행자가 평가 가능하고 정량화 되어야 함. – 사회적프로젝트의 카테고리: 적정가격의 인프라설비, 필수불가결한 서비스 접근, 적정가격의 주택, 사회경제적 위기에 기인한 실업 방지위해 설계된 일자리 창출 및 그 프로그램, 식량 안전보장과 지속가능한 식량 체계, 사회경제적 발전과 역량 강화 – 특정 계층의 카테고리: 빈곤선 이하 사람들, 소외된 사람들, 장애인, 이민 또는 난민, 교육받지 못한 사람들, 서비스소외자, 실업자, 여성 및 성소수자, 고령층과 청년취약층, 이재민 등 기타 취약층
프로젝트 평가 및 선택 (Process for Project Evaluation and Selection)	– 사회적채권의 발행자는 투자자들에게 사회적프로젝트의 목표를 소통해야 함 – 사회적채권의 발행자는 투자자들에게 해당 프로젝트가 적격한 사회적프로젝트 카테고리에 부합하는지 결정하게 된 과정에 대해 소통해야 함 – 사회적채권의 발행자는 투자자들에게 프로젝트와 관련된 사회적, 환경적 리스크를 식별 및 관리하는 과정에 대해 추가적 정보를 제공해야함
조달자금 관리 (Management of Proceeds)	– 사회적채권의 순발행금은 하위 계좌, 하위 포트폴리오로 입금되어야 하며, 내부 검증 절차를 거쳐야 함 – 배분되지 않은 발행금에 관해서 임시적 자금 배치의 목적을 투자자에게 알려야 함 – 높은 투명성이 요구되며, 이를 위해 외부 감사 혹은 제 3 기관의 관리가 보강되어야 함
보고 (Reporting)	– 진행사항에 대해 프로젝트 마무리까지 연간 보고서로 발행금의 사용 정보를 투자자에게 알려야 하며, 중요한 상황에서는 수시로 정보를 제공해야 함 – 연간보고서는 자금사용처가 명시되어야 하며 자금이 배분된 프로젝트와 금액, 예상되는 사회적 영향에 대한 내용이 포함되어야 함 – 정성적/정량적 성과평가 지표의 사용 및 주요 방법론 및 가정에 대한 공개를 통해 사회적 영향을 투명성 있게 소통하는 것이 권장됨

자료: ICMA, NH투자증권 리서치본부

글로벌 금융시장 조사업체인 EPFR(Emerging Portfolio Fund Research)에 따르면, 전 세계 ESG 채권펀드에 대한 자금 유입은 2018년 38억 달러에 불과했으나, 2020년 581억 달러, 2021년은 8월까지 638억 달러에 도달했다. 채권은 주식과 달리 개인투자자의 직접투자가 어렵지만, 앞으로는 개인투자자가 ESG 채권펀드를 통한 간접투자 이외에 직접투자도 손쉬워질 것으로 보인다.

영국 정부가 2021년 9월 발행하는 그린 길트라는 녹색채권 국채는 개인들이 온라인을 통해서 100파운드에서 10만 파운드 한도로 원하는 만큼 투자할 수 있다. ESG에 대한 관심을 높이기 위해 정부가 지원한 결과이다. 한편, ESG 채권 ETF 시가총액도 2018년 48억 달러에서 2021년 8월 현재 478억 달러로 빠르게 성장하고 있다. 블랙록, DWS, PIMCO, 뱅가드 등 주요 글로벌 운용사들이 이미 100개 이상의 ESG 채권 ETF를 출시했으며, ETF 종류도 투자등급 ESG 채권 ETF부터 하이일드 ESG 채권 ETF, ESG 뱅크론 ETF까지 출시되고 있다. 채권 ETF는 개별 채권에 비해 거래가 활발하다. 앞으로 ESG 채권 ETF는 ESG 채권만큼이나 다양하고 빠르게 확대될 전망이다.

ESG 채권의 대안: 지속가능연계채권과 트랜지션본드

유럽연합을 필두로 각국 정부는 녹색분류체계를 제정하여 친환경사업의 방향을 구체적으로 제시하고 있다. 우리나라도 2021년 12월 한국형 녹색분류체계 가이드라인을 발표했다. 녹색채권 발행이나 녹색금융활동에 적용될 한국형 녹색분류체계는 녹색부문과 전환부문에 걸쳐 69개 세부 경제활동으로 구성되었다. 녹색-비녹색의 이원적 접근에 따라 중간영역 경제활동에 대한 고려가 부족한 점이 이슈가 되고 있다. 하이브리드자동차에 대한 금융지원, 석탄화력 발전의 환경오염물질 저감장치 등 중간영역 기업들의 녹색채권 발행이 어려워질 경우, 녹색채권은 아니지만, 유사한 속성의 지속가능연계채권이나 트랜지션본드가 대안이 될 수 있다.

국제자본시장협회(ICMA)의 지속가능연계채권원칙(SLBP) 5대 원칙

국가	비중(%)
KPI(핵심성과지표)의 선정 (Selection of KPIs)	– 지속가능성연계 채권의 신뢰성은 KPI 선정과 관련이 있으며, KPI는 발행자의 주요 지속가능성, 사업전략, 속한 산업의 ESG 과제와 관련되어야 함 – 적절한 KPI는 발행자의 현재 및 미래 영업과 관련성 및 중요성이 높아야 하며, 일관적인 방법론에 의해 측정 및 계량 가능해야 하고, 외부적으로 검증 가능해야 하며, 벤치마크로의 사용이 가능해야 함 – 발행자는 연간보고서, 지속가능성 보고서 등에 이미 공시했던 KPI를 선정하는 것이 권장되며, 이전에 공시되지 않은 KPI의 경우에는 이전 3년에 대한 수치를 제시해야함 – 발행자는 투자자에게 KPI 선정 및 적합성에 대한 논리와 과정을 분명하게 소통할 것이 권장되며, KPI의 명확한 정의가 적용 가능 범위를 포함하여 제시되어야 함
지속가능 성과목표 측정 (Calibration of Sustainability Performance Targets (SPTs))	– KPI에는 현실적인 지속가능 성과목표(SPTs)가 제시되어야 하며, SPT 달성을 위한 전략적 정보 또한 포함되어야 함 – SPT 설정은 벤치마킹 접근법에 따라 진행되어야 하며, SPT 설정의 공시는 SPT의 날짜, 기간, 트리거 이벤트 등 명확한 참조를 제공해야 함
채권의 특성 (Bond characteristics)	– 지속가능 목표 성과 여부에 따라 재무적 수익 구조가 달라지는 특징을 고려해 쿠폰 금리 변동과 같은 잠재적 변동성에 대한 채권 특성을 구체적으로 제시해야 함 – 지속가능성 성과 목표가 충분히 측정되지 못할 경우에 대한 대안이 제시되어야 하며, 이를 유발할 수 있는 주요 M&A 등 이례적 이벤트 등을 명시하여 포함하는 것도 가능
보고 (Reporting)	– 발행자는 KPI 성과에 대한 최신 정보/지속가능성 성과 목표, 관련 임팩트, 채권의 재무 및 구조적 특징을 담은 리포트, 투자자가 지속가능성 성과를 모니터링할 수 있는 정보 등을 발간해야 함 – 보고서는 최소 1년 주기로 정기적으로 제공해야 함
검증 (Verification)	– 발행자는 최소 1년 주기로 KPI 및 SPT 성과 달성에 대한 검증을 외부 전문가로부터 받아야 하며, 성과 검증에 대한 정보는 공개되어야 함 – 발행 후 검증은 지속가능성 연계 채권의 필수적 요소임

자료: ICMA, NH투자증권 리서치본부

2019년 이탈리아 전력회사 에넬(Enel)은 15억 달러 규모의 채권을 발행하면서, 현재 46%인 회사의 청정에너지 발전 용량 비중을 2021년 말까지 55%로 상승시키지 못하면, 쿠폰 이자율을 2022년부터 0.25%p 상향하여 지급하는 조건을 걸었다. 2020년 스위스 제약회사 노바티스도 18.5억 유로의 채권을 발행하면서, 2025년까지 신흥국에서의 목표치료율을 달성하지 못할 경우 추가로 0.25%p의 이자를 지급하기로

했다. 이렇게 사전에 정한 ESG 목표 달성 여부에 따라 금융조건이나 구조적 특성이 달라질 수 있는 채권을 지속가능연계채권이라 한다.

지속가능연계채권은 ESG 목표를 추구하는 특정 프로젝트에 사용할 자금을 확보하기 위한 녹색채권이 아니기 때문에 제반 인증 절차와 추후 관리가 이뤄지지는 않는다. 발행기관은 낮은 발행 금리에 제반 비용도 발생하지 않아 비용 절감 효과가 크지만, ESG 목표를 정하고, 이에 대한 실행 의지를 표현한다는 점에서 ESG 채권과 유사한 효과를 기대할 수 있다. 또한 유럽중앙은행(ECB)이 2021년부터 지속가능연계채권도 ESG 채권과 동일하게 대출 프로그램의 담보로 인정하고, 자산매입프로그램에 포함하는 등 정책적으로 지원하고 있어, 향후 지속가능연계채권 발행 규모의 확대가 예상된다. 프랑스 에너지 회사 토탈에너지(Total Energies)는 2021년 초 기업 설명회에서 탄소 배출 감축을 위한 노력의 일환으로 향후 모든 채권은 지속가능연계채권으로만 발행하겠다고 발표했다.

국제자본시장협회는 ESG 채권 원칙과 함께 지속가능연계채권원칙도 제정했다. 지속가능연계채권원칙은 핵심 성과 지표 선정, 지속가능성과목표의 측정, 채권의 특성, 보고, 검증 등 5가지 원칙으로 구성되었는데, 특히 핵심성과지표는 발행기관의 전체 사업에서 핵심적이며, 측정 및 수량화가 가능하고, 외부 검증이 가능하며, 벤치마크 대상이 될 수 있어야 한다고 명시하고 있다.

녹색채권에 적합하지 않은 석유, 가스, 철강, 화학, 항공, 해운과 같은 대규모 탄소 배출 산업 분야에서 환경에 미치는 영향을 줄이거나 탄소 배출량을 낮추는 데 필요한 전환자금을 마련하기 위해 발행하는 채

친환경기업으로의 전환 단계(Transition Stage)

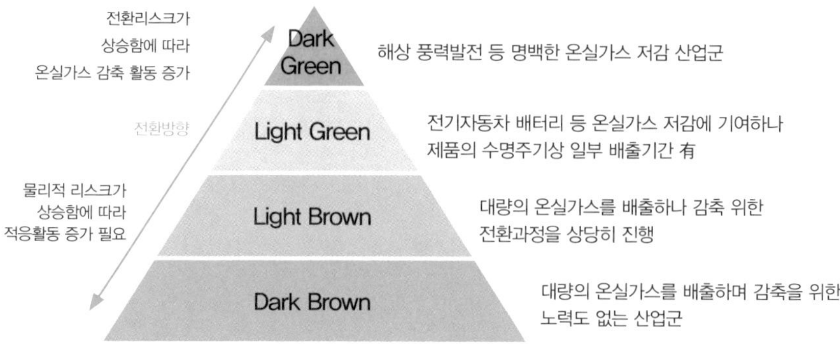
전환리스크가
상승함에 따라
온실가스 감축 활동 증가
전환방향
물리적 리스크가
상승함에 따라
적응활동 증가 필요
Dark Green
해상 풍력발전 등 명백한 온실가스 저감 산업군
Light Green
전기자동차 배터리 등 온실가스 저감에 기여하나
제품의 수명주기상 일부 배출기간 有
Light Brown
대량의 온실가스를 배출하나 감축 위한
전환과정을 상당히 진행
Dark Brown
대량의 온실가스를 배출하며 감축을 위한
노력도 없는 산업군

자료: BNP 파리바(Paribas), NH투자증권 리서치본부

권을 트랜지션본드라고 한다. 2019년 6월 AXA자산운용이 탄소집약 기업들도 친환경사업을 이행할 수 있도록 처음 제안했고, 2019년 12월 유럽연합이 지속가능한 금융상품에 대한 정의 마련에 합의하고, 트랜지션(향후 녹색기업으로 전환을 이행) 활동을 녹색금융으로 분류했다.

트랜지션본드도 지속가능연계채권과 마찬가지로 ESG 채권이 아니기 때문에 조달자금이 녹색기술이 아닌 곳에 사용되어도 무방하지만, 발행 기업은 녹색기업으로의 전환을 이행하고 있어야 한다. 트랜지션본드는 넷제로 달성 및 기업의 탈탄소화에 특화된 개념으로, 탄소집약 기업의 녹색채권 발행에 따른 그린워시 오해를 줄이고, 친환경 기술에만 자금을 사용하는 녹색채권의 순수성 유지에도 도움이 될 것으로 기대된다. 또한 2021년 초 아시아개발은행이 석탄 채굴, 석유 및 천연가스 생산과 탐사에 더 이상 자금을 지원하지 않는 대신, 청정 솔루션으로 전환하는 공장에 대한 재정적 지원을 제공할 것이라고 밝히면서 신흥 시장의 트랜지션본드 발행 확대가 기대된다. 그러나 표준 마련, 성과 보고의 일관성 부재 등 해결해야 할 과제가 남아 있다.

ESG 채권 이슈: 그린워시, 다변화, 그린니엄

ESG 채권 투자의 가장 큰 리스크는 그린워시이다. 그린워시란 ESG 기업으로 자처하거나, ESG 채권을 발행한 기업이 실제로는 친환경 경영을 하지 않는 경우를 말한다. 특히 ESG 채권으로 알고 투자했으나, 발행회사가 조달자금을 ESG 개선이라는 애초의 계획대로 사용하지 않을 경우, 투자자는 거래 유동성이 낮은 채권을 매각하는 데서 오는 손실을 감수해야 한다. 글로벌 자산운용사들은 주식형 펀드를 운용할 때 지분을 보유한 기업에 대해 주주관여활동을 하는 것처럼, 채권형 펀드를 운용할 때도 보유한 녹색채권의 발행회사에 대해 채권자관여활동을 통해 녹색채권원칙 준수를 촉구하고 그린워시 리스크를 줄이고 있다. 발행회사와의 대화와 협력을 통한 채권자관여활동은 발행 전 녹색채권에 대한 검토에서부터 투자 이후 모니터링까지 포함한다. 또한 국제자본시장협회의 녹색채권원칙과는 별개로 2019년 유럽연합의 구속력 있는 녹색채권기준 제정, 2018년 일본의 녹색채권 안내서 발간, 2020년 우리나라의 녹색채권 안내서 발간 등 각국 정부는 그린워시 방지와 녹색채권 시장 활성화를 위해 노력하고 있다.

ESG 채권은 다양하게 진화하는 중이다. 녹색채권 위주에서 사회적채권과 지속가능채권으로 확대되었고, 발행기관도 국제기구에서 시작해서 각국 정부와 민간기업까지 확대되었다. 비녹색 기업의 그린워시가 이슈가 되면서 지속가능연계채권이나 트랜지션본드와 같은 준

ESG 채권의 발행도 본격화되었다. 세부적인 채권의 종류, 성격, 발행 기관 등의 다변화는 계속 이어지고 있다. 2020년 7월 스페인 최대은행 BBVA(Banco Bilbao Vizcaya Argentaria SA)가 전 세계에서 최초로 코코본드(특정 발동 요건 발생 시, 투자자 동의 없이 자동으로 상각되거나 보통주로 전환되는 조건부자본증권. 신국제은행 자본규제 기준인 바젤III 자본 분류에서 기타기본자본(Additional Tier1)으로 분류) 녹색채권을 발행했고, 9월에는 아일랜드 은행 AIB(Allied Irish Bank)가 Tier2(바젤III 자본 분류에서 후순위채권 등 보완자본으로 분류) 녹색채권을 발행했다. 이렇듯 ESG 채권의 형태는 일반 채권에서 자산유동화증권(보유한 유무형의 자산을 담보로 발행하는 증권), 구조화채권(원금 또는 액면이자가 금리, 환율, 주가, 상품가격 등의 기초자산과 연동하여 결정되도록 설계된 채권)까지 진화하여 투자자의 선택권을 넓혀주고 있다. 영국 정부가 2021년 9월 발행하는 녹색채권인 그린 길트 국채처럼 개인들의 직접투자가 용이한 ESG 채권도 만들어졌다.

ESG 채권 발행은 ESG 개선이라는 발행 목적으로 인해 특정 수요처를 이미 확보하고 있고, 발행기관의 이미지가 제고되며, 일부 국가에서는 세제 혜택이나 보조금 같은 발행 혜택도 받지만, 발행 인증 및 공시 관련 비용 부담이 분명 존재한다. ESG 채권 발행이 급증하고, 다변화되는 배경 중에는 그린니엄도 있다. 그린니엄은 녹색과 프리미엄이 합쳐진 신조어로 ESG 채권의 발행 금리가 동일한 주체, 동일한 시기, 동일한 만기로 발행하는 일반 채권의 금리에 비해 낮을 경우, 그 차이를 말한다. 즉, 기업들이 ESG 채권을 발행하면, 일반 채권보다 더 낮은 금리로 자금을 조달할 수 있다는 의미이다. '그린' 이지만, 모든 형태의 ESG 채권에 해당한다. 동일한 조건의 일반 채권을 찾기 어려운 까닭에

ESG 채권의 그린니엄을 산정하기는 쉽지 않다. 대신 특정 시기에 발행된 여러 채권들을 비교하여 개괄적으로 파악할 수 있다.

기후채권협회의 분석 결과, 2020년 하반기 유럽에서 발행된 유로화 ESG 채권의 평균 발행 금리는 일반 채권 대비 3bp 낮았다. 그러나 2021년 들어 녹색채권 발행이 급증하면서 녹색채권의 희소성이 떨어지고, 그 결과 그린니엄이 축소되고 있다. 측정 방법론에 따라 추정치가 달라지기는 하지만, 네덜란드 은행 ABN 암로의 조사에 따르면, 2021년 상반기 그린니엄은 2020년 대비 절반으로 축소되었다.

2

ESG 대체투자

주식, 채권 같은 전통적인 투자 대상이나, 벤치마크 대비 초과 수익률을 추구하는 전통적인 투자 전략이 아닌 부동산/리츠(부동산투자신탁, 부동산이나 부동산 관련 지분에 전문적으로 투자하여 발생한 수익을 투자자에게 배당하는 투자신탁), 인프라스트럭처, PEF(사모투자전문회사) 등에 투자하는 대체투자에서 ESG는 과거 컴플라이언스(제반 법규를 준수하도록 사전적, 상시적으로 감독 및 통제하는 체제)나 소수의 투자자를 위한 전문 상품 정도로 간주되었으나, 이제는 ESG를 고려하는 투자 문화가 자리를 잡아가고 있다. 기존의 전통 자산에 투자하던 자산보유자나 자산운용자가 대체투자를 하는 경우가 많기 때문에, PRI는 딜소싱(Deal Sourcing, 잠재 투자 대상 기업을 발굴하는 행위), 투자 의사결정, 경영 참여, 매각 등 대체투자의 각 단계에서 책임투자를 적용하도록 권고하고 있다. 대체투자의 ESG 고려는 펀드 투자자의 요구, 시장 수요의 변화, 각국 정부의 그린딜 정책 및 넷제로

ESG를 고려하는 대체투자 규모

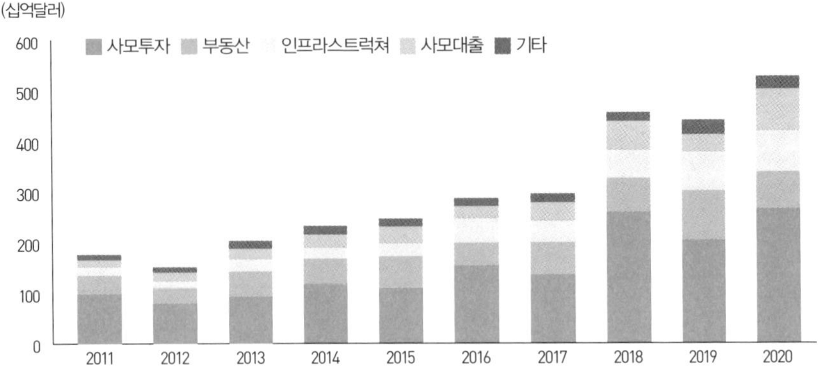

자료: 프레킨(Preqin), NH투자증권 리서치본부

선언에 따른 녹색산업 투자 수요 증가 등에서 시작했지만, 결국 투자수익률 극대화가 가장 큰 이유이다. GSIA에 따르면, 2020년 기준 전 세계 ESG 투자 규모인 35.3조 달러의 약 절반을 차지하는 미국에서 ESG 대체투자의 비중은 4% 수준이다.

부동산/리츠 ESG

간접투자인 리츠(REITs)를 포함한 부동산 투자는 다른 자산과 비교해서 투자 기간이 길고, 특정 지리적 위치를 벗어날 수 없기 때문에, 기후, 용수 등 환경 영향, 지역사회 관계와 같은 ESG 이슈의 통합이 필요하다. 또한 자산 보유 과정에서는 ESG 개선, 입주자 선정, 입주자관여 활동 등의 책임투자를 통해 투자자산의 가치를 높일 수 있다. 에너지 효율화 장비 설치로 운영비용을 줄이고, 규제 환경에 대한 이해도 제고와 보유자산의 노후화 개선으로 잠재 소송비용을 줄여 비용 및 부채의 감소시킨다. 그리고 보유자산의 친환경 건물 인증 및 ESG 성과 개선으로 공실율 축소, 재계약률 개선, 임대료 인상 등을 통한 매출액의 증대로 현금흐름과 보유자산의 가치를 키운다. ESG가 우수한 입주자의 유치는 입주자관여활동의 효율성을 더해주고, 녹색테마와 관련된 입주자 유치는 친환경건물 인증의 가치를 부각시킬 수 있다.

1990년 영국건축연구소가 건물의 지속가능성 평가 및 인증을 처음 시작한 이후, 1998년 미국그린빌딩위원회의 미국친환경건물인증표준과 호주 정부의 호주 친환경 건물 정보 시스템, 2009년 다수의 연기금 그룹에 의해 설립된 글로벌 실물자산 지속가능성 벤치마크 등 다양한 글로벌 친환경건물 인증 제도가 생겨났다. 녹색건물 인증은 건물의 가치를 높이고, 입주자와 구매자의 유치에 도움이 될 뿐 아니라, 평가 및 인증 과정에서 작성된 보고서는 유용한 실사 자료로 활용될 수 있다.

미국리츠협회의 2021년 리츠 산업 ESG 보고서를 보면, 투자자들의 ESG 성과 요구 증가로 시가총액 기준 미국 100대 리츠의 거의 대부분인 98사가 웹사이트, 연간보고서 등을 통해 ESG활동을 보고하고 있으며, 지속가능 경영보고서 발행도 전년 49사에서 66사로 증가했다. 환경 성과 공시 비율도 증가했는데, 탄소 배출 66%, 에너지 사용 66%, 물 사용 58%, 폐기물 관리 43% 등으로 전년 대비 4~11%p 상승했다. 또한 GRESB의 평가를 받는 리츠의 87%는 직원의 성과 목표에 ESG 요소를 포함하고 있어 ESG 고려가 실질적으로 이루어지는 것으로 보인다. 이들은 이산화탄소 배출을 전년 대비 5%, 에너지 사용량을 전년 대비 2% 감축하는 성과를 보였으며, 100%가 지역사회 참여 프로그램을 보유하

미국 100대 리츠 환경성과 공시 비율 상승 중

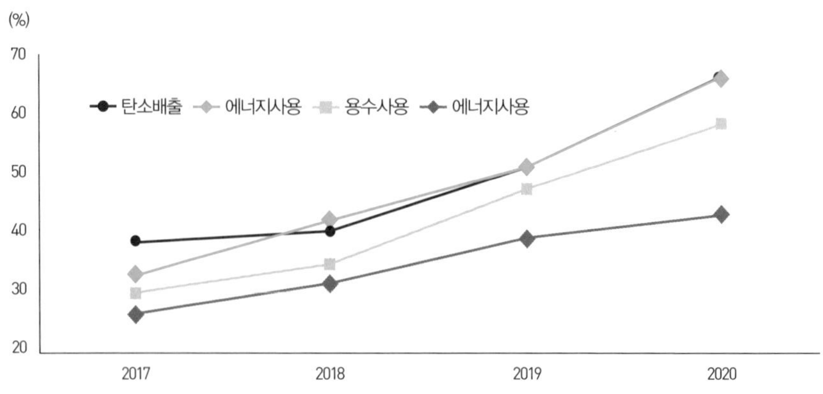

주: 비율은 공시 리츠 시가총액 기준
자료: 미국리츠협회, NH투자증권 리서치본부

는 등 이해관계자 가치 제고에도 노력하고 있다.

미국의 상장 리츠는 2,100개의 친환경건물 인증을 받은 녹색건물을 보유하고 있다. 이와 관련한 ESG 채권 발행도 증가하고 있다. 쇼핑센터에 주로 투자하는 리젠시 센터가 2014년 리츠 중 처음이자, 미국 민간기업으로는 두 번째로 2.5억 달러 규모의 녹색채권을 발행했다. 2018년부터 리츠의 녹색채권 발행이 본격화되었는데, 조달된 자금은 녹색건물이나 친환경 교통수단과 관련된 인프라 구조물과 같은 녹색프로젝트의 투자 재원으로 활용되어 리츠의 자산가치를 높이는 선순환이 진행되고 있다. 리츠의 ESG 채권 발행에서 아직은 녹색채권이 주류이지만, 노인생활시설, 어린이집, 의료시설 건설과 같은 사회적 프로젝트의 재원으로 활용되는 사회적채권과 지속가능채권의 발행도 증가하고 있다.

인프라스트럭처 ESG

2019년 캐나다의 219억 달러 녹색 인프라스트럭처 계획, 2020년 유럽연합의 포스트팬데믹 경제회복기금 7,500억 유로 합의, 2021년 조 바이든 미국 대통령이 경제 재건 목적으로 제안한 2.3조 달러 규모의 인프라스트럭처 및 에너지 투자 계획 등은 모두 지속가능한 인프라스트럭처에 대한 대규모 투자를 요구한다. 각국 정부의 대규모 프로젝트 도입뿐 아니라, 지속가능한 발전을 위해 세계 무역 및 산업 생산 수단의 대폭적인 업그레이드가 필요해지면서 지속가능한 인프라스트럭처에 대한 관심도 증가하고 있다.

글로벌 금융시장 데이터 제공업체 리피니티브에 따르면, 2020년 발표된 풍력, 태양광 등 지속가능한 인프라스트럭처 프로젝트 규모는 전체 인프라스트럭처 프로젝트의 35%인 2,720억 달러로 10년 전 대비 2배 가까이 증가했고, 2021년에는 1분기에만 806억 달러로 2020년을 능가할 것으로 예상된다. 구성을 보면, 풍력이 68.7%로 압도적이었고, 태양광 22.4%, 폐기물 2.9%, 합성가스 1.7%, 복합화력 발전 1.5%, 지열 1.0%, 수소 발전 0.9%, 바이오매스 0.5% 순이었다. 특히 2020년 코로나19의 영향으로 다른 시장과 함께 세계 프로젝트 파이낸스 시장도 위축되었지만, 신재생에너지 프로젝트에 대한 자금조달은 오히려 증가했다.

인프라스트럭처 투자의 큰 틀은 국가 주도의 대규모 프로젝트인 만큼, ESG 고려도 국가 주도의 양상을 띠고 있다. 2018년 중국녹색금융위원회는 영국의 런던시그린파이낸스이니셔티브와 협력하여 중국의 일대일로(2013년 중국 시진핑 주석의 제안으로 시작된 '새로운 실크로드 전략')에 대한

지속가능한 인프라스트럭처 프로젝트 규모

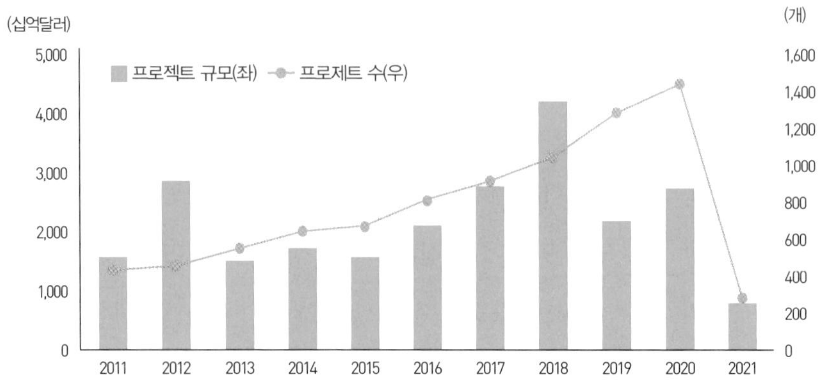

주: 2021년은 1분기까지 누계
자료: 리피니티브, NH투자증권 리서치본부

녹색투자원칙(GIP, Green Investment Principles for the Belt and Road)을 발표했다. GIP는 전략, 운영, 혁신과 관련된 7개 원칙으로 구성되었으며, 지속가능성과 ESG 요소를 기업 전략 및 관리 시스템에 통합하고, 이해관계자와의 소통을 강화하며, 녹색금융상품과 녹색공급망을 활용하고, 지식 공유와 연대를 통해 조직 역량을 향상하기 위해 제정되었다. 2021년 8월 현재 중국을 중심으로 전 세계 39개 금융기관이 서명했다. 이에 대응하여 2019년 일본국제협력은행, 호주 외무통상부와 공동으로 블루닷네트워크라는 이니셔티브를 출범했다. BDN은 지속가능한 인프라스트럭처 투자 촉진을 목표로 파리협정에 부합하고 ESG 요소를 고려하는 인프라스트럭처 국제표준을 제시하고 인증하며, OECD와도 협력하고 있다.

PEF ESG

PEF(사모투자전문회사)는 경영 참여 목적의 투자를 통해 투자 기업의 가치를 높여 투자금을 회수하는 것을 목적으로 한다. 투자 기간이 길고, 투자 기업의 경영에 적극적으로 관여하기 때문에 ESG를 고려하는 책임투자에 적합하다. PEF는 펀드 운용자(무한책임사원)와 투자자(유한책임사원)로 구성되는데, 투자자인 LP는 펀드를 운용하는 GP에게 투자원칙을 제시하고, 수탁자책임을 이행하도록 한다. 이는 펀드 계약서와 실사 설문(M&A 과정에서 투자 대상 기업 분석에 사용되는 일반적인 체크 리스트)을 통해 GP의 책임투자를 독려하고, 펀드 조건에 책임투자를 포함하여 GP의 ESG 요인 해결 및 조직 전체가 관련된 비즈니스 관행 채택에 더욱 힘쓰도록 하며, 펀드 운용 기간 동안 GP와 정기적으로 의사소통하는 과정을 포함한다. LP는 투자 기업에 직접적인 영향을 미치지는 않지만, GP의 운용에 영향을 미치며, 이는 투자 기업의 정책에도 파급효과가 있다.

GP는 투자 기업의 ESG를 개선하는 책임투자를 통해 우수한 평판, 기업문화, 고객 충성도와 같은 무형자산을 키울 수 있다. 이는 투자 기업 처분 시 인수 프리미엄(기업의 시장가 또는 추정 실질가치와 실제 M&A에서 지불한 가격의 차이)의 상승으로 이어진다. 따라서 투자 대상 기업의 ESG 평가 능력과 기업 인수 후 ESG 개선을 통한 기업가치 제고 능력은 GP의 투자 역량과도 연결된다. GP는 환경 오염 예방, 에너지나 물과 같은 자원의 효율적 사용 등을 통한 비용 및 잠재적 부채의 감소와 지속가능한 신규 제품 개발, 우수 인재 유치 및 유지, 브랜드 이미지 제고와 신규 고객 확보 등을 통한 매출액의 증대로 투자 기업의 가치를 제고한다. GP

는 투자 기업에 부여한 ESG 목표 달성을 위해 경영 정책을 도입하고, 경영진과 협력하며, LP와도 의사소통한다. GP는 경영 참여를 목적으로 지배지분을 획득하는 만큼, 투자 기업의 경영에 미치는 영향력이 지대하다. 따라서 GP와 LP의 책임투자는 투자 기업의 ESG 경영체제 도입에도 매우 중요하다.

컨설팅업체 베인앤컴퍼니의 2021년 글로벌 PEF 조사에 따르면, GP의 ESG 고려는 지역별로 편차가 있었는데, 지역별 상위 20개 PEF 운용사의 PRI, 넷제로자산보유자연합, TCFD와 같은 ESG 이니셔티브 가입 비율, 즉 명시적으로 투자에 ESG를 고려하는 비율이 유럽 80%, 아시아 55%, 미국 45%, 기타 30% 순이었다. 2021년 들어 8월까지 우리나라의 신규 PRI 서명기관 네 곳이 모두 PEF 운용사(스틱인베스트먼트, 글렌우드PE, E&F PE, IMM PE)인 것만 봐도 PEF의 책임투자가 빠르게 확산하고 있음을 알 수 있다. PEF의 ESG 고려 배경은 구체화하는 LP의 ESG 관련 요구가 가장 크지만, ESG 테마 투자의 수요가 증가하고, ESG 개선을 통해 기업가치를 높이는 PEF ESG 투자 성공 사례가 속속 나오고 있기 때문이기도 하다. 대표적으로 2020년 SK에코플랜트(구 SK건설)에 1조 원대에 매각된 EMC홀딩스는 2015년 어펄마 캐피털이 코오롱그룹으로부터 1,200억 원에 인수한 수처리업체로 이후 폐기물 소각과 매립까지 사업 영역을 확장해 환경 플랫폼업체로 거듭나면서 기업가치를 끌어올릴 수 있었다.

헤지펀드 ESG

PRI는 롱숏 전략을 구사하고, 비교적 투자 기간이 짧은 헤지펀드가 전통적인 장기펀드와의 차이에도 불구하고 거래 상품의 다양성, 공매도 같은 고유의 투자 전략 때문에 경우에 따라 전통적인 장기펀드보다 ESG 통합투자에 더 적합할 수 있다고 밝히고 있다. PRI는 헤지펀드의 ESG 통합투자 실행을 위한 가이드라인으로 정책, 거버넌스, 투자 절차, 모니터링 및 보고 등 4개 모듈을 제시했다.

정책은 운용역, 펀드, 운용사 각각의 책임투자 정책이 수립되어 ESG 고려가 투자 전략에 어떻게 통합되는지 세부 사항을 제시해야 하고, 거버넌스는 문서화한 책임투자 정책, 절차, 관행, 보고 체계를 갖추고 펀드위원회에서 그 실행을 감독해야 한다. 투자 절차 중 PRI와 국제지배구조네트워크가 만든 지침에 따라 헤지펀드만의 특징인 공매도를 활용하여 ESG 요소를 적절히 관리하지 못하는 기업에 대한 의사 표시를 할 수 있으며, 모니터링 및 보고는 ESG 이슈를 투자 관행과 통합하는 방법, 주주활동과 그 영향 등을 포함한다.

프랑스 최대 은행그룹 BNP 파리바는 2020년 전 세계 53개 헤지펀드 운용사를 대상으로 ESG 관련 조사를 했다. 이들의 운용자산은 7조 달러로 전체 헤지펀드 운용자산의 약 20%에 해당한다. 조사 대상 헤지펀드 중 40%만이 ESG 통합투자를 실행하고 있으며, ESG 통합투자의 이유(복수 응답)는 고객 수요(71%) 및 투자자 요구(67%)가 투자 성과 개선(48%)을 압도했다. 지역적으로는 영국의 ESG 통합투자 비율이 57%로 24%인 미국을 2배 상회했다. 응답기관의 67%는 ESG 중 분석 및 투자 통합이 가장 어려운 요소로 S를 꼽았으며, 향후 전망과 관련해서는

55%가 코로나19에 따른 ESG 통합투자 수요 증가를, 85%가 ESG 공시 요구 증가를 예상했다. 아직은 시장의 수요가 헤지펀드 ESG 투자를 주도하는 모습이다. 우리나라에서도 DS자산운용이 2021년 처음으로 ESG 헤지펀드를 출시했다.

3

은행의 ESG

2018년 10월 공무원연금과 사학연금이 우리나라 금융기관 중 처음으로 '탈석탄 금융 선언'을 통해 국내외 석탄발전소 건설을 위한 자금조달에 참여하지 않고, 신재생에너지 투자를 확대하겠다는 계획을 밝힌 이후, 2019년 12월 한국사회책임투자포럼이 주관한 공동 탈석탄 금융 선언, 금융그룹별 탈석탄 금융 선언들이 이어지고 있다. 또한 2021년 3월에는 운용자산 규모 약 5,564조 원에 달하는 우리나라 113개 금융기관들이 '2050 탄소중립 달성을 위한 기후금융 지지 선언'을 했다. 그리고 2050 탄소중립 적극 지지, 금융 비즈니스 전반에 기후리스크를 비롯한 ESG 요소의 적극 통합, 기후 변화 관련 국제적인 기준(TCFD, CDP 등)의 정보공개 지지 및 이에 따른 재무정보공개를 위해 노력하고, 대상 기업에 기후 변화를 비롯한 ESG 정보공개를 요구하며, 다양한 기후행동으로 고탄소 산업에서 탈탄소 산업으로 자본을 유입하기 위해 힘쓰고,

우리나라 은행의 ESG 채권 발행 추이

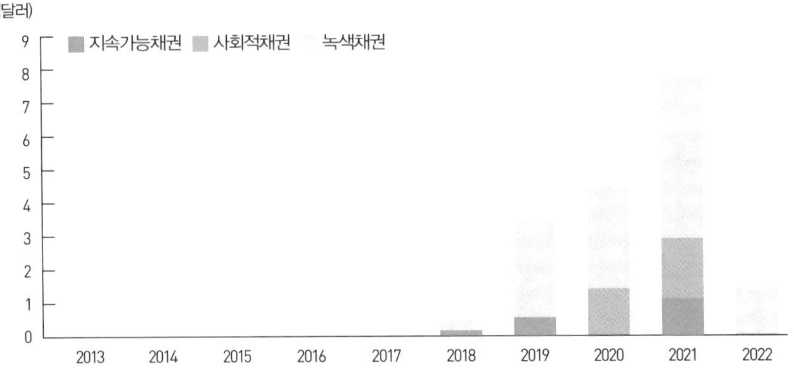

주 : 2022년은 4월 말까지 누적 기준
자료: 블룸버그, NH투자증권 리서치본부

기후 변화 대응 관련 다양한 금융상품 출시하는 등 6대 약속을 이행하기로 했다.

금융기관의 각종 선언의 중심에 있는 은행은 대출이라는 고유 영역을 통해 책임투자를 강화하고 있다. ESG 채권 발행으로 ESG 대출 재원을 확보하고 ESG를 고려하는 대출을 확대하며, ESG에 부정적인 대출을 축소하고 있는 것이다. 2013년부터 시작된 우리나라 ESG 채권 발행 누적 금액 1,116억 달러 중, 민간은행은 175억 달러로 15.7%를 차지한다. 종류별로는 지속가능채권 124억 달러, 사회적 채권 33억 달러, 녹색 채권 19억 달러 순이었다.

ESG 대출

ESG 대출은 ESG 중 일부 또는 전부를 개선하려는 목적의 프로젝트에 자금을 조달하기 위한 대출이다. 녹색대출은 기후 변화 대응 및 환경보존을 위한 친환경 프로젝트에 자금을 조달하기 위한 대출이고, 사회적대출은 주택 공급, 실업 문제 해결, 취약계층 금융 지원, 보건 및 의료 문제 해결 등 사회적 문제 해결 프로젝트에 자금을 조달하기 위한 대출이다. 지속가능연계대출은 사전에 정한 ESG 목표 달성 여부에 따라 금융 조건이나 구조적 특성이 달라질 수 있는 대출이다.

최초의 ESG 대출은 2014년 영국의 소매업체 세인스버리가 재생에너지, 에너지 효율화, 탄소 감축 등에 사용하기 위해 보험조합 로이즈와 라보은행으로부터 융통한 2억 파운드의 녹색대출이다. 또한 2017년 ING, ABN 암로, BNP 파리바 등 16개 은행 컨소시엄이 네덜란드 의료기기업체 필립스(Phillips)에 ESG 평가기관인 서스테이널리틱스의 ESG 등급과 금리를 연동시킨 10억 유로의 대출을 집행함으로써 지속가능연계대출이 시작되었다.

대출시장협회, 대출신디케이션거래협회, 아시아태평양대출시장협회는 2018년 ICMA의 GBP를 기반으로 녹색대출원칙을 제정했다. 이어서 2019년에는 지속가능연계대출원칙, 2021년에는 사회적대출원칙을 제정했다. 녹색대출원칙과 사회적대출원칙은 공통된 4가지 원칙인 조달자금 사용, 프로젝트 평가 및 선택, 조달자금 관리, 보고 등으로 구성된다. 특히 조달자금의 사용에서는 재생에너지, 에너지 효율 등 녹색프로젝트의 카테고리 리스트, 적정 가격의 인프라 설비, 적정 가격의 주택 등 사회적 프로젝트의 카테고리 리스트와 빈곤선 이하로 사는 사람들과 장애인 등 사회적 프로젝트의 목적 계층의 예를 구체적으로 제시한다.

ESG 대출은 다수의 기존 프로젝트에 대한 재융자 목적일 수 있기 때문에 재융자되는 프로젝트별 금액과 기간을 명확히 제시해야 한다. 지속가능연계대출원칙은 핵심 성과 지표 선정, 지속가능성과 목표의 측정, 대출의 특성, 보고, 검증 등 5가지 원칙으로 구성되는데, 특히 핵심 성과 지표는 발행기관의 전체 사업에서 핵심적이며, 측정 및 수량화가 가능하고, 외부 검증이 가능하며, 벤치마크 대상이 될 수 있어야 한다고 명시하고 있다.

적도원칙

ESG 대출과는 반대로, 적도원칙처럼 ESG에 부정적인 대출을 줄이기 위한 노력도 이어지고 있다. 적도원칙은 2003년 바클레이즈, 씨티그룹, ABN 암로 등 10개 글로벌 은행들이 국제금융공사의 환경 및 사회 정책 프레임워크에 기반하여 제정한 자발적인 행동협약으로 대형 인프라스트럭처 및 산업 프로젝트에 환경파괴 또는 인권침해의 문제가 있을 경우 프로젝트 금융(금융기관이 인프라스트럭처 등 장기간 대규모 자금이 필요한 사업에 대해 신용도나 담보 대신 사업계획, 수익성 등을 보고 자금을 제공하는 금융 기법)을 하지 않겠다는 원칙이다. 10가지 적도원칙의 적용 대상은 1,000만 달러 이상의 프로젝트 금융 및 프로젝트 금융 자문 서비스, 5,000만 달러 이상의 프로젝트 관련 기업 대출, 적도원칙에 따라 자금이 조달된 프로젝트 관련 재금융 및 인수 금융 등이다.

처음에는 프로젝트 금융과 프로젝트 금융 자문 서비스만 적도원칙 대상이었으나, 2013년 개정된 적도원칙부터는 프로젝트 관련 기업대출

적도원칙

원칙	주요 내용
원칙 1: 검토 및 분류 (Review and Categorization)	– 프로젝트에 대한 자금 조달이 요청될 경우, 인권, 환경, 사회에 미칠 수 있는 리스크 및 영향을 고려하여 3종류로 프로젝트를 분류 – 프로젝트의 분류: 카테고리A) 잠재적으로 중대한 환경, 사회적으로 부정적 영향을 가진 프로젝트, 카테고리B) 잠재적으로 제한적인 환경, 사회적으로 부정적 영향을 가진 프로젝트, 카테고리C) 최소한의 혹은 환경, 사회적 리스크가 없는 프로젝트
원칙 2: 환경·사회적 평가 (Environmental and Social Assessment)	– 고객들로 하여금 프로젝트에 대한 적절한 환경·사회적 리스크 및 영향에 대해 평가할 것을 요구 – 기후변화 리스크 평가는 1) 모든 카테고리A 및 카테고리B(필요한 경우) 프로젝트에 요구됨, 2) 모든 지역, 모든 프로젝트에 대하여 Scope1, Scope2 배출량의 합이 연간 10만 톤 이상으로 예상될 경우에 요구됨
원칙 3: 적용되는 환경·사회 기준 (Applicable Environmental and Social Standards)	– 환경·사회적 평가 프로세스는 우선 프로젝트 소재국의 환경·사회 이슈 관련 법률, 규정 및 인허가 사항의 준수 여부를 다루어야 함 – 재량에 따라 프로젝트 고유의 위험에 관한 추가적 기준을 바탕으로 실사를 보완하거나 추가적 요건을 적용할 수 있음
원칙 4: 환경·사회 관리시스템 및 적도원칙 액션플랜 (Environmental and Social Management System and Equator Principles Action Plan)	– 모든 카테고리A, 카테고리B 프로젝트에 대해서, 고객에게 환경·사회 관리시스템 구축 및 유지를 요구해야 함 – 고객은 환경·사회 평가 프로세스에서 제기된 이슈를 다루고 적용되는 기준을 준수하는 데 필요한 방안을 담은 환경·사회 관리계획을 준비해야 함 – 적용 기준을 충족하지 못하는 경우, 고객과 적도원칙 액션플랜(EPAP)에 합의해야 함
원칙 5: 이해관계자관여활동 (Stakeholder Engagement)	– 모든 카테고리A, 카테고리B 프로젝트에 대해서, 고객에게 효과적인 이해관계자관여활동을 요구 – 효과적인 이해관계자관여활동은 영향을 받는 지역사회, 근로자 및 기타 이해관계자와 함께하며, 체계적이고, 문화적으로 적절한 방식으로 이루어짐
원칙 6: 고충처리 메커니즘 (Grievance Mechanism)	– 모든 카테고리A, 카테고리B 프로젝트(필요한 경우)에 대해서, 프로젝트의 환경·사회적 우려에 대한 해결과 이해관계자를 위한 고충처리 메커니즘을 구축하도록 요구 – 고충처리 메커니즘의 규모는 프로젝트의 위험, 영향의 규모에 상응하며 문화적으로 적절해야 함
원칙 7: 독립적 검토 (Independent Review)	– 모든 카테고리A, 카테고리B 프로젝트(필요한 경우)에 대해서, 독립적인 환경·사회 컨설턴트가 독립적인 평가 프로세스 검토를 실시해야 함 – 카테고리B 프로젝트는 독립 검토 필요성 판단에 있어서, 개발금융기관 또는 OECD 수출신용기관이 수행한 실사결과가 고려될 수 있음
원칙 8: 서약 (Covenants)	– 준수에 대한 서약이 포함되는 것은 적도원칙의 주요 강점으로 프로젝트에서 고객이 서약을 준수하지 않을 경우 고객과 협력할 것이며, 유예기간 내에 준수하지 못할 경우 필요에 따라 채무불이행 선언 등 행사 권리를 보유함

이 포함되었다. 2019년 개정된 적도원칙에는 프로젝트 관련 재금융과 인수 금융이 포함되었고, 기후 변화 위험 평가 및 인권에 대한 요구 사항이 강화되었다. 2021년 8월 현재 37개국 124개 금융기관이 가입했으며, 우리나라에서는 2017년 산업은행이 처음 가입한 이후, 2020년 신한은행, 2021년 KB국민은행, 우리은행, NH농협은행, KEB하나은행 등이 가입했다.

우리나라 주요 금융지주의 ESG 도입

우리나라의 주요 은행을 중심으로 한 금융그룹의 지주회사인 금융지주들은 2020년대 들어 경쟁적으로 ESG 비전 수립 및 조직 구성, ESG 이니셔티브 가입, ESG 채권 발행, ESG 대출 확대, 탈석탄 선언 및 2050 탄소중립 지지 선언 등 ESG에 부정적인 대출 축소, 계열 자산운용사를 통한 책임투자 확대와 같은 ESG 경영체제 도입에 박차를 가하고 있다. ESG 비전과 목표는 대동소이해 금융지주들의 ESG 경영체제 도입 성패는 결국 효율적 실행을 통해 거둔 성과와 그에 대한 평가로 판가름 날 것으로 보인다.

NH농협금융은 'ESG 전환 2025'를 비전으로 녹색·ESG 투자 활성화를 통한 친환경 금융그룹으로 도약하는 것을 목표로 한다. 지주 이사회 내 사회가치 및 녹색금융위원회, 지주 및 계열사 간 사회가치 및 녹색금융협의회와 실무회의를 두고 있다. 2021년 2월 탈석탄금융을 선언했으며, 2021년 4월 현재 ESG 투자 실적은 여신 46.5조 원, 프로젝트 금융 3.1조 원, 자산운용 10.5조 원 등이다. NH농협금융의 ESG 채권 발행 누적 금액은 은행 및 지주 11억 달러 포함 16.4억 달러이며, 녹색 인증 기업에 대해 우대금리와 추가 대출 한도를 제공하는 ESG 대출인 NH친환경기업우대론을 출시했다. 2021년 그린 임팩트 금융, 농업 임팩트 금융, ESG 채권 발행 및 ESG 펀드 투자 등 ESG 투자 2.1조 원을 계획하고 있으며, 2025년까지 총 투자 목표는 15조 원이다. UNEP FI, 적도원칙, CDP, UNGC 등의 ESG 이니셔티브에 참여하고 있다.

KB금융지주는 '세상을 바꾸는 금융'을 미션으로 탄소중립 달성(그룹 내부 2040년 / 자산 포트폴리오 2050년) 및 2030년 ESG 상품·투자·대출 50조 원 달성을 목표로 한다. 지주 이사회에 ESG 위원회를 두고, 지주 및 계열사의 ESG 전략부·담당부서를 실무 조직으로 운영한다. 2020년 9월 민간금융그룹 중 처음으로 탈석탄금융을 선언했으며, 2020년 말 ESG 상품·투자·대출 규모는 22.9조 원이다. KB금융그룹의 ESG 채권 발행 누적 금액은 은행 및 지주 50.5억 달러 포함 67억 달러로 민간금융그룹 중 최대 규모이며, 2018년 10월 5대 금융지주 중 최초로 지속가능채권 3억 달러를 발행했다. 또한 ESG 평가 기준을 충족하는 기업에 대해 우대금리를 제공하는 ESG 대출인 KB그린웨이브ESG우수기업대출을 출시했다. 2009년부터 지속가능 경영보고서를 발간하고 있으며(계열회사 KB국민은행 기준), UNEP FI, 적도원칙, TCFD, WEPs(여성역량강화원칙), PCAF(탄소회계금융협회), SBTi(과학적기반감축목표이니셔티브) 등 ESG 이니셔티브에 참여하고 있다.

신한금융지주는 '금융으로 세상을 이롭게 한다'는 미션 아래 ESG원칙으로 Finance for Impact(모든 이해관계자를 지속가능하게 하는 금융의 선한 영향력)를 두고 넷제로 달성(그룹 내부 2043년/자산 포트폴리오 2050년) 및 2030

년 친환경 자산 30조 원을 목표로 한다. 2015년 국내 금융사 최초로 지주 이사회에 ESG 전략위원회를 설치했고, ESG 추진 조직으로 그룹 ESG 추진위원회와 실무협의회를 두고 있다. 2021년 3월 탈석탄금융을 선언했으며, 신한금융그룹의 ESG 채권 발행 누적 금액은 은행 및 지주 32.5억 달러 포함 55.2억 달러이며, 5대 금융지주 중 최초로 2018년 녹색채권 1.8억 달러, 2020년 사회적채권 0.5억 달러를 발행했다. 또한 ESG활동이 우수한 기업과 협력사에 대해 우대금리를 제공하는 ESG 대출인 신한ESG우수상생지원대출을 출시했다. 민간금융그룹 중 가장 앞서 2005년부터 ESG 보고서(구 사회책임보고서, 계열회사 신한은행 기준)를 발간하고 있으며, UNEP FI, 적도원칙, TCFD, PCAF, SBTi, VBA, NZBA(탄소중립은행연합) 등 ESG 이니셔티브에 참여하고 있다.

하나금융지주는 '내일을 위한 큰 걸음'이라는 비전 아래 2030년까지 녹색 및 지속가능 부문 60조 원 여신, 투자 및 자금조달과 2050년까지 넷제로 및 석탄 프로젝트 금융 제로를 목표로 한다. 지주 이사회에 지속가능경영위원회를 설치했고, ESG 추진 조직으로 지속가능경영추진위원회와 지속가능경영실무위원회를 두고 있다. 2021년 3월 탈석탄금융을 선언했으며, 하나금융그룹의 ESG 채권 발행 누적 금액은 은행 및 지주 19.1억 달러 포함 29.4억 달러이다. 2006년부터 지속가능 경영보고서(계열회사 하나은행 기준)를 발간하고 있으며, UNEP FI, 적도원칙, UNGC, TCFD, PCAF 등 ESG 이니셔티브에 참여하고 있다.

우리금융지주는 '금융을 통해 만드는 더 나은 세상'이라는 비전 아래 2050년까지 그룹 내부 및 자산포트폴리오 넷제로 및 2030년까지 ESG 금융 100조 원 지원을 목표로 한다. 지주 이사회에 ESG 경영위원회를 설치했고, ESG 추진 조직으로 그룹 ESG 경영협의회와 경영실무회를 두고 있다. 2020년 12월 탈석탄금융을 선언했으며, 우리금융그룹의 ESG 채권 발행 누적 금액은 은행 및 지주 18억 달러 포함 24.8억 달러이다. 친환경인증서 보유 기업에 대해 우대금리를 제공하는 ESG 대출인 우리ESG혁신기업대출을 출시했다. 2018년부터 지속가능 경영보고서를 발간하고 있으며, UNEP FI, 적도원칙, UNGC, TCFD, CDP 등 ESG 이니셔티브에 참여하고 있다.

부와 투자의 새로운 패러다임

ESG 사용설명서

초판 1쇄 발행 2022년 08월 26일

지 은 이 김동양, 황유식
발 행 인 서재필

펴 낸 곳 마인드빌딩
출판신고 2018년 1월 11일 제395-2018-000009호
전　　화 02)3153-1330
이 메 일 mindbuilders@naver.com

ISBN 979-11-90015-43-1 (03320)

• 책값은 뒤표지에 표시되어 있습니다.
• 잘못된 책은 구입하신 곳에서 바꿔드립니다.

마인드빌딩에서는 여러분의 투고 원고를 기다리고 있습니다. 출판하고 싶은 원고가 있는 분은 mindbuilders@naver.com으로 간단한 개요를 연락처와 함께 보내 주시기 바랍니다.